Florian Blank

Soziale Rechte 1998–2005

Sozialpolitik und Sozialstaat

Herausgegeben von

Prof. Dr. Adalbert Evers
Prof. Dr. Rolf G. Heinze
Prof. Dr. Stephan Leibfried
Prof. Dr. Lutz Leisering
Prof. Dr. Thomas Olk
Prof. Dr. Ilona Ostner

Florian Blank

Soziale Rechte 1998–2005

Die Wohlfahrtsstaats-
reformen der rot-grünen
Bundesregierung

VS VERLAG

Bibliografische Information der Deutschen Nationalbibliothek
Die Deutsche Nationalbibliothek verzeichnet diese Publikation in der
Deutschen Nationalbibliografie; detaillierte bibliografische Daten sind im Internet über
<http://dnb.d-nb.de> abrufbar.

1. Auflage 2011

Alle Rechte vorbehalten
© VS Verlag für Sozialwissenschaften | Springer Fachmedien Wiesbaden GmbH 2011

Lektorat: Frank Schindler / Verena Metzger

VS Verlag für Sozialwissenschaften ist eine Marke von Springer Fachmedien.
Springer Fachmedien ist Teil der Fachverlagsgruppe Springer Science+Business Media.
www.vs-verlag.de

Umschlaggestaltung: KünkelLopka Medienentwicklung, Heidelberg
Gedruckt auf säurefreiem und chlorfrei gebleichtem Papier
Printed in Germany

ISBN 978-3-531-17926-1

Vorwort

Im Herbst 2010 erscheint die fünf Jahre zuvor zu Ende gegangene Regierungszeit der rot-grünen Koalition unter Bundeskanzler Gerhard Schröder erstaunlich
präsent. Das liegt nicht nur daran, dass einzelne Protagonisten des „rot-grünen
Projekts" immer noch aktiv in der Politik sind. Grund dafür sind auch einige
politische Entscheidungen der Regierung Schröder und ihre Folgen, die immer
wieder für Diskussionen sorgen. Darunter sind nicht zuletzt Entscheidungen in
der Sozialpolitik: Die so genannten „Hartz-Gesetze" standen im Jahr 2010 wieder auf der politischen Agenda, nachdem ein Urteil des Bundesverfassungsgerichts eine neue Berechnung der Regelsätze angemahnt hatte. Verbraucherschüt-
zer machen regelmäßig auf Probleme mit der Förderung der privaten Altersvorsorge – bekannt geworden als „Riester-Rente" – aufmerksam. Sozialpolitikex-
perten bemängeln die problematischen Konsequenzen der Rentenreformen der
rot-grünen Jahre. Besonders die SPD wird immer wieder auf die Entscheidungen
jener Zeit und der folgenden Phase der großen Koalition zurückgeworfen und
sucht nach einem für Parteispitze, Mitglieder und Wähler akzeptablen Weg, die
Reformen als notwendig zu verteidigen und zu akzeptieren aber zugleich auch
vorsichtig neu zu bewerten und eventuell auch Fehler zu identifizieren.

Die von der rot-grünen Koalition getroffenen Entscheidungen beeinflussen
bis heute die deutsche Sozialpolitik. Dies nicht nur, weil folgende Regierungen
notwendig bei der Gesetzgebungstätigkeit ihrer Vorgängerinnen ansetzen müs-
sen. Einige Entscheidungen der Regierung Schröder hatten offensichtlich auch
eine große symbolische Bedeutung und berühren den Charakter des deutschen
Sozialstaats. Entsprechend haben sie weit über den Kreis von Spezialisten in
Politik und Wissenschaft für anhaltende Reaktionen gesorgt. Die vorliegende
Untersuchung ist eine Aufarbeitung der Sozialpolitik der rot-grünen Koalition.
Sie rückt soziale Rechte, individuelle Ansprüche auf Transfers, Güter und
Dienstleistungen ins Zentrum der Analyse. Ausgehend von allgemeinen Überlegungen der international vergleichenden Wohlfahrtsstaatsforschung zielt sie auf
eine systematische Aufarbeitung rot-grüner Sozialpolitik ab, um die Frage zu
beantworten, ob und wie der deutsche Wohlfahrtsstaat zwischen 1998 und 2005
verändert wurde.

Die Arbeit hat der Philosophischen Fakultät der Westfälischen Wilhelms-
Universität Münster vorgelegen und wurde als Dissertation angenommen. Bei
der Verfassung dieser Arbeit haben mir viele Menschen auf unterschiedliche Art
und Weise mit Rat und Unterstützung zur Seite gestanden – wobei Wertungen

und mögliche Fehler von mir allein zu verantworten sind. Insbesondere möchte ich mich bedanken bei meinem Betreuer Prof. Dr. Klaus Schubert und meiner Betreuerin PD Dr. Christiane Frantz für ihre wertvolle Unterstützung, zahlreiche Anregungen und den immer produktiven und angenehmen Austausch mit ihnen. Bei Prof. Dr. Klaus Schubert darüber hinaus, wie auch bei seinen aktuellen und ehemaligen Mitarbeiterinnen und Mitarbeitern, Doktorandinnen und Doktoranden sowie vielen anderen Kolleginnen und Kollegen innerhalb und außerhalb Münsters für die vielen spannenden Diskussionen und die stets lohnenswerte und lehrreiche Zusammenarbeit bei vielen kleineren und größeren Projekten und Veranstaltungen in Lehre und Forschung. Bei meinen Eltern bedanke ich mich für die Unterstützung meines Magister-Studiums und bei der Hans-Böckler-Stiftung für die Unterstützung eines großen Teils meiner Promotionsphase. Und schließlich danke ich meiner Familie, meinen Freunden in Münster und im Ruhrgebiet und insbesondere Hanna Kubitz für ihre mannigfache Hilfe und ihren letztlich unermesslichen, vielfältigen Beistand in den letzten Jahren.

Münster im Oktober 2010, Florian Blank

Inhaltsübersicht

Inhaltsverzeichnis

1. Einleitung

Mit der Bundestagswahl 1998 wurde zum ersten Mal in der Geschichte der Bundesrepublik eine Regierung in ihrer Gesamtheit abgelöst. Nach 16 Jahren christdemokratisch-liberaler Koalition unter Helmut Kohl trat nun eine Regierungskoalition aus SPD und Bündnis 90/Grünen unter Gerhard Schröder an, um „[…] nicht alles anders, aber vieles besser [zu] machen", wie es Schröder in seiner ersten Regierungserklärung formulierte (BT-Plenarprotokoll 14/3: 48 D). Einer der Gründe für den Regierungswechsel waren sozialpolitische Entscheidungen der Regierung Kohl, die in der Wählerschaft auf Ablehnung gestoßen waren (Bönker/Wollmann 2000: 523). Die Sozialpolitik der nächsten Jahre war allerdings nicht nur durch den Regierungswechsel bestimmt, sondern auch durch inhaltliche Neuorientierungen innerhalb der Regierungsparteien, speziell der SPD. Diese hatten sich schon mit dem Konzept der „Neuen Mitte" im Wahlkampf angekündigt und fanden in programmatischen Dokumenten wie dem so genannten Schröder-Blair-Papier (Schröder/Blair 1999) ihren Ausdruck. Viel wichtiger aber noch: Sie wurden Grundlage vieler Reformgesetze, die nach einer kurzen anfänglichen Rückkehr zu einer an traditionellen Positionen orientierter Sozialpolitik beschlossen und umgesetzt wurden.[1]

Die Bilanz der zwei rot-grünen Legislaturperioden, die 2005 mit einer vorgezogenen Bundestagswahl endeten, fällt gemischt aus. Dies gilt gerade auch in dem für den großen Koalitionspartner SPD zentralen Politikfeld Sozialpolitik. Tatsächlich gehörten einige der Entscheidungen in der Sozialpolitik zu den umstrittensten Reformen der rot-grünen Koalition. Diese Reformen – speziell die nach dem Vorsitzenden der Kommission „Moderne Dienstleistungen am Arbeitsmarkt" Peter Hartz als „Hartz-Gesetze" bekannt gewordenen – hatten Folgen nicht nur für die direkt von ihnen Betroffenen. Sie können auch als ein Grund für die Niederlage der Regierungskoalition bei der Bundestagswahl 2005 gesehen werden und sind eng verbunden mit der Gründung der Partei Die Linke und der lange andauernde Krise der SPD.[2]

---

[1] Zur programmatischen Debatte in den Regierungsparteien s. Egle 2003, Egle/Henkes 2003, Gohr 2003, Egle 2007, Meyer 2007.

[2] Als ein typischer Beleg unter vielen für die gesellschaftlichen Nachwirkungen dieser Reformen mag gelten, dass der damalige SPD-Parteivorsitzende Franz Müntefering im Juni 2009 – also mehr als fünf Jahre nach dem Beschluss der Reformen – in der Westdeutschen Allgemeinen Zeitung in einem Interview auf die so genannten Hartz-Gesetze angesprochen wurde und diese weiterhin als richtig verteidigte (Der Westen 2009).

Hinsichtlich der sozialpolitischen Reformen der Regierung Schröder und auch ihrer Vorgängerregierung fügt sich Deutschland in eine Entwicklung ein, die letztendlich alle westlichen Wohlfahrtssysteme betrifft. Infolge verschiedener externer und auch interner Prozesse wurden die Wohlfahrtssysteme Objekt von Reformen unterschiedlicher Ausprägung und Reichweite. Die Reformbemühungen, die teils, offen oder verdeckt, auf einen Abbau wohlfahrtsstaatlicher Leistungen abzielten, sich darin jedoch keineswegs erschöpften, werden in den Sozialwissenschaften intensiv diskutiert. In der stark von Piersons Überlegungen zu „new politics of the welfare state" (1996) beeinflussten Debatte stand zunächst der Abbau („retrenchment") im Vordergrund. Ein einfacher Abbau war und ist allerdings in der Realität nur selten festzustellen und beschränkte sich dann auch auf einzelne Bereiche des Wohlfahrtsstaats. Entsprechend wurde bald die Charakterisierung der Reformpolitiken erweitert, so dass zwischen Reformen unterschiedlicher Ordnung (Palier 2001: 14-15) oder unterschiedlicher Ausrichtung (Pierson 2001a) unterschieden wurde. Die Vielschichtigkeit der Reformen spiegelt sich zudem in einer ganzen Sammlung von Begriffen wider, die als Neubeschreibungen der transformierten Arrangements der Wohlfahrtsproduktion dienen: Das fängt beim „aktivierenden Wohlfahrtsstaat" (Lamping/Schridde 2004) an und hört bei „Vermarktlichung" (Nullmeier 2004) noch lange nicht auf. Die Vielfalt der Forschungsergebnisse und ihre impliziten und expliziten Bewertungen lassen sich nicht zuletzt darauf zurückführen, dass die abhängige Variable im Reformprozess, also die Wohlfahrsstaaten und die Reformen selbst, unterschiedlich bestimmt und gemessen wurde (Green-Pedersen 2007). In Folge dessen war ein Teil der Debatte um Wohlfahrtsstaatsreformen der Suche nach dem angemessenen Verständnis der Reformen und geeigneten Wegen ihrer Operationalisierung gewidmet und nicht nur den unabhängigen Variablen des Reformprozesses wie dem Einfluss von Parteien auf politische Entscheidungen („dependent variable debate", Clasen/Siegel 2007b).

Genauso wie das Schicksal der westlichen Wohlfahrtsstaaten im Allgemeinen in der vergleichenden Forschung umstritten ist, kann auch für den deutschen Wohlfahrtsstaat zwischen 1998 und 2005 im Besonderen nicht behauptet werden, dass Einigkeit in der Einschätzung der Reformen herrscht. Dies trifft nicht nur für die Öffentlichkeit zu, sondern auch für die Wissenschaft. So stellt Schmidt bereits 2005 fest, die rot-grüne Sozialpolitik schillere in vielen Farben (Schmidt, 2005: 116) und später, dass die rot-grüne Koalition „[...] viel Erwartungstreues und manche handfeste Überraschung zustande [brachte]" (Schmidt 2007: 295). Er widerspricht zudem Butterwegges (2005: 231) Urteil, die Koalition habe den Wohlfahrtsstaat weitgehend „im Sinne des Neoliberalismus"[3] modernisiert, dem im Übrigen auch Lessenich (2008: 12-14) entgegenhält, dass die Veränderungen als „neo-sozial" einzuschätzen seien. Diese unterschiedlichen Bewertungen lassen sich nicht bloß auf unterschiedliche politische Standpunkte reduzieren. Vielmehr muss anknüpfend an die internationale Debatte um das „dependent variable problem" angenommen werden, dass Sozialpolitik und der Wohlfahrtsstaat äußerst vielseitige und widersprüchliche Phänomene sind. Die Beurteilung der rot-grünen Sozialpolitik kann entsprechend an verschiedenen Punkten ansetzen: an der Zielsetzung und am Erfolg konkreter Reformprojekte – z. B. in der Beschäftigungspolitik die Förderung von bestimmten Gruppen durch spezielle Programme – ebenso wie an durch Sozialpolitik zumindest mittelbar beeinflussbaren gesellschaftlichen Entwicklungen und politisch-ökonomischen Eckdaten. So kann für die Jahre 1998 bis 2005 sowohl festgehalten werden, dass die Höhe der Arbeitnehmerbeiträge zur Sozialversicherung stagnierte (1998: 21,05%, 2005: 20,95% des Bruttolohns), ebenso wie die häufig zum Maßstab einer erfolgreichen Sozial- und Wirtschaftspolitik gemachte Arbeitslosenquote (1998: 12,3%, 2005: 13,0% bei einer zwischenzeitlichen Abnahme 2001: 10,3%). Das Sozialbudget hingegen stieg von 603,61 Mrd. € (1998) auf 702,49 Mrd. € (2005), wobei sich auch im Verhältnis zum BIP eine geringe Steigerung zeigte (1998: 29,7%, 2005: 30,2% bei einem zwischenzeitlichen Anstieg 2003: 31,2%) (alle Angaben: BMAS 2010: Tab. 2.10, 7.1, 7.2, 7.7).

Neben diesen, durch quantitative Makrodaten beschreibbaren Entwicklungen lassen sich auch qualitative Veränderungen als Ergebnisse der Reformen identifizieren, die das Verhältnis von öffentlichen Institutionen und Leistungsempfängern betreffen. Sie sind möglicherweise – weil sie sich nicht nur als ein Mehr oder Weniger verstehen lassen, sondern explizite politische Entscheidungen über den Charakter des deutschen Wohlfahrtssystems beinhalten – sogar von höherer Relevanz als die quantifizierbaren Veränderungen. Einzelne Reformen der rot-grünen Koalition wurden von Beobachtern als grundlegender Wandel, als Paradigmenwechsel, wahrgenommen.[4] Andere waren eher inkrementeller Natur, haben aber in der Summe ebenso dazu beigetragen, das Gesicht des deutschen Wohlfahrtsstaats zu verändern. Die Bestandsaufnahme und Analyse solcher qualitativer Veränderungen sind das Thema dieser Arbeit.

---

[3] Eine Bewegung „[...] towards a more neo-liberal policy" der Regierung Schröder nach dem Rücktritt des Finanzministers Oskar Lafontaine im März 1999 sehen auch Bönker und Wollmann (2001: 76).
[4] Diese Einschätzung wurde gerade im Politikfeld Rente vorgebracht; s. Schmähl 2004, 2007, auch Hinrichs/Kangas 2003, Hegelich 2006a.

1.1 Fragestellung

Angesichts der verschiedenen Deutungen einer an kontroversen Entscheidungen nicht armen Phase der deutschen Sozialpolitik, ist diese Arbeit der Dokumentation und Analyse von qualitativen Veränderungen im deutschen Wohlfahrtsstaat zwischen 1998 und 2005 gewidmet. Der gewählte Blickwinkel rückt soziale Rechte in den Mittelpunkt, die Ansprüche Einzelner auf Transfers, Güter und Dienstleistungen in bestimmten Situationen. Unter Zuhilfenahme eines angemessenen Analyserahmens wird ein möglichst umfassendes Bild der sozialpolitischen Reformen in den Bereichen Alterssicherung, Gesundheit, Beschäftigung und Pflege zwischen 1998 und 2005 gezeichnet. Die Objekte der Analyse sind die einzelnen Reformgesetze, also die Outputs des politischen Systems. Primäres Ziel der Arbeit ist damit eine Bestandsaufnahme der wichtigsten Änderungen in dieser Zeit. Durch eine „dichte Beschreibung"[5] der Reformen, ihre systematische Auswertung und den interpretativen Abgleich der Ergebnisse aus den einzelnen Feldern werden die folgenden Fragen bearbeitet:

Zunächst wird die grundlegende Frage nach Richtung und Bedeutung des Wandels im deutschen Wohlfahrtsstaat aus Sicht der Nutzer beantwortet. Zugleich lassen sich auch in der vergleichenden Wohlfahrtsstaatsforschung geläufige Charakterisierungen des deutschen Systems der Wohlfahrtsproduktion auf ihre fortdauernde Relevanz überprüfen: Gehört es doch zum Common Sense der Wohlfahrtsstaatsforschung, dass es sich mit Deutschland um ein kontinentales, konservatives oder Bismarck'sches Modell handelt – eine Charakterisierung, die allerdings ursprünglich aus der Zeit des Ausbaus des Wohlfahrtsstaats stammt.[6]

Außerdem ermöglicht eine Nahaufnahme der Reformen der rot-grünen Bundesregierung eine Aussage darüber, ob die „new politics of the welfare state" zu „new policies" im Sinne innovativer Politikansätze führten – ob sich also die Reformen in einem Abbau oder einem „remix" bekannter Instrumente und Programme aus dem Werkzeugkasten der deutschen oder internationalen Sozialpolitik erschöpften oder qualitativ neue Wege in der sozialen Sicherung beschritten wurden. Diese Frage bezieht sich auf das „traditionelle" Verständnis von Sozialpolitik und auch die analytischen Kategorien, die in Auseinandersetzung mit wachsenden oder reifen Wohlfahrtsstaaten entwickelt wurden. Sie bezieht sich aber auch auf den spezifischen Neuigkeitswert rot-grüner Sozialpolitik im Unter-

---

[5] Der Begriff ist als Metapher der ethnografischen Methode entlehnt (s. Geertz 1983, Siegel 2003: 18).

[6] Die einflussreiche Kategorisierung dreier Welten des Wohlfahrtskapitalismus Esping-Andersens (1990) – der deutsche Wohlfahrtsstaat wird hierbei dem konservativen Cluster zugeordnet – stützt sich großteils auf Daten, die die Entwicklung bis zum Jahr 1980 dokumentieren, z. T. auch bis Mitte der 1980er Jahre.

schied zur Vorgängerregierung.[7] Deswegen wird sich auch gegen Ende der Arbeit die Frage nach der Reichweite des Analyserahmens neu stellen: Nicht nur sind soziale Rechte Gegenstand von Reformen gewesen, die Analyse dieser Reformen kann gegebenenfalls auch das dem Analyserahmen zugrunde liegende „traditionelle" Verständnis dieser Rechte in Frage stellen, das in der einschlägigen Literatur vorherrscht.

Die Arbeit steht damit im Kontext der international vergleichenden Debatte um Wohlfahrtsstaatswandel. Im folgenden Abschnitt wird diese Debatte um das Verständnis und die Messung des Wandels von Wohlfahrtsstaaten rekapituliert. Auf dieser Grundlage lassen sich die konzeptionellen Anforderungen, denen die Analyse der rot-grünen Sozialpolitik gerecht werden muss, identifizieren.

1.2 Der Wohlfahrtsstaat in der Diskussion

Krisen des Wohlfahrtsstaats und darauf folgende notwendige oder opportun erscheinende sozialpolitische Reformen sind seit der Mitte der 1970er Jahre ein wiederkehrendes Thema in der Politik und in der sozialwissenschaftlichen Forschung (Schubert et al. 2008: 17-18). Seither streben Regierungen in westlichen Wohlfahrtsstaaten in unterschiedlichem Maße danach, den bis dahin stattfindenden Ausbau der Wohlfahrtsstaaten zu bremsen, zu stoppen oder rückgängig zu machen und sozialpolitische Programme an gewandelte Rahmenbedingungen und neue politische Zielvorstellungen anzupassen. Als Gründe für die Notwendigkeit zur Reform gelten verschiedene, z. T. miteinander gekoppelte Entwicklungen. Zu den in politischen wie wissenschaftlichen Diskursen am meisten reflektierten Einflüssen auf die Sozialpolitik zählen der demographische Wandel, Verschiebungen in der Erwerbsstruktur der Bevölkerung, steigende Sozialausgaben, die Globalisierung mit ihren tatsächlichen oder angenommenen Folgen für die einzelnen Volkswirtschaften und die Spielräume politischen Handelns sowie ein gewandeltes Verständnis davon, was Sozialpolitik leisten soll und kann.[8]

Die Reformpolitiken wurden bald Gegenstand der wissenschaftlichen Analyse. In den Fällen, in denen es zu einem Abbau kam, zeigte sich, dass dieser sehr unterschiedliche Formen annehmen kann: „Retrenchment can be defined to

---

[7] Damit lässt sich auch ein Bezug zur Parteiendifferenzthese herstellen: Laut der Parteiendifferenzthese werden durch unterschiedliche Regierungsparteien unterschiedliche Policies verwirklicht. Diese Arbeit dient nicht der Bestätigung oder Zurückweisung dieser These. Allerdings wird sie Anhaltspunkte dafür liefern, inwieweit Rot-Grün eine eigene Politik verfolgte, oder ob die Regierung Schröder inhaltlich an die Politik der Vorgängerregierung anknüpfte.

[8] Zu den unterschiedlichen Einflüssen gesellschaftlicher, wirtschaftlicher und politischer Natur s. Bonoli et al. 2000, Pierson 2001b, Taylor-Gooby 2001: 15-24, speziell für den deutschen Fall Bleses/Seeleib-Kaiser 2004: 29-39, Leibfried/Obinger 2003: 200-204

include policy changes that either cut social expenditure, restructure welfare state programs to conform more closely to the residual welfare state model, or alter the political environment in ways that enhance the probability of such outcomes in the future", stellte Pierson (1994: 17) fest. Ebenso wurde deutlich, dass auf Retrenchment abzielende Politiken mit einer Reihe von Hindernissen und Beschränkungen zu rechnen hatten (Pierson 1994: 182). Dennoch – oder evtl. gerade weil radikale Reformen nur schwer umzusetzen sind – sind die westlichen Wohlfahrtsstaaten Gegenstand permanenter Reformen geblieben. Wohl auch deswegen ist in den Sozialwissenschaften im Laufe der Jahre ein prosperierendes „retrenchment business" (Hinrichs/Kangas 2003: 574) entstanden, das auch davon profitiert, dass Wohlfahrtsprogramme in den westlichen Industrienationen weiterhin für die Politik und für große Teile der Bevölkerung eine wichtige Rolle spielen.[9]

Der anfängliche Fokus auf Retrenchment wich bald einer differenzierteren Sichtweise. Die Reformpolitiken, mit denen auf die gewandelten Umstände reagiert wurde, bestanden (und bestehen) keineswegs nur in einem einfachen Abbau der Sozialleistungen, sondern in einer Vielzahl von Umschichtungen, Kürzungen, aber auch Neuschaffung von Programmen, mit denen neu identifizierte Probleme bearbeitet werden sollten. Dass Wohlfahrtsstaaten politischen und strukturellen Veränderungen ausgesetzt sind, scheint in der wissenschaftlichen Debatte unumstritten. Über Umfang und Richtung, Bedeutung und Gründe, soziale und politische Folgen dieser Veränderungen herrscht jedoch Uneinigkeit in der Forschung. „[D]espite a growing availability and comparability of relevant data, the body of comparative welfare state research cannot be described as resting on a widely shared empirical basis or common understanding about how much change there is, what drives change, or how the nature of change should be understood or conceptualized" (Clasen/Siegel 2007a: 4; s. auch Siegel 2007: 47-48). Die Suche nach der Ursache dieser Unstimmigkeiten hat zu einer eigenen Debatte in der Wohlfahrtsstaatsforschung geführt. In dieser Diskussion um das „dependent variable problem" wurde herausgearbeitet, dass vor einer Analyse der Einflussfaktoren auf den Wandel von Wohlfahrtsstaaten (die unabhängigen Variablen) die Wohlfahrtsstaaten und die Veränderungen selbst (die abhängigen Variablen) angemessen und nachvollziehbar definiert und operationalisiert werden müssen. „The argument may seem somewhat commonsensical, but [...] much of the disagreement about the dependent variable actually originates from

---

[9] Die Sozialleistungsquote (Gesamtausgaben für den Sozialschutz in % des BIP) liegt in der EU 27 bei 26,9% (Eurostat 2009, vorläufiger Wert für 2006), wobei gravierende Unterschiede zwischen den einzelnen Ländern bestehen, speziell zwischen den Ländern Nord- und Westeuropas einerseits und den Mittel-Osteuropäischen Ländern andererseits. Für Deutschland wird für 2006 eine Quote von 28,7% angegeben (Eurostat 2009, vorläufiger Wert), das Statistische Bundesamt (BMAS 2010: Tab. 7.2) geht von 29,1% für dasselbe Jahr aus.

scholars having different theoretical perspectives and not always being fully aware of the implications of their theoretical approaches to welfare state re-trenchment. Part of the problems also originates from disagreement about defin-ing the welfare state notion in the first place" (Green-Pedersen 2004: 4; s. auch Clasen/Siegel 2007b, Green-Pedersen 2007). Zugleich wurden die Vor- und Nachteile bestimmter theoretischer und operationaler Definition und vorhande-ner Daten diskutiert.[10] Die Debatte schärfte das Bewusstsein für die Möglichkei-ten und Grenzen bestehender Ansätze der Wohlfahrtsstaatsforschung und für die Voraussetzungen auf Vergleichbarkeit angelegter Studien. Die folgende Aussage Clasens und Siegels (2007a: 8-9) lässt sich als eine Art methodisches Fazit dieser Debatte verstehen: „In short, the *categorical imperative* of comparative research aimed at investigating the extent of welfare state expansion and retrenchment, rather than analysing merely the change in ‚welfare efforts', is to move beyond a purely expenditure based and macroscopic perspective of the ‚welfare state' and engage with more detailed accounts of changes and policies at the level of indi-vidual social policy programmes" (Hervorhebung im Original).

Mit dem Hinweis auf ausgabenfixierte Untersuchungen greifen Clasen und Siegel ein schon seit Längerem bestehendes Unbehagen an einer Praxis auf, die monetären Größen bzw. der Struktur der Sozialausgaben eine zentrale Rolle einräumt, und das nicht erst im Zusammenhang mit dem Umbau des Wohlfahrts-staats formuliert wurde: „It is difficult to imagine that anyone struggled for spending *per se*" (Esping-Andersen 1990: 21; Hervorhebung im Original).[11] Als Ergebnis dieser Kritik wurde ein verstärktes Augenmerk auf institutionelle Ar-rangements sowie auf soziale Rechte gelegt (Clasen/Clegg 2007: 169-171). Au-ßerdem berücksichtigten manche Analysen des Wohlfahrtsstaats und seiner Ent-wicklung Outcomes, wie bspw. die Arbeitslosenquote oder den Grad der Umver-teilung von Einkommen (z. B. Clayton/Pontusson 1998, Goodin/Headey/Muffels 1999; zur Unterscheidung von Output- und Outcome-Perspektiven s. Green-Pedersen 2007: 16-17).

Clasens und Siegels zweiter Kritikpunkt, eine Analyse des Wohlfahrtsstaats als Ganzem würde wichtige Entwicklungen eher verdecken als erhellen, lässt sich nicht nur gegen ausgabenbasierte Analysen des Wohlfahrtsstaats vorbrin-

---

[10] Dass unterschiedliche Untersuchungsebenen und die damit verbundenen Entscheidungen hinsicht-lich der Wahl der Methoden wiederum unterschiedliche bzw. widersprüchliche Ergebnisse bedingen können, arbeitet Taylor-Gooby (2002: 619) in einem Überblicksartikel am Beispiel von Rentenre-formen heraus: „[…] quantitative analysis tends to stress continuity and stability, while cases studies present a picture that allows greater weight to differences in national political processes and to the instability of current settlements". Durch eine Dominanz quantitativer Ansätze könne es so zu einer Überbewertung von Stabilität zu einem Zeitpunkt kommen, wenn radikaler Wandel bevorstünde.
[11] Für eine Analyse und Bewertung von ausgabenbasierten Ansätzen s. Siegel 2007; zu Esping-Andersens Standpunkt s. Green-Pedersen 2004: 5, 7, Siegel 2007: 50.

gen. Auch eine Arbeit wie Esping-Andersens „Three Worlds of Welfare Capitalism" (1990), die soziale Rechte in den Mittelpunkt der Analyse stellt, und Arbeiten, die mit ähnlichen Daten und Prämissen arbeiten (Korpi 1989, Kangas
1991, 2004, Korpi/Palme 2003), sind durch das Verwenden von kumulativen
Indizes zur Bewertung nationaler Wohlfahrtssysteme wie dem De-
Kommodifizierungs-Index Esping-Andersens der Gefahr ausgesetzt, an Tiefenschärfe zu verlieren und einerseits wichtige innerstaatliche Differenzen zwischen
verschiedenen Programmen nicht angemessen behandeln zu können, andererseits
für Leistungen eher einen Mittelwert zu bilden oder typische Fälle zu behandeln
(z. B. Standardempfänger von Lohnersatzleistungen). Sie laufen außerdem Gefahr, soziale Dienstleistungen zugunsten von leichter quantifizierbaren finanziellen Leistungen zu vernachlässigen. Als Alternative kommt eine „dichte
Beschreibung" des Wohlfahrtsstaats und der Wohlfahrtsstaatsreformen in Frage
(Siegel 2003: 18), die auf dem Mikro- oder Programm-Level ansetzt: „[T]hough
the bigness bias of most comparative analysis is understandable as it offers attractive stories to tell and sell about welfare state changes, the ‚real new politics
of the welfare' state might call for comparative analysis that takes the worm's-
eye view (in depth-programme analysis) serious and tries to integrate its results
into a more general, synthetic-perspective of welfare state changes" (Siegel
2003: 6).[12] Insgesamt sollte daher ein möglichst breites Spektrum von Politikfeldern abgedeckt werden und die Analyse in einer Art und Weise erfolgen, die den
politikfeldspezifischen Wegen öffentlicher Verantwortungsübernahme gerecht
wird.

Grundlegend lassen sich verschiedene Herangehensweisen an die Vermes-
sung von Wohlfahrtssystemen jedoch in der Regel unter der Voraussetzung
rechtfertigen, dass die Wahl der Indikatoren für den Wohlfahrtsstaat und seinen
Wandel der Forschungsfrage angemessen sind und theoretisch, d. h. unter Rückgriff auf ein bestimmtes Verständnis des Wohlfahrtsstaats, begründet werden.
Der Wohlfahrtsstaat lässt sich sowohl als ein Aspekt moderner Gesellschaften in
Relation zu anderen Bereichen betrachten[13], als auch als Objekt und Folge politi-

---

[12] S. auch Clasen/Clegg 2005: 1-2. Die Auffassung, dass es sinnvoll ist, verschiedene Politikfelder
getrennt zu analysieren, lässt sich auch durch Piersons (1994: 163) Beobachtung begründen, dass
verschiedene Programme unterschiedlich anfällig für Retrenchment sind.
[13] Im Rahmen einer solchen Betrachtungsweise kann bspw. die Größe der öffentlichen Sozialausgaben im Verhältnis zu anderen volkswirtschaftlichen Kennzahlen oder die relative Position der staatlichen Wohlfahrtsproduktion in einem Wohlfahrtsmix thematisiert werden, wie auch die Art ihrer
Interaktion mit anderen gesellschaftlichen Sektoren. Zudem stellt der Wohlfahrtsstaat nicht nur
funktional, sondern auch direkt durch seine Einbindung in unterschiedliche Märkte einen wichtigen
Bestandteil moderner Gesellschaften dar. Die Höhe der deutschen Sozialausgaben im Verhältnis zum
BIP wurde bereits oben angesprochen – einen weiteren Beleg für die Bedeutung des Wohlfahrtsstaats
als Bestandteil westlicher Volkswirtschaften liefert das Beispiels Schwedens: „[D]ie meisten Beschäftigten im Wohlfahrtssektor [sind] bei Kommunalverwaltungen angestellt, dieser Sektor macht

schen Handelns, das sich in Gesetzen und Institutionen ausdrückt (Outputs), die auf bestimmte Ziele ausgerichtet sind, sowie schließlich als unmittelbarer Einfluss auf das Leben der Einwohnern des Staates.

Mit den unterschiedlichen Aspekten des Wohlfahrtsstaats und ihrer Operationalisierung korrespondieren unterschiedliche Kategorisierungen und Bewertungen der Veränderungen selber. Im „kategorischen Imperativ" Clasens und Siegels ist die Rede von „comparative research aimed at investigating the extent of welfare state *expansion* and *retrenchment*" (Hervorhebung FB). Der Begriff „retrenchment" ist zwar relativ geläufig, auch zur Kennzeichnung der gesamten Debatte um Wohlfahrtsstaatsreformen, ist aber selbst umstritten. Oben wurde bereits angemerkt, dass die Veränderungen des Wohlfahrtsstaats genauso wie dieser selbst angemessen definiert und operationalisiert werden müssen. Die aktuelle Forschung liefert Hinweise darauf, dass eine einfache Gegenüberstellung von Ausbau (expansion) und Rückbau (retrenchment) der komplexen Wirklichkeit des Wandels von Wohlfahrtsstaaten nicht ohne weiteres gerecht wird, zumal, wenn – wie oben gefordert – die Analyse nicht auf der aggregierten Ebene des gesamten Wohlfahrtsstaats ansetzt, sondern der Politik in einzelnen Feldern des Wohlfahrtsstaats gerecht werden soll. Versuche, den vielfältigen Wandel in der Sozialpolitik zu fassen und zu operationalisieren, führten nicht nur zur Indentifikation verschiedener Aspekte des Abbaus (Pierson 1994, s. o. in diesem Abschnitt): Auch Pierson (2001a: 419-427) spricht später von einer Restrukturierung des Wohlfahrtsstaats und unterscheidet dabei die Dimensionen Re-Kommodifizierung, Kostenbegrenzung und Neuausrichtung (recalibration). Palier (2001: 14-15) unterscheidet in Anlehnung an Hall (1993) zwischen Veränderungen erster, zweiter und dritter Ordnung, abhängig davon, ob Policy-Instrumente neu ausgerichtet werden, neue Instrumente unter Beibehaltung der bisherigen Ziele eingesetzt werden oder schließlich Instrumente und Ziele ausgetauscht werden, was sich auch als Paradigmenwechsel beschreiben lässt. Green-Pedersen (2007: 17) stellt mit Rückbau (cutbacks) und Restrukturierung/institutionellem Wandel zwei Ausprägungen von Retrenchment einander gegenüber:

> „The former refers to changes which cut back or reduce social entitlements by, for example, reducing benefit levels, tightening eligibility rules or shortening entitlement periods. The latter refers to changes to the institutional rules surrounding a scheme. These can be changes in the administration or the funding of benefits, but also shifts in the principles which govern the calculation of benefits, for instance changes in the scope or type of means testing".

---

insgesamt ein Drittel der Arbeitnehmer in Schweden aus" (Hort 2008: 529). Diese Rolle des Wohlfahrtsstaats als Wirtschaftsfaktor in einer Volkswirtschaft wird im Folgenden ausgeklammert.

Allerdings sind auch diese differenzierten Ansätze nicht ohne Probleme, da etwa die Einordnung einer Neuregelung in eine der genannten Kategorien begründet werden muss, sich manche Änderungen erst im Zeitverlauf bemerkbar machen und sich schließlich die Frage stellt, ob sich viele kleine Änderungen nicht schließlich zu einer großen Transformation oder gar einem Systemwechsel aufaddieren lassen: „When is a change big enough to be a system shift?" (Hinrichs/Kangas 2003).

Die genannten Ansätze gehen bereits über die Dichotomie von Ausbau und Abbau hinaus, indem sie begriffliche Instrumentarien bereitstellen, die eine genauere Beschreibung des Wohlfahrtsstaatswandels erlauben und auch einen partiellen Ausbau oder die geänderte Schwerpunktsetzung in einem Programm fassen können. Noch weiter gehen Konzepte, die dazu dienen, einen grundlegenden inhaltlichen Wandel in der Wohlfahrtsproduktion anzuzeigen und entsprechend konkrete Entwicklungstendenzen, neue Charakteristika des Wohlfahrtsstaats oder auch den neuen Wohlfahrtsstaat selber zu benennen („leitmotifs of welfare state change", Clasen/Clegg 2007: 168). Darunter fallen u. a. Begriffe wie „aktivierender Sozialstaat" (Lamping/Schridde 2004), „Vermarktlichung" (Nullmeier 2004), Jessops (2000) Annahme einer Entwicklung vom „Keynesian welfare national state" zum „Schumpeterian workfare post-national regime", Gilberts (2002) Diskussion der Transformation des Wohlfahrtsstaats zum „enabling state" sowie die von Bleses und Seeleib-Kaiser (2004) festgestellte „dual transformation" des deutschen Wohlfahrtsstaats, dem Seeleib-Kaiser (2008b) zudem einen Übergang vom „conservatism" zum „liberal communitarianism" bescheinigt. Es ist durchaus möglich, diese verschiedenen Tendenzen als Ausbau oder Rückbau zu bewerten, dies setzt aber das Vorhandensein entweder eines angemessenen normativen Maßstabes voraus oder aber verlässliche empirische Daten über die Folgewirkungen der jeweiligen Entwicklungen – wenn bspw. Aktivierungspolitiken durch eine verstärkte Verknüpfung von Leistungen und Verhaltenspflichten zu einem Rückgang der Nutzung der Leistungen des Wohlfahrtsstaats führen, der reale Bedarf (bzw. die Nachfrage zu den Bedingungen des Status quo ante) nach diesen Leistungen aber gleich bleibt.

Zusammengefasst stellen sich die Ergebnisse aus der Debatte um den Wandel der Wohlfahrtsstaaten wie folgt dar: Einer Analyse des Wandels des Wohlfahrtsstaats muss ein nachvollziehbares theoretisches Verständnis des Wohlfahrtsstaats zugrunde liegen; dieses Verständnis muss angemessen operationalisierbar sein, wobei die gewählten Indikatoren auch den behandelten Aspekt des Wohlfahrtsstaats oder der Sozialpolitik abbilden müssen; die Auswahl der untersuchten Sektoren des Sozialstaats muss schlüssig und der Fragestellung angemessen sein; und eine Konzeption der Entwicklung entlang der Dichotomie Ausbau-Abbau wird den gegenwärtigen Reformen möglicherweise nicht gerecht.

1.3 Konsequenzen für die Analyse rot-grüner Sozialpolitik

Aus diesem Überblick über die aktuelle Debatte zum Wandel des Wohlfahrtsstaats ergeben sich einige Konsequenzen für diese Untersuchung, die die Sozialpolitik der rot-grünen Koalition in den Mittelpunkt rückt. Es stellen sich vor allem die Fragen nach einem angemessen operationalisierbaren theoretischen Verständnis des Wohlfahrtsstaats und dem Schwerpunkt der Analyse.

Die Frage nach dem Verständnis des Wohlfahrtsstaats wird im folgenden zweiten Kapitel beantwortet. Es wird dort argumentiert, dass soziale Rechte ein zentrales Merkmal moderner westlicher Wohlfahrtsstaaten sind und entsprechend auch einen festen Bestandteil der theoretischen Debatte um den Wohlfahrtsstaat darstellen. Die Konzentration auf soziale Rechte in dieser Arbeit hat allerdings auch methodisch-praktische Gründe: Da es um die Analyse von Regierungshandeln geht, sind soziale Rechte neben politisch induzierten institutionellen Veränderungen im engeren Sinne (wie z. B. der Umbau der Arbeitsverwaltung und der Rentenversicherung unter der rot-grünen Koalition) die einzigen Aspekte des Wohlfahrtsstaats, die direkt auf politische Entscheidungen zurückgeführt werden können. Ausgaben sind wie andere Outcomes auch von weiteren Faktoren abhängig (s. Kangas/Palme 2007), die der Beeinflussbarkeit durch Politik entzogen sind. Damit soll keineswegs bestritten werden, dass sowohl Ausgaben als auch andere Outcomes von immenser politischer Relevanz sind.[14]

Der Schwerpunkt der Analyse wird auf der Entwicklung von sozialen Rechten in mehreren Programmen liegen und zwar im Wesentlichen auf Leistungsansprüchen gegenüber den Zweigen der Sozialversicherung, die die sozialen Risiken Alter, Krankheit, Arbeitslosigkeit und Pflegebedürftigkeit absichern. Diese Bereiche werden jeweils im Rahmen einer Fallstudie behandelt. Im Bereich Beschäftigung wird auch auf die steuerfinanzierte Arbeitslosenhilfe bzw. das Arbeitslosengeld II eingegangen. Das Querschnittsthema „Familie" wird, soweit es um Änderungen im Bereich der Zweige der Sozialversicherung geht, in den vier Fallstudien behandelt, eine Diskussion weiterer Leistungen findet sich im Schlusskapitel. Ziel ist es, durch eine Analyse dieser Programme ein umfassendes Bild der Entwicklung des deutschen Wohlfahrtsstaats zwischen 1998 und 2005 zu zeichnen. Der Fokus auf die Sozialversicherungssysteme ergibt sich aus ihrer Bedeutung als typischem Merkmal des deutschen Wohlfahrtsstaats, sie sind für einen Großteil seiner Leistungen verantwortlich (s. u. Abschnitte 3.1 und

---

[14] Mit dem Fokus auf soziale Rechte nimmt der Ansatz dieser Studie eine Zwischenposition zwischen der Analyse eines abstrakten Ordnungsrahmens bzw. Institutionensystems und dem Leistungsstaat ein: Zwar stehen mit sozialen Rechten Institutionen im Mittelpunkt, jedoch sind diese individuellen Ansprüche letztlich die Brücke zwischen der rechtlich gefassten Sozialordnung und dem Leistungsstaat, dessen tatsächlicher Umfang, also das Volumen der Staatstätigkeit im Sozialsektor, ausgeblendet bleibt.

3.2). Zudem wird mit den Sozialversicherungssystemen der Bereich des weiteren Wohlfahrtssystems berücksichtigt, der durch die Politik der Bundesregierung großteils direkt steuerbar ist. Eine „Verrechnung" der Ergebnisse der vier Fallstudien wird nicht vorgenommen. Der Untersuchung aus einer „worm's eye view" (Siegel 2003: 6) – d. h. einer programmorientierten, die Details der Sozialgesetzgebung nachvollziehenden Perspektive, im Unterschied zur an Makrodaten orientierten Analyse des Gesamtssystems aus der „bird's eye view" – wird ein interpretativer Abgleich der Ergebnisse folgen.

Die Analyse der Politikfelder soll zunächst durch eine „dichte Beschreibung" von Veränderungen erfolgen. Diese Art von Analyse soll keineswegs in einer einfachen Nacherzählung von Gesetzesmaßnahmen der rot-grünen Regierung oder in ein „historical story-telling" (Kangas 1991: 14) münden. Durch Entwicklung eines angemessenen Analysewerkzeugs sollen soziale Rechte systematisch untersucht werden. Daraus folgt, dass das Konzept der sozialen Rechte zunächst operationalisiert werden muss (s. u. Abschnitt 2.2.3). Das Vorgehen bei der Untersuchung ist nicht quantifizierend, d. h. es wird nicht davon ausgegangen, dass sich sämtliche Veränderungen im Sinne eines „Mehr oder Weniger" beschreiben lassen. Durch das Analysewerkzeug soll die von Green-Pedersen (2007: 16) bemerkte Schwäche qualitativer Ansätze, die auf eine operationale Definition verzichten, vermieden werden: „Exactly this presents a major weakness of many studies based on ‚qualitative assessment', often lacking an operational definition that spells out how, and on the basis of which criteria, assessments were made, thereby diminishing their reliability significantly".

Die durch Anwendung des Analyserahmens gewonnenen Ergebnisse zu den einzelnen Programmen werden schließlich zusammengeführt, um so übergreifende Entwicklungstendenzen zu identifizieren. Die Analyse ist insgesamt explorativ, d. h. es werden zu ihrem Beginn keine Thesen aufgestellt, die es zu bestätigen oder zurückzuweisen gilt. Soziale Rechte sind dabei zugleich Untersuchungsgegenstand und Perspektive auf den Wohlfahrtsstaat und die Sozialpolitik. Ziel ist eine Interpretation der rot-grünen Sozialpolitik aus dieser Perspektive.

Die Untersuchung gliedert sich zwar in vier Fallstudien aus der deutschen Sozialpolitik, ist durch die Verwendung eines einheitlichen Instruments zur Analyse von sozialen Rechten aber auf Vergleichbarkeit angelegt. Zugleich zeichnet sie bewusst nur einen – aber den zentralen – Aspekt des Wohlfahrtsstaats zwischen 1998 und 2005 nach. Damit trägt sie dazu bei, ein umfassenderes Bild der Entwicklung des deutschen Wohlfahrtsstaats zu zeichnen. Durch die Entwicklung eines Analyserahmens für soziale Rechte wird zudem ein methodischer Beitrag zur Debatte um die Entwicklung von westlichen Wohlfahrtsstaaten geliefert, indem das Instrument grundsätzlich auch in anderen historischen oder nationalen Kontexten einsetzbar sein soll.

1.4 Gliederung

Entsprechend dieser Problemstellung gliedert sich die Untersuchung wie folgt: Im folgenden zweiten Kapitel wird ein tragfähiger und theoretisch begründeter Analyserahmen entwickelt. Dabei wird zunächst das zugrunde liegende theoretische Verständnis von sozialen Rechten und Wohlfahrtsstaaten herausgearbeitet und begründet, das für eine empirische Analyse von Sozialpolitik angemessen ist (theoretische Definition; Abschnitt 2.1). Darauf aufbauend wird in Auseinandersetzung mit anderen Forschungsarbeiten, die soziale Rechte behandeln, ein Analyserahmen eingeführt, der drei verschiedene Dimensionen sozialer Rechte unterscheidet und die Analyse der Reformen zwischen 1998 und 2005 ermöglicht (operationale Definition/Instrument; Abschnitt 2.2). In Kapitel 3 wird ein kurzer, allgemein gehaltener Überblick über soziale Rechte im deutschen Wohlfahrtsstaat gegeben, auf den aufbauend in den Kapiteln 4 bis 7 die Reformen in den Feldern Alterssicherung, Gesundheit, Beschäftigung und Pflege analysiert werden. Jedes dieser vier Kapitel gliedert sich in eine Einführung in das Politikfeld und seine Entwicklung bis 1998, die Darstellung der Reformen der rot-grünen Koalition und eine Auswertung und Diskussion der politikfeldspezifischen Ergebnisse. Daran anschließend werden in Kapitel 8 die Ergebnisse im Überblick präsentiert und interpretiert.

2. Soziale Rechte in der Wohlfahrtsstaatsforschung

Eine systematische Analyse der Sozialpolitik der rot-grünen Bundesregierung kann nicht durchgeführt werden, ohne dass die Forschungsperspektive theoretisch begründet und der Untersuchungsgegenstand eingegrenzt wird. Im Folgenden wird zunächst unter Rückgriff auf die internationale Debatte um Wohlfahrtsstaaten und ihre Entwicklung ein theoretisches Verständnis von sozialen Rechten erarbeitet, das eine empirische Analyse der Outputs eines politischen Systems ermöglicht (Abschnitt 2.1). Dieses Verständnis des Wohlfahrtsstaats wird im Folgenden – wiederum unter Bezugnahme auf bereits existierende Forschungsansätze – operationalisiert (Abschnitt 2.2).

2.1 Soziale Rechte in der Theorie des Wohlfahrtsstaats

Ausgehend von T. H. Marshalls klassischem Beitrag zu sozialen Rechten (1964) wird im Folgenden ein Konzept sozialer Rechte entwickelt, das diese als positive ökonomische Ansprüche begreift. Dieses Verständnis ist darauf angelegt, eine empirische Analyse positiver sozialer Rechte zu ermöglichen.

2.1.1 Der Ausgangspunkt: T. H. Marshall, der Bürgerstatus und soziale Rechte

Bezugspunkt vieler Arbeiten der Wohlfahrtsstaatsforschung, die soziale Rechte thematisieren, sind die Arbeiten des britischen Soziologen T. H. Marshall, vor allem seine Vorlesungen zu „Citizenship and Social Class" von 1949 (Marshall 1964).[15] In ihnen zeichnet er die Entwicklung des modernen Bürgerstatus (citizenship) nach.

> „Citizenship is a status bestowed on those who are full members of a community. All who possess the status are equal with respect to the rights and duties with which the status is endowed. There is no universal principle that determines what those rights and duties shall be, but societies in which citizenship is a developing institution create an image of an ideal citizenship against which achievement can be measured and towards which aspiration can be directed. The urge forward along the path thus plotted is an urge towards a fuller measure of equality, an enrichment of the

---

[15] Zu Marshall s. zusätzlich zu den Verweisen im weiteren Text Mann (1987), Barbalet (1988), Rees (1995), Bulmer/Rees (1996) und Turner (2009).

stuff of which the status is made and an increase in the number of those on whom the status is bestowed" (Marshall 1964: 84).

Die mit dem Bürgerstatus verbundenen Rechte sind nach Marshall politische, zivile und soziale Rechte. Politische Rechte meinen demokratische Teilhaberechte (z. B. das Wahlrecht), zivile Rechte beinhalten vor allem liberale Abwehrrechte und auch das der Marktwirtschaft zugrunde liegende Recht auf Vertragsfreiheit (1964: 71-72). Den Inhalt der sozialen Rechte, der letzten Stufe der Entwicklung des Bürgerstatus, beschreibt Marshall (1964: 72) wie folgt:

> „By the social I mean the whole range from the right to a modicum of economic welfare and security to the right to share to the full in the social heritage and to live the life of a civilized being according to the standards prevailing in the society. The institutions most closely connected with it are the educational system and the social services".

Der allgemeine Bürgerstatus und speziell die sozialen Rechte liegen nach Marshall in Konflikt mit dem Kapitalismus als gesellschaftlichem Stratifizierungssystem, sie sorgen ihrerseits für eine Stratifizierung der Gesellschaft (1964: 110). Die gesellschaftliche Wirkung sozialer Rechte besteht nach Marshall vor allem in der Selbstwahrnehmung der Bürger als einander gleichgestellt und der Herstellung von Chancengleichheit, weniger in einer vollständigen materiellen Angleichung der Lebensbedingungen.[16]

Marshalls Analyse reflektierte die britische Entwicklung in der unmittelbaren Nachkriegszeit. Dennoch sind seine Ausführungen als Ausgangspunkt für die Untersuchung sozialer Rechte in einem anderen zeitlichen und nationalen Kontext geeignet, da in ihnen eine ganze Anzahl von Aspekten angesprochen wird, die bei der Behandlung von Wohlfahrtssystemen und ihren Leistungen berücksichtigt werden müssen. Bereits in dem kurzen Abriss der Grundaussagen Marshalls klingen mehrere Punkte an, die in der folgenden Behandlung sozialer Rechte diskutiert werden sollen und die die theoretische Behandlung sozialer Rechte strukturieren. Die ersten beiden betreffen Fragen, die das Konzept „soziale Rechte" berühren: Was sind soziale Rechte und welche Rolle spielen sie allgemein in westlichen Wohlfahrtssystemen?

(1.) Mit dem Bürgerstatus und seinen Elementen ist ein Ideal verknüpft, das sich auf die erhoffte gesellschaftliche Wirkung dieses Status bezieht. Marshall geht

---

[16] „The extension of social services is not primarily a means of equalizing incomes. [...] What matters is that there is a general enrichment of concrete substance of civilized life, general reduction of risk and security, an equalization between the more and the less fortunate at all levels [...]. Equalization is not so much between classes as between individuals within a population which is now treated for this purpose as though it were one class. Equality of status is more important than equality of income" (Marshall 1964: 102-103).

davon aus, dass sich Gesellschaften diesem Ideal schrittweise annähern. Auch in der neueren Sozialpolitikforschung wird sozialen Rechten unabhängig von den wechselnden politischen Interpretationen dieses Ideals teils ein grundlegender programmatischer Charakter zugeschrieben, der über die jeweilige Ausgestaltung im positiven Recht und die Forderungen einzelner politischer Akteure hinausgeht. Diese Frage nach dem Verständnis sozialer Rechte als Ideal bzw. Programm wird in Abschnitt 2.1.2 behandelt, wobei ein Verständnis sozialer Rechte, das diese auf ihre programmatischen Eigenschaften reduziert, zugunsten einer eher positiven Auffassung von sozialen Rechten zurückgewiesen wird.

(2.) Der Konflikt zwischen Status, sozialen Rechten und Sozialpolitik auf der einen und dem Markt oder der Wirtschaft auf der anderen Seite ist bis heute ein wiederkehrendes Thema in der Wohlfahrtsstaatsforschung. Zudem wurde in der Vergangenheit auch allgemeiner das Verhältnis zwischen verschiedenen Sektoren der Wohlfahrtsproduktion diskutiert, wobei nicht nur das Verhältnis von Staat und Markt behandelt, sondern auch die Familie und zivilgesellschaftliche Institutionen mit einbezogen wurden. Die Frage nach der Funktion und Wirkung sozialer Rechte ist dabei nicht nur ein empirisches, sondern häufig auch ein theoretisches Problem gewesen. In Auseinandersetzung mit der einschlägigen Debatte wird ein ökonomisches Verständnis von sozialen Rechten entwickelt, das für verschiedene politische Interpretationen sozialer Rechte offen ist und die Analyse der Gesetzgebung der rot-grünen Koalition ermöglicht. Eine Diskussion dieser Aspekte findet sich in den Abschnitten 2.1.3 und 2.1.4.

Dieser zweite Punkt leitet zu empirischen Fragestellungen über. Soziale Rechte lassen sich als konkretes empirisches Phänomen, als umstrittenen Gegenstand der Politics betrachten (s. Abschnitt 2.1.5), der unterschiedliche Ausprägungen haben kann. Durch den ökonomischen Charakter sozialer Rechte können Reformen zunächst die mit Rechten verbundenen Leistungen justieren. Marshall spricht darüber hinaus zwei weitere Punkte an, die in der politischen Debatte zu regelmäßig wiederkehrenden Auseinandersetzungen führen:

(3.) Verschiedene politische Interpretationen und Realisationen des Bürgerstatus durch positives Recht betreffen einerseits die Reichweite des Status: D. h., dass auch wenn der Geltungsbereich einer Regelung feststeht – klassischerweise der Nationalstaat oder andere territoriale Einheiten –, gesellschaftliche Gruppen in diesem Gemeinwesen mit einem je unterschiedlichen Status und damit auch mit verschiedenen Rechten ausgestattet werden können. Die konkrete Ausgestaltung der Rechte einzelner Gruppen, die jeweiligen Bedeutungen von Kategorien wie Einwohnerrechten, Bürgerrechten, Arbeitnehmerrechten etc., werden damit Gegenstand empirischer Untersuchungen. Dies wird in Abschnitt 2.1.6 behandelt.

(4.) Der Status der Bürgerschaft ist andererseits offen für unterschiedliche politische Interpretationen hinsichtlich der Verknüpfung von Rechten und Pflichten. Die Beziehung von Rechten und Pflichten ist ein wiederkehrendes Thema in der

Sozialpolitik und der sozialwissenschaftlichen Debatte um den Wohlfahrtsstaat, gegenwärtig vor allem mit den Begriffen „Aktivierung" und „conditionality" verbunden. Das Verhältnis von Rechten und Pflichten steht im Zentrum des Abschnitts 2.1.7

2.1.2 Soziale Rechte als Programm

Marshalls Hinweis, „[...] societies create an image of an ideal citizenship against which achievement can be measured and towards which aspiration can be directed" (1964: 84), verweist darauf, dass der Bürgerstatus und seine Elemente nicht nur als positiver Bestandteil der Rechtsordnung moderner Gesellschaften gesehen werden können. Sie können darüber hinaus auch mit einer Zielvorstellung verknüpft sein, die sich in politischen Regelungen niederschlägt. Dies kann dazu führen, sozialen Rechten einen idealen, übergesetzlichen Charakter zuzuschreiben.

Kaufmann (2003) und an ihn anschließend Berner (2007b) haben diese zweite Komponente besonders pointiert herausgearbeitet. Sie unterscheiden zwei Merkmale moderner, westlicher Wohlfahrtssysteme: eine normative „wohlfahrtsstaatliche" Programmatik (Kaufmann 2003: 16 (Fn. 5), 40; s. Berner 2007b: 30-31) und die institutionelle Umsetzung dieses Programms. Kaufmann assoziiert mit dem Programm soziale Rechte (2003: 39-42), mit den Institutionen den Sozialsektor, „[...] dessen Gestaltung oder Veränderung das Ergebnis *sozial- oder wohlfahrtsstaatlicher Politik,* also von intervenierender staatlicher Gesetzgebung ist" (Kaufmann 2003: 36; Hervorhebung i. O.). Berner (2007b: 31) setzt diese Unterscheidung in Beziehung zu unterschiedlichen Entwicklungswegen moderner Gesellschaften: „Die Existenz eines Sozialsektors scheint ein grundlegendes Erfordernis moderner Staatlichkeit zu sein, Einrichtungen der sozialen Sicherheit gibt es deshalb in allen modernen Staaten. Eine wohlfahrtsstaatliche Programmatik [...] ist dagegen weit voraussetzungsvoller und nicht in allen modernen Gesellschaften zu finden". Die wohlfahrtsstaatliche Programmatik stellt einen grundlegenden gesellschaftlichen Konsens dar (Berner 2007b: 30), sie besteht in einer „*durch politisches Handeln vermittelten kollektiven Verantwortung für das Wohlergehen der Gesamtbevölkerung*" (Kaufmann 2003: 37; Hervorhebung i. O.). Die Assoziation des normativen Programms mit sozialen Rechten, im Falle Kaufmanns noch dazu unter Bezugnahme auf Menschenrechte und Völkerrecht (Allgemeine Menschenrechtserklärung der Vereinten Nationen und Charta der Vereinten Nationen; s. Kaufmann 2003: 39-42), ist allerdings insofern problematisch, als dass sie über das Ziel hinausschießt bzw. den positiven Charakter sozialer Rechte unterschlägt. Zwar ist es unbestreitbar, dass

„Wohlfahrtsstaatlichkeit" nicht bloß auf Institutionen reduziert werden kann, sondern immer auch von Gesellschaft zu Gesellschaft unterschiedliche Problemdefinitionen und Zielvorstellungen einschließt, und dass mit einer Konzentration auf Institutionen die Gefahr einer „*Verdinglichung des wohlfahrtsstaatlichen Denkens*" (Kaufmann 2003: 37; Hervorhebung i. O.) einhergeht. Allerdings ist es wiederum eine Verkürzung, wenn soziale Rechte nur als eine Idee behandelt werden, die Institutionen gegenübergestellt bleibt. Soziale Rechte können nicht auf einen unverbindlichen, deklamatorischen Charakter[17] reduziert werden, auch wenn sie als Zielvorstellungen politische Wirksamkeit entfalten können. Tatsächlich haben sie faktisch bindenden Charakter und sind damit selbst Institutionen, dauerhafte Regelsysteme, die zur Lösung bestimmter Probleme dienen.[18] Diese positive Seite wird auch von Marshall (1981a: 96-98) betont, wenn er zwischen Rechten und Erwartungen unterscheidet:

> „First comes the level of precisely defined and legally enforceable rights, which may be adjusted by interpretation but not by discretion. Next comes the right to have one's claim assessed by exercise of discretion in accordance with current policy. […] The third level is occupied by what I have elsewhere called ‚legitimate expectations'. They are based upon the avowed aims of policy or, more precisely, the commitments, in general terms, as to benefits or services to be provided for the citizens. […] There remains the fourth level of the hierarchy to which we assign the components of generally accepted standards by which social policy and its performance are judged. For the individual these are translated into attributes of his status as a member of the society. For the society they represent the assumptions from which public debate on social policy starts".

Das dieser Arbeit zugrunde liegende Verständnis von sozialen Rechten entspricht den „precisely defined and legally enforceable rights". Allerdings ist die zuvor diskutierte Ansicht, dass soziale Rechte „Programm" sind, nicht vollkommen von der Hand zu weisen, jedoch nicht in dem Sinne Kaufmanns und Berners: Soziale Rechte haben einen Doppelcharakter (wie alles Recht) – sie besitzen programmatische *und* institutionelle Aspekte. Sie sind besondere, d. h. durch ein bestimmtes Verfahren legitimierte politische Willensbekundungen (Programm) und zugleich allgemein gültige, strukturierende Elemente des gesellschaftlichen Lebens (Institution). Deshalb lässt eine Analyse positiven Rechts auch Rückschlüsse auf Problembewusstsein und Zielvorstellungen der beteiligten politischen Akteure zu. Jedoch bleibt zu berücksichtigen, dass auch wenn soziale Rechte als politisches Versprechen auf Leistungen mit einer Garantie auf ihre Einlösung verbunden sind, ihre tatsächliche Realisation und damit die poli-

---

[17] Feinberg (1980: 153) spricht in diesem Zusammenhang von einem „special ‚manifesto sense' of ‚right'", wenn auf Bedürftigkeit gründende Ansprüche niemanden zu ihrer Einlösung verpflichten.
[18] Der Bezug von bestimmten sozialen Rechten zu anerkannten Problemlagen wird in Abschnitt 2.1.5 wieder aufgenommen.

tisch erwünschte Wirkung schlussendlich von der Nutzung der Rechte durch die Rechtsträger abhängt.

Ein den positiven Rechten zugrunde liegender gesellschaftlicher Konsens ist im Übrigen möglicherweise selbst kodifiziert, nämlich als weitgehend akzeptiertes Verfassungsrecht, das als Grundnorm jedoch erst durch Sozialrecht konkretisiert wird. In der Bundesrepublik Deutschland sind die maßgeblichen Normen im Grundgesetz die Art. 20 und 28.[19] Die konkrete Ausgestaltung dieses Sozialstaatsprinzips bleibt offen; sie stellen einen Auftrag an den Gesetzgeber dar. Das Sozialstaatsprinzip „[…] bindet Gesetzgebung, Verwaltung und Rechtsprechung. Allerdings findet es im GG ungleich weniger Konkretisierungen als das Rechtsstaatsprinzip oder die Staatszielbestimmungen der Demokratie und des Bundesstaats. Dies liegt daran, daß der S. [Sozialstaat] in seiner Realisierung in starkem Maße von der wirtschaftlichen und sozialen Entwicklung abhängig bleibt" (Spieker 1989: 74). Darum ist der Sozialstaat „[…] kein Gefüge von Institutionen, sondern ein ‚Prozeß' (H.F. Zacher), der in erster Linie auf den Gestaltungswillen des Gesetzgebers angewiesen ist und der offen bleibt für ökonomische Entwicklungen und sozialen Wandel" (Spieker 1989: 74).

Entsprechend muss für das Sozialstaatsprinzip immer wieder neu geprüft werden, wie es durch konkrete Regelungen und Institutionen interpretiert wird. Damit rücken wieder die positiven sozialen Rechte der Bevölkerung ins Zentrum der Analyse, die auf bestimmte Probleme einerseits, auf sich wandelnde Ausprägungen der zum Eingang dieses Abschnitts erwähnten „ideal citizen-ship" andererseits ausgerichtet sind. Die Vielzahl der staatlichen Eingriffe in Wirtschaft und Gesellschaft und die vielfältigen damit verbundenen Rechtsansprüche machen allerdings eine Abgrenzung der sozialen Rechte von anderen Ansprüchen notwendig. Zur Abgrenzung der sozialen Rechte von anderen Ansprüchen wird im Folgenden die in der Wohlfahrtsstaatsforschung gängige Perspektive diskutiert, der entsprechend das Individuum durch soziale Rechte gegen bestimmte ökonomische oder durch die Ökonomie geschaffene Problemlagen abgesichert werden soll. Damit wird der Untersuchungsgegenstand für die spätere Analyse der rot-grünen Sozialpolitik eingegrenzt.

2.1.3 Soziale Rechte vs. Markt

In der Debatte um die Entwicklung moderner Wohlfahrtsstaaten erscheint es weitgehend unstrittig, dass soziale Rechte einen ökonomischen Charakter haben

---

[19] Art. 20 GG bestimmt, dass die Bundesrepublik Deutschland ein demokratischer und sozialer Bundesstaat ist, Art. 28 GG bindet die verfassungsmäßige Ordnung der Länder an die Grundsätze des republikanischen, demokratischen und sozialen Rechtsstaats.

und Ansprüche auf Finanztransfers, Güter und Dienstleistungen darstellen, wenn auch teils die gesellschaftliche Wirkung Element ihrer Definition ist.[20] Der ökonomische Charakter sozialer Rechte wird in manchen Arbeiten nicht nur in den konkreten Inhalten gesehen, sondern auch funktional durch ihre Wechselwirkung mit der Wirtschaft und insbesondere dem Arbeitsmarkt bestimmt. Im Folgenden wird das Verhältnis zwischen sozialen Rechten und der Wirtschaft diskutiert, wobei für eine inhaltliche, jedoch für unterschiedliche empirische Ausprägungen offene Bestimmung der Rechte plädiert wird, im Gegensatz zu einer eher funktionalen Bestimmung durch ihre tatsächliche oder vermeintliche Wirkung. Durch die Vermeidung einer zu engen Definition von Sozialpolitik und sozialen Rechten und ihrer Reduktion auf bestimmte Funktionen kann der Wandel von Ziel- und Problemvorstellungen der politischen Akteure analysierbar gemacht werden.

Marshall sah einen Konflikt zwischen sozialen Rechten und der kapitalistischen Marktwirtschaft, der sich auch als ein Konflikt zwischen zwei Bestandteilen des Bürgerstatus begreifen lässt: als Konflikt zwischen den zivilen Rechten und den sozialen Rechten. „Social rights in their modern form imply an invasion of contract by status, the subordination of market price to social justice, the replacement of the free bargain by the declaration of right" (Marshall 1964: 111). Die einflussreichste Fortentwicklung dieses Ansatzes, durch den soziale Rechte in Relation zur Marktwirtschaft bestimmt werden, findet sich in Esping-Andersens „The Three Worlds of Welfare Capitalism" (1990). Esping-Andersen stimmt Marshall zu, dass soziale Rechte die „Kernidee" des Wohlfahrtsstaats seien und argumentiert unter direkter Bezugnahme auf Marshall: „If social rights are given the legal and practical status of property rights, if they are inviolable, and if they are granted on the basis of citizenship rather than performance, they will entail a de-commodification of the status of individuals *vis-à-vis* the market" (1990: 21). De-Kommodifizierung bedeutet hier in Anlehnung an Polanyi (1978) die Befreiung der Individuen von der Notwendigkeit, ihre Arbeitskraft zur Sicherung ihres Lebensunterhalts als Ware (commodity) zu verkaufen, was als grundlegendes Merkmal kapitalistischer Gesellschaften gesehen wird. Dieses Verständnis von sozialen Rechten ist allerdings extrem zugespitzt und auch das Bild einer allein gegen den Markt gerichteten Sozialpolitik wird der Realität kaum gerecht. Soziale Rechte können de-kommodifizierend wirken, der Umkehrschluss, dass soziale Rechte durch diese mögliche Wirkung definiert werden, ist jedoch nicht haltbar. Es ist entsprechend Rieger (1998: 65) zuzustimmen, der hier von einem „Mißverständnis von De-Kommodifizierung als letztem Zweck

---

[20] Bereits die oben angeführte Definition sozialer Rechte durch Marshall verweist nicht nur auf ein „modicum of economic welfare and security" sondern auch „ the right to share to the full in the social heritage and to live the life of a civilized being according to the standards prevailing in the society" (Marshall 1964: 72).

und Ideal von Sozialpolitik" spricht, denn durch solch ein Verständnis bleibt eine ganze Reihe von Aspekten sozialer Rechte unbeachtet:

(1.) Bereits in Marshalls Analyse sind soziale Rechte weder vollständig noch intentional gegen den Markt gerichtet. Ihr Zweck ist zwar, vererbte Ungleichheiten möglichst zu beseitigen (1964: 109) und bis zu einem gewissen Grad für ein Realeinkommen außerhalb des Arbeitsmarktes zu sorgen (1964: 96), ansonsten sind sie aber die Grundlage für Chancengleichheit im Markt und damit Ausgangspunkt für erneute Ungleichheit:

> „The right of the citizen in this process of selection and mobility is the right to equality of opportunity. Its aim is to eliminate hereditary privilege. In essence it is the right to display and develop differences, or inequalities; the equal right to be recognized as unequal. In the early stages of the establishment of such a system the major effect is, of course, to reveal hidden equalities – to enable the poor boy to show that he is as good as the rich boy. But the final outcome is a structure of unequal status fairly apportioned to unequal abilities" (Marshall 1964: 109).

Diese möglichen Konsequenzen des Zusammenspiels sozialer Rechte und der Marktwirtschaft lassen sich eher als gegenseitige Beeinflussung und Ergänzung denn als Gegensatz fassen,[21] zumal sich auch argumentieren lässt, dass die Herstellung von Chancengleichheit das nachhaltige Funktionieren von Märkten unterstützt und die mit sozialen Rechten verbundenen Institutionen selbst wiederum zum ökonomischen Wachstum direkt oder indirekt beitragen können. Zudem sind soziale Rechte inhaltlich nicht nur gegen den Markt ausgerichtet, sondern z. T. positiv auf ihn bezogen: Gerade im Feld der Arbeits- und Beschäftigungspolitik ist eine Aktivierung der Arbeitslosen zum Zwecke ihrer Integration im ersten Arbeitsmarkt in den letzten Jahrzehnten ein Ziel politischen Eingriffs geworden (s. Kapitel 6). Soziale Rechte sind hier mit Pflichten gekoppelt, die dem Ziel einer De-Kommodifizierung schlicht widersprechen.

(2.) Ein realistisches Bild sozialer Rechte muss berücksichtigen, dass diese auch in einem zweiten Sinne auf den Markt bezogen sein können, indem sie nämlich Ansprüche darstellen, deren Besitz an die Erwerbsarbeit gebunden sein kann, etwa im Falle von Sozialversicherungen (Esping-Andersen 1990: 22). Dies weicht vom Ideal der de-kommodifizierenden Rechte, die den Rechtsträgern in ihrer Eigenschaft als Bürgern gewährt werden, ab. Dennoch scheint es sinnvoll, hier von sozialen Rechten zu sprechen, da es letzten Endes um einklagbare

---

[21] Marshall bietet, allerdings in einer späteren Arbeit, einen weiteren Anknüpfungspunkt für diese Ansicht wenn er argumentiert, dass „new welfare" qualitativ von früherer Armenpolitik (Poor Law) zu unterscheiden sei: „So it became possible to see that the welfare sector and the mixed economy were engaged in the same task, of meeting the needs and demands of consumers throughout the nation, but that they were using different methods" (1981b: 131).

Rechtsansprüche auf Finanzleistungen, Güter und Dienstleistungen gegenüber öffentlichen Einrichtungen geht.

(3.) Die Probleme, auf die Sozialpolitik und soziale Rechte reagieren, lassen sich zwar durchaus als ökonomische Probleme fassen. Auch kann davon ausgegangen werden, dass „[d]ie wohlfahrtsstaatliche Entwicklung [...] offensichtlich mit der Abarbeitung von Folgeproblemen der sozioökonomischen Transformationen der Neuzeit zu tun [hat], als deren offenkundigste Aspekte Industrialisierung und Verstädterung gelten" (Kaufmann 2003: 27). Allerdings ist der direkte Zusammenhang zwischen Sozialpolitik und sozialen Rechten und der kapitalistischen Marktwirtschaft keineswegs klar. Es lässt sich argumentieren, dass das Bedürfnis nach „moderner" Sozialpolitik durch die Auflösung feudaler Schutz- und Abhängigkeitsverhältnisse und den Verlust der Möglichkeiten zur Selbstversorgung entstand (Offe 1987: 502, Kaufmann 2003: 45) und damit gleichzeitig zur Entstehung der kapitalistischen Wirtschaftsordnung, aber nicht notwendigerweise aus ihr. Sozialpolitik, auch ihre frühen Formen wie die britische Armutspolitik des beginnenden 17. Jahrhunderts, lässt sich dann eher als Reaktion auf und Aspekt von allgemeineren Modernisierungstendenzen begreifen. Das Konzept der De-Kommodifizierung reduziert jedoch den Impetus der Sozialpolitik auf Probleme, die durch die Kommodifizierung der Arbeitskraft hervorgerufen werden, nicht zuletzt durch die mit diesem Konzept verbundene Betonung der Rolle der Arbeiterbewegung in der Schaffung des Wohlfahrtsstaats (s. Abschnitt 2.1.5).

Diese partielle Unabhängigkeit der Entwicklung von Sozialpolitik und Wirtschaftssystem zeigt sich auch dadurch, dass Sozialpolitik auf bestimmte Probleme reagiert, die erst auf der Grundlage von gesellschaftlichen Diskursen als Probleme erkannt werden und unter Bezugnahme auf vorhandene Gerechtigkeitsvorstellungen bearbeitet werden. „[T]he welfare state is characterized by a great number of individual rights and legal regulations which are destined to order the economic process *in favour of a good and just society*" (Preuß: 1985: 155; Hervorhebung FB).

(4.) Schließlich muss die Übernahme der politischen Verantwortung für die Wohlfahrt der Bevölkerung nicht notwendigerweise in sozialen Rechten ihren Ausdruck finden. Selbst wenn ein eindeutiger Zusammenhang zwischen Ökonomie und Sozialpolitik angenommen wird, werden in einem Rechtsstaat soziale Probleme im Falle öffentlicher Verantwortungsübernahme zwar durch Sozialrecht gelöst, dieses kann aber auch paternalistische Lösungen (als funktionale Äquivalente zu individuellen Rechtsansprüchen) vorsehen. Um das Entstehen nicht nur von Sozialpolitik, sondern sozialer Rechte zu erklären, muss deshalb auf die Motive der an der Gestaltung der Sozialpolitik beteiligten Akteure verwiesen werden (s. Abschnitt 2.1.5).

Angemessener als ein auf De-Kommodifizierung fixiertes Verständnis sozialer Rechte erscheint darum eines, das soziale Rechte zwar als ökonomische Rechte begreift – da sie letztlich den Zugang zu Gütern und Dienstleistungen regeln –, jedoch weder ihre Wirkung als Teil der Definition enthält, noch ihren Charakter funktional, d.h. in Abhängigkeit von der Wirtschaftsordnung, bestimmt. Das heißt nicht, sie von der Ökonomie zu entkoppeln, sondern sie nicht definitorisch zu überladen und damit den Untersuchungsgegenstand – positive Ansprüche – unnötig einzuschränken. Preuß' (1985: 163) Definition von distributiven Rechten kann hier als ein Ausgangspunkt dienen:

> „Distributive rights are interests which are satisfied through the performance of corresponding duties on the part of the government or any other party. […] they are different [from other rights; FB] in one important aspect: they interfere with the process of efficient allocation of goods and services, protect the employees; the consumers; the clients; the tenants etc. against the powers of the employers; the producers; the landlords etc. and alter – directly or indirectly – the reward structure of the capitalist economy".

Auch hier finden zwar die Wirkungen der distributiven Rechte Beachtung; dass soziale Rechte und damit der Wohlfahrtsstaat als Allokationsmechanismus funktionieren, kann nicht bestritten werden, da durch sie Güter und Dienstleistungen den Nutzern zugänglich gemacht werden. Die „Interferenz" mit dem „Prozess der effizienten Allokation", also dem Marktmechanismus, ergibt sich jedoch direkt aus dem ökonomischen Charakter sozialer Rechte und ist keine weitere gesellschaftliche Folgewirkung (wie etwa die De-Kommodifizierung von Arbeitnehmern) oder ein bestimmtes politisches Verteilungsideal.

Für Preuß fallen unter soziale Rechte – in seiner Diktion: distributive Rechte – auch „[…] compulsory measures (like prohibition of children's work; safety rules for workers; prohibitions on polluting the water or the air etc.)" (1985: 163). Hier stellt sich allerdings die Frage, ob mit den genannten Pflichten auch individuelle Rechtsansprüche der Betroffenen notwendig verknüpft sind. Deswegen scheint es sinnvoll, seinen Hinweis auf die allokative Wirkung von sozialen Rechten aufzunehmen, diese jedoch auf individuelle Ansprüche auf Finanzleistungen, Güter und Dienstleistungen zu beschränken. Eine solche Bestimmung, die im Folgenden mit Überlegungen zu Wohlfahrtsproduktion und dem Wohlfahrtsmix verbunden wird, lässt den konkreten Inhalt sozialer Rechte offen. Die Güter und Dienstleistungen, die durch soziale Rechte garantiert werden, sind insofern kontingent, als dass sie politischen Entscheidungen und den gesellschaftlichen Problemstellungen und Gerechtigkeitsvorstellungen unterworfen sind.

Behandelt werden in dieser Studie in erster Linie private Güter, Güter also, die sich in der ökonomischen Theorie durch Rivalität im Konsum und

Ausschließbarkeit anderer Nutzer auszeichnen. Dieses Verständnis von sozialen Rechten ist einem engen Verständnis des Wohlfahrtsstaats verwandt: „Conventionally and narrowly defined, welfare state programmes consist of statutory benefits and service provision (generally leaving aside education)" (Clasen/Siegel 2007a: 6).[22] Ein weiteres Verständnis könne dagegen auch Steuern („tax expenditures"), Mindestlöhne, staatliche Regulierung von Arbeits- und Produktmärkten, die staatliche Anerkennung von „collective bargaining" und weitere Interventionen, die Einkommen von Marktergebnissen unabhängig machen, umfassen. Der Grund, warum in dieser Arbeit einem engen Verständnis von sozialen Rechten der Vorzug gegeben wird und öffentliche Güter, auf die z. T. auch Rechtsansprüche bestehen, nicht in die Diskussion mit einbezogen werden, ergibt sich aus Überlegungen zur Wohlfahrtsproduktion: Es geht hier letztendlich um einen unmittelbaren, primär individuellen Nutzen, der aus den Gütern und Dienstleistungen gezogen wird. Der materielle Gehalt sozialer Rechte ist zwar in der Regel auf so genannte soziale Risiken, „social contingencies" (Briggs 1961: 228; Risiken, die nicht nur einzelne Individuen betreffen) bezogen und entsprechend standardisiert. Das soziale Risiko manifestiert sich jedoch in individuellen Kontexten, „[…] the typical risks of life – lack of nutrition, shelter and protection – which in precapitalist societies were risks of the collectivity, have become individual risks. They have been supplemented by some new risks which could only arise in the area of the individualization of life situations: lack of medial care; joblessness; helplessness in old age or due to accidents" (Preuß 1983: 167). Soziale Rechte haben insofern einen paradoxen Charakter, als dass sie einerseits individuelle Rechtsansprüche sind, mit denen individuellen Problemen begegnet wird, sie andererseits aber – durch die Notwendigkeit einer effizienten Verwaltung und durch die Wahrnehmung der zugrunde liegenden Problemlagen als „sozial" – normiert und standardisiert werden.[23]

Andere Eingriffe in die Einkommensverteilung (Steuersystem) bleiben im Folgenden weitgehend ausgeblendet, weil es dabei in der Regel nicht um Leistungen im engeren Sinne geht, sondern um die Regulation der von verschiedenen Sektoren bereitgestellten Wohlfahrtsgüter und -dienstleistungen. Wenn nicht explizit Leistungen als Zuschüsse oder Gutschriften gewährt werden, besteht hier nur insofern ein abgeleiteter Rechtsanspruch, als dass die Wohlfahrtsproduktion durch Erwerbsarbeit o. ä . im Vordergrund steht.

---

[22] Ein solches enges Verständnis scheint zunächst auch Kaufmanns (2005a: 60) Begriff von „sozialpolitischen Gütern" verwandt zu sein; allerdings umfassen die von ihm genannten Güter nicht nur Geldleistungen, sondern auch Rechte und die Verfügbarkeit von Einrichtungen und Dienstleistungen, wodurch der Güterbegriff für den Zweck dieser Arbeit überdehnt wird.

[23] Dieses Paradox tritt im öffentlichen Diskurs wieder zutage, wenn von einzelnen Leistungsempfängern auf das gesamte Kollektiv zurück geschlossen wird.

2.1.4 Soziale Rechte im Wohlfahrtssystem

Das im Vorhergehenden ausgeführte Verständnis von sozialen Rechten als Ansprüche auf Finanzleistungen, Güter und Dienstleistungen kann durch Überlegungen zur Wohlfahrtsproduktion ergänzt werden. In den Arbeiten von Zapf (1984) und Rose (1986) und weiter führenden Ansätzen zu „Wohlfahrtsmix" (Evers 1990) „Wohlfahrtspluralismus" (Evers/Olk 1996) oder „Wohlfahrtssystem" (Schubert et al. 2008) wird darauf hingewiesen, dass die Produktion von Wohlfahrt, von Nutzen stiftenden Gütern und Dienstleistungen nicht nur eine Sache des Wohlfahrtsstaats und des Marktes ist („bi-sectoral view"; Evers 1990: 8), sondern ebenso in Familien oder durch zivilgesellschaftliche Institutionen geschehen kann. Die genannten Ansätze erheben weniger den Anspruch, eine vollständige Theorie des Wohlfahrtsstaats und seiner Entstehung zu liefern, sondern dienen dazu, vorfindbare empirische Phänomene zu analysieren. So sehen Evers und Olk (1996: 14) in ihrem Konzept des Wohlfahrtspluralismus ein „heuristic framework for analysis".

Die unterschiedlichen Sektoren der Wohlfahrtsproduktion zeichnen sich idealtypisch durch je eigene Funktionslogiken und Zugangsvoraussetzungen für die Nachfrager von Gütern und Dienstleistungen aus. Sozialpolitik bezieht sich im Wohlfahrtsmix in erster Linie auf den Versuch der Herstellung der politisch für optimal gehaltenen Kombination der unterschiedlichen Sektoren.[24] Aus der Perspektive der Wohlfahrtsproduktion besitzt der staatliche Sektor als ein Alleinstellungsmerkmal die Regelung des Zugangs zu Gütern und Dienstleistungen durch Rechte (Evers/Olk 1996: 24-25). Dies ist in zweierlei Hinsicht zu ergänzen: Zum einen kann Wohlfahrtsproduktion durch den Staat – wie erwähnt – auch auf eine paternalistische Versorgung hinauslaufen, die nicht an Rechtsansprüche gekoppelt sein muss, wenn auch durch Recht geregelt sein kann. Zum anderen ist eine bloße Gegenüberstellung der Sektoren irreführend:

> „[D]och suggeriert diese Theorie [gemeint ist Zapf 1984, FB] eine Eigenständigkeit
> und funktionale Äquivalenz, die m. E. nicht gegeben ist. *Vielmehr beziehen sich die*
> *Beiträge der verschiedenen Instanzen zur Wohlfahrtsproduktion auf unterschiedli*
> *che Emergenzebenen:* Der staatliche Beitrag bezieht sich im wesentlichen auf die insti
> tutionellen Grundlagen der verschiedenen Leistungssysteme und die Gewährleis
> tung von Inklusion durch Einräumung und Schutz sozialer Rechte. Die arbeitsteilige
> Produktion spezifischer Güter und Dienste erfolgt entweder durch privatwirtschaftli
> che Anbieter oder durch Einrichtungen des Wohlfahrtssektors, die ihrerseits entwe
> der öffentlich-rechtlichen oder privat-rechtlichen Charakter tragen können. Die für

---

[24] Noch von einer „bi-sectoral view" ausgehend, argumentiert Marshall (1981b: 126): „And there are many points at which demarcation between the sectors is explicitly determined by government. Most obviously it is government which has decided, and still decides, whether a particular service should be provided through the market or as a branch of welfare, or by a mixture of the two".

die Genese individueller Nutzen entscheidende Inanspruchnahme schließlich erfolgt in den meisten Fällen im Kontext von Haushalten und Netzwerken, welche für die Wohlfahrtseffekte der angebotenen Güter und Dienste entscheidend sind" (Kaufmann 2005c: 240; Hervorhebung i. O.).

Soziale Rechte können, dieser Perspektive von aufeinander bezogenen Sektoren der Wohlfahrtsproduktion folgend, sowohl auf die Leistungen öffentlicher als auch privater Anbieter gerichtet sein. Ihre Einlösung wird aber in jedem Fall durch den Staat gewährleistet. Die Entscheidungen über den genauen Ort der Wohlfahrtsproduktion, ob die „wohlfahrtsstaatliche Relation" (Vobruba 1983: 91) als soziales Recht ausgeprägt ist und über den materiellen Inhalt sozialer Rechte bleiben aber auch hier wieder eine Sache politischer Entscheidungen und damit Gegenstand empirischer Fragen.

2.1.5   Soziale Rechte und Politics

Es ist bereits an mehreren Stellen darauf hingewiesen worden, dass soziale Rechte Gegenstand politischer Auseinandersetzungen sind. Dies betrifft zunächst den Charakter der sozialen Rechte als *Rechte*, die über eine rechtlich normierte, ansonsten jedoch willkürliche Bereitstellung von Gütern und Dienstleistungen hinausgehen. Außerdem ist ihr materieller Gehalt politisch umstritten, genauso wie auch die konkreten Bedingungen, die zum Erhalt von Leistungen berechtigen, also die Situationen, in denen ein Recht angewendet werden darf, und die Verknüpfung von Rechten und Pflichten. Die verschiedenen politisch bestimmbaren Aspekte sozialer Rechte sind Thema der Ausführungen in diesem und den nächsten beiden Abschnitten.

Preuß (1986: 156) sieht den wesentlichen Unterschied zwischen „absolutistischen" Wohlfahrtsstaaten und modernen Wohlfahrtsstaaten in der „[…] absence of modern rights in the absolutist and their institutionalization in the modern welfare state". Dem ist zwar grundsätzlich zuzustimmen, doch bleibt die Frage offen, wieso über die Etablierung des Rechts als Steuerungselement hinaus Rechte als individuelle Ansprüche etabliert wurden. An dieser Stelle ist ein Blick auf die Ziele der politischen Akteure vonnöten, die an der Formung der modernen Wohlfahrtsstaaten beteiligt waren. Vobruba (1983: 93-94) weist darauf hin, „[…] daß die Fixierung von Rechtsansprüchen an den Staat auf (subsidiäre) materielle Existenzsicherung eine wesentliche Forderung in der Arbeiterbewegung und die Einräumung solcher Rechtsansprüche ein wichtiger (Etappen-)Sieg der Arbeiterbewegung war". Dabei hatte die Etablierung von Rechten auch einen explizit politischen Nutzen: „In der Tat war der strategische Wert einer einmal erkämpften Rechtsposition nicht zu unterschätzen. Bedeutete dies doch, die Durchsetzbarkeit sozialer Ansprüche wenigstens relativ auf Dauer gestellt zu haben und nicht darauf angewiesen zu sein, von Fall zu Fall Konfliktpotential mobilisieren und gesellschaftliche Konflikte riskieren zu müssen" (Vobruba 1983: 94). Eine vergleichbare Grundannahme über die Rolle der Arbeiterbewegung liegt dem „power resources approach" zugrunde, der die Entwicklung des Wohlfahrtsstaats auf die Machtressourcen unterschiedlicher gesellschaftlicher Gruppen, vor allem Klassen zurückführt: „The power resources approach thus generates the hypothesis that the majority of wage earners can be expected to have greater interest than other groups in using political interventions to modify market processes and market criteria in distribution, and *therefore in extending social rights and social citizenship*" (Korpi 1989: 313; Hervorhebung FB). In Ergänzung lässt sich für Versicherungssysteme wie das deutsche Modell noch annehmen, dass ihre Errichtung die Schaffung von Rechtsansprüchen zumindest begünstigt, da zweckgebundene (Zwangs-)Beiträge erhoben werden, denen auf der anderen Seite auch ein Gegenwert entsprechen muss; hier beginnen soziale Rechte Eigentumsrechten zu ähneln.[25]

Das Ergebnis der Schaffung sozialer Rechte besteht aus Sicht des Individuums nicht in der Bereitstellung der eigentlichen Güter und Dienstleistungen allein: „Die Übernahme materieller Leistungsverpflichtungen in rechtlich verbindlicher Form durch den Staat bedeutet nach der Seite der Subjekte hin den Erwerb subjektiver Rechte auf wohlfahrtsstaatliche Leistungen und damit die Grundlage für die Erwartungssicherheit einer von den Wechsellagen kapitalistischer Ökonomie und den Schwankungen individueller Leistungsfähigkeit relativ unabhängigen, materiellen Existenzsicherung" (Vobruba 1983: 99-100). Diese Einsicht ist letzten Endes auch dann zutreffend, wenn, wie oben diskutiert, soziale Rechte inhaltlich nicht aus dem Gegensatz zum Markt bestimmt werden, sondern nur auf wirtschaftliche Güter und Dienstleistungen bezogen sind. Der Verweis auf die Stabilität, die durch soziale Rechte geschaffen wird, darf aber nicht dazu verleiten, soziale Rechte in erster Linie als fixe Problemlösungen zu betrachten oder wie Marshall in der Nachkriegszeit von ihrem kontinuierlichen Ausbau auch in der Zukunft auszugehen. Giddens (1982: 176) weist darauf hin, dass soziale Rechte, wie letzten Endes alle Policies, umstritten bleiben (können):

> „If we see welfare rights as a pivot of class conflict, rather than as acting to simply dilute or dissolve it, we are able to understand both the limited success of the welfare state in creating greater equalisation, and the conservative reaction to it now under way in various countries. The welfare state is neither the result of the liberal proclivities of government (Marshall) nor the instrument of bourgeois class domination

---

[25] Entsprechend nennt Kaufmann als ein wesentliches gemeinsames Merkmal der in den 1880er Jahren im deutschen Reich eingeführten „Arbeiterversicherungen" (Kranken-, Berufsunfall-, Renten- und Invaliditätsversicherung) den „[...] Rechtsanspruch auf die ihrer Höhe nach festgelegten Leistungen und Einräumung des Rechtswegs [...]" (Kaufmann 2003: 270).

(functionalist Marxism). It is a contradictory formation, entangled in the asymmetrical relations between class division and social or welfare rights".

Dieser Fokus auf Klassenkonflikte wird von Hegelich und Schubert auf der Grundlage einer umfassenden Darstellung europäischer Wohlfahrtssysteme erweitert. Sie heben hervor, „[...] dass die Nationalstaaten mit ihren Wohlfahrtssystemen auf Konflikte reagieren, die aus sozio-ökonomischen Unterschieden entspringen, wie Zugang zu Ressourcen, Klassenlage, Geschlecht bzw. Geschlechterrolle, Alter aber auch z. T. ethnische und/oder regionale Unterteilungen, ohne jedoch diese problematische Pluralität aufzuheben" (Hegelich/Schubert 2008: 650; s. auch 652-653). Die dauerhafte politische Relevanz sozialer Rechte und die wirtschaftliche Beschränkung politischen Handelns verdeutlicht auch Lessenichs (1998: 98) relationale Betrachtungsweise sozialer Rechte:

> „Die Rechte der Bürger sind immer auch Pflichten nicht nur des Staates, sondern auch der jeweils anderen Bürger und setzen den Rechten dieser anderen Grenzen. Anders ausgedrückt: Die Handlungsressourcen einer sozialen Gruppe begründen zugleich immer auch Handlungsrestriktionen einer anderen [...] Nur eine solche *relationale* Betrachtungsweise macht wohlfahrtsstaatliche Regime – [...] die allzu häufig die Form arbeitsmarkt- und sozialpolitischer Nullsummenspiele annehmen – einer tiefergehenden Analyse zugänglich" (Hervorhebung i.O.).

Neben der demokratischen Komponente der Auseinandersetzung zwischen unterschiedlichen Gruppen im politisch limitierten Pluralismus (Hegelich/Schubert 2008) mit sich (potentiell) wandelnden politischer Konstellationen wird hier zusätzlich der ökonomische Charakter der Inhalte sozialer Rechte betont, der gerade unter sich wandelnden Rahmenbedingungen und der Voraussetzung einer Endlichkeit der verfügbaren Mittel die Auseinandersetzungen zwischen Interessengruppen verschärfen kann, wobei zusätzlich noch „das Interesse staatlicher Akteure an der Erhaltung ihrer Handlungsfähigkeit" berührt wird (Rieger 1998: 66).

Diese Ansätze können und sollten allerdings ergänzt werden, wie sich in der Diskussion des programmatischen Charakters sozialer Rechte bereits abzeichnete (s. Abschnitt 2.1.2): Soziale Rechte sind nicht nur der Ausdruck eines temporären Kompromisses von rational handelnden, egoistischen Interessengruppen und darum variabel. Sie sind zugleich immer eine Reaktion auf bestimmte soziale Probleme auf der Grundlage weitgehend akzeptierter gesellschaftlicher Standards. Ein sich wandelnder gesellschaftlicher und politischer Konsens über bestehende oder neu wahrgenommene Probleme kann sowohl zu einem Abbau als auch zum Ausbau, zur Anpassung oder zu einer Neuschaffung sozialer Rechte führen (Kaufmann 2003: 38). Aber ein gesellschaftlicher Wandel muss nicht nur die Wahrnehmung sozialer Probleme betreffen. Er kann sich auch auf der Grundlage sich ändernder Gerechtigkeitsvorstellungen auf den Charakter sozialer Rechte beziehen, insofern diese als Relation zwischen dem Einzelnen und den Einrichtungen der sozialen Sicherung auch immer Vorbedingungen für den Erhalt von Gütern und Dienstleistungen beinhalten. Mit anderen Worten können die Problemwahrnehmung und -definition im engeren Sinne (z. B. Arbeitslosigkeit) stabil bleiben, sich aber die „deservingness perceptions" (van Oorschot 2006) ändern und damit bspw. die Pflichten, die an den Erhalt von Leistungen gekoppelt sind. Damit geht der gesellschaftliche Diskurs darüber einher, dass soziale Rechte oder Sozialleistungen generell nicht nur Ausgaben verursachen, sondern darüber hinaus unerwünschte gesellschaftliche Folgen hervorrufen können. Aktivierungspolitiken im Bereich der Arbeitsförderung können sowohl als ein Ergebnis eines sich wandelnden Verständnisses des Problems „Arbeitslosigkeit" und der daraus folgenden Pflichten Arbeitsloser gesehen werden, als auch als Reaktion auf die (vermeintlichen) Konsequenzen der bis dahin existierenden sozialen Rechte (was sich in Begriffen wie der sprichwörtlichen „sozialen Hängematte" niederschlägt). Im Ergebnis muss eine Analyse sozialer Rechte damit immer berücksichtigten, dass Rechte eine „wenn-dann"-Beziehung (Vobruba 1983: 101) beinhalten, dass für soziale Rechte gilt: „Eine definierte Leistungsvoraussetzung muß mit einem definierten Leistungszweck (möglichst) strikt verknüpft sein" (Vobruba 1983: 101). Mit anderen Worten ist die soziale Problematik, auf die soziale Rechte reagieren, Teil der sozialen Rechte und wird bei jeder Sozialreform neu bestimmt.

Schließlich wurde oben unter Bezugnahme auf den Wohlfahrtsmix und Kaufmanns Überlegungen zum wohlfahrtsstaatlichen Arrangement angedeutet, dass sich soziale Rechte nicht nur auf den öffentlichen Sektor der Wohlfahrtsproduktion beziehen können, sondern auch auf den privaten und zivilgesellschaftlichen. Auch hier sind Verschiebungen denkbar, die mit geänderten politischen Einschätzungen der Leistungsfähigkeit der Sektoren der Wohlfahrtsproduktion zusammenhängen. Aktuelle Diskussionen um Nutzen und Risiken von Privatisierung und Staat-Markt-Hybriden (Wohlfahrtsmärkte; s. Abschnitt 8.1.4) zeugen von einer solchen Neubewertung und ihrer politischen Umsetzung. Dies muss aber gerade nicht zu einem Wandel sozialer Rechte führen, wenn nämlich durch die Politik die gleichen Leistungen garantiert werden. Allerdings kann eine solche formale Garantie aufgrund der verschiedenen Handlungslogiken der Sektoren mit unterschiedlichen Ergebnissen der Wohlfahrtsproduktion verbunden sein (Bode 2005).

Dieser Überblick zeigt bereits eine Reihe von Ansatzpunkten und Gründe für politische Reformen sozialer Rechte. Reformen können sich sowohl auf die Rechtsansprüche als solche beziehen, als auch auf die mit ihnen verbundenen materiellen Leistungen und die Bedingungen für ihren Erhalt. Damit ist Kaufmanns (2005b: 314) Ansicht, dass sich „[d]ie Strukturen der Sozialstaatlichkeit

[...] primär auf die *Gewährleistung von Rechtsansprüchen*, nicht jedoch auf das Niveau ihrer Einlösung [beziehen]", da letztere abhängig von ökonomischen Spielräumen und politischen Kräfteverhältnissen blieben, insoweit zurückzuweisen, als dass nicht nur das Niveau, sondern auch die Rechtsansprüche selbst Gegenstand der Sozialpolitik sind. Letztendlich gehört zum Wohlfahrtsstaat und zu sozialen Rechten damit auch die Einsicht, dass nicht alle individuellen oder gesellschaftlichen Interessen in Rechte übertragen werden (Preuß 1985: 157).

Im Folgenden wird auf zwei dieser Aspekte detaillierter eingegangen, um damit die spätere Operationalisierung vorzubereiten.

2.1.6 Soziale Rechte und die Zugehörigkeit zu Kollektiven

Eine Folge der Abhängigkeit sozialer Rechte von politischen Auseinandersetzungen und speziell von wandelbaren Problemdefinitionen ist, dass soziale Rechte Bürgerrechten in Marshalls Sinne ähneln können, aber keineswegs müssen. Der programmatische Aspekt von sozialen Rechten und ihre grundlegende Bedeutung für die gesellschaftliche Integration können verdecken, dass die positiven Rechtsansprüche auf bestimmte Problemlagen und Bevölkerungsgruppen zugeschnitten sind.[26] Bei der Bestimmung der Gruppen von Rechtsträgern können sowohl genuin sozialpolitische Entscheidungen eine Rolle spielen, aber auch Kategorien, die eher dem Bereich der Innenpolitik zugerechnet werden können, wenn etwa zwischen den Rechten von Staatsbürgern oder Einwohnern unterschieden wird bzw. soziale Rechte als Arbeitnehmerrechte vom Aufenthaltsstatus und der sich daraus ergebenden Arbeitserlaubnis abhängen. Dieser Hinweis ist deswegen wichtig, weil in der vergleichenden Wohlfahrtsstaatsforschung soziale *Bürger*rechte z. T. als Indikator für den gesamten Wohlfahrtsstaat behandelt werden, ohne dass die unterschiedlichen Grundlagen verschiedener Rechtskategorien angemessen reflektiert werden. So bemerkt Lessenich (1998: 96): „Wo das Konzept der De-Kommodifizierung als soziales Bürgerrecht die Universalität (des Zugangs) und die Egalität (der Verteilung) dieses Rechtes voraussetzt oder auch bloß unterstellt, sind in Wirklichkeit Selektivität und Ungleichheit vorherrschend. De-Kommodifizierung ist kein generalisierbares Objekt eines gesellschaftlich verallgemeinerungsfähigen Interesses, sondern ein vielfältiges Interessen*konflikte* verkörperndes und generierendes Verteilungsproblem" (Hervorhebung i. O.).

---

[26] Und selbst der ideale Bürgerstatus ist nicht nur durch Inklusion gekennzeichnet: „[B]y its very nature it [citizenship] is an exclusionary right; it creates a border between those that have such privileges and those who fall outside the membership" (Turner 2009: 66).

Es sind grundsätzlich zwei Arten der Differenzierung von Leistungsempfängern zu unterscheiden: Zum einen übernimmt Sozialpolitik vorgängige Kategorisierungen. Hier sind bspw. Unterscheidungen zwischen Bürgern und Nicht-Bürgern wichtig, aber auch geschlechter- und familienpolitische Unterscheidungen und Rollenzuschreibungen. Der sozialpolitische Einfluss solcher Kategorien hängt aber nicht zuletzt von der Gestaltung der jeweiligen Wohlfahrtsprogramme ab. So argumentiert Schulte (2002: 171), dass Sozialleistungssysteme Ausländer in der Regel einbezögen, solange sie die für die Anwendung des Systems notwendigen Voraussetzungen erfüllten (Beschäftigung, Wohnsitz, Steuerpflicht), die Staatsangehörigkeit spiele in der Regel keine Rolle. „Dies gilt insbesondere für die Sozialversicherungssysteme [...], die demgemäß [hierzulande] nicht zwischen In- und Ausländern unterscheiden, sondern alle Personen einbeziehen, die im Inland eine abhängige oder – partiell auch – selbständige Tätigkeit ausüben, sofern diese Tätigkeiten ein Sozialversicherungsverhältnis begründen" (Schulte 2002: 171). Allerdings zeigt dies, dass dem Einbezug ebenfalls eine vorherige Kategorisierung zugrunde liegt – Schulte verweist selbst auf den Aufenthaltsstatus und nennt mit dem Asylbewerberleistungsgesetz und „illegalen" Ausländern ein Programm bzw. eine Gruppe, die außerhalb des Sozialversicherungssystems steht. Da zudem die Aufenthaltsberechtigung durch Inanspruchnahme bestimmter wohlfahrtsstaatlicher Programme erlöschen kann bzw. an die wirtschaftliche Leistungskraft der Ausländer gekoppelt ist, kommt Köppe (2004: 342) zu dem Schluss, dass „[d]ie sicherste Inanspruchnahme sozialer Rechte [...] weiterhin über den Besitz der Staatsbürgerschaft [erfolgt], über die nur die [EU-] Mitgliedsstaaten nach ihrem jeweiligen nationalen Recht entscheiden".

Zum anderen wird auch durch originär sozialpolitische Regelungen über den Kreis der Rechtsträger entschieden. Dies entspricht nicht der oben (Abschnitt 2.1.5) angesprochenen Festlegung sozialen Rechten zugrunde liegender Problembeschreibungen (z. B. Arbeitslosigkeit), durch die Gruppen von potentiellen Leistungsberechtigten geschaffen werden. Eine sozialpolitische Entscheidung über Rechtsträger ergibt sich bspw. durch die Festlegung der Grenzen einer Versicherungspflicht oder von Vorversicherungszeiten. Letztlich baut eine solche Regelung auf vorhergehenden Regelungen, die den Aufenthaltstatus und damit verbunden auch den Erwerbsstatus betreffen, auf.

2.1.7 Rechte und Pflichten

Rechte und Pflichten sind miteinander verbunden. Diese Feststellung kann auf zwei Weisen verstanden werden. Zunächst ist aus einem analytischen Blickwinkel offensichtlich, dass Rechte immer mit Pflichten verbunden sind: Rechte des einen sind Pflichten eines anderen, wobei diese Rechte (um nicht nur moralischer Natur zu sein) offiziell anerkannt sind und die Erfüllung der Pflichten unter Zwangsandrohung durch den Staat garantiert wird (Goodin 2002, Feinberg 1980). Ein solcher analytischer Blickwinkel, gekoppelt mit der Annahme einer Entkoppelung von Recht und Moral in modernen Gesellschaften, liegt auch Preuß' Analyse (1985: 159-162) zugrunde, dass sich Rechte durch „Unverantwortlichkeit" auszeichneten. Diese „Unverantwortlichkeit" zeige sich darin, dass Rechte nicht durch Gegenrechte ausgeglichen würden, durch Reziprozität, wie Preuß unter Verweis auf Polanyi (1978) argumentiert. Dieser Charakterzug von modernen Rechten sei auch in distributiven Rechten (s. Abschnitt 2.1.3) beinhaltet.

> „[D]istributive rights are ‚just' claims because they are justified by moral principles of distributive justice. Conversely they have the legal structure of the original ‚allocational' concept of rights in that they are non-reciprocal. They combine the balancing principle of justice and the ‚responsibility' of redistributive exchange with the unbalanced practice of ‚unjust' and ‚irresponsible' rights of market exchange. Rights in the latter sense protect interests and favorable social positions against their distribution for the sake of principles of social justice; they do not obligate the holder of the rights to any social mutuality. In contrast, redistributive rights are apportioned according to the principle of solidarity and mutuality [...]; they serve the compensation of different need situations in time, space and life situations" (Preuß 1985: 166).

Durch diesen Zugang zu Rechten und Pflichten können tatsächlich einige der durch Sozialpolitik und durch soziale Rechte geschaffenen Probleme erhellt werden. Für eine Analyse tatsächlicher Sozialpolitik ist sie jedoch weniger nützlich, da bedingungslose Rechte in der Sozialpolitik tatsächlich eher die Ausnahme als die Regel darstellen. Rechte und Pflichten sind nämlich meist auch in einem zweiten Sinne miteinander verbunden, nämlich insofern, als dass auch der Rechtsträger Pflichten besitzt, wobei diese Pflichten nicht mit den moralischen Pflichten des auf Gegenseitigkeit beruhenden Tauschs gleichzusetzen sind.

Bereits Marshall weist in seiner Untersuchung des modernen Bürgerstatus darauf hin, dass die mit diesem Status verknüpften Rechte von Pflichten begleitet werden:

> „Rights have been multiplied, and they are precise. Each individual knows just what he is entitled to claim. The duty whose discharge is most obviously and immediately necessary for the fulfilment of the right is the duty to pay taxes and insurance contributions. Since these are compulsory, no act of will is involved, and no keen sentiment of loyalty. Education and military service are also compulsory. The other duties are vague, and are included in the general obligation to live the life of a good citizen, giving such service as one can to promote the welfare of the community. But the community is so large that the obligation appears remote and unreal. Of paramount importance is the duty to work, but the effect of one man's labour on the

well-being of the whole society is so infinitely small that it is hard for him to believe that he can do much harm by withholding or curtailing it" (1964: 117-118).

Hier erscheinen mit Ausnahme der Versicherungsbeiträge Rechte und Pflichten allerdings aus Sicht des Rechtsträgers nicht direkt aufeinander bezogen, die Erfüllung der Pflichten ist die gesellschaftliche Voraussetzung für die Möglichkeit der Einlösung der Rechte. Rechte auf Sozialleistungen hängen jedoch in vielen Fällen nicht von der Erfüllung allgemeiner Bürgerpflichten ab, sondern sie sind an die konkrete Erfüllung vorgängiger, direkt auf die Rechte bezogener Pflichten und sogar an die Erfüllung von Pflichten bei Erhalt von Leistungen gebunden.[27]

Sozialpolitische Reformen der letzten Jahre haben die Beziehung zwischen Rechten und Pflichten betont und faktisch verändert. Z. B. beinhaltet eine aktivierende Arbeitsmarktpolitik häufig Regeln, die nicht nur die Rückkehr auf den Arbeitsmarkt fördern, sondern auch konkrete Aktivitäten der Arbeitssuchenden fordern. Gerade die Veränderungen in der Beschäftigungspolitik haben einige Aufmerksamkeit in der Wohlfahrtsstaatsforschung erhalten und haben sich bspw. in Clasens und Cleggs „conditionality approach" (Clasen/Clegg 2005, 2007; s. Abschnitt 2.2.2) niedergeschlagen. Aber auch andere Bereiche können unter dem Blickwinkel der Neuordnung von Rechten und Pflichten untersucht werden: So sind Kindererziehungszeiten als Vorbedingung des Erhalts von Leistungen aus der gesetzlichen Rentenversicherung neben die klassische Pflicht zur Beitragszahlung getreten. Rechte sind hier also weiter an konkrete Vorbedingungen gekoppelt und sind damit keine klassischen Bürgerrechte, allerdings sind die Möglichkeiten, diese Vorbedingungen zu erfüllen, erweitert worden.[28]

Der Zusammenhang zwischen Rechten und Pflichten verweist auf einen systematischen Konflikt zwischen zivilen und sozialen Rechten. Dies gilt insbesondere dann, wenn zivile Rechte als Rechte auf Nicht-Einmischung, vor allem durch den Staat oder öffentliche Einrichtungen verstanden werden. Soziale Rechte als ökonomische Rechte setzen notwendig die Erhebung der Mittel voraus, die zu ihrer Einlösung notwendig sind, d. h. einen Eingriff in die ungeregelte Allokation von Gütern und Dienstleistungen. Zudem regeln soziale Rechte einen Aspekt des Verhältnisses von Individuum (Rechtsträgern) und Öffentlichkeit (Leis-

---

[27] Goodin (2002) diskutiert mit dem Ziel der Kritik eines australischen „workfare"-Programms, der „Mutual Obligation Initiative" der Regierung unter Premierminister John Howard, die verschiedenen Ausformungen gegenseitiger Verpflichtungen („mutual obligations") auf der Grundlage dreier Dimensionen, die die Komplexität tatsächlicher und möglicher Rechtsverhältnisse widerspiegeln. Die Dimension „conditionality" bezieht sich auf die Beziehung der gegenseitigen Pflichten, „temporality" auf den Zeitpunkt der Einlösung der Pflichten und „currency" auf die Währung, mit der die Pflichten erfüllt werden. Die insgesamt 45 Kombinationen, die durch unterschiedliche Werte dieser Dimensionen ermöglicht werden, illustrieren die Bandbreite sozialpolitischer Rechtsbeziehungen zwischen Individuum und Staat.

[28] Ein hier nicht weiter zu diskutierender Fall der Verknüpfung von Rechten und Pflichten stellt die Pflicht zur Nutzung eines Rechts (z. B. zum Schulbesuch) dar.

tungsgaranten). Die „Einmischung" öffentlicher Institutionen ist somit Programm.

2.1.8 Zusammenfassung

Bevor im Folgenden die Operationalisierung sozialer Rechte behandelt wird, sollen die bisherigen Überlegungen zu den Eigenschaften positiver sozialer Rechte kurz zusammengefasst werden. Soziale Rechte sind Rechte des Individuums gegenüber dem Staat oder öffentlichen Institutionen. Diese Rechte sind Rechte auf materielle Leistungen, genauer: auf Individualgüter, d. h. Finanzleistungen, Güter und Dienstleistungen. Die Leistungen können durch den Staat oder öffentliche Einrichtungen erbracht werden, allerdings auch durch privatwirtschaftliche oder zivilgesellschaftliche Anbieter. In den beiden letzteren Fällen muss, damit von sozialen Rechten gesprochen werden kann, weiter eine öffentliche Garantie auf Erhalt der Leistungen bestehen. Der konkrete Inhalt der Leistungen wird an dieser Stelle offen gelassen, er ist Gegenstand der empirischen Analyse. Die Finanzleistungen, Güter und Dienstleistungen sind in der Regel auf soziale Risiken bezogen, die Definition dieser Risiken sind jedoch Ergebnis politischer Interpretation und Auseinandersetzungen und damit ebenfalls empirisch zu bestimmen. Soziale Rechte beinhalten entsprechend immer Bedingungen, die sich auf die Situation, in der sie geltend gemacht werden können, beziehen. Soziale Rechte sind des Weiteren Rechte eines bestimmten Personenkreises. Dies kann die Bevölkerung eines Landes sein, allerdings können Rechte bspw. auch auf die Bürger oder auf Arbeitnehmer beschränkt sein. Schließlich ist der Erhalt von Leistungen, also die Ausübung von Rechten häufig an Pflichten geknüpft, die vor oder bei Erhalt der Leistungen erfüllt werden müssen. Eine empirische Untersuchung von sozialen Rechten in einem bestimmten Kontext stellt also kurz gesagt die Frage, die Goodin und Rein (2001: 776) mit der Analyse von Wohlfahrtsregimen assoziieren: „who gets what on which conditions".

2.2 Die Operationalisierung sozialer Rechte

Als Grundlage für die Operationalisierung sozialer Rechte wird zunächst auf zwei Forschungsansätze aus der vergleichenden Wohlfahrtsstaatsforschung eingegangen. Dabei sind nicht nur die Ansätze an sich interessant, sondern es sind gerade ihre Grenzen, die wichtige Anregungen für die Entwicklung eines der Fragestellung und dem theoretischen Verständnis sozialer Rechte angemessenen Analyserahmens geben.

2.2.1 Soziale Rechte, De-Kommodifizierung und der „power resource approach"

Die bei weitem einflussreichsten Arbeiten zur Wohlfahrtsstaatsforschung, die soziale Rechte in den Mittelpunkt rücken, sind im Umfeld des SOFI (Schwedisches Institut für Sozialforschung) an der Universität Stockholm entstanden. Diese Arbeiten beziehen sich zum Teil direkt auf die Behandlung sozialer Rechte durch Marshall (Korpi 1989: 312, Esping-Andersen 1990: 21, Kangas 1991: 8, Korpi/Palme 2003: 428). Im Unterschied zu Marshall, der sich mit der historischen Entwicklung in Großbritannien befasste, konzentrieren sich diese Arbeiten auf internationale Vergleiche und bauen auf statistischen Datensätzen auf. Ihr Fokus auf soziale Rechte gründet sich zum einen auf ein Unbehagen in Bezug auf vergleichende Ansätze, die sich auf die Analyse von Sozialausgaben konzentrieren (z. B. Wilensky 1975; s. Esping-Andersen 1990: 21, Kangas 1991: 8, Korpi 1989: 314, Korpi/Palme 2003: 432). Ihr Interesse an sozialen Rechten ergibt sich zum anderen aus dem theoretischen Hintergrund der Arbeiten, der der Arbeiterbewegung eine bedeutende Rolle in der Schaffung des Wohlfahrtsstaats zuschreibt (power resource approach; s. Korpi 1989). Die Etablierung sozialer Rechte ist demnach ein Ziel von Gewerkschaften und sozialdemokratischen Parteien, da sie Arbeitnehmer von dem Zwang befreien, ihre Arbeitskraft um jeden Preis zu verkaufen (De-Kommodifizierung). Soziale Rechte sind in diesen Untersuchungen in erster Linie die abhängige Variable. Dieser theoretische Hintergrund und die Rolle der sozialen Rechte als abhängige Variable, deren Ausprägung es unter Berücksichtigung des Handelns gesellschaftlicher Akteure teils auch in statistischen Analysen zu erklären galt, führte zu einer Operationalisierung der sozialen Rechte über Lohnersatzleistungen, die bei Arbeitslosigkeit, im Alter, bei Arbeitsunfällen oder Krankheit gezahlt werden, und zu einer Konzentration auf die jeweiligen Sicherungssysteme. Die entsprechenden Programme wurden dabei nicht bloß einzeln behandelt und auf ihre Abhängigkeit von äußeren Einflussfaktoren getestet: Durch die Kombination mehrerer Programme konstruierte Esping-Andersen (1990) seinen De-Kommodifizierungs-Index. Dieser Index soll den gesamten Aufwand eines Wohlfahrtsstaats repräsentieren, Arbeitnehmer vom Arbeitslohn unabhängig zu machen, und internationale Vergleiche ermöglichen.

Diese Ansätze können von zwei Standpunkten aus kritisiert werden: Zum einen lässt sich die zugrunde liegende theoretische Konzeption sozialer Rechte kritisieren und die daraus folgende Konzentration auf Lohnersatzleistungen. Zum anderen ist die methodische Behandlung sozialer Rechte problematisch, die quantifizierend vorgeht und auf die Konstruktion von Indizes und statistische Analysen abzielt.

Hinsichtlich der theoretischen Konzeption führt die Gegenüberstellung von Wohlfahrtsstaaten und kapitalistischen Marktökonomien und die daraus folgende Identifikation sozialer Rechte mit Lohnersatzleistungen zu einer Vernachlässigung anderer Güter und Dienstleistungen, die Gegenstand sozialer Rechte sein können. Arbeiten in der Tradition des „power resource approach" behandeln in der Regel kaum Pflege- oder Gesundheitsdienstleistungen (Bambra 2005; s. auch Alber 1995: 133). Damit wird zum einen ein unvollständiges Bild des Wohlfahrtsstaats gezeichnet – was angesichts der Größe des Gesundheitssektors und der öffentlichen und privaten Gesundheitsausgaben keine Marginalie ist (Rothgang et al. 2006). Zum anderen wird auch vernachlässigt, dass Sozialpolitik und soziale Rechte nicht nur auf Risiken reagieren können, die direkt aus der Wirtschaft abzuleiten sind, sondern auch auf Probleme, die in anderen Bereichen der Wohlfahrtsproduktion entstehen (s. Abschnitt 2.1.3).

An der Operationalisierung dieses Verständnisses von sozialen Rechten kann eine Kritik geübt werden, die Siegel gegenüber den meisten auf sozialen Rechten basierenden Ansätzen geäußert hat: „Social rights indicators that have commonly been used in comparative welfare state analysis are usually based on a more or less representative selection of coding dimensions and ,typical cases', e.g. average net replacement ratios at average (former) wages, including correcting for waiting days, take-up-ratios, benefit equality and/or other items" (2003: 14, s. auch Clasen/Clegg 2005: 4; für Beispiele s. Kangas 1991: 9, Korpi/Palme 2003: 433). Infolgedessen werden wichtige Informationen über die Entwicklung sozialer Rechte in einzelnen Wohlfahrtsprogrammen vernachlässigt. Unberücksichtigt bleibt die sich – möglicherweise wandelnde – Verknüpfung von Rechten und Pflichten und auch die Schaffung – evtl. auch qualitativ – neuer Rechte kann nicht angemessen behandelt werden. Der Verweis auf typische Fälle stellt ein besonderes Problem dar, nicht zuletzt wegen einer zunehmenden Heterogenität der Lebensläufe[29]. Schließlich ergibt sich eine weitere Schwierigkeit, wenn Indizes, die die Leistungen einzelner Programme repräsentieren, zu kombinierten Indizes zusammengefasst werden, wie etwa zu Esping-Andersens (1990) De-Kommodifizierungs-Index, der darauf abzielt, Aussagen über gesamte Wohlfahrtsstaaten und ihren Leistungsumfang zu ermöglichen. Hier wird der Verlust an Tiefenschärfe, der bei Ansätzen auf einem hohen Aggregationsniveau grundsätzlich auftritt, zu einem Problem, da Unterschiede und Verschiebungen zwischen einzelnen Programmen nicht mehr erkannt werden können (Bolderson/Mabbett 1995: 123-124).

Trotz dieser Kritikpunkte darf nicht vernachlässigt werden, dass die genannten Ansätze maßgeblich dazu beigetragen haben, die Perspektive der sozialen Rechte in der Wohlfahrtsstaatsforschung zu verankern. Positiv hervorzuheben ist

---

[29] S. hierzu mit Blick auf Rentenpolitik Hinrichs/Kangas 2003: 588.

bei den genannten Forschungsarbeiten vor allem der systematische und auf den Vergleich zwischen verschiedenen Wohlfahrtsstaaten ausgerichtete Ansatz. Diese Systematik und Vergleichbarkeit wird auch bei der Entwicklung eines eigenen Analyserahmens im Weiteren angestrebt. Gleichzeitig geben die Kritik der Ansätze und die Diskussion ihrer Grenzen Hinweise auf eine angemessene Operationalisierung sozialer Rechte in Bezug auf die dieser Untersuchung zugrunde liegende Fragestellung. Dies ist auf einer theoretischen Ebene durch die Behandlung des Zusammenhangs von De-Kommodifizierung und sozialen Rechten oben (Abschnitt 2.1.3) schon geschehen.

Die diesen Ansätzen und der vorliegenden Untersuchung letztlich zugrunde liegende Frage – wer bekommt warum welche Leistungen – wird auch in dem folgenden Ansatz aufgenommen, allerdings mit einer wichtigen Verschiebung des Blickwinkels.

2.2.2 Der „conditionality approach"

Clasen und Clegg (2007) haben mit ihrem „conditionality approach" einen Ansatz vorgestellt, der für eine Erweiterung der bisherigen Perspektive auf soziale Rechte nützlich ist. Ihre Ausgangsannahmen sind, dass einerseits „[...] individual rights to social benefits have always and everywhere been conditional in some ways, and conditionality is as such a cornerstone and basis of risk management in welfare states" (2007: 171-172). Andererseits können die Bedingungen für den Erhalt von Leistungen sehr unterschiedlich ausgeprägt sein und verschiedene Kombinationen von „levels and levers" (Ebenen und Hebel) zulassen. Dabei unterscheiden sie drei „levels of conditionality" (172-175): Auf einer ersten Ebene wird untersucht, wer Leistungen beanspruchen kann (conditions of category). Auf einer zweiten stehen die Vorbedingungen für den Leistungsbezug (z. B. Betrag, Wert oder Dauer von Beitragszahlungen zu einer Sozialversicherung oder Bedürftigkeit) im Mittelpunkt (eligibility and entitlement criteria, conditions of circumstance). Die dritte Ebene behandelt die Bedingungen, die erfüllt werden müssen, um Leistungen weiter beziehen zu können (conditions of conduct). Auf dieser Basis haben Clasen und Clegg Reformprofile für die Beschäftigungspolitik der letzten 25 Jahre in verschiedenen Ländern erarbeitet, andere Politikfelder jedoch nicht berücksichtigt. Sie fassen die Ergebnisse dabei auf jeder Ebene als eine Bewegung in eine von zwei Richtungen zusammen und verzichten darauf, die unterschiedlichen Ebenen miteinander zu verrechnen. Dieser Ansatz und die zugrunde liegende Unterscheidung verschiedener Ebenen sowie frühere Arbeiten (Clegg/Clasen 2003, Clasen/Clegg 2005) sind ein hilfreicher Ausgangspunkt für diese Studie. Ihr „sparsamer" Fokus auf „conditionality" und soziale Rechte erscheint nützlich, um systematisch Reformen im internationalen oder intertemporalen Vergleich zu analysieren (Clasen/Clegg 2005: 6). Vorteil dieses Ansatzes ist letztlich, dass die Bedingungen des Leistungsbezugs stärker berücksichtigt werden. Allerdings kann der Ansatz der beiden Autoren dafür kritisiert werden, dass sie zwar korrekterweise betonen, dass jede Leistung in einem bestimmten, klar definierten Fall gewährt wird (socially defined category of support), dass sie aber auf der ersten Ebene zwischen Grundlagen von Rechtsansprüchen (z. B. Bürgerstatus) und Falldefinition (z. B. Erreichen einer Altersgrenze oder Arbeitslosigkeit) nicht unterscheiden. Diese Kategorien sollten jedoch getrennt voneinander behandelt werden – „Rechtsträger" und „Leistungsbezieher" sind nicht ein und dasselbe. Letztere setzt erstere voraus, die Zugehörigkeit zu einem Kreis von grundsätzlich Anspruchberechtigten sagt hingegen noch nichts über den tatsächlichen Eintritt des Leistungsfalls aus. Auch berücksichtigen Clasen und Clegg Art und Umfang der eigentlichen Leistungen nicht.

Durch die Berücksichtigung von „conditionality" werden Rechte letztlich als Ausprägung eines in den meisten Fällen reziproken Verhältnisses zwischen Wohlfahrtsstaat und Bürger begriffen. Der „conditionality approach" ist damit eine nützliche Ergänzung der zuvor beschriebenen Ansätze, die den Umfang Leistungsbezugs betonen und dabei die Konditionalität vernachlässigen.

2.2.3 Eine Alternative: Drei Dimensionen sozialer Rechte

Auf der Grundlage des erarbeiteten theoretischen Verständnisses von sozialen Rechten und der Darstellung und Kritik der genannten Ansätze soll im Folgenden der dieser Studie zugrunde liegende Ansatz vorgestellt werden. Dieser soll zum einen Verkürzungen vermeiden, die aus einer Quantifizierung folgen, zum anderen die konditionalen bzw. reziproken Aspekte von Ansprüchen auf Leistungen berücksichtigen. Auf dieser Basis kann eine systematische Analyse der Gesetzgebung der rot-grünen Sozialpolitik erfolgen, das Analyseinstrument soll aber grundsätzlich auch auf unterschiedliche zeitliche und systemische Zusammenhänge angewandt werden können.

Auf der Grundlage der oben diskutierten Eigenschaften sozialer Rechte lassen sich drei Dimensionen sozialer Rechte, verstanden als positive Rechtsansprüche, unterscheiden. Dies sind (1.) die Grundlagen der Ansprüche. Dies trägt der Einsicht Rechnung, dass soziale *Bürger*rechte, wie sie in Anschluss an Marshall häufig (miss-)verstanden werden, nur eine Ausprägung von Ansprüchen auf Güter und Dienstleistungen sind. Es stellt sich (2.) die Frage nach der Situation, in der Ansprüche geltend gemacht werden können, d. h. nach dem Eintritt eines Risikos oder des Versicherungsfalls. Dies entspricht bspw. im Bereich der Alterssicherung Altersgrenzen. Schließlich müssen (3.) die eigentlichen Leistungen und ihre Eigenschaften, z. B. Umfang und Dauer, behandelt werden. Die von Clasen und Clegg in den Mittelpunkt gerückte „conditionality" wird in allen drei Dimensionen behandelt: Ansprüche werden in der Regel nicht bedingungslos gewährt, sie können nicht bedingungslos geltend gemacht werden und häufig ist der (fortgesetzte) Bezug von Leistungen an bestimmte Bedingungen geknüpft.

2.2.3.1 Erste Dimension: Grundlagen von Ansprüchen

Zur Analyse eines Wohlfahrtsstaatsprogramms scheint es notwendig, zunächst die Grundlagen von Ansprüchen auf Leistungen in bestimmten Situationen zu identifizieren, also die Frage zu beantworten, wer Rechtsträger ist und damit offiziell anerkannte Ansprüche gegenüber dem Staat und öffentlichen Einrichtungen hat. Damit wird einer Einsicht Roses Rechnung getragen: „State welfare services require authorization by public law. The access of individual citizens is not simply on demand but also by virtue of statutory entitlement" (1986: 34). Dem ist allerdings hinzuzufügen, dass – wie oben ausgeführt – der Wohlfahrtsstaat auch Ansprüche gegenüber privatwirtschaftlichen und zivilgesellschaftlichen Produzenten garantieren sowie die Ansprüche entsprechend verschiedener Einwohnergruppen gliedern kann. Lessenich (2006: 182) hat deswegen den Wohlfahrtsstaat der Nachkriegszeit als „exklusiv-inklusives Arrangement" charakterisiert, „[…] ein Arrangement, das mit strukturellen (wenngleich historisch und national variablen) Grenzziehungen operiert, und zwar nach außen wie nach innen. Man kann viele gute Haare am Wohlfahrtsstaat des späten 20. Jahrhunderts lassen ohne zu verleugnen, dass er – und zwar durchaus erfolgreich – eine nach außen geschlossene, nach innen differenzierte Binnensolidarität organisiert und praktiziert hat".

Einzelne Programme sind in einigen Wohlfahrtsstaaten mit Einwohnerrechten verbunden, d. h. alle in den Grenzen des jeweiligen Staats lebenden Menschen können Ansprüche auf bestimmte Leistungen erheben, z. B. auf medizinische Notfallversorgung. Der Zugang zu den meisten Programmen ist aber stärker beschränkt. Sie sind teils an den Bürgerstatus gekoppelt oder an einen anderen Aufenthaltsstatus wie im Falle des deutschen Asylbewerberleistungsgesetzes. Andere Ansprüche werden erworben, etwa durch Beitragszahlungen. Diese erworbenen Ansprüche lassen sich dann als soziale Rechte einstufen, wenn ihnen nicht allein ein privatrechtlicher Vertrag zugrunde liegt (wie im Falle von freiwilligen Versicherungen bei privatwirtschaftlichen Versicherungsunternehmen). In öffentlichen Sozialversicherungssystemen ist die Mitgliedschaft für einen Großteil der Versicherten nicht freiwillig, und auch die Versicherungsbedingungen unterliegen keinerlei individueller Einflussnahme. Dennoch folgen hier Ansprüche erst aus der Erfüllung von Vorbedingungen. Sozialversicherungen sind häufig als Arbeitnehmerversicherungen entstanden und tragen teils bis heute die Züge dieses Anfangs. Eine grundlegende Koppelung zwischen Arbeitnehmerversicherung und Aufenthaltsstatus kann dann gegeben sein, wenn der Arbeitnehmerstatus an einen Aufenthaltsstatus gekoppelt ist, der einen Zugang zum Arbeitsmarkt erst ermöglicht. Die Sozialversicherung für Arbeitnehmer beinhaltet zumeist Elemente, die von einem idealtypischen Versicherungsmodell abweichen. Solche Elemente betreffen auch die Absicherung von Kindern oder Lebenspartnern und lassen sich als abgeleitete Rechte – da die Grundlage der jeweiligen Rechte der Status eines anderen ist – verstehen.

Aus einer Bestimmung möglicher Grundlagen von Ansprüchen ergeben sich auch die Ausprägungen von Reformen: Der Kreis derjenigen, für die ein Programm grundsätzlich zugänglich ist, kann erweitert und ergänzt oder aber beschränkt werden. In dieser Dimension können zudem Rechte neu geschaffen werden. Eine Schaffung neuer Rechte beinhaltet dann auch immer eine Bestimmung über den Kreis der Rechtsträger. Ein Programm und die damit verbundenen Ansprüche kann vollständig eingestellt werden, was einer Abschaffung bestimmter sozialer Rechte gleichkommt. In dieser Dimension können die Folgen teils noch relativ klar als Ausbau oder Abbau gewertet werden. Ein eindeutiges Urteil wird allerdings dann erschwert, wenn ein Programm durch ein anderes abgelöst wird, das einen anderen Personenkreis abdeckt, oder auch von dem Vorgängerprogramm in den anderen Dimensionen abweicht.

2.2.3.2   Zweite Dimension: Geltendmachung von Ansprüchen

Ein soziales Recht zu haben, bedeutet nicht automatisch über dessen Nutzung frei bestimmen zu dürfen, auch wenn das analytisch eine Eigenschaft von Rechten im Allgemeinen sein mag. Soziale Rechte sind mit bestimmten Risiken und Falldefinitionen verknüpft. Die der zweiten Dimension zugrunde liegende Frage ist damit, wie und wann Ansprüche geltend gemacht werden dürfen. In einigen Fällen besteht hier eine klare, von der Lebenslage der Rechtsträger abstrahierende Regelung, wann der Unterstützungsfall eintritt (bspw. Erreichen einer Altersgrenze im Falle von Renten). In anderen Fällen ist die Entscheidung über den Eintritt dieser Situation vom Urteil von Experten auf der Grundlage von Richtlinien abhängig (bspw. Entscheidung über Erhalt von Leistungen aus der Pflegeversicherung oder von Erwerbsminderungsrenten). In manchen Fällen allerdings ist die Entscheidung dem Rechtsträger selbst überlassen. So kann die Entscheidung, einen Arzt für eine Untersuchung aufzusuchen, von den Rechtsträgern auf der Grundlage der eigenen Einschätzung ihres Gesundheitszustandes selbst getroffen werden.

Die von Clasen und Clegg behandelte „conditionality" kommt in dieser Dimension zum Tragen, wenn beispielsweise der Bezug von Arbeitslosenunterstützung nicht nur von der Situation der Arbeitslosigkeit abhängt, sondern auch von frühzeitiger Meldung bei den zuständigen Behörden und der Bereitschaft an Weiterbildungsmaßnahmen teilzunehmen und aktiv nach einer neuen Arbeitsstelle zu suchen.[30]

Reformen, die diese Dimension sozialer Rechte betreffen, können nur zum Teil durch die Dichotomie Abbau-Ausbau erfasst werden. Dies ist am ehesten bei klaren Regelungen wie einer Altersgrenze machbar. Die Expertenentscheidungen zugrunde liegenden Richtlinien können zwar ebenfalls geändert werden, allerdings haben nicht alle Expertenentscheidungen (bspw. im Gesundheitsbereich) eindeutige Richtlinien als Grundlage, sondern lassen unterschiedliche Ermessensspielräume zu. Hier ist eine politische Regulation relativ schwierig, ebenso wenn subjektive Einschätzungen der Nutzer die Grundlage der Ausübung von Rechten sind. Auch eine Verschärfung oder Erleichterung der von Rechtsträgern zu erfüllenden Bedingungen ist relativ einfach zu erfassen. Schwierig ist eine Bewertung von Reformen, wenn zwischen den Entscheidungsmodi gewechselt wird, also bspw. Bedürftigkeit statt durch eine Experteneinschätzung anhand einer Einkommensgrenze festgelegt wird.

2.2.3.3 Dritte Dimension: Leistungen aus Ansprüchen

Schließlich müssen die Leistungen selbst bzw. die Regeln, die der Bemessung der aus den Ansprüchen folgenden Leistungen dienen, untersucht werden. Hier müssen zunächst finanzielle und Sachleistungen unterschieden werden, wobei im letzteren Fall Güter und Dienstleistungen zu unterscheiden sind. Zweckgebundene Gutscheine fallen insofern unter Sachleistungen, da über den Einsatz dieser Ressource nur in Hinblick auf den Anbieter von Gütern und Dienstleistungen oder innerhalb einer Klasse von Gütern entschieden werden kann. Der Betrag der Leistungen kann nach unterschiedlichen Kriterien bestimmt werden, im Wesentlichen können Leistungen bedürftigkeitsorientiert (individualisiert), beitrags- und vorleistungsbezogen (Äquivalenzprinzip) oder pauschaliert sein. Kombinationen dieser Prinzipien sind möglich. Außerdem weisen Leistungen eine unterschiedliche Bezugsdauer auf. Der Umfang (Betrag und Dauer) von Leistungen kann rechtlich eher generalisiert erfolgen (Rentenformel) oder aber der Entscheidung

---

[30] Dieser Sachverhalt ist allerdings nicht erst kürzlich politisch neu geschaffen worden: „Das Vorliegen eines objektiv feststellbaren Sachverhalts ist nicht in allen Fällen ausreichend, um ein Recht auf wohlfahrtsstaatliche Leistung geltend zu machen. Im Falle der Arbeitslosigkeit muß noch zusätzlich die subjektive Bereitschaft erwiesen sein, eine vom Arbeitsamt nachgewiesene zumutbare Arbeit anzunehmen" (Vobruba 1983: 105).

von Experten überlassen bleiben (Dauer eines Krankenhausaufenthalts). Dies
ähnelt den Verfahren in der zweiten Dimension.

Betrag und Dauer können zudem durch einen weiteren Faktor bestimmt
werden, nämlich programmbezogene Pflichten des Rechtsträgers. Besonders im
Bereich der Unterstützung von Arbeitslosen ist gegenwärtig eine Tendenz festzustellen, den Leistungserhalt stärker mit Pflichten zu koppeln. In dieser dritten
Dimension interessieren Pflichten, die dem Leistungsbezug nicht vorausgehen,
sondern mit ihm zugleich entstehen (Clasen/Clegg 2005: 10). Eine weitere Möglichkeit der Konditionalisierung ist die Verbindung des Leistungsbezugs mit der
Pflicht zur Zahlung von bestimmten Beträgen zum Zeitpunkt des Erhalts der
Leistung, wie es etwa bei der Praxisgebühr der Fall ist (s. Abschnitt 5.3.11); hier
verschwimmen teils die Grenzen zwischen sozialen Rechten als Zugangsrege-
lung zu Gütern und Dienstleistungen und Marktmechanismen.

Ähnlich wie in der zweiten Dimension können manche Reformen hier als
ein klarer Abbau oder Ausbau klassifiziert werden. Eine Verschärfung oder Erleichterung von Pflichten, die im Zusammenhang mit dem Erhalt von Leistungen
stehen, geht allerdings genauso über diese Dichotomie hinaus, wie Verschiebungen zwischen den einzelnen Güterarten. Hier können Reformen bspw. dazu führen, dass eine nicht zweckgebundene finanzielle Leistung durch Sachleistungen
ersetzt wird.

2.2.4 *Zusammenfassung, Anwendung und Grenzen*

Die drei Dimensionen sollen als Analyserahmen[31] dazu dienen, eine systematische „dichte Beschreibung" der Reformen der rot-grünen Koalition aus dem
Blickwinkel der sozialen Rechte zu ermöglichen. Diese Beschreibung findet auf
der Mikro- oder Programmebene statt, berücksichtigt werden also sozialrechtliche Änderungen, die die Ansprüche von aktuellen und potentiellen Empfängern
von Sozialleistungen berühren. Eine detaillierte Analyse sozialer Rechte kann zu
einem besseren Verständnis des Wohlfahrtsstaatswandels in mehrfacher Hinsicht
führen: Zunächst ermöglicht es eine Bewertung der gesetzgeberischen Aktivitäten der rot-grünen Koalition, also der politisch gewollten und zu verantworten-
den Entscheidungen in der Sozialpolitik, auch mit Blick auf Problemwahrnehmungen und mögliche innovative Lösungen. Gleichzeitig kann eine solche Analyse helfen, bestehende Charakterisierungen des deutschen Wohlfahrtssystems
als konservativ oder Bismarck'sches Modell zu bewerten, zu ergänzen und gegebenenfalls auch als nicht angemessen zurückzuweisen.

---

[31] Zum Konzept des Analyserahmens s. Schubert/Bandelow 2009: 7-12.

Reformen können soziale Rechte in unterschiedlicher Weise beeinflussen. Es müssen dabei die beschriebenen drei Dimensionen sozialer Rechte unterschieden werden, die durch Reformen jeweils einzeln oder gemeinsam neu justiert werden können. Ein Recht beinhaltet Bestimmungen zu allen drei Dimensionen, die in der Nutzung zeitlich aufeinander folgen. Die folgende Grafik fasst die drei Dimensionen sozialer Rechte und ihre Beziehungen oder „Logik" zusammen (Abb. 1):

Abbildung 1: Die „Logik" sozialer Rechte

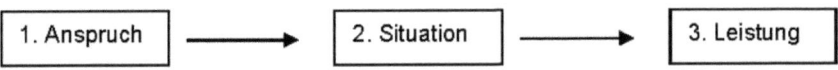

Quelle: eigene Darstellung

Reformen können an jeder Dimension ansetzen und in jedem Fall den Zugang erleichtern oder erschweren, Leistungen ausweiten oder beschränken. Tabelle 1 fasst mögliche Ausprägungen der drei Dimensionen zusammen:

Tabelle 1: Mögliche Ausprägungen der Dimensionen sozialer Rechte

1. Dimension: Anspruch	2. Dimension: Situation	3. Dimension: Leistung
Einwohnerrecht	fixe Definition (Alter,	Leistungsart (Sach-
Bürgerrecht	Einkommen)	oder Geldleistung)
Arbeitnehmerrecht	Expertenentscheidung	Leistungsumfang (Be-
erworbenes Recht	eigene Entscheidung des	trag)
abgeleitetes Recht (z. B.	Rechtsträgers	Leistungsdauer
Familienversicherung)	Bedingungen vor Bezug	Bedingungen bei Bezug
...	...	...

Quelle: eigene Darstellung

Die Ergebnisse einer solchen Analyse können zum Teil quantifiziert werden (Betrag oder Entwicklung der individuellen Leistungen), erlauben aber teils auch nur eine Bewertung hinsichtlich der relativen Nähe der Ergebnisse zu bestimmten Prinzipien (z. B. pauschalierte Leistung oder durch Experten bestimmte bedarfsorientierte Leistung). Die Analyse der unterschiedlichen Reformschritte in mehreren Programmen aus der „worm's eye view" schließt allerdings die Möglichkeit eines späteren interpretativen Abgleichs nicht aus. Dadurch wird erst der Anschluss zu den Debatten um allgemeinere Entwicklungen des Wohlfahrtsstaats möglich. Gleichzeitig kann ein solcher Analyserahmen, der aus der Debatte um ein Kernelement moderner Wohlfahrtsstaaten gewonnen wurde, auch als Test dienen, ob die bisher gebräuchlichen Kategorien überhaupt zur Analyse des „neuen" Wohlfahrtsstaats taugen. Mit anderen Worten: ob das „klassische" Verständnis von sozialen Rechten der Realität der Wohlfahrtsstaaten im ersten Jahrzehnt des 21. Jahrhunderts noch angemessen ist.

In der Diskussion der Eigenschaften sozialer Rechte und der Unterscheidung der drei Dimensionen wurde darauf verzichtet, explizit auf das deutsche Wohlfahrtssystem Bezug zu nehmen. Stattdessen wurde an verschiedene Stränge der internationalen vergleichenden Wohlfahrtsstaatsforschung angeknüpft. Auf diese Weise ist der Analyserahmen – gegebenenfalls leicht angepasst – potentiell auf verschiedene nationale und historische Kontexte anwendbar.

Der Anspruch eines Forschungsansatzes kann nur darin bestehen, zusammen mit anderen Perspektiven zu einem umfassenderen Bild beizutragen. Genau wie andere – und auch im Vorhergehenden z. T. explizit kritisierte – Ansätze, hat der dargestellte und im Weiteren angewandte Analyserahmen klare Grenzen. Der Fokus auf soziale Rechte als ein zentrales Element des Wohlfahrtsstaats und der Beziehung zwischen Wohlfahrtsstaat und Bürgern vernachlässigt notwendigerweise Aspekte wie die tatsächliche Inanspruchnahme von Leistungen durch die Rechtsträger und die sozialen Folgen bspw. bei der Bekämpfung von Armut. Allerdings hat die Behandlung positiver sozialer Rechte den Vorteil, dass die individuellen Rechtsansprüche, die durch den Staat bzw. die Politik garantiert werden, als eine der wenigen tatsächlichen Outputs des Wohlfahrtsstaats gelten können, als Ausdruck des Handelns von politischen Akteuren, der nicht durch andere Einflüsse verzerrt wird.[32] Die meisten anderen Indikatoren für staatliches Handeln, wie etwa Ausgaben oder auch Deckungsraten, hängen auch von Faktoren wie etwa gesellschaftlichen oder ökonomischen Trends ab (Green-Pedersen 2004: 6). Dabei behalten aber selbst positive soziale Rechte zugleich den Charakter politischer Zielsetzungen, da ihre Inanspruchnahme und Wirkung nicht nur von den politischen Akteuren beeinflusst wird. Eine Zusammenführung einer Analyse sozialer Rechte und Outcome-orientierter Daten, die außerhalb der Reichweite dieser Untersuchung liegt, kann entsprechend dazu beitragen, Lücken zwischen politischen Absichten, wie sie sich in der Gesetzgebung niederschlagen, und den Ergebnissen dieser Maßnahmen aufzuzeigen, aber auch Erfolge herauszustellen.

Schließlich muss berücksichtigt werden – insbesondere, da oben bereits auf das Konzept des Wohlfahrtsmix verwiesen wurde –, dass eine Analyse sozialer

---

[32] Zu den Handlungsoptionen der Sozialpolitik s. Kaufmann 2005b: 311-312.

Rechte nur sehr begrenzt zu Aussagen über die tatsächliche soziale Lage der Rechtsträger berechtigt. Andere Einkommensquellen und Möglichkeiten des Bezugs von Gütern und Dienstleistungen sowie Umverteilungsmechanismen wie das Steuersystem bleiben unberücksichtigt.

3. Soziale Rechte und Reformen im deutschen Wohlfahrtsstaat bis 1998 – Überblick

Im Folgenden wird eine kurze Einführung in das deutsche Wohlfahrtssystem gegeben. Auf die Eigenheiten der verschiedenen Versicherungssysteme wird nicht im Detail eingegangen – dies geschieht in den Kapiteln, die den einzelnen Sicherungssystemen gewidmet sind. Die Darstellung gliedert sich in drei Abschnitte: Zunächst wird das deutsche Wohlfahrtssystem als eine Ausprägung des so genannten Bismarck'schen Modells mit seinen wichtigsten Eigenschaften dargestellt, wobei auch auf soziale Rechte im deutschen Wohlfahrtssystem eingegangen wird (3.1). Im zweiten Abschnitt (3.2) werden die Herausforderungen, denen der deutsche Wohlfahrtsstaat seit den 1970er Jahren gegenübersteht, und die Reformen, die bis zur Regierungsübernahme durch die rot-grüne Koalition erfolgten, behandelt.

3.1 Das Bismarck'sche Modell des Wohlfahrtsstaats und soziale Rechte

Deutschland wird häufig als eine Ausprägung des Bismarck'schen Modells des Wohlfahrtsstaats, als kontinentaler Wohlfahrtsstaat oder als dem konservativen Wohlfahrtsregime zugehörig eingeordnet.[33] Die mit dieser Einteilung verbundenen idealtypischen Merkmale sind nach Palier und Martin (2007: 536-537; s. auch Esping-Andersen 1990: 27) Arbeitsplatz- und Einkommenssicherung für männliche Arbeitnehmer und „Sicherheit" als Grundmotiv, eine starke Rolle von Versicherungssystemen, die Bedeutung von professionellem Status, kollektiver Sicherung und kollektiv verhandelten Ansprüchen sowie in Bezug auf die Leistungen das Äquivalenzprinzip. Dabei hänge das Ausmaß der individuellen sozialen Sicherung von der Arbeitsmarktsituation – also auch von der Chance, eine versicherungspflichtige Beschäftigung zu finden –, der Entwicklung der Wirt-

---

[33] „As we survey international variations in social rights and welfare-state stratification, we will find qualitatively different arrangements between state, market, and the family. The welfare-state variations we find are not linearly distributed, but clustered by regime-types" (Esping-Andersen 1990: 26). Esping-Andersen bezieht sich in seiner Regime-Einteilung auf historische Entwicklungspfade auf der Grundlage des „power resources approach", arbeitet empirisch aber mit den Variablen De-Kommodifizierung, Stratifizierung und Public-Private-Mix im Bereich Rente. Zur Ergänzung und Kritik der Typologie Esping-Andersens s. Ferrera 1996, Arts/Gelissen 2002, Kasza 2002, Bambra 2006, Scruggs/Allan 2006.

schaft (market performance) und der individuellen Leistung ab. Schließlich seien die jeweiligen Systeme an der Unterstützung eines traditionellen Familienmodells orientiert.

Diese Merkmale sind in unterschiedlichem Maße auch im Fall Deutschlands zu finden, das für Palier und Martin (2007: 537) als „reference case" des Bismarck'schen Modells gilt. Das in Deutschland dominierende öffentlich-rechtliche Sozialversicherungssystem gliedert sich nach Risiken in fünf Zweige: Krankenversicherung (seit 1883), Unfallversicherung (seit 1884), Versicherung gegen Alter und Invalidität (seit 1889), Arbeitslosenversicherung (seit 1927) und Pflegeversicherung (seit 1995).[34] Auch wenn seit der Einführung der ersten Zweige der Sozialversicherung Ende des 19. Jahrhunderts unzählige Reformen und Umbrüche in ihrer politischen und sozio-ökonomischen Umwelt die Reichweite, Zielsetzung und Funktion der Versicherungssysteme modifizierten, trägt das Wohlfahrtssystem in der Bundesrepublik auch heute noch Spuren seines Anfangs. Dazu zählt nicht nur die nach wie vor zentrale Rolle öffentlicher Versicherungen, die z. T. lange nach Professionen gegliedert waren,[35] sondern auch, dass der Zugang zu diesen Versicherungen und damit zu den Leistungen einen starken Zusammenhang mit der Erwerbsarbeit aufweist. Versicherungsbeiträge werden – in der Regel paritätisch von Arbeitnehmern und -gebern – als Anteil des Bruttolohns bis zu einer Bemessungsgrenze geleistet.[36] Außerdem ist nicht nur der Zugang, sondern auch der Umfang der Leistungen im Falle der Finanzleistungen (d. h. Lohnersatzleistungen) auf Erwerbsarbeit bezogen, da er von der Höhe des beitragspflichtigen Einkommens abhängt. Es ist auch dieser Aspekt der Statussicherung, der eine Beschreibung des Wohlfahrtssystems als konservativ

---

[34] Zur historischen Entwicklung s. Kaufmann 2003: 248-308 sowie – auch für eine allgemeine aktuelle Darstellung – Hegelich/Meyer 2008.

[35] Die organisatorische Trennung in eine Rentenversicherung für Angestellte und mehrere Institutionen für Arbeiter wurde erst 2005 aufgehoben. Der öffentliche Krankenversicherungssektor zeichnet sich weiterhin durch eine Vielzahl von gesetzlichen Krankenkassen aus – trotz Fusionen waren es 2010 immer noch 160 (GKV-Spitzenverband 2010), die zudem verschiedenen Kassenarten zuzurechnen waren (z. B. Innungskrankenkassen, Allgemeine Ortskrankenkassen oder Betriebskrankenkassen).

[36] Allerdings bestehen Abweichungen von dieser Regel: Die Berufsunfallversicherung wird vollständig von den Arbeitgebern getragen. In der Gesetzlichen Krankenversicherung ist der Anteil der Arbeitnehmer mittlerweile höher als der der Arbeitgeber (s. Abschnitt 5.3.11), in der Pflegeversicherung zahlen kinderlose Arbeitnehmer einen zusätzlichen Beitrag und wird in Sachsen grundsätzlich von der Parität abgewichen (s. u. Fn. 255 bzw. Abschnitt 7.2.9). Durch Ausgliederung von Leistungen aus dem Katalog der Krankenversicherung kann es zudem faktisch zu einer Verschiebung der Finanzierung kommen. Bei geringfügiger Beschäftigung und in der so genannten Gleitzone verschiebt sich hingegen die Balance zugunsten der Arbeitnehmer (s. auch in den Kapiteln zu den einzelnen Sicherungssystemen).

Neben den Beiträgen erhalten die Versicherungen auch mittlerweile beträchtliche Mittel aus dem allgemeinen Steueraufkommen, auch als Ausgleich für Leistungen, die für Versicherte ohne Vorleistungen erbracht werden (z. B. Leistungen für Erziehungszeiten in der Rente).

provozierte. Trotz der relativen Autonomie (Selbstverwaltung) und teilweise auch Zersplitterung des Versicherungssystems unterliegen die Versicherungen direkter politischer Einflussnahme, gerade was die Einnahmen- und Leistungsseite (hier speziell monetäre Leistungen) angeht. Auch die Krankenkassen haben hier nur begrenzte Gestaltungsmöglichkeiten.

Zusätzlich zu einer Ausweitung der Versicherungspflicht auf neue Berufsgruppen wurden im Laufe der Zeit die Versicherungen auch für Nicht-Arbeitnehmer geöffnet und auch Sicherungssysteme geschaffen, die sich der Versicherungslogik ganz oder zum Teil entziehen. Diese Ergänzungen des ursprünglichen Versicherungssystems betreffen Bedürftige, aber auch Familienangehörige von Versicherten. Daneben bestehen zusätzliche Versorgungssysteme, denen Personengruppen zugeordnet sind (Beamte, Kriegsopfer), die nicht in die klassische Arbeitnehmerversicherung integriert werden konnten oder sollten. Nichtsdestotrotz spielen die Versicherungssysteme weiterhin eine zentrale Rolle im deutschen Wohlfahrtsstaat.[37]

Soziale Dienstleistungen im deutschen Wohlfahrtsstaat wurden und werden „ausgelagert" – der deutsche Wohlfahrtsstaat lässt sich als „transferintensiver Interventionsstaat" charakterisieren (Schmidt 1999: 8). Nachdem lange als Folge des Subsidiaritätsprinzips und des traditionellen Familienbildes die Erbringung von Dienstleistungen eine Sache von Familien – d. h. Frauen, als Kehrseite des „male breadwinner model" (Bleses/Seeleib-Kaiser 2004: 23-25) – und der Wohlfahrtsverbände war, ist seit den 1990er Jahren eine wachsende Bedeutung von kommerziellen Anbietern festzustellen. Dabei ist aber nicht zu vergessen, dass im medizinischen Sektor die ambulante Versorgung seit langem im Wesentlichen auf niedergelassenen Ärzten mit eigenen Praxen fußt, die faktisch als Unternehmer tätig sind, und andererseits in der stationären Versorgung Gebietskörperschaften neben den freigemeinnützigen Trägern eine wichtige Rolle spielen.[38]

Nach dem bisher Gesagten kann es kaum verwundern, dass soziale Rechte im deutschen Wohlfahrtsstaat häufig erworbene Rechte gegenüber öffentlichen Sozialversicherungen sind, die aus dem Status des Arbeitnehmers und den damit

---

[37] Rosenbrock und Gerlinger (2006: 100) geben an, dass im Mai 2003 87,8 % der Bevölkerung in der Gesetzlichen Krankenversicherung versichert waren (72,5 Millionen Versicherte). Dies entspricht etwa auch der Anzahl der Versicherten in der Sozialen Pflegeversicherung, die für dasselbe Jahr mit 70,5 Millionen angegeben werden; Leistungen der Pflegeversicherung bezogen in dem Jahr 1,9 Mio. Personen (BMAS 2010: Tab. 8.15, Stichtag 1.10.). Für 2009 wurden 23,8 Mio. laufende Renten aus der allgemeinen Rentenversicherung angegeben (BMAS 2010: Tab. 8.4, Stichtag 1.7.). Für die entsprechenden Zahlen zu Empfängern von Arbeitslosengeld/Arbeitslosenhilfe (ab 2005: Arbeitslosengeld I/II) s. BMAS 2010: Tab. 8.11.

[38] Die Rolle der Gebietskörperschaften nimmt allerdings ab: Rosenbrock/Gerlinger (2006: 157) geben an, dass 1991 46,0% der Krankenhäuser und 61,4% der Krankenhausbetten von öffentlichen Einrichtungen bereitgestellt wurden, gegenüber 36,9% bzw. 53,1% im Jahr 2003.

verbundenen Beitragszahlungen folgen. Allerdings wird das Versicherungsprinzip in verschiedene Richtungen durchbrochen: In den Zweigen der Sozialversicherung bestehen Einkommens- und Beitragsbemessungsgrenzen, auch nicht Erwerbstätige – vor allem die Familienangehörigen der Arbeitnehmer – werden versichert und Beschäftigung bis zu einem gewissen Umfang ist von Beiträgen zur Sozialversicherung teilweise befreit, wodurch entsprechend keine Ansprüche erworben werden.[39] Im Zentrum standen damit lange der Normalarbeitnehmer und seine direkten Angehörigen, die abgeleitete Rechte besitzen. Die abgeleiteten Rechte stellen teils – wie im Bereich Gesundheit – eine vollwertige Absicherung dar, haben teils aber auch nur ergänzenden oder Übergangscharakter (Hinterbliebenenrenten).

Andere Programme sind entsprechend darauf zugeschnitten, Menschen zu unterstützen, die nicht in dieses Schema passen. Dabei ist in allen Fällen die Grundlage von Ansprüchen nicht der Bürgerstatus, sondern letztendlich der Aufenthaltsstatus und damit verbunden auch die Arbeitserlaubnis – da in einem Versicherungssystem nicht die Nationalität, sondern die Beiträge zum Bezug von Leistungen berechtigen, ist ein Ausschluss hier auch schwer möglich, speziell wenn Ansprüche Eigentumsstatus erhalten, wie im Falle der Rente. Aus diesem System fallen allerdings Asylbewerber heraus, die Leistungen nach dem speziellen Asylbewerberleistungsgesetz beziehen. An dieser Stelle muss dieser kurze Abriss genügen, da auf die Merkmale der großen Versicherungsprogramme in den folgenden Kapiteln eingehend eingegangen wird.

Beiträge zur Sozialversicherung führen einerseits zu Finanzleistungen, deren Wert sich im Wesentlichen an der Beitragshöhe und -dauer bemisst und die die Funktion von Lohnersatzleistungen haben. „The decommodifying potential of the social insurance system depended largely on the status of the individual worker in the employment system and on his achievements. Accordingly, one can argue that the social insurance system possessed a built-in ratchet mechanism – that is, the more a worker ‚achieved' in the labour market, the higher the individual decommodification potential", argumentieren Bleses und Seeleib-Kaiser (2004: 27) mit Blick auf die Bundesrepublik. Im Falle der Krankenversicherung stellt sich die Situation allerdings anders dar, hier wird der Zugang zu Gütern und Dienstleistungen unabhängig vom Umfang der zuvor geleisteten Beiträgen ermöglicht. Die Leistungen der Pflegeversicherung weisen ebenso keinen Bezug zu den geleisteten Beiträgen auf, die gestaffelten Leistungen können hier wahlweise als Geld- oder Sachleistungen in Anspruch genommen werden.

---

[39] Die geringfügige Beschäftigung löste 1997 die bis dahin geltende Kurzzeitigkeitsgrenze ab (Arbeitsförderungs-Reformgesetz; s. Steffen 2008: 17).

3.2 Herausforderungen und Reformen bis 1998

Die Ölkrisen der 1970er Jahre werden gemeinhin als Ende der Ausbauphase der westlichen Wohlfahrtsstaaten gesehen, was auch für Deutschland zutrifft. „In the end, Germany's welfare state was no longer perceived as a model but rather as a problem. Declining economic growth, soaring unemployment, increasing public debt, ageing, transformation of the international political economy – and, particularly, German re-unification – placed the welfare state systematically under pressure" (Leibfried/Obinger 2003: 199).[40] Dabei bestand ein zentrales Problem gerade auch in der Kombination der genannten Einflüsse, da das Sozialversicherungssystem auf Beiträge aus dem Lohnaufkommen aufbaut, bei hoher Arbeitslosigkeit besonders gefordert wird (und Maßnahmen zur Räumung des Arbeitsmarkts wie die Frühverrentung ebenfalls auf die Einnahmen- wie die Ausgabenseite der Versicherungen wirken) und schließlich die hohen Beitragssätze in ihrer Rolle als Lohnnebenkosten mehr und mehr als Belastung für den „Standort Deutschland" und damit wieder für die Beschäftigung gesehen wurden. Infolgedessen kam es seit der Mitte der 1970er Jahre zu einer Politik, die trotz einiger neuer Akzente auf Konsolidierung bedacht war, d. h. auf eine Stabilisierung oder sogar Senkung der Versicherungsbeiträge und des Anteils der Sozialleistungen im Verhältnis zum BIP. Allerdings kann diese Politik weder mit einem einfachen Abbau gleichgesetzt werden, noch trifft für Deutschland die Einschätzung als „frozen landscape", also als immobil und unreformierbar zu, die Esping-Andersen 1996 für die meisten Wohlfahrtsstaaten für zutreffend hielt (Esping-Andersen 1996: 24; s. auch Palier/Martin 2007: 537-538). Auch wenn die gegen Ende der Regierung Kohl populäre Rede von einem Reformstau (Bönker/Wollmann 2001: 75; s. auch Hegelich/Meyer 2008: 145-146) dies nahe legen mag – im Laufe der Jahrzehnte seit den Ölkrisen war die Sozialpolitik von vielen kleineren und größeren Reformen betroffen.

Die Regierung Kohl knüpfte mit ihren Reformen ab 1982 bereits an erste Versuche der sozial-liberalen Vorgängerregierung unter Bundeskanzler Schmidt an, in der Sozialpolitik neue Schwerpunkte zu setzen und eine Konsolidierung zu erreichen (Schmidt 2005: 96-99). Ihre Politik lässt sich als einnahmenorientierte Ausgabenpolitik (Leibfried/Obinger 2003: 200; die Autoren beziehen diese Einschätzung auch auf die erste Legislaturperiode der Regierung Schröder) charakterisieren, bei der die sozialpolitische Gestaltung der Lebensbedingungen der Bürger hinter dem Aspekt der Finanzierung zurücktrat. Alber (2000: 261) hält im

---

[40] Für weitere, diese Aufzählung teils ergänzende bzw. sie ausführende Darstellungen der Herausforderungen des deutschen Wohlfahrtsstaats, die auch die ihm immanenten Eigenheiten berücksichtigen s. Bönker/Wollmann 2000: 516-518, Bönker/Wollmann 2001: 79-83, Leibfried/Obinger 2003: 201-204, Bleses/Seeleib-Kaiser 2004: 29-39. Die beiden erstgenannten Autoren behandeln auch ideologische Veränderungen.

Rückblick auf die christdemokratisch-liberale Koalition zwei Aspekte der Sozialpolitik der Regierung Kohl für bemerkenswert: erstens ein im Vergleich „[...] durchaus beträchtliches, zumindest aber durchschnittliches Maß an Kurskorrekturen und Kürzungen. [...] Insofern spricht nichts für ein besonderes Reformversagen des deutschen Sozialstaats". Zweitens habe sich die christdemokratisch-liberale Sozialpolitik durch Neuerungen ausgezeichnet, etwa neue Leistungen für Frauen, Kinder und Pflegebedürftige, wobei Alber auch auf die Berücksichtigung von Erziehungstätigkeit bei der Berechnung der Renten verweist, die eine Abkehr vom traditionellen Sozialversicherungsprinzip mit seinem Bezug zur Erwerbsbiografie bedeutet habe. Die Reformen in der Sozialversicherung mit ihren Kürzungen und verschärften Zugangsbedingungen sieht Alber (2000: 262-263) vor allem als eine Konsolidierung, weniger als einen Sozialabbau. Schon vor der Regierungsübernahme durch die Regierung Schröder deutete sich damit auch der von Bleses und Seeleib-Kaiser als „dual transformation" gekennzeichnete Wandel an, der einen Abbau der Sozialversicherungsleistungen bei einem gleichzeitigem Ausbau von familienbezogenen Elementen beinhaltet. Dem ist hinzuzufügen, dass durch die Wiedervereinigung 1990 das westdeutsche soziale Sicherungssystem auf die neuen Bundesländer übertragen wurde, ein Akt, den die Sozialpolitik, so Schmidt (2005: 102), „bravourös" meisterte, durch den aber zugleich das Ziel der Konsolidierung und auch zwischenzeitliche Erfolge konterkariert wurden.

Gerade in der letzten Regierungsperiode der Regierung Kohl kam es zu Reformen, die nicht – wie lange üblich – in einem eher kooperativen Modus verhandelt und beschlossen wurden, d. h. unter Einbezug der Sozialpartner und der Opposition.[41] So wurde 1996 als Teil eines größeren Reformpakets nicht nur die Lockerung des Kündigungsschutzes beschlossen, sondern auch die Kürzung der Lohnfortzahlung im Krankheitsfall. Auch die letzte Rentenreform, mit der ein demografischer Faktor in die Rentenformel eingefügt wurde, wurde – im Gegensatz zu früheren Rentenreformen – gegen die Stimmen der Opposition verabschiedet.

Auf die Reformen in den einzelnen Politikfeldern vor der Regierungsübernahme durch die rot-grüne Bundesregierung wird in den folgenden Kapiteln detaillierter eingegangen. Die rot-grüne Regierung, gewählt auch wegen der von vielen als unsozial empfundenen sozialpolitischen Maßnahmen der christlich-liberalen Koalition in deren letzten Jahren, nahm zunächst einige Regelungen ihrer Vorgänger zurück. Doch schon 1999 wurden die Grundlagen für weiter reichende Reformen erarbeitet. Die folgende Darstellung und Untersuchung ist der Frage gewidmet, wie diese Reformen aus dem Blickwinkel sozialer Rechte einzuschätzen sind.

---

[41] Zur Debatte um das Ende des Korporatismus in der Sozialpolitik s. u. a. Schubert 2005, Trampusch 2006a, b, Hegelich 2006b.

4. Handeln unter Finanzierungsdruck: Soziale Rechte in der Alterssicherungs- und Rentenpolitik unter der rot-grünen Koalition

Im Folgenden wird zunächst ein kurzer Überblick über das deutsche Alterssicherungs- und Rentensystem gegeben (4.1) sowie über Reformen vor der Amtsübernahme durch die rot-grüne Bundesregierung (4.2). Darauf folgt eine detaillierte Darstellung der Reformen der rot-grünen Koalition in diesem Feld (4.3). Die Gesetzgebung wird mittels des oben beschriebenen Analyserahmens untersucht und die Ergebnisse werden vor dem Hintergrund der aktuellen Forschung zu diesem Bereich interpretiert (4.4).

4.1 Das deutsche Alterssicherungs- und Rentensystem – Einführung

Das Politikfeld Alterssicherung und Rente umfasst ein heterogenes Set von Programmen und entsprechend sozialen Rechten.[42] Die Regelungen und der Inhalt der Rechte stehen in engem Zusammenhang mit anderen Politikfeldern, vor allem der Arbeitsmarktpolitik, der Finanzpolitik aber auch der Innenpolitik, wie am Beispiel der Einführung der Rechtsinstitution der Lebenspartnerschaft gezeigt werden wird. Elemente dieses Sets sind die Leistungen der gesetzlichen Rentenversicherung – Altersrenten, Berufs- und Erwerbsunfähigkeitsrenten bzw. Erwerbsminderungsrenten und Hinterbliebenenrenten – sowie Programme zur Grundsicherung und zur Schaffung und Förderung von privater und betrieblicher Altersvorsorge. Für Bergleute (Knappschaften) und Landwirte bestehen besondere Programme in der Sozialversicherung, zudem existieren spezielle öffentliche Sicherungssysteme für Beamte.[43] Ihnen ist gemeinsam, dass sie darauf abzielen, den Rechtsträgern in bestimmten Situationen (Alter, Berufs-, und Erwerbsunfähigkeit bzw. verminderte Erwerbsfähigkeit) ein dauerhaftes Einkommen außerhalb des Arbeitsmarktes zur Verfügung zu stellen.

---

[42] Die Regelungen zur Rente und Alterssicherung finden sich weitgehend im SGB VI. Weitere relevante Regelungen finden sich im Bundessozialhilfegesetz (BSHG) und dem Grundsicherungsgesetz (GSiG) – 2003 beides in das SGB XII überführt –, dem Gesetz zur Verbesserung der betrieblichen Altersversorgung (BetrAVG) und an anderen Stellen.

[43] Für einen Überblick zur Struktur des deutschen Alterssicherungs- und Rentensystems vor den Reformen der rot-grünen Regierung s. Schmähl 2004: 155-161; zu den Politics in diesem Feld s. Hegelich 2006b.

Den größten Anteil an diesem Alterssicherungs- und Rentensystem hat die gesetzliche Rentenversicherung. 1999 waren 93% der gesetzlich Versicherten in der GRV versichert, die für 69% der Ausgaben für Renten (total pension expenditure) verantwortlich war (Schmähl 2007: 320-321; s. auch Frommert/Heien 2006).[44] Sie steht im Folgenden im Vordergrund. Ihr grundlegendes Charakteristikum ist der Bezug zu Erwerbsarbeit – soziale Rechte werden einerseits zum größten Teil durch Pflichtbeiträge der Arbeitgeber und -nehmer zur gesetzlichen Rentenversicherung während Zeiten der Erwerbsarbeit erworben. Die paritätisch getragenen Beiträge werden als Anteil des Bruttolohns bis zur Beitragsbemessungsgrenze bestimmt.[45] Andererseits sind diese Rechte auf Erwerbsarbeit bezogen, da sich die Rentenhöhe nach der Höhe des Einkommens während des Erwerbslebens richtet, die Rente also zur Lebensstandardsicherung dienen bzw. dem Prinzip der Teilhabeäquivalenz (Rürup 2006: 240) folgen soll. Zur Berechnung der individuellen Renten werden nicht die nominalen Beiträge zur Rentenversicherung berücksichtigt, sondern das individuelle jährliche Einkommen während des Arbeitslebens in Bezug zum jeweiligen jährlichen Durchschnittslohn gesetzt.[46] Die Renten bilden damit die gesamte Erwerbskarriere ab. Für Bezieher von Lohnersatzleistungen wie Arbeitslosengeld und Arbeitslosenhilfe werden Beiträge geleistet; d. h., dass die in Kapitel 6 behandelten Änderungen bei diesen Leistungen hinsichtlich Bezugsdauer und -höhe auch rentenpolitische Wirkung entfalten können. Vor Leistungsbezug sind bestimmte Wartezeiten zu erfüllen.[47] Dieses Rentensystem konnte lange Zeit als typisch für ein konservatives Wohlfahrtsregime angesehen werden, „[...] providing status maintenance at a high level for the male, full-time employed breadwinner after a full career through a

---

[44] 1999 belief sich der Rentenbestand auf 21,7 Mio. Renten, 2005 auf 23,4 Mio. (Deutsche Rentenversicherung Bund 2008b: 134)

[45] Die Beitragsbemessungsgrenze wird jährlich entsprechend der Bruttolohnentwicklung angepasst. Sie betrug 1998 8.400 DM/Monat, 2005 5.200 €/Monat (Deutsche Rentenversicherung Bund 2008a: 18). Der Beitrag zur allgemeinen Rentenversicherung betrug seit 1997 20,3% des Bruttolohns, 2003-2006 19,5%, nachdem er 2001-2002 auf 19,1% gesunken war (Deutsche Rentenversicherung Bund 2008a: 15).

[46] Dies wird durch so genannte Entgeltpunkte ausgedrückt, deren Wert jährlich mit Hilfe der Anpassungsformel neu bestimmt wird. Die Höhe der individuellen Rente bestimmt sich aus dem Produkt der Summe der erworbenen Entgeltpunkte und dem aktuellen Rentenwert [AR; FB] sowie ggf. dem Rentenartfaktor. „Das Ergebnis der Anpassungsformel – der aktuelle Rentenwert – bestimmt den Betrag monatlicher Rente, der sich aus einem Jahresdurchschnittsbeitrag – einem Entgeltpunkt – ergibt. [...] Die Anpassungsformel bestimmt sowohl die Höhe der Rente eines jeden Versicherten als auch den Umfang der Mittel, die zur Finanzierung der Renten aufgewendet werden müssen. Mit jeder Anpassungsentscheidung wird das Sicherungsziel der Rentenversicherung konkretisiert oder neu definiert" (Ruland 2001b: 3507).

[47] Dabei wird zwischen verschiedenen rentenrechtlichen Zeiten unterschieden: Beitragszeiten, Berücksichtigungszeiten (z. B. Kindererziehungszeiten) und beitragsfreie Zeiten (Ersatzzeiten, Anrechnungszeiten, Zurechnungszeit; z. B. Zeiten der Arbeitslosigkeit). Je nach Rentenart variiert die Wartezeit. Die unterschiedlichen rentenrechtlichen Zeiten beeinflussen auch die individuelle Rentenhöhe.

public scheme that is strictly earnings-related and hardly redistributing in the vertical dimension" (Hinrichs/Kangas 2003: 576).

Anrechte in der gesetzlichen Rentenversicherung werden durch die Erfüllung vorgelagerter Pflichten (Zahlung von Beiträgen) erworben. Das führt dazu, dass im deutschen Recht individuelle Ansprüche gegenüber der Rentenversicherung als Eigentum einen gesonderten Schutz durch das Grundgesetz (entsprechend Art. 14 I GG) genießen, wie die Rechtsprechung des BVerfG seit 1980 annimmt (s. BVerfGE 69: 272). „Diese Positionen [rentenversicherungsrechtliche Ansprüche und Anwartschaften, FB] genießen Eigentumsschutz, wenn sie nach Art eines Ausschließlichkeitsrechts dem Rechtsträger privatnützlich zugeordnet sind, auf nicht unerheblichen Eigenleistungen des Versicherten beruhen und der Sicherung seiner Existenz dienen" (Neumann 1999: 393-394).[48] Dieser Versicherungscharakter, die „Sparbuchfunktion" (Hinrichs 2000: 280) wird allerdings durch die Art der Finanzierung entscheidend modifiziert: „Denn […] im gegebenen Umlageverfahren finden überdies erhebliche intergenerationale Umverteilungen statt, d. h. ein Teil des Beitrags wird fortlaufend für die Finanzierung der ‚unverdienten' Leistungen (so genannte *windfalls*) an (frühere) Rentnergenerationen im noch unausgereiften System verwandt, trägt also impliziten Steuercharakter" (Hinrichs 2000: 280; Hervorhebung i. O.). Daraus ergeben sich spezifische Probleme für das Verständnis sozialer Rechte in diesem Feld. Mit den Worten Rulands (2005: 27):

> „Die Problematik des Eigentumsschutzes der Anrechte liegt darin, dass sie sich, weil die Rentenversicherung im Umlageverfahren finanziert wird, gegen künftige Sozialprodukte unserer Gesellschaft richten. […] Ein Rentenanrecht […] begründet nur einen quasi schuldrechtlichen Anspruch, bei zukünftigen Verteilungsprozessen als Leistungsempfänger angemessen beteiligt zu werden, weil man abgeschlossene Verteilungs- und Umverteilungsprozesse als Beitragszahler mitfinanziert hat. Das Problem ist die fehlende Gleichzeitigkeit von Vorleistung und Gegenleistung".

Der Bezug zur Erwerbsarbeit wird an mehreren Stellen durch Elemente der sozialen Umverteilung durchbrochen bzw. ergänzt (Bieber/Stegmann 2002): Erstens kennt das System der Rentenversicherung abgeleitete Rechte, also Rechte zugunsten Dritter in Form von Hinterbliebenenrenten, für die diese selbst keine Beiträge geleistet haben müssen. Zweitens werden in bestimmten Zeiten ohne Beschäftigung (z. B. Zeiten der Kindererziehung oder Ausbildung) eigenständige Ansprüche erworben.[49]

---

[48] Entsprechend wird von einem rechtswissenschaftlichen Standpunkt aus auch die Frage gestellt, inwieweit Rentenkürzungen als Verfassungsfragen zu behandeln sind. S. z. B. Offczors/Pawlita 1997, Neumann 1999, Papier 2001, Brall et al. 2005, Ruland 2005. Papier (2001: 352-353) wirft zudem die Frage nach der rechtlichen Stellung von Hinterbliebenenrenten auf.
[49] Der Charakter einer auf Beiträgen beruhenden Arbeitnehmerversicherung wird auch durch die Zuschüsse aus dem Steueraufkommen des Bundes geschwächt, die z. T. direkt als Ausgleich für

Die bisher genannten Elemente des deutschen Rentensystems gehen einher mit Rechten gegenüber der gesetzlichen Rentenversicherung als öffentlicher Institution.[50] Zum Zeitpunkt der Amtsübernahme durch die rot-grüne Bundesregierung bestanden zudem im Falle eines niedrigen Alterseinkommens wegen fehlenden oder zu geringen Ansprüchen gegenüber der Rentenversicherung Ansprüche auf (ergänzende) Leistungen der Sozialhilfe.

Schließlich spielen Ansprüche eine wichtige Rolle, die keine sozialen Rechte im traditionellen Verständnis darstellen. Sie beziehen sich auf die beiden anderen „Säulen" des deutschen Rentensystems, in denen der Staat im Wesentlichen eine regulierende Funktion einnimmt.[51] Es sind zum einen Rechte, die durch den Staat garantiert werden, die aber einen Dritten verpflichten (wie im Falle von Betriebsrenten) und zum anderen Rechte an den Staat auf finanzielle Unterstützung im Falle privater Absicherung (Betriebsrente und private Vorsorge). Hier besteht kein direkter, auf Beitragszahlungen beruhender oder sonstiger Anspruch auf eine Rente (gleich in welcher Situation), sondern nur auf (finanzielle) Hilfen zur individuellen oder betrieblichen Altersvorsorge. Auch wenn in beiden Fällen der Staat bzw. öffentliche Institutionen die eigentliche Aufgabe der sozialen Sicherung nicht mehr übernehmen,[52] lässt sich hier von sozialen Rechten sprechen, sofern es hier um staatlicherseits geschaffene, regulierte, garantierte und schließlich mitfinanzierte Ansprüche geht.

Im Folgenden sollen die Änderungen unter der rot-grünen Koalition in diesem Feld der sozialen Sicherung nachgezeichnet werden. Dabei werden in erster Linie Regelungen zu Altersrente – gesetzliche, betriebliche und private –, Hinterbliebenenrente, Berufs- und Erwerbsunfähigkeitsrente (bzw. später die Erwerbsminderungsrenten) und das Programm zur Grundsicherung im Alter behandelt. Zunächst wird ein kurzer Überblick über die Situation zu Beginn der Regierungsübernahme gegeben. Es wird im Folgenden sowohl von Alterssicherungs- als auch von Rentenpolitik die Rede sein, je nach Schwerpunkt der zu besprechenden Reform.

Versicherungsleistungen an Nicht-Beitragszahler dienen. Der Zuschuss betrug 2008 18,8% der Rentenausgaben, der zusätzliche Zuschuss aus Mehrwertsteuer und Öko-Steuer 9,0% (Deutsche Rentenversicherung 2009). Zur Öko-Steuer s. Schmidt 2003: 244.

[50] Da sowohl Beiträge als auch Leistungen dieselben waren, kann hier von Institution im Singular gesprochen werden, auch wenn die Deutsche Angestelltenversicherung und der Verband Deutscher Rentenversicherungsträger erst 2005 zur Deutschen Rentenversicherung Bund zusammengeschlossen wurden.

[51] S. zur – auch quantitativen– Bedeutung der drei Säulen Frommert/Heien 2006; zum Übergang zu einer „säulenübergreifenden staatlichen Alterssicherungspolitik" Berner 2007a.

[52] Dies wird teils als eine Abkehr vom „produzierenden Staat" gefasst; s. Leisering/Berner 2001; Leisering 2003.

4.2 Politik im Feld Alterssicherung und Rente bis 1998

Das deutsche Alterssicherungssystem war wiederholt Ziel von Reformen. Folgt
man Ruland (2001b: 3505-3507), so lässt sich nach der Rentenreform von 1972
von einer Phase der Konsolidierung sprechen, in der Finanzierungsfragen mehr
und mehr in den Mittelpunkt der politischen Aktivitäten rückten.

> „Within the political discourse during the 1990s an interpretative pattern developed
> and solidified that demographic aging must not lead to (substantially) higher contri-
> butions to the public scheme due to the detrimental effects on employment and an
> inequitable outcome in intergenerational perspective. So framing the aging issue,
> enlarged individual responsibility appeared as sheer necessity [...]. On part of the
> public, after recurrent policy adjustments and still uncertain prospects regarding se-
> curity in old age, by the end of the 1990s public pension policy had lost its credibil-
> ity and the institution as such had used up plausibility" (Hinrichs 2004: 21).

Unter der christlich-liberalen Koalition kam es nicht nur zu einer Reihe von
kleineren Veränderungen und der Übertragung des Rentensystems auf die neuen
Bundesländer[53], sondern auch zu einigen größeren Reformen, deren Inhalt im
Folgenden kurz dargestellt werden soll.[54] Hintergrund dieser Reformen waren
vor allem (erwartete) Finanzierungsprobleme, die sich aus demographischen
Entwicklungen, Entwicklungen am Arbeitsmarkt und der deutschen Einheit
ergaben (Schmähl 2004: 167-172). Unter den Gesetzen sind vor allem das Gesetz zur Neuordnung der Hinterbliebenenrenten sowie zur Anerkennung der
Kindererziehungszeiten von 1985, die Rentenreform 1992 von 1989 sowie das
Wachstums- und Beschäftigungsförderungsgesetz (WFG) von 1996 und schließlich das Rentenreformgesetz 1999 (RRG 1999) von 1997 (Seeleib-Kaiser 2002:
33; Butterwegge 2005: 150-151) zu nennen.[55]

Das Gesetz zur Neuordnung der Hinterbliebenenrenten sowie zur Anerkennung der Kindererziehungszeiten beinhaltete Regelungen, durch die Zeiten der
Erziehung eines Kindes in dessen ersten drei Lebensjahren die Rentenhöhe positiv beeinflussten, indem sie mit 75% des durchschnittlichen Einkommens bei der
späteren Berechnung der Renten angerechnet wurden.

Mit der Rentenreform 1992 wurde die bisherige Koppelung der Entwicklung der Renten an die Entwicklung der Bruttolöhne durch die Koppelung an die

---

[53] S. zur Übertragung des westdeutschen Rentensystems auf die neuen Bundesländer Hegelich 2006b:
81-85. Bis heute bestehen für die neuen Bundesländer abweichenden Regeln zur Rentenberechnung,
was sich auch in eigenem Rentenwert (Ost) ausdrückt.

[54] S. zum Folgenden Palik 1997: 373-375, Ruland 2001b: 3506-3507, Hegelich 2006b: 78-87.

[55] Die Fundstellen der in dieser Arbeit behandelten Gesetze sind im Anhang verzeichnet.

der Nettolöhne abgelöst.[56] Die Altersgrenzen für Altersrenten wurden angehoben, wobei ein früherer Bezug von Rente möglich sein sollte, aber durch Abschläge „bezahlt" werden musste. Die Berücksichtigung beitragsfreier Zeiten wurde eingeschränkt (Ruland 1995: 418). Allerdings wurden auch die Möglichkeit zur Teilrente (neben der Erwerbsarbeit) geschaffen, die Aufwertung von Zeiten mit geringem Einkommen erweitert und Kindererziehungszeiten verlängert (Butterwegge 2005: 133; Ruland 2001b: 3506). Das Wachstums- und Beschäftigungsförderungsgesetz von 1996 brachte eine schnellere Anhebung der Altersgrenzen mit sich sowie Einschränkungen wie die Begrenzung der Anrechnungszeiten wegen Ausbildung (Ruland 2001b: 3506).

Ein letztes großes Projekt war das Rentenreformgesetz 1999 von 1997, das von sozialdemokratischen Politikern als „unsozial" (Riester 2000: 4) kritisiert wurde, wenngleich es grundsätzlich der bisherigen Logik der Rentenversicherung folgte (Niemeyer 1998: 104). Eine der ersten sozialpolitischen Aktivitäten der Regierung Schröder bestand in einer Revision dieses Gesetzes, das deswegen etwas detaillierter dargestellt wird (s. hierzu auch Niemeier 1998).

Das RRG 1999 umfasste die Einführung eines so genannten Demographiefaktor in die Anpassungsformel, durch den auf die Erhöhung der Lebenserwartung und die damit steigenden Rentenlaufzeiten reagiert werden sollte[57] und mit dem das Eckrentenniveau[58] bis 2030 voraussichtlich von 70% auf bis zu 64% fallen würde, wobei 64% als Untergrenze festgelegt wurde. Ebenso durfte der aktuelle Rentenwert aufgrund dieser Regelungen nicht abnehmen (Hinrichs 2003: 9; Niemeier 1998: 105). Nach Meinung von Hinrichs (2000: 289) würde durch den Demographiefaktor das individuelle Rentenniveau schwerer kalkulierbar.

Renten wegen Berufs- und Erwerbsunfähigkeit wurden durch Renten wegen voller oder teilweiser Erwerbsminderung ersetzt und die Altersrenten wegen Erwerbs- und Berufsunfähigkeit ab 60 Jahren abgeschafft, wobei Bestandsrenten keine Änderung erfuhren (Offczors/Pawlita 1997, Palik 1997; s. auch – obgleich politisch wertend – Riester 2000: 5-6). Die Regelungen sollten 2000 in Kraft treten.[59] Die Altersrenten für Arbeitslose, Frauen und nach Altersteilzeitarbeit

---

[56] Die neue Anpassungsformel beinhaltete eine Modifizierung der Anpassung der Renten an die Entwicklung des durchschnittlichen Bruttolohns durch zwei Faktoren, die die Belastungen der Arbeitnehmer und der Rentner durch Steuern und Sozialabgaben widerspiegelten (s. Ruland 1992: 5).

[57] „Durch den Demographiefaktor wird die Anpassung der Renten an die Nettolohnentwicklung um den halben prozentualen Anstieg der Lebenserwartung vermindert" (Palik 1997: 375).

[58] „[...] das Verhältnis einer auf 45 Versicherungsjahren mit Durchschnittsverdienst beruhenden Nettorente zum aktuellen Nettodurchschnittsverdienst [...]" (Niemeyer 1998: 105).

[59] Anstelle der bisherigen Berufsunfähigkeitsrente und Erwerbsunfähigkeitsrente sollte eine zweistufige Erwerbsminderungsrente (Rentenartfaktor 1,0 bzw. 0,5; der Faktor fließt in die Berechnung der individuellen Renten mit ein) eingeführt werden. Bei letzterer sollte nur noch die Arbeitsfähigkeit im

wurden mit sehr langen Übergangsfristen aufgehoben (die Renten bestehen ab 2012 nicht mehr). Gleichzeitig wurden die Altersgrenzen für die vorzeitige Inanspruchnahme der Altersrenten für Schwerbehinderte, Frauen und langjährig Versicherte angehoben (Niemeyer 1998: 107).

Die Anrechnung von Kindererziehungszeiten auf die Altersrente sollte bis Juli 2000 von 75% auf 100% des durchschnittlichen Arbeitsentgelts erhöht werden (Bleses/Seeleib-Kaiser 2004: 75). Verschlechterungen betrafen hingegen die Hinterbliebenenrente (Palik 1997: 378). Schließlich wurden die Regelungen bei der betrieblichen Altersversorgung modifiziert (Palik 1997: 378; Niemeier 1998: 108).

4.3 Die Reformen der rot-grünen Koalition

Rentenreformen waren in der Bundesrepublik lange Zeit im Konsens zwischen den beiden großen „Sozialstaatsparteien" (Hinrichs 2000: 296) beschlossen worden.[60] Dies war nicht mehr der Fall in den letzten Jahren der Regierung Kohl – das WFG und das RRG 1999 wurden gegen die Stimmen der Oppositionsparteien durchgesetzt. So verwundert es nicht, dass die SPD in ihrem Wahlprogramm zur Bundestagswahl 1998 versprach: „Die SPD-geführte Bundesregierung wird die unsoziale Rentenpolitik unmittelbar nach der Bundestagswahl korrigieren" (SPD 1998: 39). Die Rücknahme von Regelungen der Vorgängerregierung wurde auch in den Koalitionsvertrag aufgenommen, zugleich aber auch eine große Rentenreform angekündigt, die u. a. die Stärkung von betrieblicher und privater Altersvorsorge, den Einbezug aller dauerhaft Erwerbstätigen in die Sozialversicherung und eine Reform der Berufs- und Erwerbsunfähigkeitsrenten vorsah (SPD/Bündnis 90/Die Grünen 1998: 27-28).

4.3.1 Am Anfang der sozialpolitischen Gesetzgebung der rot-grünen Koalition stand konsequenterweise das *Gesetz zu Korrekturen in der Sozialversicherung und zur Sicherung der Arbeitnehmerrechte*, mit dem die rot-grüne Bundesregie-

---

Vordergrund stehen, nicht jedoch die tatsächliche Vermittelbarkeit auf dem Arbeitsmarkt. Für weitere Details s. Steffen 2008: 39.

Offczors und Pawlita (1997: 362) beurteilen die Auswirkungen des RRG 1999 auf die Erwerbsminderungsrente wie folgt: „Die Neuregelung der Erwerbsminderungsrente zielt vor allem auf eine Absenkung des Sicherungsniveaus und auf die Erschwerung des Zugangs ab. Der Versicherungsschutz der Erwerbsminderung wird erheblich eingeschränkt." Von der Einführung des demographischen Faktors seien auch die Erwerbsminderungsrenten betroffen. Die Autoren kritisieren u. a. die Abschaffung der Berufsunfähigkeitsrenten und die grundsätzliche Befristung der Erwerbsminderungsrenten.

[60] Czada (2004: 143) spricht hier von „Parteienkonkordanz und Korporatismus" in der Rentenpolitik. Zum Korporatismus in der Rentenpolitik s. auch Hegelich 2006b.

rung ihre Wahlversprechen einlöste und einige von der Regierung Kohl vorgenommene Änderungen in der Sozialgesetzgebung rückgängig machte. In der Alterssicherungs- und Rentenpolitik waren dies vor allem Regelungen des RRG 1999. Dabei kam der neuen Bundesregierung zu Hilfe, dass sie bis Anfang 1999 noch über eine eigene Mehrheit im Bundesrat verfügte.[61]

Insbesondere der Demographiefaktor im RRG 1999 war von Politikern der SPD im Bundestagswahlkampf 1998 kritisiert worden (Schmidt 2005: 114; s. auch Riester 2000: 4-6). Im Gesetz zu Korrekturen in der Sozialversicherung und zur Sicherung der Arbeitnehmerrechte wurde der Faktor zunächst bis zum 1. Januar 2001 ausgesetzt. Er wurde später, mit dem Altersvermögensergänzungsgesetz, ganz abgeschafft (AVmEG, s. Abschnitt 4.3.7). Ebenfalls wurde das Inkrafttreten der Neuregelungen zur Rente wegen verminderter Erwerbsfähigkeit auf den 1. Januar 2001 verschoben, wie auch die Anhebung der Altersgrenze für Altersrenten für Schwerbehinderte.[62] Letzten Endes hatten diese Reformen keinen Bestand. „1999 zwangen Steuermindereinnahmen die SPD-Regierung, zur Sparpolitik ihrer Vorgängerin zurückzukehren" (Czada 2004: 145). Auch wenn der Demographiefaktor nicht sofort wieder eingeführt wurde, erscheint die Anfangsphase der rot-grünen Koalition im Rückblick als ein kurzer Augenblick des Aufbäumens, bevor sich die gängige Ansicht, dass das bestehende System nicht mehr finanzierbar sei, wieder durchsetzte.

Schließlich wurden durch das Gesetz Änderungen in SGB IV und SGB VI vorgenommen, die die Reichweite der Versicherungspflicht betrafen. Dabei sollte durch eine Spezifikation des Begriffs der Beschäftigten das Problem der so genannten Scheinselbständigen behoben werden.[63] Während diese Regelung im Grunde keine Erweiterung des Kreises der ins System der Sozialversicherung

---

[61] Durch die Wahl im Februar 1999 wurde die hessische Landesregierung unter Hans Eichel (SPD) durch die Regierung Koch (CDU) abgelöst. Allerdings wurde die neue Regierung erst im April offiziell gebildet, so dass die rot-grüne Regierung „ihre" hessischen Stimmen noch für die Neuregelung der geringfügigen Beschäftigungsverhältnisse (s. Abschnitt 4.3.2) nutzen konnte (Schmidt 2003: 254).

[62] Außerdem fand sich eine Regelung, die nicht direkt soziale Rechte betrifft, wohl aber den Stellenwert bestehender Regeln: „Ab 1. 6. 1999 werden für Kindererziehungszeiten aktuelle Beiträge aus Steuermitteln entrichtet. Das waren 2000 rund 19 Mrd. DM. Damit sind die Kindererziehungszeiten rechtlich den Beitragszeiten gleichgestellt" (Ruland 2001b: 3507).

[63] Zur Bestimmung dieses Status wurden vier Kriterien formuliert, von denen zwei erfüllt sein mussten, um den Tatbestand der Scheinselbstständigkeit zu erfüllen: keine eigenen Arbeitnehmer außer Familienangehörigen; regelmäßige Arbeit für im Wesentlichen einen Auftraggeber; für Beschäftigte typische Arbeit, Weisungsgebundenheit und Eingliederung in die Arbeitsorganisation des Auftraggebers; kein Auftreten als Unternehmer am Markt. Nach der Überarbeitung mussten mindestens drei von fünf Kriterien erfüllt werden, nämlich keinen eigenen Arbeitnehmer der über 630 € verdient; dauerhaft und wesentlich tätig für nur einen Auftraggeber; der Auftraggeber hat Angestellte die vergleichbar beschäftigt sind; keine typischen Merkmale unternehmerischen Handelns; und die Erfüllung von Tätigkeiten, die er für denselben Auftraggeber zuvor als Angestellter ausgeübt hat.

Integrierten bedeutete,[64] war das bei der Ausweitung der Versicherungspflicht in der Rentenversicherung auf arbeitnehmer*ähnliche* Selbständige in der gesetzlichen Rentenversicherung der Fall.[65] Versicherungspflichtige Selbständige müssen einen Mindestbeitrag zur gesetzlichen Rentenversicherung zahlen. Diese Regelungen zur Selbständigkeit wurden später im *Gesetz zur Förderung der Selbständigkeit* wegen massiver Kritik (Schmidt 2000: 57; Sommer 2000: 122) auf Grundlage der Empfehlungen der so genannten Dieterich-Kommission (Kommission Scheinselbständigkeit) rückwirkend zum Jahresbeginn 1999 geändert (Dieterich 1999). Dabei wurden neben Änderungen der administrativen Behandlung der so genannten Scheinselbständigen (Umkehrung der Beweislast), einer Neuformulierung des Arbeitnehmerbegriffs („Anhaltspunkte für eine Beschäftigung sind eine Tätigkeit nach Weisung und eine Eingliederung in die Arbeitsorganisation des Weisungsgebers"; Art. 7 I SGB IV i.d. Fassung vom 1. Januar 1999) und der neuen Fassung der Kriterien zum Einbezug der arbeitnehmerähnlichen Selbständigen (s. Fn. 65) in die Rentenversicherung die Regelungen um die Möglichkeit ergänzt, sich als Selbständiger in der Existenzgründungsphase bis zu drei Jahre von der Versicherungspflicht befreien zu lassen (Schmidt 2000: 65).

4.3.2 Anfang 1999 änderte die rot-grüne Bundesregierung die Bestimmungen zur geringfügigen Beschäftigung durch das *Gesetz zur Neuregelung der geringfügigen Beschäftigungsverhältnisse* mit Folgen auch für die Rente.[66] Infolge des Gesetzes wurden bei geringfügigen Beschäftigungsverhältnissen bis zu einem Monatslohn von 630 DM und einer Höchstarbeitszeit von 15 Stunden pro Woche die Arbeitgeber verpflichtet, 12% des Lohns an die Rentenversicherung abzuführen.[67] Durch diesen Arbeitgeberbeitrag wurden Ansprüche gegenüber der gesetz-

---

[64] „Dieser neue Mitarbeitertypus des Scheinselbständigen ist eigentlich eine Schimäre. Eine eigenständige rechtliche Bedeutung kommt ihm nämlich nicht zu. Wer nur zum Schein selbständig ist, ist eben unselbständig und damit Arbeitnehmer. Gemeint sind denn auch mit den sog. Scheinselbständigen diejenigen Mitarbeiter, die im Rahmen eines verdeckten Arbeitsverhältnisses tätig werden" (Hohmeister 1999: 181).

[65] Als Kriterien galten, dass die Selbständigen keine versicherungspflichtigen Angestellten außer Familienmitgliedern hatten und im Wesentlichen nur für einen Auftraggeber arbeiteten; die Regel wurde durch das Gesetz zur Förderung der Selbständigkeit dahingehend geändert, dass keine Personen, die monatlich mehr als 630 DM verdienen, beschäftigt werden durften. Bereits zuvor bestand für bestimmte Selbständige (Lehrer und Erzieher über Pflegepersonen, Hebammen und Entbindungspfleger, Seelotsen, Künstler und Publizisten, Hausgewerbetreibende, Küstenschiffer und -fischer bis zu einer besonders definierten Gruppe von Handwerkern) Versicherungspflicht.

[66] Zur Geschichte dieser Beschäftigungsverhältnisse s. Rudolph 1999: 2.

[67] Mehrere geringfügige Beschäftigungen sollten addiert und für den Arbeitnehmer sozialversicherungspflichtig werden, wenn die Summe des Lohns insgesamt 630 DM überstieg, ebenso wurden versicherungspflichtige Hauptbeschäftigung (nicht geringfügig) und geringfügige Beschäftigung addiert (s. hierzu und zu anderen Detailregelungen: Rudolph 1999). Die Grenze von 630 DM wurde

lichen Rentenversicherung erworben. Den so Versicherten sollten geringe Vorteile durch Erwerb von Entgeltpunkten und bei der Erfüllung der Wartezeit erwachsen, sie konnten allerdings im Gegensatz zu den Ansprüchen aus regulären sozialversicherungspflichtigen Arbeitsverhältnissen keine Ansprüche auf Rehabilitationsleistungen und Renten wegen Berufs- oder Erwerbsunfähigkeit erwerben (Boecken 1999: 398). Darüber hinaus wurde den geringfügig Beschäftigten aber die Möglichkeit gegeben, auf ihre Versicherungsfreiheit zu verzichten und zusätzlich zum Arbeitgeberanteil von 12% die Differenz zum (damaligen) Beitragssatz zur Rentenversicherung von 19,5% abzuführen und damit Mitglied der Pflichtversicherung zu werden. Diese Pflichtbeiträge begründen Ansprüche analog zu regulärer sozialversicherungspflichtiger Beschäftigung etwa in Bezug auf Renten wegen Berufs- und Erwerbsunfähigkeit oder Rehabilitationsleistungen (Boecken 1999: 398, Goretzki/Hohmeister 1999: 371).

4.3.3 Die Höhe der Renten wurde 1999 wieder Gegenstand politischen Handelns. Mit dem *Gesetz zur Sanierung des Bundeshaushalts* (Haushaltssanierungsgesetz – HSanG) wurde festgelegt, dass die Rentenanpassung 2000 und 2001 nur entsprechend der Entwicklung des Preisindex für die Lebenshaltung aller privaten Haushalte im Vorjahr vorgenommen werden sollte. Damit fand die bisherige Regelung des Rentenreformgesetzes 1992 keine Berücksichtigung mehr.[68] Das Haushaltssanierungsgesetz beinhaltete außerdem eine niedrigere Bemessung von Beiträgen von Wehr- und Zivildienstleistenden (von 80% auf 60% der Bezugsgröße[69]; Steffen 2008: 42) und bei Empfängern von Arbeitslosenhilfe (von 80% des der Arbeitslosenhilfe zugrunde liegenden Arbeitsentgeltes auf 80% der Arbeitslosenhilfe). Allerdings wurde für ältere Empfänger von Arbeitslosenhilfe im Rahmen einer Übergangsregelung die Möglichkeit geschaffen, die Beiträge zur Rentenversicherung aus eigenen Mitteln auf 80% des Arbeitsentgeltes zu erhöhen.

---

fixiert, im Unterschied zur vorhergehenden Regelung, die eine dynamische Grenze vorsah. „Gewissermaßen ‚kompensierend' ist die Erhebung von Lohnsteuer entfallen, die von den Arbeitgebern regelmäßig […] durch Pauschalierung der Lohnsteuer in Höhe von 20% des Arbeitslohns durchgeführt wurde" (Boecken 1999: 393). Dabei entsprach der Grenzbetrag von 630 DM im Ergebnis „der bisherige[n], jährlich steigende[n] Geringfügigkeitsgrenze, wonach das Arbeitsentgelt regelmäßig im Monat ein Siebtel der monatlichen Bezugsgröße (1999 bisher: 630 DM in den alten, 530 DM in den neuen Bundesländern), bei höherem Arbeitsentgelt ein Sechstel des Gesamteinkommens nicht übersteigen durfte [...]" (Lembke 1999: 1826).

[68] Prognostiziert wurde im Gesetzentwurf (BT-Drucksache 14/1523: 207) eine Anpassung von 0,7% (2000) bzw. 1,6% (2001). Hinrichs (2000: 289) geht davon aus, dass dies eine geringere Erhöhung der Renten gewesen wäre als bei Berechnung der Rentenanpassung mit dem ausgesetzten Demographiefaktor.

[69] Die jährlich neu festgelegte Bezugsgröße entspricht dem durchschnittlichen Arbeitsentgelt aller Versicherten in der gesetzlichen Rentenversicherung im vorvergangenen Kalenderjahr.

4.3.4 Mit dem Gesetz zu Korrekturen in der Sozialversicherung und zur Sicherung der Arbeitnehmerrechte war nach dem Wechsel der Bundesregierung das Inkrafttreten der Neuordnung der Berufs- und Erwerbsunfähigkeitsrenten durch das Rentenreformgesetz 1999 ausgesetzt worden. Im Dezember 2000 wurde das *Gesetz zur Reform der Renten wegen verminderter Erwerbsfähigkeit* beschlossen, mit dem die rot-grüne Koalition eine Neuordnung dieses Bereichs vornahm. Diese „kleine Rentenreform" wurde von Beobachtern als ein „tiefgreifender Systemwechsel" gewertet (Joussen 2002: 294). Es war Teil der im Koalitionsvertrag angekündigten umfassenderen Rentenstrukturreform und trat vorab, d. h. vor Altersvermögensgesetz und Altersvermögensergänzungsgesetz, in Kraft (s. Abschnitt 4.3.7 und 4.3.8; Riester 2000: 8). Die Reform bildete nach Einschätzung Nullmeiers (2003: 172) „[...] die Brücke zwischen der Revision der Rentengesetze der CDU/CSU/FDP-Regierung und dem Einstieg in eine eigenständige Strukturreform der rot-grünen Regierung". Inhaltlich löst sie „[...] die konservative, statuserhaltene Ausrichtung des deutschen Rentensystems ein Stück weit auf" (Egle 2009: 275).[70]

Die Inhalte des Gesetzes waren nach Rademacker (2001: 74) am RRG 1999 der Vorgängerregierung orientiert, allerdings in abgemilderter Form. Durch das Gesetz wurden die bisherigen Berufsunfähigkeits- und Erwerbsunfähigkeitsrenten durch eine zweistufige (halbe bzw. volle) Erwerbsminderungsrente ersetzt, die bei einem Arbeitsvermögen „unter den üblichen Bedingungen des allgemeinen Arbeitsmarktes" (§ 43 I SGB VI n. F.) von weniger als sechs Stunden pro Tag (Rente wegen teilweiser Erwerbsminderung) bzw. weniger als drei Stunden pro Tag (Rente wegen voller Erwerbsminderung) aufgrund von Krankheit oder Behinderung beansprucht werden können sollte. „Ausweislich der Gesetzesbegründung wollte der Gesetzgeber eine niedrigere Grenze festsetzen als die durch die Rechtsprechung entwickelte Grenze von untervollschichtig. Dies stehe ‚in Einklang damit, dass nicht jede Einbuße, sondern nur eine wesentliche Einbuße in der Erwerbsfähigkeit zu einem Rentenanspruch führen' solle" (Rademacker 2001: 76). Der Rente wegen voller Erwerbsminderung entsprach nun ein Rentenartfaktor von 1,0, der Rente wegen teilweiser Erwerbsminderung ein Rentenartfaktor von 0,5.

Die bis dahin geltenden Regelungen zur Berufsunfähigkeit[71] wurden damit hinfällig: Mit dem neuen Gesetz wurden zur Beurteilung der Erwerbsunfähigkeit alle auf dem regulären Arbeitsmarkt vorzufindenden Tätigkeiten berücksichtigt, unabhängig von Ausbildung und Status des Betroffenen. Allerdings sollten die Rente wegen voller Erwerbsminderung auch teilweise Erwerbsgeminderte erhalten, „[...] die ihr Restleistungsvermögen wegen Arbeitslosigkeit nicht in Er-

---

[70] S. zu Erwerbsminderungsrenten im deutschen Rentensystem auch Viebrok 2006.
[71] S. hierzu Joussen 2002: 294-295, Ruland 2001b: 3501.

werbseinkommen umsetzen können [...]" (Steffen 2008: 43) – hier bestand ein Unterschied zum RRG 1999 insofern, als dass die Arbeitsmarktsituation weiterhin Beachtung finden sollte.[72] Als voll erwerbsgemindert sollten auch Personen gelten, „die wegen Art und Schwere der Behinderung nicht auf dem allgemeinen Arbeitsmarkt tätig sein können [...]. Hierbei handelte es sich insbesondere um Behinderte, die in Behindertenwerkstätten beschäftigt sind und nicht anderweitig eingesetzt werden können" (Joussen 2002: 297; s. auch Rademacker 2001: 77). Diejenigen jedoch, die nicht vollschichtig, aber mindestens sechs Stunden pro Tag arbeiten können, sollten entsprechend der neuen Regelungen keinen Anspruch auf eine Erwerbsminderungsrente haben.[73] Diese Renten und auch große Witwen-/Witwerrenten wegen Erwerbsunfähigkeit wurden in der Regel auf höchstens drei Jahre befristet (Zeitrenten).

In dem Gesetz wurden auch Möglichkeiten des Hinzuverdienstes zur Rente neu geregelt und die Position von versicherten Selbständigen gestärkt. Konnten letztere zuvor keine Rente wegen Erwerbsunfähigkeit beanspruchen, erhielten sie durch die Reform in der entsprechenden Lage Zugang zur vollen Erwerbsminderungsrente.

Die Altersgrenze für die Altersrente für Schwerbehinderte wurde von 60 auf 63 Jahre angehoben. Berufs- und Erwerbsunfähigen wurde der Anspruch auf diese Rentenart gestrichen. Schließlich wurde festgelegt, dass „[b]ei Erwerbsminderungsrenten oder Renten wegen Todes [...] die Zeit zwischen vollendetem 55. und 60. Lebensjahr künftig (endgültig für Rentenbeginn ab Dezember 2003) in vollem Umfang als sog. Zurechnungszeit angerechnet" wird (Steffen 2008: 43).[74]

4.3.5 Das *Gesetz zur Einführung des Euro im Sozial- und Arbeitsrecht sowie zur Änderung anderer Vorschriften* (4. Euro-Einführungsgesetz) brachte nicht nur die Umstellung aller DM-Beträge auf Euro und die entsprechende Neuberechnung der Bestandsrenten mit sich, sondern beinhaltete auch substantielle Änderungen, vor allem eine Verbesserung bei der Bewertung des Besuchs von Schu-

---

[72] So genannte konkrete Betrachtungsweise. „Im Ergebnis bedeutet das, dass Versicherte mit einem Leistungsvermögen von drei bis unter sechs Stunden, die keinen Arbeitsplatz finden, in dem sie ihr Restleistungsvermögen umsetzen können, nicht nur als teilweise, sondern als voll erwerbsgemindert gelten und damit ebenso wie Versicherte mit einem Leistungsvermögen von unter drei Stunden Anspruch auf die Erwerbsminderungsrente in voller Höhe haben" (Rademacker 2001: 75). Die Rente wegen teilweiser Erwerbsminderung hat also nur Relevanz für die, die trotz ihres eingeschränkten Arbeitsvermögens einen Arbeitsplatz haben (Rademacker 2001: 75).

[73] Zu einzelnen Ausnahmen s. Rademacker 2001: 75.

[74] Damit wird simuliert, dass der Versicherte weiter Beiträge zur Rentenversicherung geleistet hätte.

len neben einer beitragspflichtigen Tätigkeit[75] (Steffen 2008: 44; für weitere Regelungen Berndt 2000: 2191).

4.3.6 Das *Gesetz zur Beendigung der Diskriminierung gleichgeschlechtlicher Gemeinschaften: Lebenspartnerschaften* hatte zunächst keine relevanten direkten Auswirkungen im Bereich Alterssicherung (Vogel/Pötter 2005: 157, Wenner 2002: 270-272). Die Gewährung von Hinterbliebenenrenten für Lebenspartner war politisch vorerst nicht gewollt. Überlebende Lebenspartner wurden Witwen und Witwern nicht gleichgestellt, da der Gesetzgeber zunächst darauf bedacht war, Lebenspartnerschaften und Ehe voneinander abzugrenzen.[76] Dies sollte sich aber mit dem Gesetz zur Überarbeitung des Lebenspartnerschaftsrechts 2004 ändern (s. Abschnitt 4.3.17).

4.3.7 Die mit dem Namen des Ministers für Arbeit und Soziales, Walter Riester, verbundenen Reformen haben Diskussionen in Öffentlichkeit und Wissenschaft ausgelöst, deren Intensität nur noch von denjenigen, die den so genannten „Hartz-Gesetzen" folgten, übertroffen wurden. Erstes der Reformgesetze, die nach Meinung von Beobachtern einem Paradigmenwechsel gleichkommen (Hinrichs/Kangas 2003, Schmähl 2004, 2007, Hegelich 2006a), war das *Gesetz zur Ergänzung des Gesetzes zur Reform der gesetzlichen Rentenversicherung und zur Förderung eines kapitalgedeckten Altersvorsorgevermögens* (Altersvermögensergänzungsgesetz – AVmEG). Es wurde noch vor dem Altersvermögensgesetz (AVmG) beschlossen, da es im Unterschied zu diesem nicht zustimmungspflichtig im Bundesrat war.[77] Mit diesen Gesetzen wurde die mit dem Gesetz zur Reform der Renten wegen verminderter Erwerbsfähigkeit begonnene Rentenstrukturreform weiter geführt. Diese stand ganz unter dem Eindruck des herrschenden Diskurses der 1990er Jahre, der die Finanzierungsseite der Rentenversicherung, speziell die Begrenzung der Sozialversicherungsbeiträge, in den Mittelpunkt rückte:

---

[75] „Ohne diese […] Neuregelung käme es in den Fällen zu einer spürbaren Minderung der Rente, in denen die (wegen des Zusammentreffens von Beitrags- und Anrechnungszeiten) als beitragsgeminderte Zeit anzusehende Beitragszeit relativ hohe Werte erreicht (Beispiel: Abendschule bei Vollzeitbeschäftigung)" (Steffen 2008: 44).

[76] Die einzige nach Wenner (2002: 272) relevante Ausnahme betraf die Regelung von Zuzahlungen im Bereich der Rehabilitation, die auch fällig werden sollten, wenn für Lebenspartner die Versicherten Leistungen in Anspruch genommen wurden. Bei der Berechnung von Übergangsgeld während Rehabilitationsmaßnahmen wurde der Lebenspartner wie ein Ehegatte berücksichtigt. Vogel und Pötter verzeichnen darüber hinaus eine „Erwähnung" des Lebenspartners „[…] im Rahmen der Prüfung der Anrechnung einer Verletztenrente des Siebten Buches Sozialgesetzbuch (SGB VII) auf eine Leistung nach SGB VI" (2005: 157).

[77] Zum Gang der Gesetzgebung s. Nullmeier 2003: 178; zu den Politics dieser Reform auch Hegelich 2006a, Lamping/Rüb 2006.

„The political debate was finally framed by the new government [...] in such a way that a contribution rate of about 24 per cent in 2030 in social pension insurance would be unbearable and would burden the ‚younger generation' too much. This became a cornerstone in the reform agenda. The development of the contribution rate became the decisive indicator. Therefore cuts in the pension level would be unavoidable. To compensate such cuts, additional private saving is necessary for living in old age. The ‚stick' was the cut in public pension level and the ‚carrot' was a subsidy for private pension saving (‚government makes you a gift'). This looked especially attractive during the boom period of the stock markets" (Schmähl 2004: 172).

Das AVmEG reformierte die gesetzliche Rentenversicherung, die so genannte erste Säule des Rentensystems. Kern des AVmEG war die Einführung einer neuen Formel zur Berechung der Rentenbeträge (Anpassungsformel, die den aktuellen Rentenwert bestimmt), mit der ein voraussichtlich sinkendes Nettorentenniveau in Kauf genommen wurde. Um das Gesamtversorgungsniveau jedoch zu erhalten oder sogar auszubauen, wurde mit dem später beschlossenen Altersvermögensgesetz (s. Abschnitt 4.3.8) die Förderung privater oder betrieblicher kapitalgedeckter Vorsorge ausgebaut, wobei zusätzliche Vorteile in der Stabilität eines solchen kombinierten Systems gesehen wurden (Ruland 2001b: 3507).

Das AVmEG legte fest, dass die Rentenanpassung für 2001 nicht entsprechend dem Haushaltssanierungsgesetz (also entsprechend der Inflationsentwicklung, s. 4.3.3) oder wie zuvor nach der Nettolohnentwicklung vorgenommen wurde, sondern entsprechend der Bruttolohnentwicklung. Ab 2002 sollte die Rentenentwicklung dann entsprechend der neuen Anpassungsformel der Lohnentwicklung folgen, und zwar dem durchschnittlichen Bruttolohn modifiziert durch einen Faktor, der die Entwicklung des Beitragssatzes zur Rentenversicherung (RVB, Arbeitgeber- und Arbeitnehmeranteil) und den Altersvorsorgeanteil (AVA) abbildet (modifizierte Bruttolohnanpassung). Der politisch festgelegte Altersvorsorgeanteil sollte sich jährlich bis 2009 um 0,5% bis insgesamt 4%[78] ändern und den Anstieg der Renten um diesen Betrag dämpfen.[79] Der gesamte Faktor sollte 2011 noch einmal modifiziert werden, dann sollte die Anpassung des aktuellen Rentenwerts ein weiteres Mal gedämpft werden: der Faktor, der RVB und AVA zusammenfasst, sollte dann nicht mehr den Wert 100% der Ausgangsbasis, sondern 90% erhalten (Ruland 2001b: 3508; Standfest 2001: 183).

Die Abkehr von der Anpassung entsprechend der Nettolohnentwicklung hatte nach Schmähl (2004: 175) ihren Hauptgrund darin, dass die Rentenversicherung verstärkt durch indirekte Steuern (Mehrwertsteuer, so genannte Ökosteuer) anstelle der Sozialversicherungsbeiträge finanziert werden sollte. Dies

---

[78] Ursprünglich war ein strikterer Zusammenhang mit der Förderung der privaten Altersvorsorge geplant (Ruland 2001a: 395).
[79] „Der Anstieg des Altersvorsorgeanteils von null auf 4% reduziert die Rentenanpassungen der Jahre 2003 bis 2010 um jährlich etwa 0,6%" (Ruland 2001a: 395).

hätte durch steigende Nettolöhne (im Verhältnis zu den Bruttolöhnen) zu höheren Rentenausgaben führen können.[80] Ruland (2001b: 3508) betont, dass die Berücksichtigung der Bruttolöhne bei der Berechnung des aktuellen Rentenwertes die Rentenpolitik unabhängiger von anderen Politikfeldern machte:

> „Die neue Formel führt darüber hinaus dazu, dass – anders als bei der bisherigen Nettoanpassungsformel – die Anpassung nicht mehr von Änderungen im Steuerrecht berührt wird. Das nimmt viel von der Unsicherheit über die Folgen der demnächst zu erwartenden Entscheidung des *BVerfG* zur unterschiedlichen Besteuerung von Renten und Pensionen. Unberücksichtigt bleiben künftig auch Veränderungen bei den Beitragssätzen zu den anderen Sozialversicherungszweigen, die mit der Alterssicherung nichts zu tun haben, wie die Kranken-, Pflege- sowie die Arbeitslosenversicherung" (Hervorhebung im Original).

Mit der Reform wurde – so der Gesetzentwurf (BT-Drucksache 14/4595: 39) – ein Absinken der Nettorentenniveaus erwartet, nicht jedoch unter 64,4% (für Neuzugänge im Jahr 2030), wobei auch die Berechnung des Nettorentenniveaus durch Einbezug des AVA neu bestimmt wurde (Steffen 2008: 44). Frühere Zugänge würden noch 68% (bis 2015) bzw. 67% (bis 2020) erreichen. Noch vor Inkrafttreten des AVmEG wurde allerdings durch das *Zweite Gesetz zur Änderung des Künstlersozialversicherungsgesetzes und anderer Gesetze* eine Änderung eingefügt, die bestimmte, dass die Bundesregierung dem Gesetzgeber „geeignete Maßnahmen" vorschlagen sollte, sobald das Nettorentenniveau entsprechend der mittleren Variante der 15-jährigen Vorausberechnungen 67% zu unterschreiten droht.[81]

Das *AVmEG* beinhaltete weiterhin eine Höherbewertung von Beitragszeiten für Eltern (ab 1992), wenn diese einer Teilzeitbeschäftigung nachgingen oder bei Vollzeitbeschäftigung unterdurchschnittlich verdienten: In diesen Fällen wurden in den ersten zehn Lebensjahren des Kindes „die in dieser (Kinderberücksichtigungszeit) erzielten Entgelte […] bei der Rentenberechnung um 50% auf maximal 100% des Durchschnittseinkommens, das heißt auf einen Entgeltpunkt,

---

[80] S. hierzu auch Hegelich 2006b: 88-89.
[81] Lamping und Rüb (2004: 182) führen diese Änderung auf den Druck der Gewerkschaften zurück. Daneben sollte die Regierung allerdings auch aktiv werden, wenn der Beitragssatz einen bestimmten Wert überschreitet. Nullmeier (2003: 176) beurteilt dies wie folgt: „Damit ist der Rentenpolitik einnahme- wie leistungsseitig nach wie vor ein politisches Ziel aufgegeben, sie kann sich nicht in einer Finanzlogik ergehen".
Nach Ruland konnte durch die Niveausicherungsklausel „[…] die Rentenversicherung doch wieder in eine Abhängigkeit vom Steuerrecht geraten. […] Dies kann bei Einführung einer nachgelagerten Besteuerung der Renten und einer entsprechenden Freistellung der Beiträge von der Steuer nicht ausgeschlossen werden" (2001a: 395).

aufgewertet" (Ruland 2001b: 3508).[82] Zusätzlich wurde festgelegt, dass bei Nicht-Erwerbstätigkeit wegen Erziehung oder Pflege von zwei oder mehr Kindern vom 4. bis zum 10. Lebensjahr Entgeltpunkte gutgeschrieben werden konnten (Flecken 2001: 86).[83] Die Voraussetzung für diese Regelung waren 25 Jahre rentenrechtliche Zeiten.[84] Diese Regelung zur Aufwertung der Pflichtbeitragszeiten galt auch bei Pflege eines Kindes bis zu dessen 18. Lebensjahr.

Die Hinterbliebenenrente sollte nach dem AVmEG künftig nur noch 55% statt 60% der Rente des Verstorbenen (Senkung des Rentenartfaktors von 0,6 auf 0,55) betragen.[85] Ein Ausgleich für diese Senkung wurde aber im Falle der Erziehung von Kindern geschaffen, durch Anrechnung von einem Entgeltpunkt pro Kind. Verbunden waren diese Regelungen des AVmEG mit langen Übergangsfristen – die Neuregelung griff nur, wenn beide Partner unter 40 waren oder bei neu geschlossenen Ehen. Bei neuen Renten bestand die Möglichkeit entweder für Hinterbliebenenrenten oder ein Rentensplitting zu optieren. Vorteile mit Blick auf letztere Möglichkeit ergaben sich vor allem, weil auf die Splittingrente kein Einkommen angerechnet werden sollte.[86] Die kleine Witwen(r)rente wurde auf max. 2 Jahre beschränkt.[87]

Mit dem *Gesetz zur Verbesserung des Hinterbliebenenrentenrechts* wurde diese Reform der Hinterbliebenenrenten noch vor Inkrafttreten modifiziert, womit im Zuge der Zustimmung zum AVmG formulierten Erwartungen des Bundesrats entsprochen wurde. Dem Gesetz stimmten nicht nur die Regierungsparteien, sondern auch die Abgeordneten der FDP und der PDS zu. Diese Änderungen beinhalteten eine Dynamisierung des Grundfreibetrags bei der Anrechnung von Einkommen bei den großen Witwen- und Witwerrenten (im AVmEG war nur der kinderbezogene Zuschlag zum Freibetrag dynamisiert) und eine Erhöhung der Kinderkomponente bei der Berechnung der großen Witwen- und Wit-

---

[82] „Die Höherbewertung von Beitragszeiten während der Kinderberücksichtigungszeit verknüpft den Ausbau der eigenständigen Alterssicherung von Frauen mit Anreizen für einen baldigen Wiedereinstieg in das Berufsleben nach Ablauf der Kindererziehungszeit" (Ruland 2001b: 3508).

[83] „Es handelt sich um eine modifizierte Verlängerung der ‚Rente nach Mindesteinkommen' zugunsten von Personen, die Kinder erziehen bzw. pflegen. Eltern, die wegen gleichzeitiger Erziehung bzw. Pflege von zwei oder mehr Kindern nicht erwerbstätig sein können, erhalten einen Zuschlag an Entgeltpunkten, der der höchstmöglichen Förderung von erwerbstätigen Erziehungspersonen entspricht. Er beträgt 0,3333 Entgeltpunkte pro Jahr. Diese Zeiten gelten, soweit sie es nicht schon sind, als Beitragszeiten (§ 70 IIIa 2 lit. b SGB VI). Daraus ergibt sich für jedes berücksichtigte Jahr ein zusätzlicher monatlicher Rentenanspruch von derzeit 16,50 DM" (Ruland 2001a: 396).

[84] D. h. Beitragszeiten und beitragsfreie Zeiten (Ersatzzeiten, Anrechnungszeiten) und die Zurechnungszeit.

[85] Hintergrund war nach Ruland (2001a: 396) die erwartete höhere Erwerbstätigkeit bei Frauen. S. auch Schmähl 2004: 179-180; Stahl/Stegmann 2001: 388; Mascher 2001: 9.

[86] „Das Rentensplitting führt wie der Versorgungsausgleich zu einer ‚abgeleiteten' Sicherung des Ehegatten." (Ruland 2001a: 398).

[87] Für Hinterbliebene unter 45, die nicht erwerbsgemindert sind und keine Kinder haben.

werrenten: Nun wurden für die ersten 36 Monate der Kindererziehung zwei Entgeltpunkte angerechnet.[88] „Die Verbesserung soll auch für Witwen und Witwer, die nur ein Kind erzogen haben, einen angemessenen Ausgleich für die abgesenkte Witwen-/Witwerrente sicherstellen" (Stahl/Wegmann 2001: 388).

Damit nicht genug: Durch die Verlängerung der maximalen Dauer von berücksichtigungsfähigen Ausbildungszeiten von drei auf acht Jahre durch das AVmEG wurden mit Blick auf die Rente Beschäftigungslücken geschlossen, wobei bis zu drei Jahren als bewertete, bis zu fünf Jahren als unbewertete Anrechnungszeit[89] berücksichtigt werden konnten. Auch weitere Regelungen betrafen die Anrechnungszeiten: „Wie bei Zeiten der schulischen Ausbildung, die in aller Regel vor dem Eintritt in das Erwerbsleben liegen, sollen etwa auch Zeiten der Krankheit oder der Arbeitslosigkeit ohne die Unterbrechung eines Pflichtversicherungsverhältnisses angerechnet werden. Damit werden sich insbesondere im Falle von Frühinvalidität bzw. frühem Tod für den Versicherten selbst bzw. seine Hinterbliebenen teils erhebliche Verbesserungen in der Rentenhöhe ergeben" (Flecken 2001: 87-88; s. auch Hülsmeier 2002: 19-20, Stahl 2001).

4.3.8 Der zweite Teil des Reformpakets war das *Gesetz zur Reform der gesetzlichen Rentenversicherung und zur Förderung eines kapitalgedeckten Altersvorsorgevermögens* (Altersvermögensgesetz – AVmG). In dessen Mittelpunkt standen die Einführung einer Grundsicherung im Alter und die Förderung von privater und betrieblicher Altersvorsorge, die Hegelich (2006b: 89) als „eigentliches Kernstück der Reform 2001" bezeichnet. Diese Förderung freiwilliger[90] privater und betrieblicher Altersvorsorge wurde als notwendig angesehen, weil angesichts der Verschiebung der Aufmerksamkeit auf die Einnahmenseite der Rentenversicherung (also den Beitragssatz) das politische Ziel der Lebensstandardsicherung durch das öffentliche Versicherungssystem alleine nicht mehr gewährleistet werden konnte. Diese gewandelte Haltung zur Leistungsfähigkeit des öffentlichen Rentensystems und zur Notwendigkeit privater Vorsorge setzte sich nach Lamping und Rüb (2004: 179) nicht zuletzt durch eine Policy-Koalition durch, in die nicht nur der zuständige Minister Riester, sondern auch verstärkt das Kanzleramt eingebunden war, wohingegen das alte „consensual network of pension policy makers" in Hinblick auf Reformoptionen gespalten war.

Die Förderung privater Vorsorge zur Kompensation des Rückgangs der Leistungen der GRV sollte auf zwei Wegen erfolgen: Private Investitionen bis zu

---

[88] Für Details dieser Regelung – Berechnung der Entgeltpunkte bei mehreren Kindern etc. – s. Stahl/Wegmann 2001: 388-389.

[89] Anrechnungszeiten sind Zeiten, in denen keine Beiträge geleistet werden, die bei der Berechnung der Entgeltpunkte aber positiv berücksichtigt werden.

[90] Zunächst war eine obligatorische kapitalgedeckte private Zusatzversicherung in der Diskussion, auf die allerdings auf Druck der Öffentlichkeit verzichtet wurde (Lamping/Rüb 2004: 173).

4% der Beitragsbemessungsgrenze (ab Ende 2008)[91] sollten mit Zulagen oder durch Absetzbarkeit von der Steuer als Sonderausgaben unterstützt werden, wobei die Verrechnung durch die Finanzämter übernommen werden sollte. Die Zulagen sollten stufenweise alle zwei Jahre von 38 € (2002 und 2003) auf 154 € (ab 2008) pro Jahr steigen.[92] Außerdem wurden Kinderzuschläge geschaffen, die im gleichen Rhythmus von jährlich 46 € auf 185 € pro Kind steigen sollten. Der maximale Sonderausgabenabzug sollte von 525 € (2002 und 2003) auf 2.100 € (ab 2008) pro Jahr wachsen. Es wurden Mindestbeiträge zur Vorsorge bestimmt, nämlich 1% bis 4% des beitragspflichtigen Bruttoentgelts abzüglich der Zulage. Sollte der Aufwand dahinter zurückbleiben, vermindern sich die Zulagen entsprechend. Zumindest sollte jedoch ein Mindesteigenbetrag geleistet werden, der sich je nach Anzahl der Kinder zwischen 30 € und 45 € (2002-2004) bzw. 60 € und 90 € (ab 2005) pro Jahr bewegte.

Es wurde zur Voraussetzung für eine Förderung gemacht, dass die Finanzprodukte, in die investiert werden konnte, bestimmten Kriterien genügen sollten (niedergelegt im Altersvorsorgeverträge-Zertifizierungsgesetz, AltZertG, Art. 7 AVmG). Durch diese Kriterien sollte sichergestellt werden, dass die Finanzprodukte als Ergänzung zur Rente tauglich sind. Unter diese Kriterien fiel beispielsweise, dass die Erträge frühestens ab dem 60. Lebensjahr als eine monatliche, lebenslange Rente ausgezahlt werden und die zu Rentenbeginn bereitstehende Summe mindestens den Einzahlungen entsprechen sollte.[93]

Gefördert werden sollten Pflichtversicherte in der gesetzlichen Rentenversicherung, nicht jedoch zusatzversorgungsberechtigte Arbeiter und Angestellte des

---

[91] Dieser Wert sollte in Stufen steigen: 2002/2003 bis zu 1%, 2004/2005 2% 2006/2007 3% und ab 2008 4% der Beitragsbemessungsgrenze. Die Beitragsbemessungsgrenze betrug 2001 104.000 DM. S. Flecken 2001: 83.

[92] „Diese Zulage ist eine aus dem Steueraufkommen finanzierte staatliche Transferleistung (Zulagenförderung nach §§ 79 ff. EStG)" (Berner 2004: 6).

[93] Im AltZertG waren elf Kriterien festgelegt, die 2003 mit dem Alterseinkünftegesetz (s. Abschnitt 4.3.15) allerdings auf fünf reduziert wurden. Sie umfassten in der ursprünglichen Fassung regelmäßige Einzahlungen, eine Nutzung der Rente frühestens ab dem 60. Lebensjahr (Ausnahmen bei vorzeitigem Rentenbezug), Ausschluss von Pfändungen und Übertragungen, die Auszahlung als monatliche Rente oder nach einem Auszahlungsplan, der aber ab dem 85. Lebensjahr in eine laufende Rente mündet, die Auszahlung von mindestens den eingezahlten Beiträgen und Zuschüssen, Ermöglichung von Hinterbliebenenversorgung sowie weitere Regeln, die den Vertrag betreffen, etwa Kosten, Kündigungsmöglichkeiten (Wechsel des Anbieters), Information über Verwendung der Beiträge (auch hinsichtlich ethischer, sozialer und ökologischen Kriterien) und schließlich die Möglichkeit zur Kapitalentnahme als Darlehen für Hausbau. Diese Kriterien und damit die Zertifizierung der Vorsorgeverträge geben allerdings keinen Hinweis auf die Wirtschaftlichkeit und Sicherheit dieser Kapitalanlage oder über die Vertrauenswürdigkeit der Aussagen des Anbieters von Versicherungen.

öffentlichen Dienstes. Auch die Ehegatten von Pflichtversicherten erhielten ein Anrecht auf Förderung (s. Berner 2004: 6).[94]

Neben der privaten Altersvorsorge sollte auch die betriebliche gestärkt werden.[95] Geändert bzw. neu geschaffen wurden die Rechte der Arbeitnehmer, Fördermöglichkeiten und die Durchführungswege. Hinsichtlich der Rechte der Arbeitnehmer wurde ein Rechtsanspruch auf Entgeltumwandlung von bis zu 4% der Beitragsbemessungsgrenze zur gesetzlichen Rentenversicherung eingeführt. D. h. die Arbeitnehmer sollten entscheiden können, einen Teil ihres Bruttolohnes zur betrieblichen Altersvorsorge zu verwenden. Hier wurde allerdings ein Tarifvorrang festgelegt: Bei tarifgebundenen Arbeitgebern musste der Tarifvertrag diese Entgeltumwandlung zumindest zulassen. Wenn über den Durchführungsweg keine Einigung bestehen sollte, konnte der Arbeitgeber zwischen Pensionskasse oder -fonds wählen, ansonsten konnte der Arbeitnehmer den Abschluss einer Direktversicherung verlangen. Für die betriebliche Altersvorsorge durch Entgeltumwandlung in den drei genannten Förderungswegen sollte, wenn der Arbeitnehmer Beiträge aus zu versteuerndem und verbeitragtem Einkommen leistet, analog zur Förderung privater Vorsorge eine staatliche Förderung beantragt werden können.[96] Hier unterlagen die Vorsorgeprodukte jedoch keiner Zertifizierung.

Als weiterer Weg der betrieblichen Altersvorsorge wurde die Möglichkeit geschaffen, dass Arbeitgeber steuer- und zunächst bis 2008 auch beitragsfrei Beträge von bis zu 4% der Bemessungsgrenze in Pensionskassen und -fonds zahlen (Umwandlung von Bruttolohnbestandteilen; so genannte Eichel-Förderung nach dem damaligen Bundesfinanzminister Hans Eichel).

Bei von Arbeitgebern finanzierter betrieblicher Altersversorgung in den Durchführungswegen Pensionsfonds, Pensionskasse und Direktversicherung wurde durch die Gesetzesänderung die Möglichkeit geschaffen, eine Beitragszusage mit Mindestleistung zu geben, im Gegensatz zur Zusage von Leistungen im Versicherungsfall (Leistungszusage; s. hierzu Reinecke 2001: 3512-3513). Dadurch sollte der Arbeitnehmer einen Anspruch auf Verrentung der vom Arbeit-

---

[94] Berner (2004: 6) weist zudem darauf hin, dass „[e]twas später [...] die Reform der gesetzlichen Rentenversicherung wirkungsgleich auf die Beamtenversorgung übertragen und in diesem Zug auch die Beamten in die Förderung einbezogen" wurden. Grundlage war das Versorgungsänderungsgesetz 2001.

[95] S. zum Folgenden im Detail Bruno-Latocha/Tippelmann 2003; Baumeister 2002; Flecken 2001; Grintsch 2001; Reinecke 2001; Schmitz 2001: 213-214.

[96] „Der Hintergrund der Regelung, wonach der Arbeitgeber die Durchführungswege Pensionsfonds und Pensionskasse vorgeben kann, anderenfalls der Arbeitnehmer den Abschluss einer Direktversicherung verlangen kann, erschließt sich durch einen Blick auf den Absatz 3 von § 1 BetrAVG n. F.. Der Arbeitgeber muss dem Arbeitnehmer den Zugang zur staatlichen Förderung nach den neuen §§ 10a, 82a II ESTG ermöglichen. Dies kann der Arbeitnehmer im Ergebnis also erzwingen" (Reinecke 2001: 3514).

geber zugesagten Beiträge und den daraus erwirtschafteten Beträgen haben – mindestens jedoch der zugesagten Beiträge. Mit Pensionsfonds wurde ein neuer Durchführungsweg der betrieblichen Altersvorsorge ermöglicht (Reinecke 2001: 3513).

Die Regeln zur Unverfallbarkeit von Zusagen des Arbeitgebers bei betrieblicher Altersvorsorge ohne Entgeltumwandlung wurden zugunsten der Arbeitnehmer verbessert: Unverfallbarkeit bei Ausscheiden aus dem Betrieb sollte nun nach fünf Jahren Betriebszugehörigkeit und ab einem Alter von 30 Jahren bestehen.

Durch das AVmG bzw. durch das in ihm enthaltene Gesetz über eine bedarfsorientierte Grundsicherung im Alter und bei Erwerbsminderung (GSiG, Art. 12 AVmG) wurde ab 2003 eine steuerfinanzierte und bedürftigkeitsgeprüfte Grundsicherung im Alter geschaffen, die von allen Personen, die ihren gewöhnlichen Aufenthalt in der Bundesrepublik haben, im Alter ab 65 Jahren oder ab 18 Jahren bei dauerhaft voller Erwerbsminderung aus medizinischen Gründen beansprucht werden können sollte und zwar unabhängig von der Lage am Arbeitsmarkt (Flecken 2001: 85; Rahn 2001: 433-434).[97] Diese Grundsicherung wurde nicht in das beitragsfinanzierte und lohnbezogene System der GRV integriert, sondern als eigenes Gesetz gefasst, das dem Bundessozialhilfegesetz zugeordnet wurde. Die Höhe der Grundsicherung und die Regeln zur Feststellung der Bedürftigkeit entsprachen denen der Sozialhilfe in weiten Teilen.[98] „Der Regelsatz für den Haushaltsvorstand beträgt ab dem 1. Juli 2001 im rechnerischen Durchschnitt in den alten Bundesländern 560 DM und in den neuen Bundesländern 541 DM" (Rahn 2001: 435, Fn. 18). Allerdings unterschied sich die Grundsicherung von der Sozialhilfe in zweierlei Hinsicht: Zum einen wurden im Unterschied zur Sozialhilfe Kinder oder Eltern der Rentner nicht zur Übernahme von Kosten verpflichtet, wenn sie nicht mehr als 100.000 € pro Jahr verdienten. Zum anderen werden so genannte einmalige Leistungen der Sozialhilfe pauschaliert (15% des Eckregelsatzes); für weitergehende Bedürfnisse musste Sozialhilfe beansprucht werden.[99] Das GSiG wurde durch das Gesetz zur Eingliederung des Sozialhilfe-

---

[97] „Dieser in die Grundsicherung einbezogene Personenkreis grenzt sich von anderen Personengruppen dadurch ab, dass er auf Dauer nicht in der Lage ist, seine Arbeitskraft zum Erwerb des Lebensunterhalts einzusetzen" (Rahn 2001: 433). Die Regelungen traten zum 01.01.2003 in Kraft. „Hintergrund ist der Befund, dass vor allem ältere Menschen bestehende Sozialhilfeansprüche oftmals nicht geltend machen (sog. ‚verschämte' oder ‚verdeckte' Armut). Zu den möglichen Ursachen des Verzichts gehört nach der Gesetzesbegründung vor allem, dass viele Ältere den Rückgriff des Sozialamts auf ihre unterhaltspflichtigen Kinder fürchten; hinzukommen mangelnde Information und fehlende Kenntnis der Anspruchsvoraussetzungen sowie die Angst vor Behördengängen und sozialer Kontrolle" (Rahn 2001: 432).

[98] Genauer: den Leistungen zum Lebensunterhalt außerhalb von Einrichtungen.

[99] Dünn und Rüb (2004: 616) sprechen entsprechend von der Grundsicherung im Alter als einer „pauschalierten Sozialhilfe".

rechts in das Sozialgesetzbuch bereits Ende 2003 wieder geändert (s. Abschnitt 4.3.14).

4.3.9 Die Bundestagswahl 2002 bestätigte die rot-grüne Regierung im Amt. Walter Riester gehörte der zweiten Regierung Schröder nicht mehr an. Dies war nicht nur eine Personalie, sondern mit einer strukturellen Änderung der Zuständigkeit im Kabinett verbunden. Das bisherige Bundesministerium für Arbeit und Sozialordnung wurde aufgelöst und seine Abteilungen teils dem Bundesministerium für Wirtschaft und Arbeit unter Wolfgang Clement (SPD), teils dem Bundesministerium für Gesundheit und Soziale Sicherung (BMGS) unter Ulla Schmidt (SPD) zugeordnet. Die Rentenpolitik wurde in die Verantwortung des BMGS übertragen.[100] Trotz der weit reichenden Reformen zwischen 1998 und 2002 kam die Rentenpolitik auch zwischen 2002 und 2005 nicht zur Ruhe, wobei die rot-grüne Regierung unter erschwerten Bedingungen arbeiten musste, da seit Mai 2002 im Bundesrat eine unionsgeführte Mehrheit bestand.

Ausgangspunkt der Reformen, die über die im Koalitionsvertrag (SPD/Bündnis 90/Die Grünen 2002) vorgesehenen Maßnahmen[101] hinausgingen, waren letztlich die Probleme, die auch schon in den vorangegangenen vier Jahren die Agenda beherrscht hatten: die Finanzierung des Wohlfahrtsstaats unter dem Eindruck von konstant hoher Arbeitslosigkeit, geringem Wirtschaftswachstum und einer alternden Gesellschaft, wobei sich der Finanzierungsdruck in der Rentenversicherung gleich nach der Regierungsübernahme dadurch bemerkbar machte, dass die Beiträge zur Rentenversicherung von 19,1% auf 19,5% angehoben werden mussten (Schmidt 2007: 297). Dies änderte allerdings nichts an der grundlegenden Ausrichtung der Rentenpolitik im Sinne einer einnahmenorientierten Ausgabenpolitik in der Folge (Schmidt 2007: 298) und auch nichts daran, dass weitere Reformen als notwendig angesehen wurden. Schröder verkündete im März 2003 in einer Regierungserklärung, die das Regierungsprogramm „Agenda 2010" beinhaltete:

> „Gleichwohl gilt, bezogen auf dieses System [das System der Alterssicherung; FB], dass wir in unseren Annahmen zu pessimistisch und zu optimistisch zugleich waren: zu optimistisch, was die Beschäftigungsentwicklung anging, und zu pessimistisch im Bezug auf die durchschnittliche Lebenserwartung, die glücklicherweise – aber mit Problemen für die Altersvorsorge – immer größer wird. Aus diesen beiden Gründen ist es nötig, bei der Rentenversicherung nachzujustieren. Dabei muss der

---

[100] Zu Folgen dieser Umstrukturierung für die Politics s. Nullmeier 2003: 177-181; auch Schmidt 2007: 306.

[101] Als konkrete Vorhaben nannte der Koalitionsvertrag nur den Ausbau der zusätzlichen, speziell der betrieblichen Altersvorsorge und die Neuordnung der Besteuerung von Renten und Pensionen infolge eines Urteils des BVerfG (SPD/Bündnis 90/Die Grünen 2002: 51) sowie die maßvolle Anhebung der Beitragsbemessungsgrenze (SPD/Bündnis 90/Die Grünen 2002: 20).

Grundsatz beibehalten werden, dass die Renten für die alten Menschen so sicher wie nur irgendwie möglich gemacht werden und die Beiträge bezahlbar bleiben. Das heißt auch, dass wir noch in diesem Jahr von Herrn Rürup ergänzende Vorschläge erwarten, wie die Rentenformel angesichts dieser Veränderungen neu zu fassen und entsprechend anzupassen ist" (BT-Plenarprotokoll 15 /32: 2489D).[102]

Im Rahmen der Agenda 2010 wurden die Renten nicht nur Gegenstand direkter Reformbemühungen, sie waren zunächst von den Arbeitsmarktsreformen betroffen, die auf den Empfehlungen der Kommission Moderne Dienstleistungen am Arbeitsmarkt, der so genannten Hartz-Kommission (s. Abschnitt 6.3.13), aufbauten.

4.3.10 Die in der Öffentlichkeit viel diskutierten Gesetze für moderne Dienstleistungen am Arbeitsmarkt (so genannte „Hartz-Gesetze") hatten auch Auswirkungen auf das Renten- und Alterssicherungssystem.[103] Zunächst wurden das *Erste Gesetz für moderne Dienstleistungen am Arbeitsmarkt* und das *Zweite Gesetz für moderne Dienstleistungen am Arbeitsmarkt* verabschiedet, wobei das Zweite Gesetz der Zustimmung des Bundesrats bedurfte.

Ihre Bedeutung bestand zum einen in einer Ausweitung der geringfügigen Beschäftigung; die Grenze wurde auf 400 € angehoben (zuvor 325 €/630 DM) und auf die bisherige Regelung, dass eine geringfügige Tätigkeit den Umfang von 15 Stunden pro Woche nicht überschreiten dürfe, verzichtet. Dabei sollten vom Arbeitgeber weiterhin pauschal 12% des Arbeitsentgelts als Beitrag zur gesetzlichen Rentenversicherung entrichtet werden.[104] Eine einzelne geringfügige Nebenbeschäftigung wurde nicht mehr mit der (versicherungspflichtigen) Hauptbeschäftigung zusammengerechnet. Zum anderen wurde eine „Gleitzone" für Tätigkeiten mit einem Einkommen zwischen 400,01 € und 800 € geschaffen. In diesem Bereich

> „[…] steigt der ArbN-Anteil zur SV linear von rd. 4% (bei 400,01 €) auf den hälftigen Gesamtsozialversicherungsbeitragssatz bei einem Arbeitsentgelt von 800 €. […] Auf die Rente wirkt sich diese Entlastung negativ aus – deshalb kann der ArbN auf die Begünstigung verzichten und den hälftigen RVBeitrag tragen. – Für die Berechnung der Entgeltersatzleistungen der Kranken- und Arbeitslosenversicherung sind negative Auswirkungen ausgeschlossen" (Steffen 2008: 29).

---

[102] Der Hinweis auf Rürup bezieht sich auf die so genannte Rürup-Kommission, die Kommission für die Nachhaltigkeit in der Finanzierung der sozialen Sicherungssysteme.
[103] Für Details s. Büchel et al. 2003.
[104] Für diese Änderungen bestanden Bestandsschutzregelungen.

Der Arbeitgeber sollte in diesem Bereich den vollen Beitrag zahlen. Schließlich wurde festgelegt, dass im Falle geringfügiger haushaltsnaher Dienstleistungen[105] der Arbeitgeber 5% des Arbeitsentgelts an die Rentenversicherung zahlen sollte (insgesamt 12% an Sozialbeiträgen und Steuern). Bei geringfügiger Beschäftigung und geringfügigen haushaltsnahen Dienstleistungen behielten Arbeitnehmer weiterhin das Recht, auf ihre Versicherungsfreiheit zu verzichten und damit weitergehende Ansprüche zu erwerben. Im Bereich der Gleitzone wurde grundsätzlich Versicherungspflicht festgelegt.

Die Nutzer der neuen Förderung von Existenzgründungen von zuvor arbeitslosen Arbeitnehmern (bzw. Empfängern entsprechender Ersatzleistungen oder Teilnehmern von Fördermaßnahmen; die Förderung wurde auch als „Ich-AG" bekannt[106]) wurden versicherungspflichtig in der Rentenversicherung mit 50% der Bezugsgröße[107] als Berechnungsgrundlage, auf Antrag auch 100%.

Darüber hinaus wurden die fünf Kriterien zur Bestimmung von Scheinselbständigkeit (s. Fn. 63) wieder gestrichen, Büchel et al. (2003: 124) gehen allerdings davon aus, dass die entsprechende Vorschrift im SGB schon vorher keine praktische Bedeutung mehr hatte. Nicht geändert wurden hingegen die Regelungen für so genannte arbeitnehmerähnliche Selbständige.[108]

Schließlich wurden die Hinzuverdienstgrenzen bei Vollrentenbezug vor vollendetem 65. Lebensjahr angehoben (statt 325 €/Monat 1/7 der monatlichen Bezugsgröße (2003: 340 €)). Zeiten der Suche nach Ausbildung galten nun als Anrechnungszeiten und Zeiten des Bezugs von Leistungen zur medizinischen Rehabilitation oder zur Teilhabe am Arbeitsleben zwischen dem vollendeten 17. und dem vollendetem 25. Lebensjahr ebenfalls, ohne dass in diesen Fällen dadurch eine versicherungspflichtige Beschäftigung unterbrochen sein musste.

4.3.11 Das *Gesetz zur Modernisierung der gesetzlichen Krankenversicherung* (GKV-Modernisierungsgesetz) beinhaltete u. a. die Vorschrift, dass Rentner volle Kranken- und Pflegeversicherungsbeiträge auf ihre Betriebsrenten zahlen sollten, auch bei Kapitalauszahlungen (s. Falk 2004).

4.3.12 Auch das *Vierte Gesetz für moderne Dienstleistungen am Arbeitsmarkt* hatte Auswirkungen auf das Alterssicherungs- und Rentensystem. Das Gesetz war nach Einschaltung des Vermittlungsausschusses von der überwiegenden Mehrheit der Fraktionen SPD, CDU/CSU, Bündnis 90/Die Grünen und FDP im

---

[105] „Eine geringfügige Beschäftigung im Privathaushalt liegt […] vor, wenn diese durch einen privaten Haushalt begründet ist und die Tätigkeit sonst gewöhnlich durch Mitglieder des privaten Haushalts erledigt wird" (Büchel et al. 2003: 111).

[106] Für Details zu dieser Förderung s. Abschnitt 6.3.14 und Büchel et al. 2003: 130-132.

[107] S. Fn. 65.

[108] S. Rolfs 2003: 66.

Bundestag und dem Bundesrat beschlossen worden. Durch die Einführung einer Grundsicherung für Arbeitsuchende (SGB II), einer Zusammenlegung der bisherigen Arbeitslosenhilfe und der Sozialhilfe, wurde ein neues Unterstützungsprogramm für erwerbsfähige Hilfebedürftige geschaffen.[109] Dieses beinhaltete die Versicherungspflicht in der gesetzlichen Rentenversicherung, nach SGB II „[…] sind die Bezieher von Alg II in der Kranken-, Pflege- und Rentenversicherung versichert oder erhalten entsprechende Zuschüsse" (Münder 2004: 3211). Die Versicherung sollte entsprechend dem Mindestbeitrag erfolgen.[110] Dies bedeutet für diejenigen, die zuvor Arbeitslosenhilfe erhalten hatten, häufig eine Verringerung künftiger Ansprüche, für diejenigen, die zuvor Sozialhilfe bekommen hatten, die Neuschaffung von Ansprüchen (Bäcker/Koch 2004: 93).

4.3.13 Wie in der Regierungserklärung vom März 2003 angekündigt, beschloss die rot-grüne Regierung, das Rentensystem auf der Grundlage der Empfehlungen des im August 2003 präsentierten Berichts der Kommission für die Nachhaltigkeit in der Finanzierung der Sozialen Sicherungssysteme (BMGS 2003b) unter Bert Rürup ein weiteres Mal zu reformieren.[111] Die von Schröder im Oktober 2003 vorgestellten „Eckpunkte für die Weiterentwicklung der Rentenreform des Jahres 2001 und zur Stabilisierung des Beitragssatzes in der Gesetzlichen Rentenversicherung" (BMGS 2003a) beinhalteten sowohl kurz- als auch langfristige Maßnahmen zur Sicherstellung der Finanzierung des Rentensystems. Die Grundannahmen der Rentenreform 2001 hätten teils revidiert werden müssen. „Dies hat zur Folge, dass die mit der Reform 2001 eingeleiteten Maßnahmen zur langfristigen Sicherung der Rentenfinanzen nicht mehr als ausreichend angesehen werden können" (BMGS 2003a: 1). Kurzfristig stünde die Rentenversicherung vor der Herausforderung, dass der Einbruch der Konjunktur zu erheblichen Beitragsausfällen geführt habe (BMGS 2003a: 2). Die einzelnen Maßnahmen sollten durch fünf Gesetze umgesetzt werden, das Alterseinkünftegesetz, das Gesetz zur Organisationsreform in der gesetzlichen Rentenversicherung, das RV-Nachhaltigkeitsgesetz, das Zweite Gesetz zur Änderung des Sechsten Buches

---

[109] Dieses wurde als steuerfinanzierte Leistung – wie die alte Arbeitslosenhilfe und die Sozialhilfe – geschaffen, die Leistungen sollten bedürftigkeitsabhängig gewährt werden, wobei die Höhe aber nicht mehr wie bei der Arbeitslosenhilfe an das vorherige Gehalt anknüpfen sollte. S. Abschnitt 6.3.16.

[110] D. h. dem Betrag, der sich ergibt, wenn der Beitragssatz zur Rentenversicherung auf den Mindestbetrag angewendet wird, der Versicherungspflicht begründet (400 €).

[111] Da sowohl die Wirtschaftsentwicklung als auch die Lage am Arbeitsmarkt hinter den Erwartungen der Bundesregierung zurückgeblieben war, wodurch sich die Einnahmenseite der Sozialversicherungen nicht wie gehofft entwickelt hatte, hatte die Bundesministerin für Gesundheit und Soziale Sicherung noch 2002 die Kommission für die Nachhaltigkeit in der Finanzierung der Sozialen Sicherungssysteme eingerichtet, die nach ihrem Vorsitzenden Bert Rürup auch als Rürup-Kommission bekannt wurde (s. Schmähl 2007: 328).

Sozialgesetzbuch und anderer Gesetze und das Dritte Gesetz zur Änderung des Sechsten Buches Sozialgesetzbuch und anderer Gesetze.[112]

Die kurzfristig als notwendig zur Stabilisierung des Beitragssatzes angesehenen Maßnahmen waren Teil des *Zweiten Gesetz zur Änderung des Sechsten Buches Sozialgesetzbuch und anderer Gesetze*. Das Gesetz brachte eine Aussetzung der Rentenanpassungen zum 1. Juli 2004 mit sich. Diese Nullrunde bedeutete, dass erstmals seit 1957 die Renten nominal nicht angehoben wurden (Schmidt 2007: 298). Außerdem wurde festgelegt, dass Rentner volle Beiträge zur Pflegeversicherung zahlen müssen, nicht wie bisher die Hälfte. Zu den Beiträgen wurden keine Zuschüsse mehr gewährt.

4.3.14 Als Folge des *Gesetzes zur Einordnung des Sozialhilferechts in das Sozialgesetzbuch*, das nach Einschaltung des Vermittlungsausschusses von Bundestag und Bundesrat verabschiedet wurde, wurden auch die Regelungen zur Grundsicherung im Alter und bei Erwerbsminderung in das SGB XII integriert. Mit der Übertragung ins SGB wurden substantielle Änderungen vorgenommen, weiterhin bestanden jedoch Unterschiede zwischen Sozialhilfe und der eigenständigen Grundsicherung (Dünn/Rüb 2004: 614-615). „Inhaltlich reagiert der Gesetzgeber mit den Neuregelungen vor allem darauf, dass die Grundsicherungsleistung nach bisherigem Recht die Sozialhilfeleistung häufig unterschreitet, sodass viele Grundsicherungsberechtigte mit besonderem Bedarf ergänzend Sozialhilfe in Anspruch nehmen müssen" (Dünn/Rüb 2004: 616). Die Neuregelungen waren intendiert, hier Abhilfe zu schaffen, indem zusätzlich zum Regelsatz einmalige Leistungen in Ausnahmefällen zusätzlich gewährt werden konnten, die Mehrbedarfstatbestände erweitert sowie die Hilfe zum Lebensunterhalt in Sonderfällen[113] in die Leistungen einbezogen wurden und Darlehen gewährt werden konnten. Bei der Anrechnung von Einkommen und Vermögen wurde eine Änderung vorgenommen, die die Berücksichtigung von Einkommen und Vermögen nun auch eines Lebenspartners vorsah.

4.3.15 Die „Eckpunkte für die Weiterentwicklung der Rentenreform" wurden im *Gesetz zur Neuordnung der einkommensteuerrechtlichen Behandlung von Altersvorsorgeaufwendungen und Altersbezügen* (Alterseinkünftegesetz – AltEinkG) weiter umgesetzt. Hintergrund eines Teil der Neuregelungen war eine Entscheidung des BVerfG (BVerfG, 2 BvL 17/99 vom 6.3.2002), dass eine un-

---

[112] Das Gesetz zur Organisationsreform in der gesetzlichen Rentenversicherung und das Dritte Gesetz zur Änderung des Sechsten Buches Sozialgesetzbuch und anderer Gesetze sind unter dem für diese Untersuchung gewählten Blickwinkel nicht relevant.

[113] „Dazu gehören Beihilfen oder Darlehen zur Abwehr einer drohenden Obdachlosigkeit oder vergleichbarer sozialer Notlagen durch die Übernahme von Schulden und Darlehen" (Dünn/Rüb 2004: 619).

terschiedliche steuerliche Behandlung von Renten und Pensionen verfassungswidrig sei.[114] Das Gesetz baute inhaltlich auf dem Bericht der von Bert Rürup
geleiteten Sachverständigenkommission zur Neuordnung der steuerrechtlichen
Behandlung von Altersvorsorgeaufwendungen und Altersbezügen auf (BMF
2003; s. Brall et al. 2004: 409-410, Nürnberger/Perreng 2004: 147). Infolgedessen wurde der Übergang zur nachgelagerten Besteuerung der Renten beschlossen: Jahr für Jahr sollte die Absetzbarkeit der Beiträge zur Rentenversicherung
von der Steuer steigen, von 20% des Arbeitnehmerbeitrags 2005 – bzw. 60% des
gesamten Beitrags zur Gesetzlichen Rentenversicherung – um jährlich 4% des
Arbeitnehmerbeitrags bis zur vollständigen Steuerfreiheit eines Höchstbetrages
von 20.000 € im Jahre 2025 (Brall et al. 2004: 412, Nürnberger/Perreng 2004:
146, Weber-Grellet 2004: 1722).[115] Gleichzeitig sollten die Renten ab 2040 voll
besteuert werden. Dies sollte 2005 durch die Besteuerung der Hälfte der Renten
eingeleitet werden.[116] „Nach der Neuregelung werden Leistungen aus beiden
Alterssicherungssystemen (Pensionen und Renten) zukünftig insoweit besteuert,
als sie auf steuerunbelasteten (also steuerlich abgezogenen) Beitragsleistungen
beruhen. Sind die Beitragsleistungen abziehbar, sind die Leistungen steuerbar"
(Weber-Grellet 2004: 1723).[117] Dadurch sollten Altersrenten „[...] zu vollwerti-
gen Einkünften [...], die eine erhöhte Leistungsfähigkeit widerspiegeln und die
nicht mehr nur mit ihrem Zinsanteil zu erfassen sind" (Weber-Grellet 2004:
1723), werden. Nürnberger und Perreng (2004: 156) gehen davon aus, dass die
genannten Maßnahmen eine deutliche Kürzung des Rentenniveaus zufolge haben
werden, das Nettorentenniveau des Standardrentners würde von 69% (2004) auf
ca. 52,5% (2030) sinken. Allerdings könne die Lücke – wie auch vom Gesetzgeber vorgesehen – durch Investitionen in Vorsorgeprodukte, die durch die Steuer-
ersparnis möglich werden, geschlossen werden, dies allerdings bei geringen
Spielräumen und mit entsprechenden Risiken.

Die nachgelagerte Besteuerung war zuvor für die private und betriebliche
Altersvorsorge (Riester- und Eichel-Förderung) schon die Regel.[118] Geändert
wurde durch das AltEinkG auch, dass nun auch der Durchführungsweg der Di-

---

[114] Zum Hintergrund s. Nürnberger/Pereng 2004: 146-147, auch Brall et al. 2004: 409-410.

[115] Der Höchstbeitrag zur GRV betrug 2004 12.051 € (Deutsche Rentenversicherung Bund 2008a:
19).

[116] Dies sollte dann auch für Bestandsrenten gelten, wobei ein Freibetrag von 50% der Renten bestehen sollte. Der so ermittelte Freibetrag sollte konstant bleiben (nominelle Fortschreibung), Rentener-
höhungen würden also von der Besteuerung voll betroffen werden. Für folgende Rentenzugangsjahr-
gänge sollte der Freibetrag schrittweise bis zur vollen Besteuerung 2025 sinken; s. Hain et al. 2004:
343.

[117] Allerdings sollte bei manchen Formen der Altersvorsorge eine Besteuerung nur der Ertragsanteile
bestehen bleiben, wenn diese Altersvorsorge aus bereits versteuertem Einkommen gebildet wird; s.
für Details und Beispiele Brall et al. 2004: 421-422.

[118] S. zum Folgenden Nürnberger/Pereng 2004: 154-155.

rektversicherung von der Eichel-Förderung profitieren sollte, allerdings wurde die hier bisher bestehende Möglichkeit der Pauschalbesteuerung bei Einzahlung abgeschafft (Bruno-Latocha/Tippelmann 2004: 403-405; Steffen 2008: 50). Für den Fall, dass bei den so genannten externen Durchführungswegen Zeiten auftreten, in denen der Arbeitnehmer kein Arbeitsentgelt erhält, wurde das Recht neu geschaffen, aus eigenen Mitteln weiter Beiträge zu leisten, „[…] die Versorgungszusage des ArbGeb umfasst dann auch die Ansprüche aus Eigenbeträgen" (Steffen 2008: 50). Ausgenommen von dem Übergang zur nachgelagerten Besteuerung blieb die Zusatzversorgung im öffentlichen Dienst (Bruno-Latocha/Tippelmann 2004: 407-408).

Die Neuregelung der steuerlichen Absetzbarkeit von Altersvorsorgeaufwendungen betraf nicht nur die Beiträge zur gesetzlichen Rentenversicherung, sondern außerdem auch die Aufwendungen für die berufsständische Versorgung und spezielle, neu zu entwickelnde kapitalgedeckte private Vorsorgeprodukte (Leibrentenversicherungen). Beiträge für solche Leibrenten sollten bis 20.000 € als Sonderausgaben abgesetzt werden können, wobei dieser Betrag erst ab 2025 voll ausschöpfbar sein sollte (Brall et al. 2004: 410). Die Absetzbarkeit sollte aber nur unter der Voraussetzung gelten, dass das Vorsorgeprodukt für einer lebenslang monatlich gezahlten Rente dient, die nicht vor Vollendung des 60. Lebensjahres ausgezahlt werden kann (Weber-Grellet 2004: 1724). Auf diesem Wege steuerlich geförderte Vorsorge wurde auch als „Rürup-Rente" oder „Basis-Rente" bekannt.

Die Riester-Renten waren Ziel weiterer Modifikationen: Es wurden gleiche Tarife und Leistungen für Männer und Frauen vorgeschrieben (Unisex-Tarife).[119] Das Antragsverfahren zum Erhalt der Zulagen wurde vereinfacht, Vertragskosten (Provision etc.) durften nun auf die ersten fünf (statt zehn) Jahren verteilt werden. Außerdem wurden die zur Zertifizierung notwendigen Kriterien von elf auf fünf reduziert (s. Bruno-Latocha/Tippelmann 2004: 398-400). Schließlich wurden Informationspflichten verstärkt, die sich auf ethische, soziale und ökologische Aspekte der Verwendung der Beiträge beziehen. Diese Aspekte wurden auch in die Beratungspflichten vor Vertragsschluss mit einbezogen. Außerdem wurden die Informationspflichten vor Abschluss zugunsten der Versicherten geändert, um die mit dem Vertrag verbundenen Kosten nachvollziehbar zu machen (Beispielrechnungen). Die Mindestbeiträge zu einer Versicherung wurden auf 60 € pro Jahr festgelegt, also nicht mehr in Abhängigkeit von Kinderzulagen gestaffelt.

---

[119] Unisex-Tarife wurden allerdings nicht in der betrieblichen Altersvorsorge eingeführt (Bruno-Latocha/Tippelmann 2004: 395-396).

4.3.16 Unter den Vorschlägen zur Reform der Rentenversicherung der Kommission für die Nachhaltigkeit in der Finanzierung der sozialen Sicherungssysteme, der so genannten Rürup-Kommission (BMGS 2003b) war neben einer erst später durch die Große Koalition realisierten Anhebung des Renteneintrittsalters auch eine Modifikation der Rentenanpassungsformel durch einen Nachhaltigkeitsfaktor, eine Änderung, die auch Eingang in die „Eckpunkte für die Weiterentwicklung der Rentenreform" gefunden hatte (Schmähl 2007: 328). Dieser Nachhaltigkeitsfaktor wurde durch das *Gesetz zur Sicherung der nachhaltigen Finanzierungsgrundlagen der gesetzlichen Rentenversicherung* (RV-Nachhaltigkeitsgesetz) in die Formel zur Berechnung des aktuellen Rentenwertes integriert. Nun wurde auch das Verhältnis von Rentnern und Beitragszahlern Teil der Berechnung,[120] allerdings gewichtet durch einen Faktor α, der zunächst auf 0,25 festgelegt wurde. „Mit anderen Worten wird die anpassungsmindernde Wirkung zum gegenwärtigen Zeitpunkt auf ein Viertel begrenzt. Allerdings will sich der Gesetzgeber an dieser Stelle die Option weiterer Adjustierungen offen halten, denn das Gesetz geht zunächst von einem Faktor α aus, der dann im zweiten Schritt konkretisiert wird" (Reimann 2004: 321). Grundlage der Berechnung war nun die Entwicklung der Bruttolöhne, allerdings nur noch ihr beitragsrelevanter Teil – Löhne jenseits der Beitragsbemessungsgrenze und von Beamten fanden keine Berücksichtigung mehr, wohl aber Beiträge aus Zeiten des Erhalts von Arbeitslosengeld. Die der Rentenanpassung zugrunde liegende Bruttolohnentwicklung sollte durch den genannten neuen Nachhaltigkeitsfaktor und die bereits bestehenden Elemente AVA und RV-Beitragssatz modifiziert (Reimann 2004: 322), d. h. der Anstieg des AR tendenziell verlangsamt werden.[121] Die neue Formel galt zunächst für die Zeit vom 1. Juli 2005 (die neue Berechnung der zu Grunde liegenden Bruttolohnentwicklung aber erst ab 2006) bis zum 1. Juli 2011; ab 2012 sollte wiederum eine neue Formel gelten, in der die AVA konstant bleibt. Im Unterschied zu der vorhergehenden Formel sollten in der Rentenformel ab 2012 die Entwicklung der Bruttolöhne wieder mit dem Faktor 100 und nicht 90 berücksichtigt werden.

---

[120] „Mit dem neuen Nachhaltigkeitsfaktor werden bei der Bestimmung der Anpassungssätze im Prinzip alle gesamtgesellschaftlichen Veränderungen berücksichtigt, die für die finanzielle Situation der Rentenversicherung von zentraler Bedeutung sind, darunter vor allem die Veränderung der Situation am Arbeitsmarkt und die demographische Entwicklung" (Reimann 2004: 321). Hain et al. (2004: 338) betonen: „Dieser Faktor unterscheidet sich von dem demografischen Faktor, der zwar bereits geltendes Recht war, aber nie zum Einsatz gelangte. Der Nachhaltigkeitsfaktor berücksichtigt neben der demografischen auch Entwicklungen beim Erwerbsgeschehen, wie sich ändernde Erwerbsquoten, Veränderungen bei der Zahl der Arbeitslosen oder den Wandel in der Erwerbsform (Minijobs, Ich-AG usw.)".
[121] S. hierzu im Detail Hain et al. 2004: 334-340. Schmidt (2007: 298) spricht in diesem Zusammenhang von einer „modifizierten Nettoanpassung" mit der der „zuvor von Rot-Grün abgeschaffte Demografiefaktor der Regierung Kohl in abgewandelter Form wiedereingesetzt wurde".

Schutzklauseln sollten die Wirkung von RV-Beitragssatz, Nachhaltigkeits-faktor und AVA begrenzen. Ein Sinken des aktuellen Rentenwerts als Folge von sinkenden Bruttolöhnen war möglich, eine Senkung des aktuellen Rentenwerts durch die gemeinsame Anwendung des RV-Beitragssatz- oder Nachhaltigkeits-faktors oder die Verstärkung einer Absenkung wurde ausgeschlossen. Der AR (Ost) sollte sich mindestens nach dem AR (West) richten. Weiter bestand eine Niveausicherungsklausel, die bestimmte, dass das Nettorentenniveau vor Steuern nicht unter 46% (2020) bzw. 43% (2030) fallen durfte (für Details und zur Be-rechnung s. Reimann 2004: 323; Hain et al. 2004: 342; Kramer 2004: 406-407). Die Nullrunde bei den Renten führte dazu, dass der AVA für 2003 nicht angeho-ben wurde und der AVA erst 2010 4% erreichen sollte. Zudem wurde der Wech-sel zwischen Altersrenten schwieriger, auch die Verrechnung z. B. bei Teilrenten wurde neu geregelt (Stahl 2004).

Bei der Bewertung schulischer oder beruflicher Ausbildung (auch an Hoch-schulen) wurden – mit einer Übergangsfrist – Regeln zur Höherbewertung der beruflichen Ausbildung beschränkt und die rentensteigernde Wirkung von Zeiten des Schul- und Hochschulbesuchs gestrichen, wobei diese Zeiten allerdings wei-terhin als Anrechnungszeiten Berücksichtigung fanden (s. für Details: Dünn et al. 2004). Zeiten der Ausbildungssuche sollten erst ab dem vollendeten 17. Le-bensjahr als Anrechnungszeiten berücksichtigt werden (Steffen 2008: 48). Für Selbständige, die einen Existenzgründungszuschuss (s. Abschnitt 6.3.14) erhiel-ten, wurde die Versicherungsfreiheit aufgehoben, die vorlag, wenn ihre Einkünf-te die Geringfügigkeitsgrenze nicht überstiegen (Kramer 2004: 414). Schließlich wurde die Altersgrenze für die frühzeitige Inanspruchnahme der Altersrente wegen Arbeitslosigkeit oder nach Altersteilzeit von 60 auf 63 Jahre angehoben (Reimann 2004: 323-325).

Im Gegensatz zu vorherigen Reformen fällt auf, dass mit dem RV-Nachhaltigkeitsgesetz kaum Neuregelungen im Sinne einer inhaltlichen Neuaus-richtung getroffen wurden:

> „Mit dem RV-Nachhaltigkeitsgesetz und der Neuregelung der Besteuerung der Vor-sorgeaufwendungen und Alterseinkünfte wird ein weiterer Schritt zur Austarierung des Alterssicherungssystems zurückgelegt. Dabei ist bemerkenswert, dass – im Ver-gleich zu größeren Reformgesetzgebungen der Vergangenheit, die trotz vorrangiger Leistungsrücknahmen stets mit kompensatorischen Regelungen für Bezieher unter-durchschnittlicher Renten bzw. unsteter Erwerbsbiografien z. B. aus Gründen der Kindererziehung verbunden waren – auf diesbezügliche Ansätze zur Fortentwick-lung eines solidarischen Alterssicherungssystems, die nicht mit einer Vergrößerung des Umverteilungsvolumens, wohl aber mit einer zielgenaueren Ausrichtung ver-bunden sind, verzichtet wird. Exemplarisch wird dies an den einschränkenden Rege-lungen bezüglich der Ausbildungszeiten deutlich, auch wenn der Kernbereich des Gesetzes die Rentenanpassung betrifft" (Reimann 2004: 331).

Damit war das RV-Nachhaltigkeitsgesetz ein besonders prägnanter Ausdruck einer Renten- und Alterssicherungspolitik, die vor allem im Zeichen der Finanzierbarkeit stand.

4.3.17 Das Urteil des BVerfG zur Gleichstellung von Ehe und Lebenspartnerschaften vom 17. Juli 2002 (BVerfG, 1 BvF 1/01) bildete die Grundlage für das *Gesetz zur Überarbeitung des Lebenspartnerschaftsrechts*, das von der Regierungskoalition und der FDP beschlossen wurde. Durch dieses Gesetz wurden der Zugang zu Hinterbliebenenrenten und die Möglichkeit des Rentensplittings auch für Lebenspartner geschaffen. Ebenso wurden Erziehungsrenten[122] für Lebenspartner ermöglicht und Regeln des SGB VI zum Versorgungsausgleich angepasst (Grziwotz 2005: 25).[123]

4.4 Die Politik der rot-grünen Koalition im Bereich Alterssicherungs- und Rentenpolitik – Bewertung

Im Folgenden werden die skizzierten Maßnahmen anhand des oben vorgestellten Analyserahmens (s. Abschnitt 2.2.3) analysiert. Abschließend werden die so gewonnenen Ergebnisse mit der Forschungsliteratur zu diesem Thema abgeglichen und diskutiert.

4.4.1 Erste Dimension

Die 1. Dimension umfasst den Kreis der Rechtsträger, also die Frage danach, wer welche Ansprüche hat. Die Ausweitung oder Beschränkung von Programmen auf bestimmte Personenkreise ist unter diese Kategorie ebenso zu fassen wie die Schaffung oder Abschaffung von sozialen Rechten. Hier sind in den Jahren 1998-2005 eine ganze Reihe von Änderungen vorgenommen worden.

Der Einbezug von geringfügig Beschäftigten, arbeitnehmerähnlichen Selbständigen und Existenzgründern in die Rentenversicherung bedeutete grundsätzlich eine Erweiterung des Versichertenkreises. Allerdings erwerben die geringfügig Beschäftigten nicht automatisch die für einen regulär abhängig Beschäftigten geltenden Ansprüche. Sie haben jedoch ein Recht auf Erwerb der vollen

---

[122] Die Erziehungsrente wird Versicherten nach dem Tod des von ihnen geschiedenen Partners für die Erziehung des eigenen Kindes oder des Kindes des geschieden Partners bis zur Erreichung des Renteneintrittsalters gewährt, sofern sie nicht wieder geheiratet haben oder eine Lebenspartnerschaft eingegangen sind.

[123] Allerdings bemängelt Dickhuth-Harrach (2005: 274), dass bezüglich der Gleichstellung weiterhin Mängel bestehen, etwa im Sozialhilferecht.

Rechte gegenüber der Rentenversicherung durch Zahlung der Arbeitnehmerbei-träge, wenn sie auf ihre Versicherungsfreiheit verzichten (dasselbe gilt auch für die später eingeführte Gleitzone für Einkommen zwischen 400,01 und 800 €). Diese Ansprüche sind für geringfügig Beschäftigte sogar „billiger" zu erwerben, da die Beiträge dann nicht wie bei regulären Beschäftigungsverhältnissen zu gleichen Teilen von Arbeitgebern und -nehmern getragen werden. Während es sich beim Einbezug der geringfügig Beschäftigten und der arbeitnehmerähnli-chen Selbständigen um einen Ausbau von Arbeitnehmerrechten handelt, wurden durch den Einbezug der Existenzgründer Anrechte jenseits des Kreises der tradi-tionellen Sozialversicherungsklientel geschaffen.

Der Kreis der Versicherten in der GRV wurde auch durch die sog. Hartz-Gesetze ausgedehnt. Durch diese wurde nicht nur der Großteil der Empfänger der Arbeitslosenhilfe auf das neue Arbeitslosengeld II verwiesen (mit Folgen für die Höhe ihrer Beiträge zur GRV), sondern teils auch bisherige Sozialhilfeemp-fänger. Als Konsequenz wurden die letzteren – wenn auch mit bescheidenen Beiträgen und daraus resultierenden geringen Ansprüchen – wieder in das Sys-tem der Sozialversicherung und damit auch der GRV integriert. Es handelt sich hier um einen Ausbau von Einwohnerrechten.

Schließlich wurde der Anspruch auf Hinterbliebenenrenten auf Lebenspart-ner ausgeweitet, die hier schließlich Ehepartnern gleichgestellt wurden. Dies lässt sich als ein Ausbau von abgeleiteten, in letzter Instanz auf Beiträgen aus Erwerbsarbeit beruhenden Rechten bewerten. Dem steht eine Streichung der Hinterbliebenenrente für Verheiratete/Lebenspartner gegenüber, wenn die Ver-bindung nur ein Jahr gedauert hat.

Die Neuregelungen zu Anrechnungszeiten stellten tendenziell eine Verbes-serung des Zugangs zur Altersrente (Erfüllung der Wartezeit) dar.

Die Modifikationen des Zugangs zur GRV folgen unterschiedlichen Zielen: Zunächst geht es um die Integration von Erwerbstätigengruppen, die zuvor außen vor gelassen worden waren. Die Neuregelungen zum Einbezug von geringfügig Beschäftigten in die Rentenversicherung unterscheidet sich von ihrer Behand-lung in den anderen Sozialversicherungszweigen, da in diesen keine neuen An-sprüche in dieser Einkommensgruppe erworben werden können; sie zielte zum einen auf eine verbesserte Absicherung dieser Gruppe, zum anderen aber auch auf die Stabilisierung der Finanzen der GRV. Änderungen sozialer Rechte erge-ben sich jedoch auch aus als Konsequenz von Reformen in anderen Politikfel-dern: Zum einen durch die Neuordnung des Bereichs Beschäftigung, zum ande-ren durch die gesellschaftspolitische Maßnahme der Einführung von Lebenspart-nerschaften.

Die bis hier diskutierten Änderungen in der ersten Dimension umfassen die grundsätzliche Ausweitung des Kreises der Anspruchberechtigten in Bezug auf die GRV. Darüber hinaus wurden auch neue Sicherungsprogramme innerhalb und außerhalb der GRV aufgelegt, also neue Rechte geschaffen.

Die Reform der Erwerbsminderungsrenten bedeutete zunächst eine Abschaffung bestehender Rechte, nämlich der Ansprüche auf Berufs- und Erwerbsunfähigkeitsrenten. Dem steht allerdings die Schaffung der zweistufigen Erwerbsminderungsrente gegenüber, wobei der frühere Versicherungsfall Berufsunfähigkeit nicht mehr berücksichtigt wird. Der Kreis der Rechtsträger wurde durch Einbezug von versicherten Selbständigen erweitert. Die weiteren Differenzen zwischen den Programmen lassen sich am ehesten als Änderungen in der zweiten Dimension charakterisieren und werden dort behandelt.

Die Schaffung eines Rechts auf eine Grundsicherung stellt die Schaffung eines bedürftigkeitsbezogenen Einwohnerrechts dar. Das neue Programm löst bis zu einem gewissen Grad bestehende Ansprüche auf Unterstützung (Sozialhilfe) ab, bietet allerdings im Unterschied zu dieser einen einfacheren Zugang zu Leistungen.

Die Alterssicherungspolitik konzentrierte sich zwischen 1998 und 2005 nicht nur auf die direkte öffentliche Bereitstellung von Leistungen, sondern auch auf die Steuerung der zweiten und dritten Säule der Alterssicherung. Damit war die Schaffung von Ansprüchen verbunden: Im Falle der Betriebsrenten wurde mit dem Recht der Arbeitnehmer auf Entgeltumwandlung ein neues Recht geschaffen, das nicht direkt auf eine Leistung bezogen ist, wohl aber auf die Schaffung späterer Ansprüche. Die Riester-Rente und die staatliche Förderung von bestimmten Formen der betrieblichen Alterssicherung sind aus dem Blickwinkel sozialer Rechte ebenso als eine Neuerung zu werten. Hier wurden – wie bei der Betriebsrente – keine Rechte auf staatliche *Sicherungs*leistungen eingeräumt. Allerdings wurden für in der gesetzlichen Rentenversicherung Versicherte und teils auch andere Gruppen (Beamte) Ansprüche gegenüber dem Staat geschaffen und zwar auf Ressourcen, die zum Aufbau von Ansprüchen gegenüber den kommerziellen Anbietern von Sicherungsleistungen dienen. Dies lässt sich auch als eine materielle Hilfe zur Selbsthilfe charakterisieren, allerdings immer unter der Voraussetzung, dass Eigenleistungen erbracht werden.

Flankiert wird dies durch neue Informationsrechte gegenüber den kommerziellen Anbietern von Finanzdienstleistungen, die eine Lebensstandardsicherung im Alter sichern sollen – auch dies sind Rechte im Bereich der sozialen Sicherung, die sich nicht mehr als traditionelle soziale Rechte begreifen lassen, sondern eher Verbraucherrechten, wie sie auf Verbrauchsgütermärkten üblich sind, gleichen.

Während die Neuordnung der Erwerbsminderungsrenten grundsätzlich im System der GRV verbleibt, verweisen die anderen hier genannten Änderungen auf eine Neubewertung des im Umlageverfahren finanzierten Systems: Die Grundsicherung im Alter und bei Erwerbsminderung ist auf diejenigen ausgerichtet, die keine Renten aus der GRV oberhalb der Grundsicherungsschwelle beziehen. Die Regelungen zur privaten und betrieblichen Altersvorsorge sind direkte Folge einer Umorientierung bezüglich der Zielsetzung des öffentlichen Systems: Hier geht es um eine Verlagerung der Kosten der Alterssicherung, die durch das Setzung von Anreizen und die Regulierung eines Marktes befördert werden soll.

Insgesamt lässt sich die folgende Bilanz für die 1. Dimension ziehen: Der Kreis der Versicherten im Rentensystem wurde formal erweitert durch die Ausdehnung der Versicherungspflicht auf zuvor unversicherte Gruppen und Übertragung der abgeleiteten Rechte auf eine neue Gruppe. Daneben steht die Schaffung von neuen Rechten, die auch mit neuen Definitionen der Empfängergruppen einherging. Der Schaffung von neuen Ansprüchen steht die Einstellung von Programmen gegenüber, wobei erstere zu überwiegen scheinen.

4.4.2 Zweite Dimension

Die zweite Dimension umfasst Regelungen, wann bzw. in welcher Situation ein Recht Anwendung finden kann, m. a. W. wann der Versicherungsfall eintritt. Der folgende Abschnitt fasst also vor allem Regelungen zu Altersgrenzen und anderen Situationdefinitionen zusammen, wobei hier kaum Änderungen festzustellen sind. Im Folgenden werden auch die Unterschiede zwischen alten und neuen Programmen im Bereich Erwerbsminderung diskutiert.

Anhebungen von Altersgrenzen bei Altersrenten wurden in mehreren Fällen vorgenommen: Zum einen wurde die Altersgrenze für die Altersrente für Schwerbehinderte von 60 auf 63 angehoben. Die Altersgrenze für eine frühzeitige Inanspruchnahme von Altersrenten nach Arbeitslosigkeit und Altersteilzeitarbeit wurde von 60 auf 63 erhöht. Hier kann von einer Kürzung gesprochen werden, die die Rentengesamtleistung betrifft.

In der Rentenversicherung wird der frühere Versicherungsfall Berufsunfähigkeit nicht mehr berücksichtigt. Jörg (2003: 210, Rn.1) sieht in den neuen Regelungen eine Verbesserung für die Versicherten: „Mit der Neuregelung ist eine Ausdehnung des anspruchsberechtigten Personenkreises insofern verbunden, als das erforderliche Ausmaß der Erwerbsminderung im Vergleich zu den früheren ‚Opfergrenzen', die bei einem Restleistungsvermögen von unter zwei Stunden bzw. unterhalbschichtig gelegen haben, mit unter drei bzw. unter sechs Stunden zugunsten der erwerbsgeminderten Versicherten verschoben wird". Nullmeier (2003: 172) hingegen verweist auch auf die Berufsunfähigkeitsrenten als Vergleichsmaßstab: „Sie [die Reform der Erwerbsminderungsrenten] erbringt mit dem Fortfall der Berufsunfähigkeitsrenten für die unter 40-Jährigen und der Einführung einer zweistufigen Erwerbsminderungsrente, die nur nach der Höhe des Restleistungsvermögens unterscheidet, durchaus Leistungsminderungen, die aber dadurch gemildert werden, dass die Zurechnungszeit heraufgesetzt und die ,konkrete' Betrachtungsweise, d.h. die Berücksichtigung der Arbeitsmarktlage für Teilzeitarbeitsplätze, beibehalten wird". Tatsächlich ist Nullmeier insofern zuzustimmen, als dass das Risiko der Berufsunfähigkeit nicht mehr versichert ist, ein Zugang zu entsprechenden Renten also nur noch bei Erwerbsminderung gewährt wird. Damit sind die Bedingungen für den Erhalt von Leistungen verschärft worden. Sind die alten Erwerbsunfähigkeitsrenten der Maßstab, muss im Gegenteil von einer Verbesserung ausgegangen werden. Insgesamt muss in dieser Dimension – aufgrund der Anhebung der Altersgrenzen – von einer leichten Verschärfung ausgegangen werden.

4.4.3 Dritte Dimension

Die dritte Dimensionen und damit die Frage, welche Leistungen bzw. in welcher Höhe Leistungen in Anspruch genommen werden können, ist im Bereich der Renten ein relativ komplexes Feld, da in die Berechnung der Höhe der Leistungen (Rentenbetrag) unterschiedliche Faktoren einfließen und diese zusätzlich noch mit Steuern und Abgaben belastet werden (Rentenzahlbetrag). Grundsätzlich wird die Höhe von Leistungen aus der gesetzlichen Rentenversicherung durch eine Formel mit zwei Elementen berechnet, nämlich einem Element, das die individuellen Leistungen, gemessen in Entgeltpunkten, und die Art der Rente (Rentenartfaktor) widerspiegelt, und einem dynamischen Element, das den Wert dieser Leistungen für alle Rentenbezieher gemeinsam bestimmt (AR, aktueller Rentenwert). Entsprechend dieser Elemente ist dieser Abschnitt gegliedert.

4.4.3.1 Individuelle Leistungen

Wird die Berechnung der Rentenart und der individuellen Entgeltpunkte in den Vordergrund gerückt, sind mehrere Tendenzen sichtbar:

Bei den Hinterbliebenenrenten wurde der Rentenartfaktor für große Witwen(r)renten von 0,6 auf 0,55 gesenkt. Allerdings wurde als Ausgleich eine Kinderkomponente beschlossen, bei der für die Erziehung von Kindern Entgeltpunkte gutgeschrieben werden, was in vielen Fällen – gerade bei einer geringen Rente des verstorbenen Versicherten – für einen Ausgleich sorgt. Als ebenfalls auf Familien bezogener Ausbau muss die Aufwertung von Erziehungszeiten bei gleichzeitiger Beschäftigung, bei Erziehung von mehreren Kindern und bei Pflege eines Kindes gelten.

Die Regelungen zur Anrechnung von Ausbildungszeiten sind in der Summe nicht eindeutig zu beurteilen. Die Klarstellung, dass bei gleichzeitiger Erwerbstätigkeit eine schulische Ausbildung nur als Anrechnungszeit (und nicht als Beitragszeit) gewertet wird, wenn diese zeitlich überwiegt, führt zur Verhinderung einer Minderung von Ansprüchen. Andere Regeln betrafen die Verlängerung von Anrechnungszeiten, sowohl mit Blick auf Ausbildung als auch auf Arbeitslosigkeit und Krankheit. Auch hier wurde die spätere Rentenhöhe positiv beeinflusst. Dem stehen allerdings spätere Regelungen aus dem RV-Nachhaltigkeitsgesetz entgegen, mit denen Zeiten der Ausbildung stark entwertet wurden.

Durch die Schaffung einer Gleitzone und die Erhöhung der Geringfügigkeitsgrenze wurde insofern eine Senkung der Renten vorgenommen, als dass hier nicht mehr volle Beiträge zur Rentenversicherung geleistet werden müssen und entsprechend die späteren Ansprüche sinken. Dies wird allerdings durch ein Recht auf eine optionale volle Beitragszahlung ausgeglichen.

Schließlich muss berücksichtigt werden, dass – wenn Beiträge nicht aus dem Einkommen, sondern aus Einkommensersatzleistungen geleistet werden – Änderungen in anderen Politikfeldern auch Folgen für die individuelle Rentenansprüche haben können – dies war bspw. der Fall bei der Verkürzung der Bezugsdauer des Arbeitslosengeldes (s. Abschnitt 6.3.17).

Mit Blick auf die Berechnung der individuellen Leistungen zeigt sich so ein komplexes Bild: Hervorzuheben ist zunächst die familienpolitische Komponente. Der Aufwertung von Erziehungstätigkeit stehen eine ambivalente Behandlung von anderen rentenrechtlichen Zeiten gegenüber – wobei im Ergebnis gerade reine Ausbildungszeiten abgewertet wurden –, die Abwertung von Zeiten der Arbeitslosigkeit oder einer Beschäftigung in der Gleitzone sowie der Anhebung der Grenze der geringfügigen Beschäftigung. Außerdem zeigt sich hier wie schon in der ersten Dimension, dass die Reformen in einzelnen Zweigen der Sozialversicherung direkte Konsequenzen auch auf Ansprüche in anderen Bereichen haben können. Das Recht zum Verzicht auf Versicherungsfreiheit fügt sich zudem in das Bild der eigenverantwortlichen Nutzer des Versicherungssystems: Die Höhe der zu erwartenden Leistungen und der Aufwand wird nicht mehr einheitlich geregelt, sondern Gegenstand individueller Entscheidungen, wie sich auch an der Förderung der privaten Altersvorsorge (1. Dimension) zeigt.

4.4.3.2   Der aktuelle Rentenwert, Rentenniveau, Abgaben und Befristung

Der aktuelle Rentenwert (AR) wird durch jährliche Verordnungen bestimmt, die sich – prinzipiell – an einer eigenen Formel (Rentenanpassungsformel) orientieren. Rentenanpassungsformeln wurden in der Vergangenheit gern geändert, da sie kurzfristig Wirkung zeigen und Zugang *und* Bestand betreffen (Reimann

2004: 321). Durch die Anpassungsformel soll die Entwicklung des AR über einen längeren Zeitraum gesteuert und damit auch vorhersehbar gemacht werden. Änderungen der Rentenformel wie die Aussetzung, Abschaffung und Einführung eines Demographie- bzw. Nachhaltigkeitsfaktors sind als eine Änderung in der dritten Dimension einzuordnen, da sie der Berechnung der eigentlichen Leistungen dienen. Dabei ist allerdings zu berücksichtigen, dass diese Formel Elemente enthält, die sich letztendlich einer direkten politischen Steuerung entziehen. In solchen Fällen kann nicht von einem *direkten* Ausbau (oder Abbau) sozialer Rechte gesprochen werden, da die zukünftige Berechnung der Leistungen von Ereignissen außerhalb des Bereichs politischen Handelns abhängig gemacht wird – allerdings wurde bei den hier besprochenen Reformen im Allgemeinen, auch von Seiten der Politik, angenommen, dass infolge der Reformen der Rentenanstieg zumindest langsamer stattfinden würde.[124] Vielmehr lässt sich hier von einem Versuch der „Entpolitisierung" sprechen. Ruland (1992: 5) hat bereits zu einem früheren Zeitpunkt, nämlich angesichts der Rentenreform 1992 auf eine solche vermeintliche Entpolitisierung der Anpassung von Altersrenten hingewiesen:

> „Die Rentenanpassung soll künftig nicht mehr durch Gesetz, sondern durch eine Rechtsverordnung der Bundesregierung mit Zustimmung des Bundesrates vorgenommen werden [...]. Damit sollte der gewollte Automatismus bei der Anpassung auch gesetzestechnisch deutlich zum Ausdruck gebracht werden. Es soll für die Höhe der Rentenanpassung kein Spielraum mehr für politische Entscheidungen bestehen. Sie soll allein aus den genannten statistischen Faktoren mathematisch abgeleitet werden".[125]

Eine Gesamtschau der Änderungen des Berechnungsmodus für den AR zeigt allerdings, dass diese Annahme für die rot-grüne Koalition nicht zutreffend war (Tabelle 2). Vielmehr war der Berechnungsmodus kontinuierlich Objekt politischer Gestaltung und ist durch die letzte Änderung (RV-Nachhaltigkeitsgesetz) durch das Einsetzen eines Faktors α um ein explizit politisch zu justierendes Element ergänzt worden.

Die tatsächliche Rentenanpassung war unter der rot-grünen Bundesregierung in keinem Fall nominal negativ, allerdings kam es 2004 und 2005 zu Nullrunden (BMAS 2010: Tab. 7.9). Das Bruttorentenniveau bei 40 anrechnungsfähigen Beschäftigungsjahren blieb stabil (1998: 43,1%, 2005: 43,0%) bei 45 Beschäftigungsjahren ebenfalls (1998: 48,5, 2005: 48,3%; BMAS 2010: Tab. 7.10).

---

[124] Allerdings war es die – berechtigte – Meinung von Experten, dass nach aller Wahrscheinlichkeit durch den Demographiefaktor eine relative Absenkung der Leistungen zu erwarten war. Diese Überlegung stand auch hinter der politischen Entscheidung, nämlich sowohl Beitragszahler als auch Rentner an den steigenden Kosten durch die steigende Bezugsdauer von Renten zu beteiligen.

[125] Lamping und Rüb (2004: 177) sprechen hier von „automatic government".

Insgesamt kann jedoch von einer Entwertung der Renten ausgegangen werden, wofür auch andere Indikatoren sprechen: Das gesetzlich festgelegte (Mindest-) Sicherungsziel – das Mindestnettorentenniveau vor Steuern – ist im Laufe der rot-grünen Koalition von 67% auf 46% (2020 vor Steuern) bzw. 43% (2030 vor Steuern) nach unten korrigiert worden. Darüber hinaus galt zwischenzeitlich die Regel, dass die Entwicklung der Löhne ab 2012 nicht nur um RVA und AVA, sondern noch weitergehend reduziert die Entwicklung des AR beeinflussen sollte. Grundsätzlich wird der Anstieg des AR durch den AVA gesenkt, da dieser nur mindernd wirken kann. Hintergrund dieser Änderungen war das Ziel einer Ausgabenbegrenzung bzw. Beitragssatzstabilisierung angesichts einer alternden Gesellschaft. Durch die Modifikationen der Rentenformel wurde eine Verteilung der durch den demographischen Wandel erwarteten Kosten angestrebt, die nicht nur die Jüngeren durch höhere Beiträge bzw. die Notwendigkeit zur privaten oder betrieblichen Altersvorsorge treffen sollte, sondern die auch von den Älteren durch einen Verzicht von Leistungen (im Vergleich zur Entwicklung nach dem Status quo ante) mitgetragen werden sollte.

Tabelle 2:   Übersicht über Änderungen der Rentenformel unter der rot-grünen Bundesregierung; die Jahresangaben beziehen sich auf die Beschlussfassung

(1997)	(RRG – Demographiefaktor)
1998	Aussetzung von Teilen des RRG (Demographiefaktor); damit geltende Formel: Nettolohnanpassung entsprechend Rentenreform 1992
1999	Haushaltssanierungsgesetz: Anpassung der Renten 2000 und 2001 entsprechend der Entwicklung des Preisindex
2000	-
2001	AVmEG: 2001 Anpassung an Bruttolohnentwicklung; ab 2002 neue Formel: modifizierte Bruttolohnanpassung (AVA, RVB)
2002	-
2003	Zweites Gesetz zur Änderung des SGB VI und anderer Gesetze: Nullrunde für 2004
2004	RV-Nachhaltigkeitsgesetz: Änderung der Formel ab 2005 (Nachhaltigkeitsfaktor)
2005	-

Quelle: eigene Darstellung

Schließlich kann von einer Entwertung der Renten insofern ausgegangen werden, als dass unter der rot-grünen Koalition die Abgaben auf Renten erhöht wurden: durch den Übergang zur nachgelagerten Besteuerung (die durch die Möglichkeit, vorher mehr zu Sparen, teils ausgeglichen wird), die volle Verbeitragung von Betriebsrenten zur Kranken- und Pflegeversicherung und die Verpflichtung von Rentnern zur Leistung voller Beiträge zur Pflegeversicherung. Zu den Bezugsbedingungen von Renten gehört auch die Bezugsdauer: Renten wegen Erwerbsminderung und große Witwen-/Witwerrenten werden nur noch befristet – also als Zeitrenten – gewährt, kleine Witwen-/Witwerrenten wurden auf zwei Jahre begrenzt.

Schließlich wurden die Leistungen der Grundsicherung im Zuge der Eingliederung des Sozialhilferechts in das Sozialgesetzbuch nach oben angepasst.

Das Gesamtbild der Änderungen in der dritten Dimension ist von Justierungen dominiert, die zwar nicht direkt die Rentenbeträge kürzen, sie aber entwerten. Sind die Änderungen im individuellen Bereich der Rentenformel in ihrer Wirkung insgesamt noch ambivalent – wobei die Aufwertung von Erziehungstätigkeit positiv hervorgehoben werden muss –, so sind die Neuregelungen im Bereich des AR eindeutig darauf ausgerichtet, dessen Anpassung zu begrenzen. Zwar sind hier einzelne Elemente inbegriffen, die sich einer politischen Steuerung entziehen, andere haben jedoch auf jeden Fall eine begrenzende Wirkung. Dies muss nicht zu einer nominalen Kürzung der Renten führen, hat aber, gerade auch unter Berücksichtigung der Versteuerung und der so genannten Verbeitragung der Renten (d.h. Erhebung von Sozialversicherungsbeiträgen auf Renten), eine relative Entwertung zur Folge.

4.4.4 Diskussion

In der fachlichen Diskussion um die Alterssicherungspolitik der rot-grünen Koalition dominiert die Beschäftigung mit der Rentenreform 2001, die als ein Bruch mit der bisherigen Politik wahrgenommen wird (Schmähl 2004; Hinrichs/Kangas 2003, Hegelich 2006a). Ein Schwerpunkt von Untersuchungen zur rot-grünen Renten- und Alterssicherungspolitik liegt zudem auch auf Fragen der Steuerung des Alterssicherungssystems und der Politics in diesem Feld. Nicht zuletzt beinhalten viele Arbeiten auch prognostische Elemente, die – bei aller Nachvollziehbarkeit – aus den oben genannten Gründen für diese Untersuchung wenig relevant sind. Gleichzeitig werden häufig Details ausgeblendet, wie etwa die Übertragung von Regelungen auf Lebenspartnerschaften.

Grundsätzlich ist festzuhalten, dass sich durch die Reformen der rot-grünen Koalition der Charakter der deutschen Rentenpolitik geändert hat. Ihr traditioneller Fokus auf eine Arbeitnehmerversicherung, die auf eine Statussicherung im Alter ausgerichtet ist, wurde in mehrfacher Hinsicht abgeschwächt: Mit Blick auf das Leistungsniveau, den Kreis der Anspruchsberechtigten bzw. die Möglichkeiten, Anrechte zu erwerben, und schließlich hinsichtlich der Stellung der gesetzlichen Rentenversicherung im Gesamtsystem der Alterssicherung.

Das Leistungsniveau ist vor dem Hintergrund einer immer wiederkehrenden Finanzierungsproblematik mehrfach justiert worden – ersichtlich am ehesten an der mehrfach geänderten Anpassungsformel. Hier sind es drei Details, die den Versuch, die Ausgaben zu begrenzen am augenfälligsten illustrieren, da ihre Wirkung nicht von anderen Entwicklungen abhängt: Erstens die Einführung des AVA-Faktors in die Rentenanpassungsformel. Im Unterschied zu den anderen Elementen (Nachhaltigkeitsfaktor und Faktor, der die Beitragsentwicklung widerspiegelt), die als Kontextfaktoren wahrscheinlich, aber nicht notwendig zu einer Verlangsamung des Rentenanstiegs führen, wirkt der AVA nur dämpfend. Zweitens die zwischenzeitlichen Begrenzung der Auswirkung der Steigerung der Bruttolöhne auf die Entwicklung des AR auf 90%. Drittens zeigt die Veränderung der Niveausicherungsklausel deutlich, dass das Ziel der Lebensstandardsicherung zumindest unter Druck geraten ist. Berner (2004: 26) spricht in diesem Zusammenhang treffend vom einem „untergegangenen Sicherungsziel".

Die Politik ist von der klassischen, auf den Normalarbeitnehmer fixierten Versicherung zudem dadurch abgerückt, dass sie Erziehungstätigkeit stärker honorierte – wofür die Grundlagen schon unter der Vorgängerregierung gelegt wurden –, arbeitnehmerähnliche Selbständige in die Versicherung einbezogen und geringfügig Beschäftigte in der Rentenversicherung sowie Selbständige in der Erwerbsunfähigkeitsversicherung berücksichtigt wurden. Schließlich ist auch die Einführung einer Grundsicherung im Alter ein Beleg für eine Abkehr von der klassischen, statussichernden Arbeitnehmerversicherung. Hintergrund der Einbezug von geringfügig Beschäftigten in die GRV ist jedoch nicht nur die Absicherung dieser Gruppe, sondern auch der Versuch der Stabilisierung der Finanzierung der Sozialversicherung als die Verbesserung der Leistungsseite, da die in diesen Beschäftigungsverhältnisses erworbenen Ansprüche die individuelle Rente nur geringfügig erhöhen.

Allerdings wäre es falsch, eine Betrachtung der rot-grünen Politik auf die Diskussion der öffentlichen Leistungsbereitstellung im engeren Sinne zu beschränken. Gerade in der ersten Legislaturperiode betrafen – wie gezeigt – wichtige Änderungen Leistungen von anderen Wohlfahrtsproduzenten. Die erhöhte Aufmerksamkeit für private und betriebliche Vorsorge ist auch als Wandel von einer Rentenpolitik zu einer Alterssicherungspolitik charakterisiert worden (Hinrichs 2000). Dabei interessiert vor allem die Rolle des Staats in der Produktion und Regulation der Altersvorsorge, die nicht mehr auf die staatliche Wohlfahrtsproduktion beschränkt ist, sondern aktiv ebenso die so genannte zweite und dritte Säule der Rentenpolitik steuert. „Eine die Gesamteinkommenslage im Alter in den Blick nehmende Politik, die Leistungen verschiedener sozialer Sicherungssysteme sowie des Steuersystems in Beziehung setzt, tritt hinfort an die Stelle der lediglich auf ein Sozialversicherungssystem ausgerichteten Rentenpolitik" (Nullmeier 2003: 169). Die bloße Feststellung einer Konzentration auf Sicherungssysteme neben der öffentlichen Leistungsbereitstellung muss aus dem Blickwinkel der sozialen Rechte insofern ergänzt werden, als dass die Regulation der privaten und betrieblichen Altersvorsorge zu neuen Ansprüchen führt, die marktbezogen sind. Dies bedeutet, dass Arbeitnehmern einerseits Rechte gegenüber Dritten (Arbeitgebern) eingeräumt werden. Berner (2008: 393) weist in diesem Zusammenhang darauf hin, dass die Änderungen in der betrieblichen Altersversorgung dazu geführt hätten, dass „[n]eben die klassische, kollektivistische Form der betrieblichen Altersversorgung [eine] individualisierte, stärker marktförmig organisierte Form der betrieblichen Altersversorgung getreten ist. Als Folge verschwimmt die Grenze zwischen betrieblicher Altersversorgung und individuell-privater Altersvorsorge". Zugleich werden andererseits Rechte gegenüber dem Staat neu geschaffen, die auf individuelle Aktivitäten im Markt bezogen sind und diese fördern, wie etwa im Falle der „Riester-Rente". Schließlich werden – gewissermaßen begleitend – Rechte kreiert, die aus dem Bereich der Wirtschaftspolitik schon bekannt sind, nämlich Informationsrechte.

Auch wenn die Förderung von privater und betrieblicher Altersvorsorge mit dem alten Ziel der Sicherung des Lebensstandards im Alter verbunden ist, ist diese Förderung keine einfache Fortsetzung der bisherigen Politik mit anderen Mitteln. Der Staat ermöglicht, aber gewährleistet nicht mehr ein Versorgungsniveau, so Nullmeier (2003: 172). Dies wird an der Regulation der „Riester-Renten" deutlich: Hier wird staatlicherseits explizit darauf hingewiesen, dass die Zertifizierung von Altersvorsorgeprodukten nichts über deren Wirtschaftlichkeit aussagen würde, m. a. W. ob sie zu dem Ziel der individuellen Lebensstandardsicherung auch tatsächlich beitragen. Das bedeutet letztlich, dass die Verantwortung für die individuelle Alterssicherung zumindest teilweise auf die Individuen übertragen wird.

> „Overall the reform measures enacted by the Red-Green coalition government can be characterized as a partial privatization of the old-age and disability insurance system, minimising its decommodification potential, while at the same time expanding family-oriented benefits. [...] It must, however, be stressed that by subsidising the private pension schemes, the state offers incentives for low and middle-income workers to participate in the new programmes" (Bleses/Seeleib-Kaiser 2004: 77).

Der Hinweis auf das sinkende „decommodifying potential" ist zwar korrekt – insofern entweder andere Einkommensquellen im Alter erschlossen werden müssen oder als Ansprüche bereits in jüngeren Jahren erworben werden müssen. Aber es lässt sich pointierter sagen, dass die Kommodifizierung die Sozialpolitik selbst einschließen kann. Die staatlichen Anreize zur privaten Altersvorsorge stehen nicht neben der Sozialpolitik, sie sind eine neue Ausprägung, bei der sich von einer Marktbezogenheit sozialer Rechte sprechen lässt. Die Transformation des Wohlfahrtsstaats bedeutet eben nicht nur einen Rückzug, wie er durch die

Rede von der Re-Kommodifizierung angedeutet wird, sie umfasst auch die aktive Schaffung von Verbrauchern in Wohlfahrtsmärkten durch neue soziale Rechte.

    Lässt sich dies als eine Abkehr vom konservativen Modell des Wohlfahrts-
staats deuten? Schmähl (2007: 334-335) sieht das deutsche Versicherungssystem
auf dem Weg zurück zu seinen Anfängen im 19. Jahrhundert, als das öffentliche
Sicherungssystem auf die Armutsvermeidung im Alter gerichtet gewesen sei,
und prognostiziert beachtliche Auswirkungen auf die Einkommensverteilung im
Alter und auf die Anreize, Beiträge zu Rentenversicherungen zu leisten. Schmidt
(2003: 250) weist allerdings zu Recht darauf hin, dass mit der Riester-Rente
zwar liberale Elemente in den Wohlfahrtsstaat eingezogen sind, die staatliche
Begünstigung von Markttätigkeit der Bürger aber schwer mit dem liberalen Modell zu vereinen ist. Nicht mehr konservativ, liberaler, aber nicht liberal – eventuell wird die Betrachtung auch der anderen Politikfelder als ein Nebenergebnis
dieser Arbeit zeigen, dass die aus einer Analyse sozialer Rechte abgeleiteten
Kategorien Esping-Andersens (1990) nach bald zwanzig Jahren nur noch als
Ausgangspunkt der Analyse dienen können, nicht mehr jedoch zur aktuellen
Beschreibung.

5. Rationalisierung, Qualitätssicherung und Verhaltenssteuerung: Soziale Rechte in der Gesundheitspolitik unter der rot-grünen Koalition

Im Folgenden wird zunächst ein kurzer Überblick über das deutsche Gesundheitssystem gegeben (5.1) sowie über Reformen vor der Amtsübernahme durch die rot-grüne Bundesregierung (5.2). Darauf folgt eine detaillierte Darstellung der Gesetzgebung der rot-grünen Koalition in diesem Feld (5.3). Die Gesetzgebung wird mittels des oben beschriebenen Analyserahmens untersucht und die Ergebnisse vor dem Hintergrund der aktuellen Forschung zu diesem Bereich interpretiert (5.4).

5.1 Das deutsche Gesundheitssystem – Einführung

Die Wohlfahrtsproduktion im deutschen Gesundheitssystem zeichnet sich durch ein kompliziertes Geflecht aus Leistungserbringern, Leistungsträgern, Steuerungsinstitutionen sowie vielfältigen Interessengruppen aus, die teils dem öffentlichen Sektor angehören, teils karitativer Natur sind und teils dem privatwirtschaftlichen Sektor zuzurechnen sind. Das Arrangement dieser Akteure und ihr Zusammenspiel mit seinen verschiedenen Kooperationsmechanismen[126] geht mit ihm eigenen Problemen einher, die nicht zuletzt auch die Outputs in diesem Sektor beeinflussen. Dieser gemischte Charakter des Gesundheitssystems ist auch für die Analyse sozialer Rechte im Bereich Gesundheit von großer Bedeutung, da sich die Gesundheitspolitik der staatlichen Akteure zum Teil auf die Steuerung oder Beeinflussung dieses Arrangements beschränkt und nur einzelne grundlegende Vorgaben zur Leistungserbringung macht, die dann durch andere Institutionen erst konkretisiert werden. Soziale Rechte werden somit zum Teil erst durch nicht-staatliche Akteure in unterschiedlichen Gremien festgelegt,[127]

---

[126] Gerlinger (2009: 19) nennt hier staatliche, korporatistische und marktförmige Elemente, die in unterschiedlichen Mischverhältnissen in den Versorgungssektoren des Gesundheitssystems vorlägen. S. hierzu auch Kania/Blanke 2000, Bandelow 2006.

[127] Seit 2004 (Gesetz zur Modernisierung der gesetzlichen Krankenversicherung) ist für den Leistungskatalog der gesetzlichen Krankenkassen das maßgebliche Gremium der Gemeinsame Bundesausschuss (G-BA), der bisher bestehende Ausschüsse für unterschiedliche Sektoren der Gesundheitsversorgung ablöste. Ihm gehören Ärzte- und Krankenkassenvertreter sowie ohne Stimmrecht Patientenvertreter an. S. hierzu im Detail Deppe 2005: 72.

wobei den eigentlichen Rechtsträgern wie Patienten und Pflegebedürftigen nur eine geringe Rolle zukommt. Zugleich sind auch letztere – und damit auch ihre Ansprüche – Ziel politischer Steuerungsversuche, hier kann von einer Steuerung auf der Mikroebene bzw. in diesem Fall: der Leistungsnachfrage gesprochen werden.

Soziale Rechte im Gesundheitssystem sind in erster Linie Rechte auf Dienstleistungen und Güter, in geringerem Maße auch Rechte auf Geldleistungen wie das Krankengeld.[128] Ansprüche von Patienten auf Leistungen, die gegenüber den Leistungserbringern wie z. B. Ärzten oder Krankenhäusern geltend gemacht werden können, werden im Wesentlichen durch die Krankenkassen finanziert, zunehmend auch durch private Zuzahlungen. Bedürftige Nichtversicherte werden durch die Träger der Sozialhilfe abgesichert. Die sozialen Rechte sind größtenteils durch den Leistungskatalog der Krankenkassen konkretisiert.[129]

Der Bereich der Krankenkassen zerfällt in zwei Segmente, das der Gesetzlichen Krankenversicherung (GKV), geregelt durch das SGB V, und das der Privaten Krankenversicherung (PKV).[130] Für die Unterscheidung zwischen den beiden Bereichen ist nicht nur ihre institutionelle Verfasstheit (öffentlich-rechtliche oder privatwirtschaftliche Einrichtungen) von Bedeutung, sondern aus Sicht der Nutzer vor allem auch der Zugangsmodus zum jeweiligen Versicherungssektor, der sich am Beschäftigungs- und Einkommensstatus orientiert.[131]

---

[128] Das Krankengeld ist eine Lohnersatzleistung, die von den Krankenkassen im Anschluss an die Lohnfortzahlung durch den Arbeitgeber im Krankheitsfall gezahlt wird. Die Höhe der Leistung beträgt 70% des Brutto-, höchstens jedoch 90% des Nettoeinkommens. Eine Anpassung der Leistung bei längerem Bezug (Höchstdauer 78 Wochen wegen derselben Krankheit innerhalb von drei Jahren) folgt bis 2001 (Neuregelung durch Sozialgesetzbuch – Neuntes Buch (SGB IX) Rehabilitation und Teilhabe behinderter Menschen) der Anpassung der Renten. Krankengeld kann auch bei der Krankheit eines Kindes gewährt werden.
Mit dem Gesetz zur Neuregelung der sozialversicherungsrechtlichen Behandlung von einmalig gezahltem Arbeitsentgelt (Einmalzahlungs-Neuregelungsgesetz) wurden Einmalzahlungen in die Berechnung des Krankengeldes einbezogen. Diese Regelung ist Reaktion auf eine Entscheidung des BVerfG, die die bisherige Behandlung von Einmalzahlung für verfassungswidrig erklärte (BVerfG, 1 BvL 1/98 vom 24.5.2000; s. hierzu o. A. 2000). Außerdem wurde durch das Gesetz zur Sicherung der Betreuung und Pflege schwerstkranker Kinder geregelt, dass bei Pflege des eigenen schwerstkranken und unheilbar kranken Kindes ein unbefristeter Krankengeldanspruch für ein Elternteil bestehen sollte mit entsprechenden Freistellungsregeln gegenüber dem Arbeitgeber. Der Anspruch sollte auch für Arbeitnehmer gelten, die nicht in der GKV versichert sind oder keinen Anspruch auf Krankengeld in der GKV haben. Da sich die Neuregelungen dieser Leistung durch die rot-grüne Koalition darin erschöpfen, wird im Weiteren nicht weiter auf sie eingegangen.
[129] Für eine umfassende Darstellung von Struktur und Leistungen des deutschen Gesundheitssystems und seine Entwicklung s. Deppe 2005, Rosenbrock/Gerlinger 2006, Simon 2008.
[130] Die Leistungen der PKV, die den Versicherten im Kostenerstattungsverfahren gewährt werden, ähneln denen der GKV, weichen aber in manchen Bereichen von ihnen ab (z. B. Erstattung der Aufwendungen für Kuren oder Arzneimittel). Zur PKV s. Böckmann 2009.
[131] Für eine Gegenüberstellung von GKV und PKV s. Böckmann 2009: 68.

Bis zu einem bestimmten Bruttoeinkommen (dynamische Versicherungspflichtgrenze)[132] sind Arbeitnehmer in der GKV pflichtversichert, die auch ihre Angehörigen einschließt (Familienversicherung). Mitglieder der GKV sind außerdem Rentner, Landwirte, Studierende und Bezieher von Arbeitslosengeld (und bis zu den so genannten „Hartz-Reformen" Bezieher von Arbeitslosenhilfe).[133] Die gesetzlichen Krankenkassen können Versicherungspflichtigen den Zugang zu Versicherungsschutz nicht verwehren (Kontrahierungszwang). Bei Einkommen über der Versicherungspflichtgrenze oder im Falle eines anderen Beschäftigtenstatus (Beamte, Selbständige) bestand bis 2007 Versicherungsfreiheit, d. h. es konnte zwischen PKV, freiwilliger Versicherung in der GKV und Verzicht auf Versicherungsschutz gewählt werden. Mittlerweile gilt Versicherungspflicht.[134] Insgesamt waren durch die GKV trotz leichten Rückganges 2003 etwa 87,8% der Bevölkerung abgesichert, was nicht zuletzt auch an den Regelungen zur Familienmitversicherung liegt. Entsprechend wird dieser Bereich im Mittelpunkt der folgenden Analyse stehen. Durch die PKV waren weitere 9,7% abgesichert, während etwa 0,2% der Bevölkerung nicht versichert war (Rosenbrock/Gerlinger 2006: 100; für die restlichen 2,2% werden „sonstige Arten" der Absicherung angegeben).

Seit 1997 können Pflichtversicherte in der GKV – auf Grundlage des Gesundheitsstrukturgesetz von 1992 – zwischen den verschiedenen öffentlichrechtlichen Versicherungen wählen, die sich hinsichtlich der zum damaligen Zeitpunkt von Arbeitnehmern und -gebern paritätisch getragenen Beitragssätze[135] voneinander unterscheiden und geringfügig auch mit Blick auf die Leistungen. Der einheitliche Leistungskatalog der GKV ist jedoch weiterhin für 95% der Ausgaben verantwortlich (Rosenbrock/Gerlinger 2006: 101). Mit der Wahlfreiheit wurde zugleich ein Wettbewerb zwischen den öffentlich-rechtlichen Krankenkassen um Mitglieder begründet.

---

[132] Bis 2003 waren die Beitragbemessungs- und Versicherungspflichtgrenze identisch. Bei Regierungsübernahme betrug der Wert 6.300 DM (West) bzw. 5.250 DM (Ost). Die Werte wurden 2001 angeglichen (6.525 DM). 2003 betrug die Versicherungspflichtgrenze 3.825 € und die Beitragsbemessungsgrenze 3.450 €. Die Werte für 2005 lauteten 3.900 € bzw. 3.525 €. Alle Angaben je Monat (BMG 2009). Die Anhebungen dieser Grenze, die formal eine Erweiterung des Kreises der Pflichtversicherten darstellen, werden im Folgenden nicht im Einzelnen dokumentiert.

[133] Sozialhilfeempfänger hatten zum Zeitpunkt der Amtsübernahme durch die rot-grüne Bundesregierung nur bei Erfüllung bestimmter Voraussetzungen Zugang zu der Krankenversicherung (Vorversicherungszeiten), allerdings erfüllte eine große Mehrheit der Sozialhilfeempfänger diese Vorbedingungen; s. Rosenbrock/Gerlinger 2006: 99.

[134] Zum GKV-Wettbewerbsstärkungsgesetz von 2007 und seinen Folgen (Versicherungspflicht) s. Leiber/Manouguian 2009.

[135] Für die Entwicklung der durchschnittlichen Beitragssätze zur GKV s. BMAS 2010: Tab. 7.7.

Als grundlegende Prinzipien, denen der Sektor GKV folgt, gelten das Recht auf bedarfsgerechte Versorgung[136], Solidarität und die Selbstverwaltung (Deppe 2005: 23-24). Die medizinisch erforderlichen Leistungen müssen in ausreichendem Umfang, unter Berücksichtigung von Zweckmäßigkeit und Wirtschaftlichkeit und entsprechend dem Stand der Wissenschaft erbracht werden (Deppe 2005: 23; Bäcker et al. 2000b: 55), wobei das Sachleistungsprinzip als Regel festgelegt ist.[137]

Die durch Beiträge im Umlageverfahren finanzierte GKV ist durch eine stark umverteilende Wirkung geprägt. In der GKV ist ein Solidarausgleich realisiert, dessen signifikantes Merkmal ein „Prinzipiendualismus" (Hinrichs 1994: 128) ist: Einkommensproportionale Beiträge bis zur Beitragsbemessungsgrenze sind mit einem gleichen Anspruch auf Leistungen gekoppelt.

> „Die Leistungsgewährung erfolgt ausschließlich nach medizinisch festgestelltem Bedarf und prinzipiell in unbegrenzter Höhe (lediglich bei der Gewährung des Krankengeldes wird auf die Beitragsleistung Bezug genommen). Dieser Dualismus von Beitragsdifferenzierung und Leistungsuniversalismus impliziert ein hohes Volumen an interpersoneller Umverteilung: Bei der Beitragsgestaltung werden unterschiedliche individuelle (Erkrankungs-)Risiken nicht berücksichtigt" (Hinrichs 1994: 128).

Eine längere oder höhere Zahlung von Beiträgen hat keinen Einfluss auf die Leistungen. Der Solidarausgleich in der GKV lässt sich zudem genauer über die Merkmale Schadens-, Risiko-, Alters-, Einkommens- und Familienlastenausgleich (Deppe 2005: 25-26, Bäcker et al. 2000b: 62) charakterisieren. Schadensausgleich bezeichnet dabei den Ausgleich zwischen Gesunden und Kranken. Der Risikoausgleich verweist darauf, dass Beiträge unabhängig vom Krankheitsrisiko erhoben werden, ebenso bleibt das Alter der Versicherten unberücksichtigt (Altersausgleich). Der Einkommensausgleich umfasst nicht nur die Beitragsdifferenzierung nach Einkommen, sondern auch den Einbezug von nicht abhängig Beschäftigten wie Rentnern, Studenten oder Familienmitgliedern in die GKV. Der Familienlastenausgleich schließlich beinhaltet die Querfinanzierung des Versicherungsschutzes von Kindern, Jugendlichen und anderen nicht erwerbstätigen Familienangehörigen von Versicherten durch alle Beiträge. Eine darüber hinausgehende Finanzierung durch den Staat hat nach Rosenbrock und Gerlinger (2006: 104) im Vergleich zu anderen Sozialversicherungszweigen nur unterge-

---

[136] „Die gesetzlich Krankenversicherten haben einen Rechtsanspruch auf alle Leistungen, die für die Behandlung ihrer Krankheit notwendig sind" (Rosenbrock/Gerlinger 2006: 100), s. dort auch für eine Aufstellung der Leistungen (101).

[137] Das Kostenerstattungsprinzip stellt hierzu den Gegenentwurf dar und wurde immer wieder als Option für die GKV diskutiert und durch das GKV-Modernisierungsgesetz von 2003 auch verwirklicht, nachdem eine entsprechende Regelung von 1997 durch die rot-grüne Bundesregierung zunächst wieder aufgehoben worden war.

ordnete Bedeutung. Er sei allerdings durch Finanzierung von Investitionen in Krankenhäusern, die Arbeitgeberbeiträge für Angestellte im öffentlichen Dienst und schließlich durch die Unterstützung der Renten- und Arbeitslosenversicherung, auf deren Leistungen Beiträge anfielen, in die Finanzierung der GKV eingebunden. Dem ist noch hinzuzufügen, dass 2007 ein Steuerzuschuss für so genannte versicherungsfremde Leistungen eingeführt wurde, der an den neu geschaffenen Gesundheitsfonds gezahlt wird. Dieser Steuerzuschuss wurde vor dem Hintergrund der Finanzkrise durch die Konjunkturpakete noch ausgeweitet.

Durch die starke Verknüpfung von Ansprüchen mit dem Beschäftigungs- bzw. Einkommensstatus kann im Bereich der öffentlichen Gesundheitssicherung zunächst von erworbenen Rechten ausgegangen werden. Durch die Familienversicherung werden abgeleitete Rechte geschaffen. Außerdem werden Empfänger von Sozialleistungen (Rente, Leistungen bei Arbeitslosigkeit) in die GKV einbezogen, für die aus den jeweiligen Systemen Beiträge geleistet werden. Schließlich bestehen jenseits der Krankenversicherungen auch Ansprüche an die Träger der Sozialhilfe, die im Falle der Bedürftigkeit eine der GKV entsprechende Leistung gewährleisten, dies aber auch nicht in allen Fällen.[138] In Folge der Reformen der letzten Jahrzehnte sind private Zuzahlungen immer wichtiger geworden, so dass die Mitgliedschaft in einer Krankenkasse allein nicht mehr ohne weiteres den Zugang zu medizinisch wichtigen Gütern und Dienstleistungen garantiert. Es bestehen allerdings Belastungsgrenzen.

Über den Zugang zu den grundsätzlich garantierten Leistungen entscheiden nur zu einem geringen Teil die Rechtsträger oder die Leistungsträger, sondern vielmehr die Leistungserbringer auf der Grundlage ihrer Einschätzung des medizinisch Notwendigen und Ausreichenden unter Zuhilfenahme entsprechender medizinischer Leitlinien (Therapiefreiheit). Lediglich beim Erstkontakt mit dem – von ihnen frei wählbaren – Leistungserbringer können die Rechtsträger über die Nutzung ihrer Rechte selbst entscheiden.

Die Krankenkassen sind rechtlich eigenständig, es bestehen aber viele Eingriffsmöglichkeiten des Gesetzgebers (mittelbare Staatsverwaltung; s. Deppe 2005: 23). Im Folgenden werden vorrangig die Leistungen des Gesundheitssystems behandelt, soweit sie durch den Gesetzgeber beeinflusst werden.[139] Regelungen zur Finanzierung – also bspw. zur Abrechnung von erbrachten Leistungen zwischen Ärzten und Krankenkassen – können Inhalt und Qualität der Versorgung und damit den Wert der Rechte betreffen, sind aber nicht das Thema im Folgenden, da sie nicht direkt die Ansprüche des Individuums betreffen und damit nur vermittelt als soziale Rechte analysierbar sind. Allerdings werden an

---

[138] Asylbewerber und andere Gruppen ohne Aufenthaltserlaubnis können nur auf eine geringere Unterstützung im Krankheitsfall zurückgreifen; s. Rosenbrock/Gerlinger 2006: 99-100.
[139] Zur geschichtlichen Entwicklung des Leistungsspektrums s. Rosenbrock/Gerlinger 2006: 36.

einzelnen Stellen Maßnahmen der Qualitätssicherung behandelt, mit denen auf
Steuerungsprobleme reagiert wird, die die Behandlungsqualität und damit den
Wert sozialer Rechte beeinflussen.

5.2 Politik im Feld Gesundheit bis 1998

Das Gesundheitssystem war und ist Ziel häufiger Reformen, wobei seit Mitte der
1970er Jahre die Eindämmung der „Kostenexplosion" im Gesundheitswesen ein
zentraler Handlungsimpuls ist. „Seit der zweiten Hälfte der 1970er Jahre ist die
Beitragssatzstabilität das prioritäre Ziel der Gesundheitspolitik" (Brandhorst
2003: 211). Die steigenden Ausgaben werden teils auf exogene Faktoren zurückgeführt – wie ein gestiegenes Gesundheitsbewusstsein in der Bevölkerung, den
technischen Fortschritt oder die Alterung der Bevölkerung –, teils auch auf en-
dogene Faktoren im Gesundheitssystem, die zur Verschwendung von Ressourcen
führen (Lampert/Althammer 2004: 251). Im internationalen Vergleich korrespondieren die hohen Ausgaben nicht mit den Leistungen des Gesundheitssystems, woraus auf Ineffizienz geschlossen wird (Gerlinger 2009: 19). Allgemeine,
d. h. in allen westlichen Industrienationen vorzufindende gesundheitspolitische
Entwicklungen werden durch Besonderheiten des deutschen Systems eher verschärft. Hartmann (2003: 260-261) nennt hier eine fragmentierte Gesundheitsversorgung, die kurative Ausrichtung des deutschen Systems, mangelnden Wettbewerb, fehlende Qualitätssicherung, Probleme im Finanzierungssystem und
Steuerungsprobleme. Entsprechend haben Gesundheitsreformen in der Vergangenheit immer wieder versucht, die Versorgungsstrukturen und Steuerungsmechanismen zu verbessern, was teils auch direkte Folgen für die Versicherten und
Patienten hatte.

Das Problem der wahrgenommenen Kostenexplosion wurde seit Mitte der
1970er Jahre mit mehreren so genannten K-Gesetzen[140] zu beheben versucht,
außerdem mit den Haushaltsbegleitgesetzen 1983 und 1984, mit dem Gesundheitsreformgesetz (GRG) von 1988 als erstem Abschnitt einer dreistufigen Gesundheitsreform[141] und dem 2. SGB V-Änderungsgesetz von 1991. Durch sie
wurde – ähnlich wie in der Rentenpolitik – das Prinzip einer einnahmenorientierten Ausgabenpolitik umgesetzt, außerdem strukturelle Änderungen vorgenommen (die Beziehungen zwischen Krankenkassen und Leistungserbringern betref-

---

[140] Hartmann (2003: 261 Fn. 2) nennt das Krankenversicherungs-Weiterentwicklungsge-setz
(KVWG, 1976), das Krankenversicherungs-Kostendämpfungsgesetz (KVKG, 1977), das Krankenhaus-Kostendämpfungsgesetz (1981) und das Krankenhaus-Neuordnungsgesetz (KHNG, 1984); s. zu
den Reformen bis 1998 auch Bandelow/Schubert 1998 sowie Bandelow 2006: 161-163, der auch
knapp auf die Folgen der Wiedervereinigung eingeht.
[141] S. hierzu Deppe 2000: 98-108, Hinrichs 1994: 130-131.

fend und im Bereich der letzteren) und schließlich erste Schritte zu Kürzungen und Privatisierungen im Gesundheitssektor gemacht. Die Kürzungen und Privatisierungen umfassten u. a. die Neuregelung und vor allem Erhöhung von Zuzahlungen und Eigenbeteiligungen[142], die Ausgliederung von Leistungen aus dem Katalog der Kassen wie etwa so genannte Bagatellarzneimittel oder die Kürzung von Leistungen (Sterbegeld, stationäre Verweildauer bei Entbindungen), die Neuberechnung bzw. Kürzung des Krankengeldes und seine Verbeitragung zur Renten- und Arbeitslosenversicherung. Diesen aus Sicht der Nutzer des Gesundheitssystems weitgehend negativen Entwicklungen standen einzelne Verbesserungen gegenüber, etwa Erleichterungen bei Härtefallregelungen, Verbesserungen für Eltern im Falle der Krankheit ihrer Kinder (Krankengeld, Freistellung) und Leistungen im Falle von schwerer Pflegebedürftigkeit.

Das von CDU/CSU und SPD gemeinsam beschlossene Gesundheitsstrukturgesetz (GSG) von 1992 wird allgemein als ein bedeutender Einschnitt in der Geschichte der Gesundheitsreformen gesehen, als Beginn einer neuen Phase, die sich durch den Versuch der Implementation von neuen Steuerungsmechanismen im Gesundheitssystem auszeichnet, die auch für die Patienten und Versicherten von großer Bedeutung waren.[143] Das GSG – die zweite Stufe der Gesundheitsreform – brachte neben wichtigen strukturellen Änderungen die freie Wahl unter den gesetzlichen Krankenversicherungen für Versicherte ab 1997 und damit erste Schritte in Richtung Wettbewerb zwischen den Krankenversicherungen, begleitet vom Kontrahierungszwang der Krankenkassen und dem Risikostrukturausgleich (RSA).[144]

Daneben kam es aber zu weiteren Änderungen und Leistungskürzungen. Freiwillig Versicherte in der GKV erhielten die Möglichkeit, Kostenerstattungstarife zu wählen und wurden nicht mehr in der Krankenversicherung der Rentner (KVdR) pflichtversichert– mit Folgen für die Berechnung ihrer Beiträge zur GKV im Rentenalter. Die letzte Regelung wurde durch eine *Entscheidung des BVerfG zur KVdR* (BVerfG, 1 BvL 16/96 vom 15. März 2000) gekippt, weshalb

---

[142] Dies betraf vor allem Arznei- und Heilmittel – hier wurde die Festbetragsregelung neu geschaffen – sowie den zahnmedizinischen Bereich, hier allerdings gekoppelt mit einer Belohnung von Prophylaxe.
Festbeträge sind Beträge, die für bestimmte Arznei- und Heilmittelgruppen – die Gruppen beinhalten Mittel mit identischen Inhaltsstoffen, vergleichbaren Inhaltsstoffen oder vergleichbarer Wirkung – festgesetzt wurden. Zunächst konnten Mittel aus diesen Gruppen ohne Zuzahlung erhalten werden, ab dem Gesundheitsstrukturgesetz (GSG) von 1992 markierte der Festbetrag die Grenze, bis zu der die GKV für die Kosten aufkommt. Wenn ein Patient ein Mittel bevorzugt oder benötigt, das über dieser Grenze liegt, muss er die entsprechende Differenz zuzahlen.
[143] Zu den Details des Gesetzes und zu Debatte und Bewertung s. Hinrichs 1994: 131-133, Deppe 2000: 109-122, Gerlinger 2002b: 11-14, Bandelow/Schubert 1998: 119-121, Bandelow 2006: 162-163.
[144] Zum RSA s. Dudey/Raschke 1997.

der Zugang zur KVdR wieder für diejenigen geöffnet wurde, die neun Zehntel der zweiten Hälfte ihres Erwerbslebens auch *freiwillig* in der GKV versichert waren.[145]

Das GSG war noch von beiden Volksparteien getragen worden, Brandhorst (2003: 213) zufolge konnte aber ab 1995 keine Einigung mehr erzielt werden, aufgrund unterschiedlicher „gesundheitspolitischer Grundphilosophien": Die Union habe eher auf die Versicherten als „Steuerungsinstanz" gesetzt, die zur „[...] sparsamen und kostenbewussten Inanspruchnahme von Gesundheitsleistungen motiviert werden sollten".[146] Die SPD habe dagegen einen verstärkten Wettbewerb auf der Anbieterseite gefordert. Entsprechend konnte die so genannte dritte Stufe der Gesundheitsreform von der Regierung Kohl und dem Gesundheitsminister Horst Seehofer nicht mehr erfolgreich abgeschlossen werden. Trotz dieser Diskrepanzen konnte die Regierungskoalition einige Gesetzesvorhaben umsetzen, so das 8. SGB V-Änderungsgesetz (1996), das Beitragsentlastungsgesetz (1996), das 1. und 2. GKV-Neuordnungsgesetz (1997) und das 9. SGB V-Änderungsgesetz (1998).[147] Diese Gesetze beinhalteten – mit Ausnahme einzelner Regelungen wie etwa zur Zahnprophylaxe und zu den Kündigungsrechten von Versicherungsverträgen – aus Sicht der Versicherten weitere Kürzungen von Leistungen, etwa durch die Erhöhung von Zuzahlungen.

Bandelow und Schubert (1998: 124) ziehen eine kritische Bilanz der Gesundheitspolitik der Regierung Kohl. Diese habe sich weitgehend auf Maßnahmen zur Ausgabenstabilisierung und Umverteilung von knappen Ressourcen beschränkt, bei qualitativen Problemen des Systems habe es kaum Fortschritte gegeben. Sie stellen zudem eine Verlagerung der Kosten auf die Patienten fest. Die neu gewählte rot-grüne Regierung bezog sich in ihren ersten gesundheitspolitischen Entscheidungen zum Teil direkt auf die letzten Gesetze, die von ihrer Vorgängerin beschlossen worden waren. Speziell Regelungen des 1. und 2. GKV-Neuordnungsgesetzes und des 9. SGB V-Änderungsgesetzes standen im Mittelpunkt der ersten Maßnahmen der rot-grünen Koalition.

---

[145] Mit dem Zehnten Gesetz zur Änderung des Fünften Buches Sozialgesetzbuch (10. SGB V-Änderungsgesetz) regelte der Gesetzgeber schließlich mögliche Folgen für die potentiell ab April 2002 in der KVdR pflichtversicherten Rentner – da die Rückkehr zu der alten Regelung Folgen für Beiträge, die Behandlung von Einkünften und Regeln für Familienmitglieder hatte, wurden Maßnahmen geschaffen (Wahlmöglichkeit zwischen Pflicht- und freiwilliger Versicherung) um so entstehende Belastungen abzufedern (für Details s. Heinze et al. 2002, Steffen 2008: 65).
[146] Auch Bandelow und Schubert (1998: 124) weisen in ihrer Bilanz der Gesundheitspolitik der Regierung Kohl auf diesen Aspekt hin: „Auch die Problemlösungsstrategien zur Weiterentwicklung der gesetzlichen Krankenversicherung orientierten sich konsequent an ökonomistischen Modellen. So zeichnen sich fast alle Reformmaßnahmen durch die Bemühung aus, Anreize für die Patienten zu schaffen".
[147] Zum 1. und 2. GKV-Neuordnungsgesetz s. am Orde 1997, Felkner 1998. S. Felkner 1998 auch zum Beitragsentlastungsgesetz.

5.3 Die Reformen der rot-grünen Koalition

„Auch die rot-grüne Bundesregierung trat im September 1998 mit dem Vorsatz an, das Gesundheitswesen einer umfassenden Reform zu unterziehen" (Hartmann 2003: 258; s. Brandhorst 2003: 214-215). Die Koalition bekannte sich in ihrem Koalitionsvertrag zu einer sozial gerechten Gesundheitspolitik, zum Solidar- und Sachleistungsprinzip und zu einer paritätischen Finanzierung der Krankenversicherung (SPD/Bündnis 90/Die Grünen 1998: 28). Sie formulierte allerdings auch das Ziel, „[...] den Anstieg der Krankenversicherungsbeiträge zu stoppen und die Beiträge dauerhaft zu stabilisieren" (1998: 28) und kündigte eine Strukturreform zum 1. Januar 2000 an (1998: 29). Leitbild der Politik der Regierung Schröder in der ersten Legislaturperiode war nach Gerlinger „[...] durch eine Modernisierung der Versorgungsstrukturen und Vertragsbeziehungen Wirtschaftlichkeitspotentiale in der GKV zu erschließen, die es gestatten sollten, das Ziel der Beitragssatzstabilität und das Festhalten an einem einheitlichen, alles medizinisch Notwendige umfassenden GKV-Leistungskatalog miteinander zu verknüpfen" (2003: 7).

5.3.1 Die Koalition korrigierte zunächst – wie auch in anderen Politikfeldern – Entscheidungen der Regierung Kohl. Bereits im Koalitionsvertrag (SPD/Bündnis 90/Die Grünen 1998: 28-29) wurde ein Vorschaltgesetz angekündigt, das eine Reihe von Entlastungen und Verbesserungen für die Versicherten enthalten sollte. Dieser Plan wurde mit dem *Gesetz zur Stärkung der Solidarität in der Gesetzlichen Krankenversicherung* (GKV-Solidaritätsstärkungsgesetz, GKV-SolG) realisiert. Dieses hob Regelungen des 1. und 2. GKV-Neuordnungsgesetzes von 1997 auf.[148] So wurde die Übertragung von aus der PKV bekannten Vertragselementen in die GKV (wie Kosten-erstattungs- und Selbstbehalttarife etc.), die dort als „funktionales Äquivalent für den in der GKV fehlenden Preismechanismus" (Brandhorst 2003: 213) dienen sollten, zurückgenommen. Die Wahlmöglichkeit zwischen Sachleistung und Kostenerstattung in der GKV wurde auf freiwillig Versicherte beschränkt. Diese Regelung wurde allerdings bereits Mitte 1999 durch das *Zweite Gesetz zu Änderung des Dritten Buchs Sozialgesetzbuch und anderer Gesetze* (Zweites SGB III-Änderungsgesetz – 2. SGB III ÄndG) wieder geändert – nun konnten sich auch Pflichtversicherte, die sich vor 1999 für einen Kostenerstattungstarif entschieden hatten, weiter durch solch einen Tarif versichern. Durch das GKV-SolG wurden Gestaltungsleistungen, die den individuellen Leistungskatalog der Kassen ergänzten, wieder gestrichen. Sonderkündigungsrechte der Versicherten sollten nur noch bei Beitragsänderungen, jedoch nicht mehr bei Leistungskürzungen gelten.

---

[148] Zum Folgenden s. Deppe 2000: 159-166, am Orde 1999: 4-5.

Verbesserungen gab es bei Zuzahlungen, speziell für chronisch Kranke. Bei der Abrechnung von kieferorthopädischen Leistungen wurde zum Sachleistungsprinzip zurückgekehrt und die volle Kostenübernahme – d. h. Rückzahlung der von den Versicherten zu leistenden Eigenanteile – bei erfolgreichem Abschluss der Behandlung beschlossen. Verbesserungen betrafen schließlich auch die Zuschüsse beim Zahnersatz.

Weitere Regelungen beinhalteten schließlich die Aussetzung des Krankenhausnotopfers für 1998 und 1999, die Möglichkeit, Festbeträge für Arzneimittel künftig leichter abzusenken und für diejenigen, die angesichts der Streichung von Zahnersatzleistungen und der Einführung von Kostenerstattungstarifen private Zusatzversicherungen abgeschlossen hatten, Sonderkündigungsrechte.

5.3.2 Das *Gesetz zur Neuregelung der Geringfügigen Beschäftigungsverhältnisse* hatte zwar Auswirkungen auf den Bereich Gesundheit, allerdings waren diese aus Sicht der Nutzer als eher gering einzuschätzen.[149] Das Gesetz regelte, dass Arbeitgeber für Arbeitnehmer bis zu einem Monatslohn von 630 DM und einer Höchstarbeitszeit von 15 Stunden pro Woche 10% des Lohns an die GKV abführen müssen. Dies galt jedoch nur dann, wenn die Beschäftigten bereits Versicherungsschutz hatten, entweder durch eine andere Beschäftigung oder durch die Familienversicherung. Durch die Beiträge des Arbeitgebers sollte also im Unterschied zur Regelung in der Rentenversicherung kein eigenes Versicherungsverhältnis und damit keine Ansprüche gegenüber der Versicherung begründet werden.[150] Allerdings wurde durch die Neuregelung die Grenze bis zu der eine Beschäftigung als geringfügig gilt, fixiert, was umgekehrt auch bedeutet, dass die Untergrenze der voll versicherungspflichtigen Beschäftigungsverhältnisse festgelegt wurde.

5.3.3 Nach der Regierungsübernahme wurden durch die rot-grüne Koalition nicht nur mit dem GKV-Solidaritätsstärkungsgesetz Maßnahmen der Vorgängerregierung korrigiert, unter der neuen grünen Bundesgesundheitsministerin Andrea Fischer wurde auch ein umfassenderes Reformvorhaben entwickelt, die Gesundheitsreform 2000 unter dem Motto „Patientennah. Leistungsstark. Finanzbewusst" (Hartmann 2003: 264-266). Grundlegendes Ziel der Reform war nach Brandhorst (2003: 216) die Stabilisierung der Krankenversicherungsbeiträge, wobei Rot-Grün diese Ziele „noch rigider als ihre Vorgängerregierung" formulierte.[151] Einzelne Teile der Reform stießen auf heftigen Widerstand von Ver-

---

[149] S. hierzu die Regelungen im Bereich der GRV, dort auch zu den Regelungen zur Berechnung bei mehreren (regulären und/oder geringfügigen) Beschäftigungsverhältnissen; s. Abschnitt 4.3.2.
[150] S. hierzu auch Boecken 1999: 395-397, Goretzki/Hohmeister 1999.
[151] Zur Darstellung der „Gesundheitsreform 2000" aus Sicht der Koalition und speziell der SPD s. Kirschner 1999; Kirschner war in der 14. Wahlperiode Vorsitzender des Ausschusses für Gesundheit.

bänden und den Oppositionsparteien, vor allem die letztlich gescheiterte Einführung eines Globalbudgets.[152] Infolge der Auseinandersetzungen und der Blocka-
de der Reform durch den Bundesrat wurde die Gesundheitsreform in zwei Gesetze unterteilt, nämlich das *Gesetz zur Rechtsangleichung in der Gesetzlichen
Krankenversicherung*, dem der Bundesrat zustimmen musste, und das *GKV-
Gesundheitsreformgesetz 2000*, das vom Bundestag allein beschlossen werden
konnte.[153] Die verabschiedeten Maßnahmen zielten auf eine Effizienzsteigerung
im Gesundheitssystem ab, die allerdings nicht nur zu einer Verbesserung der
Versorgung, sondern auch zu einer Kostendämpfung führen sollte. Eine solche
Politik der Rationalisierung birgt allerdings auch die Gefahr einer Fehlsteuerung,
die zu einer Belastung der Versicherten und Patienten führt. Dies kann wiederum
zu weiteren Regulationsbemühungen zur Qualitätssicherung führen, wie sich an
der Gesundheitsreform 2000 zeigt (Gerlinger 2002a: 15).

Das *Gesetz zur Reform der gesetzlichen Krankenversicherung ab dem Jahr
2000* (GKV-Gesundheitsreformgesetz 2000) beinhaltete Reformen des Vergütungssystems, aber auch Neuerungen, die direkt für die Nutzer von Bedeutung
waren.[154] Der Leistungskatalog der GKV wurde um die Maßnahmen der primä-
ren Prävention ergänzt, ohne dass allerdings ein individueller Rechtsanspruch
auf diese Leistungen eingeführt wurde (Gerlinger 2002a: 14).[155] Ebenso wurden
die Krankenkassen zur Förderung von Selbsthilfegruppen, -organisationen oder -
kontaktstellen verpflichtet: „Eine Mark je Mitglied steht für die Unterstützung
von Selbsthilfegruppen bereit, sofern diese sich für die Vermeidung von Krankheit oder die Wiederherstellung der vollen Gesundheit nach einer Krankheitspha-
se einsetzen" (Hülsmeier 2000: 4), wobei der Betrag jährlich angepasst werden
sollte. Auch die betriebliche Gesundheitsförderung konnte durch die Krankenkassen unterstützt werden und die Kariesprophylaxe für Jugendliche wurde gestärkt. Die Maßnahmen zur Gesundheitsförderung sollten standardisiert und
kontrolliert werden.[156] Allerdings wurden individualprophylaktische zahnmedi-

---

[152] Das Globalbudget sollte für den gesamten Gesundheitssektor festgelegt werden und die mit dem
GKV-Solidaritätsstärkungsgesetz wieder eingeführten sektoralen Budgets ergänzen, da diese dem
flexiblen Einsatz von Ressourcen hinderlich waren. S. hierzu Hartmann 2003: 264.

[153] Zur Vorgeschichte der Gesetze siehe auch Deppe 2005: 108-127, zu den Politics auch Bandelow
1999.

[154] Zu den Details des Gesetzes s. Steffen 2008: 61-62; Deppe 2005: 120-126; Hülsmeier 2000.

[155] Gerlinger (2002a: 13) weist zudem auf eine weitere Neuerung hin: „Dass ihre Aktivitäten [ge-
meint sind die Krankenkassen; FB] sich darauf richten sollen, nicht nur den allgemeinen Gesund-
heitszustand zu verbessern, sondern insbesondere auch einen Beitrag zur Verminderung der sozial
bedingten Ungleichheit von Gesundheitschancen zu leisten (§ 20 Abs. 1 SGB V), ist eine sehr weitreichende und innovative Bestimmung, die in der Geschichte des deutschen Krankenversicherungs-
rechts ihresgleichen sucht".

[156] „Um zu verhindern, dass Maßnahmen der Gesundheitsförderung von den Krankenkassen insbesondere als Instrument des Marketings verstanden und eingesetzt werden, verbindet das Reformwerk
diese Leistungsausweitung mit einer Bremse gegen Fehlsteuerungen. In Kooperation mit anderen

zinische Leistungen für Erwachsene, die mit dem 2. NOG beschlossen worden waren „[...] wegen Ineffektivität und Ineffizienz wieder abgeschafft" (Steffen 2008: 61). Zudem wurden die Spitzenverbände der Krankenkassen verpflichtet, mit 10 Mio. DM Modellvorhaben zur Patienten- und Verbraucherberatung zu fördern, die sich laut Gesetz „ [...] die gesundheitliche Information, Beratung und Aufklärung von Versicherten zum Ziel gesetzt haben [...]" (§ 65b SGB V n. F.). Der Leistungskatalog der GKV wurde um die Leistung Soziotherapie für psychisch Kranke ergänzt. Die Regelungen zu Rehabilitation wurden überarbeitet: Die Dauer der Maßnahmen wurde flexibilisiert, außerdem Zuzahlungen gesenkt und Zuschüsse zur ambulanten Vorsorge für chronisch kranke Kinder erhöht.

Die Möglichkeiten der Krankenkassen zur Vertragsgestaltung wurden wieder erweitert: Die Kassen sollten Versicherten Boni gewähren können, wenn diese Fachärzte nur nach Überweisung durch einen Hausarzt aufsuchen.[157] Bezüglich des Zugangs zur GKV wurde bestimmt, dass Personen über 55 nur erschwert in die GKV und Ehegatten während des Mutterschutzes oder Erziehungsurlaubs nicht aus der PKV in die Familienversicherung des Gatten wechseln können sollten (Steffen 2008: 61, Deppe 2005: 121).

Im Bereich der Leistungserbringung waren einerseits die Regelungen zur ambulanten Behandlung von Patienten in Krankenhäusern, andererseits die Schaffung der Möglichkeit der integrierten Versorgung[158] und schließlich Änderungen in der Arzneimittelversorgung[159] aus Sicht der Versicherten von Vorteil.

Der Ausbau der Qualitätssicherung war ein weiterer Schwerpunkt des Gesetzes: Den Leistungserbringern wurde auferlegt, die Qualität der von ihnen erbrachten Leistungen zu sichern und weiterzuentwickeln, und zwar entsprechend dem Stand der Wissenschaft. Krankenhäuser und andere Einrichtungen sollten ein Qualitätsmanagement einrichten. Zur Erreichung dieses Ziels der Qualitätssicherung wurden unterschiedliche Gremien beauftragt bzw. gebildet (s. hierzu Hartmann 2003: 266, Deppe 2000: 187). Außerdem sollten Krankenkas-

---

Akteuren der Gesundheitsförderung müssen die Krankenkassen Handlungsfelder und Qualitätskriterien für die Präventionsangebote der Krankenkassen gemeinsam und einheitlich beschließen. An die Gesundheitsförderung müssen dabei die gleichen Qualitätsmaßstäbe angelegt werden, die für die medizinische Behandlung und Rehabilitation gelten. Nur Methoden, die ihre Wirksamkeit nachgewiesen haben, dürfen nach Vorgabe des Gesetzgebers von den Krankenkassen bezahlt werden. Deshalb wird zugleich eine regelmäßige Erfolgskontrolle und Qualitätssicherung verpflichtend eingeführt" (Hülsmeier 2000: 4).
[157] S. hierzu und zu anderen Regelungen, die die Rolle des Hausarztes stärken sollten, auch Deppe 2002: 123-124, Hülsmeier 2000: 3.
[158] Koordination von ambulanter und stationärer Versorgung und Reha auf Grundlage spezieller Verträge der Krankenkassen mit Leistungserbringern; die Teilnahme der Patienten ist freiwillig und kann von den Kassen durch einen Bonus gefördert werden; s. Deppe 2005: 122-123.
[159] Verpflichtung der Apotheken zur Vorhaltung von (re-) importierten Arzneimitteln, die schon vor 1996 bestand; das Vorhaben der Erstellung einer Positivliste scheiterte am Bundesrat.

sen leichter Modellversuche durchführen können, die der Verbesserung von Qualität und Wirtschaftlichkeit dienen.

Schließlich muss eine Regelung erwähnt werden, die die sozialen Rechte der Patienten nicht direkt betrifft, die aber als charakteristisches Kennzeichen auch der rot-grünen Politik angesehen werden kann: Das Ziel, Beitragserhöhungen zu vermeiden, wurde kodifiziert und für die Krankenkassen verpflichtend gemacht. Zuvor mussten sie in ihren Entscheidungen Auswirkungen auf Beiträge nur berücksichtigen (s. Deppe 2000: 181, Brandhorst 2003: 216).

5.3.4 Zweiter Teil des Reformprozesses war das *Gesetz zur Rechtsangleichung in der gesetzlichen Krankenversicherung*, in dem die Regelungen zusammengefasst waren, denen der Bundesrat zustimmen musste. Schwerpunkt war die Neufassung des Risikostrukturausgleichs, der nun zwischen den gesetzlichen Krankenkassen in der gesamten Bundesrepublik durchgeführt werden sollte. Allerdings ergaben sich auch für die Versicherten direkte Änderungen, da ab 2001 Versicherungspflicht- und Beitragsbemessungsgrenze, Zuzahlungen und Einkommensgrenzen in den neuen Bundesländern auf das Niveau der alten Länder angehoben wurden (für Details s. Steffen 2008: 62; s. Fn. 132).

Die grüne Gesundheitsministerin Andrea Fischer trat infolge der BSE-Krise Anfang 2001 zurück. Mit der Ablösung von Andrea Fischer durch Ulla Schmidt begann der zweite Abschnitt rot-grüner Gesundheitspolitik, wobei nach Hartmann (2003: 273-274; 266) allerdings „[...] nicht von einer fundamentalen Neuausrichtung der Gesundheitspolitik auszugehen [war]", da der sozialdemokratische Sozialpolitiker Rudolf Dressler, zugleich der Vorsitzende des Vermittlungsausschusses, schon zuvor großen Einfluss auf die Gesundheitspolitik gehabt habe. Dem widerspricht allerdings Bandelow (2006: 163-164), der mit dem Ministerinnenwechsel auch einen inhaltlichen Strategiewechsel verbindet, wie auch Brandhorst (2003: 217) von einem gesundheitspolitischen Richtungswechsel nach dem Wechsel an der Spitze des Ministeriums ausgeht, was er auch auf den Politik- und Verhandlungsstil der beiden Ministerinnen bezieht. Brandhorst und Hartmann stimmen allerdings in der Identifikation der zentralen politischen Projekte der Folgezeit überein: die Reform des Risikostrukturausgleichs und die Begrenzung der Arzneimittelausgaben (Brandhorst 2003: 218; Hartmann 2003: 266).[160] Von diesen Reformmaßnahmen bis zu den Wahlen 2002 waren die Versicherten und die Patienten u. a. durch Änderungen des Vertragsverhältnisses

---

[160] Das Gesetz zur Anpassung der Regelungen über die Festsetzung von Festbeträgen für Arzneimittel in der gesetzlichen Krankenversicherung (Festbetrags-Anpassungsgesetz – FBAG) sollte dem Zweck der Begrenzung der Arzneimittelausgaben dienen, ebenso das Arzneimittelausgaben-Begrenzungsgesetz (AABG).

zwischen Versicherten und Versicherungen und durch Verbesserungen bei den Zuzahlungen betroffen.

5.3.5 Im Rahmen des *Gesetz zur Beendigung der Diskriminierung gleichgeschlechtlicher Gemeinschaften: Lebenspartnerschaften* wurde im Bereich des SGB V der Lebenspartner einem Ehegatten im Wesentlichen gleichgestellt, d. h. er sollte Versicherungsschutz genießen, ohne Beiträge zahlen zu müssen (Familienversicherung), sofern sein Einkommen unter der Geringfügigkeitsgrenze blieb. Ebenso wurden die Kinder des Lebenspartners mitversichert. Auch die Regelungen zu Zuzahlungen und zum Versicherungsschutz nach der Beendigung einer Lebenspartnerschaft wurden analog zum Eheverhältnis geregelt.[161]

5.3.6 Das *Gesetz zur Neuregelung der Krankenkassenwahlrechte* betraf das Verhältnis zwischen gesetzlichen Krankenkassen und Versicherten. So wurde einerseits die Kündigung zum Ende des übernächsten Monats möglich – statt zum Jahresende –, andererseits sollte das Versicherungsverhältnis im Anschluss aber mindestens 18 Monate bestehen. Die gleichen Regeln sollten prinzipiell auch für freiwillig Versicherte gelten, wobei die Kündigung zum übernächsten Monat schon vorher möglich, die ab 2002 geltende 18monatige Bindung aber noch nicht vorgesehen war. Allerdings sollte die Bindung nicht beim Wechsel in die Familienversicherung (Regelung analog zur Pflichtversicherung) und in die PKV gelten (Steffen 2008: 64).[162] Hintergrund für dieses Gesetz und das später folgende *Gesetz zur Reform des Risikostrukturausgleichs in der gesetzlichen Krankenversicherung* war nach Hartmann (2003: 268)

> „[…] die Erkenntnis, dass der Wechsel zwischen den Kassen ausgeprägter war als vielfach angenommen. Dabei zeigte sich erstens, dass die Höhe des Beitragssatzes ein wichtiges Motiv für den Kassenwechsel war, und dass zweitens die Gruppe der Wechsler vor allem aus jungen, gesunden und gut verdienenden Versicherten bestand. Die Ortskrankenkassen liefen Gefahr, dass sich im Zuge des stärkeren Wettbewerbs auch die Konzentration der „schlechten" Risiken – Alte, Sozialschwache und chronisch Kranke – verdichtete. Die Debatte endete mit dem Ergebnis: Mehr Wettbewerb ist erwünscht, aber nur unter der Bedingung, dass der RSA korrigiert wird".

---

[161] S. hierzu im Detail Wenner 2002: 271-272. Im Bereich des Gesundheitssystems ergeben sich allerdings Unterschiede zur Ehe mit Blick auf Zuzahlungen und Beiträgen zur GKV durch Verweise des SGB V auf das BSHG – in diesem Zusammenhang blieben Lebenspartner gegenüber Eheleuten z. T. besser gestellt, da Regelungen zur Berücksichtigung von Einkommen des Partners in der Ehe nicht auf die Lebenspartnerschaft übertragen wurden (Wenner 2002: 271-272).
[162] S. Steffen (2008: 64) für Sonderregeln bei einem Wechsel zwischen zwei Kassen der gleichen Kassenart sowohl bei Pflicht- als auch freiwillig Versicherten.

Mit dem Gesetz zur Reform des Risikostrukturausgleichs in der gesetzlichen Krankenversicherung wurden auch so genannte Disease-Management-Programme eingeführt. Mit diesen wurde versucht, die Interessen der miteinander im Wettbewerb stehenden Kassen und das Ziel einer höheren Versorgungsqualität zu versöhnen: Für bestimmte chronische Krankheiten sollten strukturierte, evidenzbasierte Behandlungsprogramme entwickelt werden können[163] und den betroffenen Patienten von den Krankenkassen angeboten werden. Die Teilnahme der Versicherten sollte freiwillig erfolgen, bei Teilnahme sollten die Krankenkassen zusätzliche Mittel aus dem RSA erhalten. Die jeweiligen Programme sollten durch das Bundesversicherungsamt geprüft werden.[164]

5.3.7 Das *Gesetz zur Einführung des diagnose-orientierten Fallpauschalensystems für Krankenhäuser* (Fallpauschalengesetz – FPG) konkretisierte Änderungen in der Entgeltstruktur für Krankenhäuser, die durch vorhergehende Gesetze begonnen worden waren. Aus Sicht der Versicherten und Patienten sind einige Regelungen zur Qualitätssicherung zu berücksichtigen, die verhindern sollten, dass die Änderungen des Vergütungssystems und der damit verbundene Anreiz zur Kostensenkung „[...] auf dem Wege der Selektion ‚einfacher' Patienten, vorzeitiger Entlassungen und Verlegungen oder möglicherweise auch – unter Inkaufnahme von Qualitätsmängeln – durch das Unterlassen von Leistungen erzielt werden kann" (Rosenbrock/Gerlinger 2006: 172-173). Diese Regelungen beinhalteten u. a., dass die Spitzenverbände im Gesundheitswesen Mindeststandards für Struktur- und Ergebnisqualität der Leistungen vereinbaren sollten und die Prüfrechte des MDK ausgeweitet wurden. Allerdings wurden die Qualitätssicherungsmaßnahmen nicht als subjektive Rechte der Patienten formuliert.

5.3.8 Durch das *Gesetz zur Verbesserung des Zuschusses zu ambulanten medizinischen Vorsorgeleistungen* wurden die Zuschüsse zur ambulanten Vorsorge für Versicherte und für chronisch kranke Kleinkinder erhöht.
     Die Koalition beendete ihre erste Amtszeit mit der Ankündigung von Vorhaben für die nächste Legislaturperiode. Mit diesen sollten weitere Teile der Gesundheitsreform 2000 realisiert und dabei unter anderem Steuerungsprobleme (integrierte Versorgung, Rolle der Hausärzte) behoben und in den Bereich der Arzneimittelversorgung eingegriffen werden (Internethandel, Preisbildung; s. Hartmann 2003: 269). Die gesundheitspolitischen Pläne im neuen Koalitionsver-

---

[163] Seit 1. Juli 2002 sind allgemeine Vorgaben für DMP in Kraft und spezielle Vorgaben für Diabetes mellitus Typ 2 und Brustkrebs, seit 01.03.2003 für koronare Herzkrankheiten, seit 01.03.2004 für Diabetes mellitus Typ 2 und seit 01.01.2005 für Asthma bronchiale und chronisch obstruktive Atemwegserkrankungen. Die Vorgaben wurden z. T. mehrfach überarbeitet.
[164] Für Details und Kritik s. Rosenbrock/Gerlinger 2006: 266-268; auch Simon 2008: 157-159, Gerlinger 2003: 8-9, Bundesversicherungsamt 2009.

trag umfassten neben wettbewerbsorientierten strukturellen Reformen in Bezug
auf Versicherungen und Leistungserbringung u. a. Qualitätsentwicklung,
Verbraucherschutz und Beteiligungsrechte (Einrichtung eines „Deutschen Instituts für Qualität in der Medizin"), die Anhebung der Versicherungspflichtgrenze
in der GKV sowie die Ankündigung eines Präventionsgesetzes (SPD/Bündnis
90/Die Grünen 2002: 53-56), das allerdings nie realisiert wurde. Ausgehend von
dem Koalitionsvertrag rechnete Gerlinger „[...] mit einem hohen Maß an Kontinuität gegenüber der bisherigen Gesundheitspolitik von Rot-Grün [...]" (2002a:
33).

Eine solche Kontinuität muss allerdings nicht notwendigerweise positiv
sein: So äußern sich Bandelow und Hartmann (2007: 334-335) im Rückblick auf
das bis dahin Erreichte kritisch: Es habe an „[...] Strategien zur Weiterentwicklung der Solidarausgleiche und an Lösungen für die Finanzierungsprobleme des
lohnbasierten Versicherungssystems angesichts der Erosion des Normalarbeitsverhältnisses, der sinkenden Lohnquoten und des demografischen Wandels"
gefehlt, Gesundheitspolitik sei in wechselnden Interessenkonstellationen ohne
klare Vorgaben ausgehandelt worden und Machtverschiebungen hätten immer
auch zu Strategiewechseln geführt. Allerdings seien auch in der zweiten Legislaturperiode keine grundlegenden Veränderungen durchgesetzt worden. Auch nach
Gerlinger (2003: 11-12) konnte die rot-grüne Koalition in ihrer ersten Amtszeit
kaum Erfolge vorweisen, er weist allerdings daraufhin, dass am bisherigen Leistungskatalog der GKV und der solidarischen Finanzierung festgehalten worden
sei. „Allerdings ist es überaus fraglich, ob unter der formalen Hülle eines auf-
rechterhaltenen Rechtsanspruchs nicht zumindest in Teilbereichen bereits eine
Rationierung medizinischer Leistungen Platz gegriffen hat" (Gerlinger 2003:
12). Die Ausgangslage für einen Neustart in der Gesundheitspolitik war denkbar
schlecht: 2002 stieg der durchschnittliche Beitragssatz zur GKV auf 14%, während die Krankenkassen zugleich ins Defizit rutschten und einige gesundheitspolitische Akteure auf einen anderen Ausgang der Wahl gehofft hatten (Bande-
low/Hartmann 2007: 335).

5.3.9 Nach dem Wahlsieg wurde mit der Arbeit an einem Vorschaltgesetz für
eine größere Reform des Gesundheitssystems begonnen, die vor allem aufgrund
der Finanzlage als notwendig angesehen wurde.[165] Das *Gesetz zur Sicherung der
Beitragssätze in der gesetzlichen Krankenversicherung und in der gesetzlichen
Rentenversicherung* (Beitragssatzsicherungsgesetz – BSSichG) enthielt wesentliche Bestandteile des geplanten Vorschaltgesetzes. Die zustimmungspflichtigen
Teile wurden von der Opposition im Bundesrat weitgehend blockiert und flossen
in Details in das Mitte 2003 verabschiedete Zwölfte SGB V-Änderungsgesetz

---

[165] S. zum Folgenden Brandhorst 2003: 219-221, Bandelow/Hartmann 2007: 335-338

ein.[166] Das BSSichG diente als Sofortmaßnahme zur Verhinderung weiterer Beitragserhöhungen in GKV und Rentenversicherung (Brandhorst 2003: 219-220). Im Weiteren kam es dann zu einer Akteursverschiebung mit Blick auf Gesundheitsreformen, weg vom BMGS und hin zu einer stärkeren Rolle von Kanzleramt und Opposition (Bandelow/Hartmann 2003: 337), wobei letztere seit Beginn 2003 (Landtagswahl in Niedersachsen am 2. Februar) über eine Mehrheit auch im Vermittlungsausschuss verfügte.

Das BSSichG beinhaltete neben einem neuerlichen Eingriff in den Preisbildungsmechanismus im Pharmabereich die Senkung von Preisen für zahntechnische Leistungen, die Neuregelung und -festlegung der Beitragsbemessungs- und Versicherungspflichtgrenze – die von der Beitragsbemessungsgrenze zur Rentenversicherung abgekoppelt wurden und außerdem seither voneinander abweichen –, die Halbierung des Sterbegeldes für jene, die am 1. Januar 1989 versichert waren[167] und die Vorschrift, dass zwischen November 2002 und Ende 2003 Krankenkassen Beitragssatzerhöhungen in Ausnahmefällen durchsetzen durften.[168] Gerlinger (2002a: 35) kommentiert, dass es bemerkenswert sei, dass außer dem Sterbegeld die Leistungen der Versicherten nicht beschnitten worden seien: „Berücksichtigt man die in der Diskussion über die Zukunft des Sozialstaates zu Tage tretenden Hegemonieverhältnisse und die Entwicklungstrends in anderen Sozialversicherungszweigen, namentlich der Rentenversicherung, so hätte es nicht verwundern können, wenn die Regierungsparteien das Kassendefizit zum Anlass genommen hätten, auch die GKV-Finanzierung in stärkerem Maße zu privatisieren. Stattdessen ziehen die beiden Vorschaltgesetze in erster Linie die Leistungserbringer und die Krankenkassen selbst zur Reduzierung des Defizits heran".

5.3.10 Zeitgleich wurden im Zuge der so genannten Hartz-Reformen weitere Modifikationen des Gesundheitssystems vorgenommen. Das *Zweite Gesetz für moderne Dienstleistungen am Arbeitsmarkt* beeinflusste den Gesundheitssektor, indem es die Schwelle für geringfügige Beschäftigung anhob (auf 400 €; die bisherige Begrenzung auf 15 Stunden die Woche wurde aufgehoben). Hier sollte der Arbeitgeber nun einen Beitrag von 11% zahlen, wenn – wie bisher – der

---

[166] Das Zwölfte Gesetz zur Änderung des Fünften Buches Sozialgesetzbuch (Zwölftes SGB V-Änderungsgesetz – 12. SGB V-ÄndG) hat für diese Untersuchung keine Bedeutung und wird entsprechend im Folgenden auch nicht behandelt.
[167] Nach Gerlinger (2002a: 34-35) kam diese Leistung allerdings nur noch einem kleinen Versichertenkreis zugute und muss als versicherungsfremde Leistung angesehen werden.
[168] Für Details Steffen 2008: 65; Bandelow/Hartmann 2007: 336.

Arbeitnehmer bereits in der GKV versichert ist.[169] Bei den neuen haushaltsnahen Dienstleistungen sollte er 5% leisten. In der neuen Gleitzone bei einem Einkommen zwischen 400,01 € und 800 € sollten vom Arbeitgeber volle Beiträge und vom Arbeitnehmer linear steigende Beiträge zur Sozialversicherung geleistet werden, die Versicherungsschutz durch die GKV begründen sollten.[170]

5.3.11 In der Regierungserklärung vom 14. März 2003 stellte Schröder das Reformprogramm Agenda 2010 vor und ging dabei auch explizit auf gesundheitspolitische Maßnahmen ein. Dabei identifizierte er – im Einklang auch mit der bisherigen Politik – die Finanzierung des Gesundheitssystems als größtes Problem, dessen Gründe in Über- und Fehlversorgung, mangelndem Verantwortungsbewusstsein, sinkenden Einnahmen durch die hohe Arbeitslosigkeit, sowie steigenden Kosten durch den medizinischen Fortschritt und den demografischen Wandel lägen. Schröder betonte, dass jede und jeder die notwendige medizinische Versorgung unabhängig von Alter und Einkommen erhalten solle. Als Problemlösungen schlug er neben der Modernisierung der Struktur des Gesundheitssystems und Maßnahmen zur Qualitätssicherung eine Überarbeitung des Leistungskatalogs, Streichungen von Leistungen, mehr private Vorsorge – hier nannte er das Krankengeld –, Zuzahlungen und Selbstbehalte vor (BT-Plenarprotokoll 15/32: 2490A-2491D). Diesen Positionswechsel gegenüber der bisherigen Politik begründete er mit der Notwendigkeit der Zusammenarbeit mit der Opposition:

> „Weil ich weiterkommen will, werde ich die Punkte, die für Sie [gemeint ist die Opposition; FB] existenziell sind, zumindest in die Diskussion einbeziehen müssen; das kann doch nur vernünftig sein. [...] Wenn Sie sagen, das sei eine Veränderung in der ein oder anderen Position, dann gebe ich Ihnen Recht. Ich stehe doch hier, weil es Veränderungen geben muss, weil das die angemessene Reaktion auf veränderte Zustände in unserer Gesellschaft ist" (BT-Plenarprotokoll 15/32: 2492A).

Tatsächlich wurde bis Mitte 2003 von einer „großen Sachkoalition" (Bandelow/Hartmann 2007: 337) in mehreren Stufen das *Gesetz zur Modernisierung der gesetzlichen Krankenversicherung* (GKV-Modernisierungsgesetz – GMG) ausgehandelt und beschlossen.[171] Diese große Sachkoalition umfasste allerdings

---

[169] Zuvor nicht geringfügig Beschäftigte, die nun in diese Kategorie fielen, blieben versicherungspflichtig, konnten jedoch auf Antrag von der Versicherungspflicht befreit werden. Außerdem wurde die „Verrechnung" von mehreren Tätigkeiten neu geregelt; s. Abschnitt 4.3.10.

[170] Zur Berechnung des Krankengeldes in diesem Bereich, die von den bisherigen Regeln abweicht, s. Rolfs 2003: 71, demzufolge die neuen Regelungen eine „erhebliche Durchbrechung des Versicherungsprinzips" darstellen.

[171] Zum Politikprozess s. Bandelow/Hartmann 2007: 338-339; zu den unterschiedlichen Vorstellungen der Verhandlungspartner s. Brandhorst 2003: 227. Bandelow und Hartmann (2007: 342) weisen daraufhin, dass eine Reform der Finanzierungsseite in dem Gesetz nicht angestrebt wurde. Die Rü-

nicht die FDP, die aus den Verhandlungen ausgestiegen war und entsprechend auch nicht für das Gesetz stimmte (Mosebach 2006: 22). Es enthielt eine Vielzahl von Regeln zu unterschiedlichen Bereichen.[172] Bandelow und Hartmann (2007: 340-341) identifizieren drei inhaltliche Schwerpunkte des Gesetzes: Eine Belastung der Patienten und Versicherten durch Selbstbeteiligungen und Ausgliederung von Leistungen aus dem Katalog der GKV, Verschiebungen in Bezug auf Macht und Kompetenzen im Gesundheitssystem und eine Modernisierung der Versorgungsstrukturen, auch unter Qualitätsgesichtspunkten.

Insgesamt sehen Rosenbrock und Gerlinger (2006: 105) in den Regelungen „einen in der Geschichte der Bundesrepublik bisher beispiellosen Privatisierungsschub". Die Belastungen durch Selbstbeteiligungen und Streichung von Posten aus dem Leistungskatalog führen Bandelow und Hartmann (2007: 340) auf den Einfluss von CDU/CSU zurück: „In der gesundheitspolitischen Strategie von Rot-Grün stellte dies einen klaren Bruch dar, denn Maßnahmen zu Lasten der Patienten und Versicherten waren bis zu diesem Zeitpunkt tabu gewesen. Die Schwächung des Solidarprinzips wurde durch einen weiteren Paradigmenwechsel gestärkt: Die Aufgabe der paritätischen Finanzierung beim Krankengeld, das fortan allein von den Versicherten getragen werden muss." Diesen Bruch sieht auch Gerlinger (2004: 502), der ihn allerdings nicht der Opposition allein anlastet, „[...] sah doch bereits der rot-grüne Gesetzentwurf weitreichende Privatisierungsschritte vor, die allerdings in den Verhandlungen mit der Union noch einmal deutlich verschärft wurden"; die Finanzierungsreform habe insgesamt eine Verlagerung, nicht eine Senkung der Kosten, beinhaltet, wobei es auch innerhalb der GKV zu Verschiebungen gekommen sei, hauptsächlich zu Lasten der chronisch Kranken.

Im Detail wurden Sterbegeld, Entbindungsgeld, Kostenübernahme für eine medizinisch nicht notwendige Sterilisation sowie – mit Ausnahmen – Kosten für künstliche Befruchtung, Sehhilfen und Brillen und Fahrtkosten im Falle ambulanter Behandlung aus dem Leistungskatalog entfernt. Die Zuzahlungen sollten bei allen Leistungen der Kosten 10% betragen, wobei sich der Betrag allerdings zwischen 5 € und 10 € bewegen sollte.[173] Minderjährige blieben von allen Zuzahlungen befreit. Vergleichbare Regeln sollten bei Heilmitteln und häuslicher

---

rup-Kommission, deren Vorschläge in der Rentenpolitik durchaus aufgenommen wurden (s. Abschnitt 4.3.13), habe hier während des Gesetzgebungsprozesses und auch später noch keine einheitliche Lösung präsentieren können und auch die Vorstellungen der Verhandlungspartner seien hier zu weit auseinander gegangen.

[172] S. hier im Überblick auch Hartmann 2006: 63-64; Steffen 2008: 66-67; s. hierzu auch im Überblick mit Wertung aus gewerkschaftsnaher Sicht Nakielski 2003.

[173] Für Details s. Rosenbrock/Gerlinger 2006: 106-107. Zur Wirkung der Zuzahlungen s. Hartmann 2006: 66.

Krankenpflege gelten.[174] Bei stationärer Behandlung wurden die Zuzahlungen auf 10 € pro Tag festgelegt, allerdings auf höchstens 28 Tage im Jahr beschränkt. Darüber hinaus wurde eine Praxisgebühr von 10 € eingeführt, die einmal pro Quartal bei Inanspruchnahme von Leistungen entrichtet werden muss, allerdings nicht bei bestimmten prophylaktischen Leistungen.[175] Die Regelungen, die manche Gruppen grundsätzlich von Zuzahlungen befreiten (Sozialklausel), wurden gestrichen. Es wurde allerdings an einer Belastungsgrenze von 2% der Bruttoeinnahmen zum Lebensunterhalt im Jahr festgehalten, für chronisch Kranke 1%.[176] Die Berechnung sollte für Empfänger von Sozialhilfe auf Grundlage des Eckregelsatzes erfolgen. Auch wurden Arzneimittel, die nicht der Verschreibungspflicht unterlagen, aus dem Leistungskatalog der GKV gestrichen; für sie sollten auch keine Vorschriften der Preisregulation mehr gelten.

Weitere Regelungen betrafen die Beitragsseite durch die Einführung eines ab 2006 fälligen Sonderbeitrags der Arbeitnehmer zur GKV (Erhöhung des Beitrags zur GKV um 0,5% zur Finanzierung der Leistung Krankengeld), die volle Verbeitragung von Betriebsrenten und Einkünfte aus selbständiger Arbeit bei Rentnern und die Berücksichtigung von Einmalzahlungen der betrieblichen Altersvorsorge bei der Berechnung der Beiträge.[177] Dem ist schließlich hinzuzufügen, dass entsprechend eines Beschlusses des EuGH im Ausland erbrachte ambulante Leistungen über die Kassen abgerechnet werden können[178] und dass Sozialhilfeempfänger Versicherten in Bezug auf Leistung und Verfahren (nicht jedoch mitgliedschaftsrechtlich) gleichgestellt wurden.[179]

Die ursprünglich mit dem Gesetz beschlossenen Regelungen zum Zahnersatz (Absicherung durch eine freiwillige zusätzliche Versicherung mit pauschalen Beiträgen) wurden mit dem *Gesetz zur Anpassung der Finanzierung von Zahnersatz* vor Inkrafttreten gegen den Einspruch des Bundesrates geändert bzw. teilweise zurückgenommen. Die GKV sollte weiter für die Leistungen aufkommen, ein Wechsel zur PKV in diesem Bereich wurde nicht ermöglicht; auch blieb die alte Härtefallregelung bestehen. Im Gegenzug wurde der zuvor auf 0,5% festgelegte Sonderbeitrag auf 0,9% der Arbeitnehmer aufgestockt und zum 1. Juli 2005 vorgezogen; der übrige Beitragssatz wurde um den gleichen Prozentsatz gesenkt. Eine analoge Regelung gilt für Rentner, nicht aber für Arbeits-

---

[174] Gerlinger (2004: 501) bezeichnet die Anhebung als teils „drastisch".

[175] Zu den Folgen dieser Gebühr s. Gerlinger 2004: 501-502.

[176] S. hierzu im Detail Spindler 2004.

[177] Zu den finanziellen Folgen dieser Regelungen für die Versicherten s. Gerlinger 2004: 501-502.

[178] Durch das Urteil des EuGH vom 13. Mai 2003 konnten Patienten nun auch ohne Genehmigung durch ihre Krankenkasse ambulante Leistungen in EU-Ländern in Anspruch nehmen und mit der Kasse abrechnen, vorausgesetzt, dass die erbrachten Leistungen dem Leistungskatalog der Krankenkassen entsprachen; s. Wenner 2003.

[179] BT-Drucksache 15/1525: 140-141.

losengeld II-Bezieher (Steffen 2008: 67). Es blieb allerdings bei einer Neuregelung der Festzuschüsse, die sich nach Krankheitsbefund, nicht jedoch nach der
Leistung gliedern.[180]

Mit Blick auf die Macht- und Kompetenzverschiebungen im Gesundheitssystem infolge des GMG stellen Bandelow und Hartmann (2007: 341) u. a. fest,
dass das Gesetz „[...] die Rolle der Versicherten und der Patienten durch mehr
Wahlfreiheit bei den Versicherungstarifen und durch Antrags- und Mitsprache-
rechte der Patientenverbände im Bundesausschuss und im neu gegründeten Institut für Wirtschaftlichkeit und Qualitätssicherung [stärkte]. Mit diesen Maßnahmen schloss das GMG an eine Entwicklung an, die bereits mit dem Gesundheitsstrukturgesetz (GSG) von 1992 eingeleitet wurde und mit der Gesundheitsreform
2000 (GKV-GRG 2000) fortgesetzt wurde".[181] Die hier erwähnten neuen Tarife
umfassten Hausarzttarife und Tarife mit Kostenerstattung, für freiwillig Versicherte auch Selbstbehalttarife und die Möglichkeiten zur Beitragsrückzahlung
bei Nichtinanspruchnahme ihrer Versicherung; Boni bei Teilnahme an Präventi-
onsprogrammen wurden ermöglicht.

In Bezug auf die neuen Voice-Elemente, die auch die Schaffung der Position der/des Patientenbeauftragten auf Bundesebene beinhalteten, muss allerdings
festgehalten werden, dass es sich hier nur um Mitsprache-, nicht um Stimmrechte
handelte (s. hierzu Angerhausen 2004), die zudem nicht als individuelle Rechtsansprüche gefasst wurden, sondern kollektive Rechte darstellen. Zur Abrundung
der Darstellung des GMG sollte erwähnt werden, dass Patienten auf Wunsch und
gegen Aufwandsentschädigung Quittungen für die erbrachten Leistungen erhalten konnten und die so genannte Gesundheitskarte eingeführt werden sollte.

Die Modernisierung der Versorgungsstrukturen, die Bandelow und Hartmann (2007: 341) als eine Fortführung bisheriger rot-grüner Ansätze sehen
(GKV-GRG 2000; s. Abschnitt 5.3.3), beinhaltete die Ermöglichung von Ver-
sorgungszentren[182] und die fachärztliche ambulante Versorgung in Krankenhäusern[183]. Ärzte wurden zu Fortbildungen verpflichtet und Arztpraxen mussten ein
internes Qualitätsmanagement einführen. Zudem wurden Maßnahmen zur weiteren Förderung der integrierten Versorgung beschlossen. Der von den genannten
Maßnahmen berührte Bereich Qualität im Gesundheitswesen wurde auch durch

---

[180] Hierzu und zu den ursprünglich geplanten Regelungen s. Weisbrod-Frei 2004.

[181] Durch die Verordnung zur Beteiligung von Patientinnen und Patienten in der Gesetzlichen Krankenversicherung (Patientenbeteiligungsverordnung – PatBeteiligungsV) wurde die Einbindung von
Organisationen, die die Patienten vertreten, im gemeinsamen Bundesausschuss geregelt; genannt
werden Deutscher Behindertenrat, Bundesarbeitsgemeinschaft der PatientInnenstellen, Deutsche
Arbeitsgemeinschaft Selbsthilfegruppen e.V. und der Verbraucherzentrale Bundesverband e.V.

[182] Auch Gesundheitszentren oder Polikliniken: Zusammenschlüsse von Ärzten, Nicht-Ärzten und
auch Apotheken.

[183] Für Details s. Nakielski 2003: 304.

den Beschluss zur Einrichtung eines Instituts für Qualität und Wirtschaftlichkeit im Gesundheitswesen in seiner Bedeutung unterstrichen. Neuregelungen in der Arzneimittelversorgung führten schließlich u. a. zur Zulassung des Versandhandels.[184]

5.3.12 Wie schon die ersten Hartz-Reformen, brachte auch ihr zweiter Teil, hier das *Vierte Gesetz für moderne Dienstleistungen am Arbeitsmarkt*, Änderungen für den Bereich Gesundheit. Die Zusammenlegung von Arbeitslosen- und Sozialhilfe im neuen Arbeitslosengeld II führte zu einer Neubestimmung des Kreises der Versicherten in der GKV. Bezieher der neuen Leistung nach SGB II wurden in der GKV versichert, für die Beiträge sollte die Bundesagentur für Arbeit aufkommen.[185] Das *Gesetz zur optionalen Trägerschaft von Kommunen nach dem Zweiten Buch Sozialgesetzbuch* (Kommunales Optionsgesetz) spezifizierte die Belastungsgrenze bei Zuzahlungen für Bedarfsgemeinschaften nach dem SGB II.

5.3.13 Durch das *Gesetz zur Vereinfachung der Verwaltungsverfahren im Sozialrecht* (Verwaltungsvereinfachungsgesetz) wurden die Kinder familienversicherter Kinder in die Familienversicherung einbezogen.

5.4 Die Politik der rot-grünen Koalition in der Gesundheitspolitik – Bewertung

Im Folgenden werden die Maßnahmen in der Gesundheitspolitik anhand des oben vorgestellten Analyserahmens (s. Abschnitt 2.2.3) analysiert. Abschließend werden die so gewonnenen Ergebnisse mit der Forschungsliteratur zu diesem Thema abgeglichen und diskutiert.

---

[184] S. Nakielski 2003: 302.

[185] Mit dieser Neubestimmung wird einerseits der Zugang zur Krankenversicherung für manche ehemalige Sozialhilfeempfänger eröffnet. Die Schaffung der neuen Kategorie kann allerdings auch mit Nachteilen einhergehen: „Allerdings gilt dies [der Einbezug in die GKV; FB] nicht für solche Personen, die bis Ende 2004 Empfänger von Arbeitslosenhilfe oder Sozialhilfe waren, deren Antrag auf Gewährung von ALG II aber abgelehnt wurde. Wenn sie nicht als mitversicherte Familienangehörige unter den Schutz der GKV fallen, sind diese Personen darauf angewiesen, sich entweder freiwillig in der GKV oder in der privaten Krankenversicherung abzusichern. Für diesen Personenkreis bedeutet das Inkrafttreten von „Hartz IV" also den Verlust des gesetzlichen Krankenversicherungsschutzes" (Rosenbrock/Gerlinger 2006: 99, Fn. 8). Auch Leiber und Manouguian (2009: 190-191) weisen auf neue Problemgruppen hin: „[...] etwa ehemalige (zumeist weibliche) Arbeitslosenhilfeempfänger, die auf Grund der verstärkten Vermögens- und Einkommensanrechnung ihren Unterstützungsanspruch verloren und nicht familienversichert waren. Als eine weitere Problemgruppe ließen sich im Kontext der Hartz-Reformen ausschließlich geringfügig Beschäftigte ausmachen, die nicht über abgeleitete Ansprüche der Familienversicherung abgedeckt waren und sich auf Grund ihres geringen Einkommens keine Krankenversicherung leisten konnten oder leisten wollten".

5.4.1 Erste Dimension

Die erste Dimension sozialer Rechte umfasst den Kreis der Rechtsträger, also die Frage danach, wer welche Ansprüche hat. Die Ausweitung oder Beschränkung von Programmen auf bestimmte Personenkreise ist unter dieser Kategorie ebenso zu fassen wie die Schaffung oder Abschaffung von sozialen Rechten. Hier sind in der Gesundheitspolitik in den Jahren 1998-2005 eine Reihe von Änderungen vorgenommen worden.

Durch die Neuregelung der geringfügigen Beschäftigung wurde die Grenze zwischen geringfügiger und regulärer Beschäftigung zunächst fixiert. Dies kommt angesichts der bis zu dem Zeitpunkt bestehenden Koppelung der Grenze an die Entwicklung der Bezugsgröße und deren steigende Tendenz einer Ausweitung der Versicherungspflicht nahe. Während dies allerdings nur eine potentielle Folge ist, führte die spätere Anhebung der Grenze von 325 € auf 400 € dazu, dass Einkommen zwischen diesen Werten keinen Versicherungsschutz in der GKV mehr begründeten.

Außerdem führten Anhebungen der Versicherungspflichtgrenze zu einer Erweiterung des Kreises der potentiell Pflichtversicherten (s. o. Fn. 132). Dies ist eine Entwicklung, die letztlich dem traditionellen Charakter der GKV als einer Arbeitnehmerversicherung entspricht. Die abgeleiteten Rechte wurden durch die Gleichstellung von Lebenspartnerschaften ausgeweitet: Lebenspartner und ihre Kinder haben hier die gleichen Rechte wie Ehepartner und deren Kinder. Die Familienversicherung wurde in bestimmten Fällen auch auf Enkelkinder ausgedehnt.

Im Zuge der so genannten Hartz-Gesetze wurde ein großer Teil der Sozialhilfeempfänger in die GKV integriert. Allerdings ist das nicht notwendigerweise mit einem Ausbau sozialer Rechte gleichzusetzen, da Sozialhilfeempfänger schon zuvor mit Blick auf die Leistungen GKV-Mitgliedern gleichgestellt worden waren. Zudem konnten durch die Hartz-Reformen bisherige Anspruchsberechtigte ihren Versicherungsschutz verlieren.

Die KVdR wurde – wenn auch aufgrund eines Urteils des Bundesverfassungsgerichts – einem Teil der freiwillig Versicherten zugänglich gemacht. Der Beitritt zur GKV wurde hingegen für einzelne Personengruppen (über 55jährige, Privatversicherte im Mutterschutz oder Erziehungsurlaub, die die Familienversicherung des Partners nutzen wollen) erschwert.

Die rot-grüne Bundesregierung führte außerdem neue Voice-Elemente und die Unterstützung von Selbsthilfegruppen oder Informationsangebote ein. Diese Elemente stellen zum Teil tatsächliche Neuerungen dar, die allerdings nicht als subjektive Rechte und damit soziale Rechte im Sinne dieser Arbeit gefasst sind.

Als Fazit kann in dieser Dimension tendenziell von einer Ausweitung sozialer Rechte ausgegangen werden, da formal neue Gruppen in die Versicherung einbezogen wurden. Der Übergang in die PKV, allerdings auch die Rückkehr in die GKV wurden erschwert, die soziale Komponente der GKV erweitert. Damit ist allerdings noch nichts über den Wert dieses Versicherungsschutzes gesagt, der Gegenstand der zweiten und dritten Dimensionen ist. Die in der ersten Dimension festzuhaltenden Änderungen sind insgesamt kaum auf gesundheitspolitische Entscheidungen im engeren Sinne zurückzuführen. Eher zeigt sich hier, dass auch dieser Zweig der Sozialversicherung, was die Änderungen des Versichertenkreises angeht, stark von Entwicklungen in anderen Bereichen abhängig ist: Beschäftigungspolitische wie auch gesellschaftspolitische Maßnahmen beeinflussen das Gesundheitssystem. Das allerdings ist angesichts des bereits bestehenden Versicherungsschutzes für einen Großteil der Bevölkerung kaum verwunderlich. Die Änderungen der Versicherungspflichtgrenze schließlich folgen weniger einer Logik, die auf eine Verbesserung des Versicherungsschutzes abzielt, sondern auf eine Verbesserung der Einnahmebasis des Systems.

5.4.2 Zweite Dimension

Die zweite Dimension umfasst Regelungen, die bestimmen, wann bzw. in welcher Situation ein Recht Anwendung finden kann, m. a. W. wann der Versicherungsfall eintritt. Hier sind für den Bereich der Gesundheitsversorgung am wenigsten Änderungen festzustellen, was allerdings wahrscheinlich daran liegt, dass den Ärzten als „Gatekeepern" einerseits und der subjektiven Einschätzung der Versicherten in Bezug auf ihre Gesundheit andererseits eine herausragende Stellung zukommt, nicht jedoch klaren gesetzlichen Vorgaben.

Veränderungen gab es in zweierlei Hinsicht: Die erste Regelung bezieht sich auf die Neuregelung des Krankengeldanspruchs bei Pflege eines schwerstkranken Kindes, hier ist von einer Erweiterung der Falldefinition auszugehen. Die zweite hier relevante Regelung ist die Umsetzung eines Urteils des EuGHs: Der Versicherungsschutz der GKV gilt hinsichtlich der ambulanten Versorgung auch im Ausland. In diesem Bereich sind somit – wenige – Erweiterungen festzuhalten.

5.4.3 Dritte Dimension

Die letzte der drei Dimensionen umfasst die Leistungen, ihren Umfang, aber auch die Bedingungen, die gegebenenfalls bei Erhalt der Leistungen zu erfüllen sind. Hier sind im Bereich der Gesundheitsversorgung zwei Steuerungsmechanismen von besonderer Bedeutung: Zum einen der Einschluss oder Ausschluss von Leistungen aus dem Katalog der GKV, zum anderen die Schaffung und

Erhöhung bzw. Abschaffung und Senkung von Zuzahlungen und Eigenbeteiligungen. Außerdem wird durch neue Versicherungstarife der Zugang zu Leistungen modifiziert.

5.4.3.1 Leistungen

Der Leistungskatalog der GKV wird im Detail durch Steuerungsgremien der Selbstverwaltung, seit 2004 durch den Gemeinsamen Bundesausschuss (G-BA), geregelt. Allerdings können auch durch Rechtsetzung des Bundestages Leistungen dem Katalog hinzugefügt oder gestrichen werden.

Zunächst wurden nach der Regierungsübernahme der Leistungskatalog der GKV in Details ergänzt, die so genannten Gestaltungsleistungen – also nicht grundsätzlich Versicherten aller Versicherungen zugänglich zu machende Leistungen – hingegen gestrichen. In der zweiten Amtszeit kam es in Folge des GKV-Modernisierungsgesetzes zu einer entgegengesetzten Entwicklung. Leistungen wurden gekürzt und auch ganz aus dem Leistungskatalog der GKV gestrichen, wobei die Kürzungen die Ergänzungen zu überwiegen scheinen.

Daneben wurden zudem neue Wege der Leistungserbringung ermöglicht (integrierte Versorgung, DMP), die den Versicherten angeboten werden können.

Während der Ausbau von Leistungen gesundheitspolitischen Impulsen folgte, sind die Kürzungen dadurch zu erklären, dass die GKV finanziell entlastet werden sollte. Hier setzte sich die Beitragslogik, das Bemühen, die GKV-Mitglieder und die Arbeitgeber nicht stärker zu belasten, gegenüber Versorgungszielen durch.

5.4.3.2 Zuzahlungen und Gegenleistungen

Leistungen können nicht nur dem Katalog der GKV hinzugefügt werden oder ganz gestrichen werden, durch Zuzahlungen ist auch eine Teilprivatisierung des Zugangs zu Gesundheitsleistungen möglich.

Nach dem Regierungswechsel wurden zunächst Zuzahlungen, die die Vorgängerregierung erhöht hatte, teils wieder gesenkt und auch aufgehoben. Eine neue Chronikerregelung brachte eine weitere Verbesserung. In der kieferorthopädischen Behandlung wurden die volle Kostenübernahme und die Rückkehr zum Sachleistungsprinzip durchgesetzt. Im Bereich Zahnersatz wurde die Härtefallregelung verbessert. Später wurden auch die Zuschüsse und Zuzahlungen zur Rehabilitation aus Sicht der Betroffenen verbessert. Einige Zuzahlungen wurden für die neuen Bundesländer auf das Niveau der alten angehoben.

Mit dem GMG wurden dann allerdings Zuzahlungen und Eigenbeteiligungen erhöht, u. a. durch Einführung der Praxisgebühr. Damit lagen die Zuzahlungen in der Regel über dem Niveau bei Regierungsübernahme. Hervorzuheben ist, dass die bisherige Sozialklausel gestrichen wurde. Minderjährige blieben von Zuzahlungen befreit. Die Bereiche Zahnersatz und Kieferorthopädie waren in diesem Zusammenhang nicht von speziellen Verschlechterungen betroffen, die alte Härtefallregelung blieb erhalten.[186]

Es zeigt sich hier deutlich, dass Gesundheitspolitik keineswegs nur auf die simple Bereitstellung von Gütern und Dienstleitungen zu reduzieren ist. Vielmehr ging es unter der rot-grünen Regierung auch immer wieder um die Wirtschaftlichkeit des Systems. Zur Erreichung dieses Ziels wurde auch versucht, die Versicherten und Patienten heranzuziehen und sie zu einem Verhalten anzuregen, dass die GKV finanziell entlastet.

5.4.3.3 Vertragsgestaltung

Die Leistungen der GKV und Zuzahlungen wurden nicht nur direkt reguliert. Zugleich wurde auch das Verhältnis zwischen Krankenkassen und Versicherten flexibilisiert, wodurch mittelbar auch die Leistungen berührt wurden: Kostenerstattungstarife bieten die Gefahr, dass Versicherte Leistungen nicht in Anspruch nehmen, wenn sie dafür zunächst selbst aufkommen müssen. Im Falle von Selbstbehalttarifen können freiwillig Versicherte zugunsten von niedrigeren Beiträgen Zuzahlungen im Behandlungsfall in Kauf nehmen – ebenfalls mit möglichen Folgen für die Nutzung von Leistungen. Durch die nun grundsätzlich möglichen, freiwillig zu wählenden Hausarzttarife wird die freie Inanspruchnahme von Dienstleistungen beeinträchtigt. Schließlich wurden die Kündigungsrechte in der GKV geändert (Kündigungsfrist und Vertragsdauer), ohne dass man hier von grundlegenden Vor- oder Nachteilen für die Versicherten sprechen kann.

Diese Wahlmöglichkeiten sind aber durchaus zweischneidig: Auf der einen Seite ermöglichen sie im besten Falle eine Anpassung an individuelle Bedürfnisse oder eher: Zahlungswilligkeit, sie sind aber gerade nicht reines Instrument zur Verbesserung des Versicherungsschutzes, sondern ein Mittel der Rationalisierung und Kostenkontrolle.

In der dritten Dimension sind damit insgesamt eher Kürzungen festzustellen, wobei diese vor allem das Ergebnis von Entscheidungen in der zweiten Legislaturperiode sind. In einzelnen Bereichen sind jedoch auch Verbesserungen

---

[186] Allerdings wurden die *Versicherungs*kosten für Zahnersatz und Krankengeld auf die Beitragszahler umgelegt.

gegenüber der Vorgängerregierung festzustellen. Neben der Neujustierung der Leistungen und Bezugsbedingungen wurden unter der rot-grünen Bundesregierung auch Maßnahmen der Qualitätssicherung durchgesetzt, die den Wert der sozialen Rechte berühren. Sie können aber – ähnlich wie neue Voice-Elemente – nicht als soziale Rechte im Sinne von individuellen Ansprüchen behandelt werden. Sie werden dennoch in der folgenden Diskussion berücksichtigt.

5.4.4 Diskussion

Kommentatoren der rot-grünen Gesundheitspolitik zeichnen ein ambivalentes Bild von sieben Jahren Gesetzgebung. Bereits 2000 hatte Deppe (2000: 190-193) eine erste Zwischenbilanz rot-grüner Politik gezogen, in der er zwar eigene Akzente – Positivliste, Patientenrechte, Qualitätssicherung, Gesundheitsförderung – zugesteht, aber auch eine „verblüffende Kontinuität" im Vergleich zur Vorgängerregierung in ihrem Fokus auf Beitragssatzstabilität. Zu diesem Urteil kommt grundsätzlich auch Gerlinger am Ende der ersten Regierungsphase (2002b: 18-21), der zum damaligen Zeitpunkt allerdings auch die Stärkung von Solidarelementen in der GKV als einen rot-grünen Akzent nennt (s. auch Hartmann 2003: 270, 279). In der Gesamtschau nennt Hartmann (2006: 66) die Bilanz der Regierung „ernüchternd", speziell mit Blick auf die Ergebnisse der Steuerungsversuche, tatsächliche Einsparungen und soziale Folgen. Zusammen mit Bandelow (2007: 351) konstatiert sie, dass sich während der zweiten Regierungsperiode „[...] die Politik immer weiter von den ursprünglichen Zielen der rot-grünen Regierung" entfernte – die Regierung war nicht fähig, ihre eigenen Pläne und Gesetzesentwürfe umzusetzen.

War die erste Legislaturperiode also dadurch gekennzeichnet, dass die Ansprüche der Versicherten erhalten blieben, gerieten in der zweiten Periode die sozialen Rechte unter Druck. Die inhaltlichen Änderungen wurden im Einzelnen in den letzten Abschnitten dargestellt. Der folgende Abschnitt widmet sich verschiedenen Aspekten sozialer Rechte unter der rot-grünen Koalition und identifiziert und diskutiert übergeordnete Tendenzen in der Gesundheitspolitik.

Zunächst waren – wie oben erwähnt – Entwicklungen von dem Impuls getragen, als ungerecht identifizierte Entscheidungen zu korrigieren – ob dies nur ein taktisches Einlösen von Wahlversprechen war oder eine inhaltliche Entscheidung, kann hier nicht abschließend entschieden werden. Es spricht jedoch einiges dafür, dass der Solidarcharakter des Gesundheitssystems beibehalten werden sollte, da es erst in der zweiten Wahlperiode zu gravierenderen Einschnitten (Leistungskürzungen und Anhebung von Zuzahlungen und Eigenbeteiligungen) kam. Zugleich wurde der Versichertenkreis erweitert, dies allerdings eher als

Nebeneffekt von Arbeitsmarkt- und Innenpolitik (Fixierung der Geringfügig-keitsgrenze, Gleichstellung von Lebenspartnerschaften).

Spätere Kürzungen und auch eine Reihe von Regelungen, die die Versicher-ten und Patienten indirekt berühren, lassen sich als Ergebnisse von Steuerungs-versuchen interpretieren, die das Ziel einer Kostensenkung oder zumindest -kontrolle verfolgten. Diese Ziele sollten zunächst vor allem durch eine hier nicht näher behandelte Regulierung der Leistungsanbieter erreicht werden. Auch die Ermöglichung neuer Angebote (z. B. integrierte Versorgung) zielte auf eine effizientere Ressourcenverwendung ab. In der zweiten Regierungsperiode wurde dann auch die Nachfrageseite reguliert: Die Privatisierung von Kosten durch die Erhöhung von Zuzahlungen ist nicht nur als einfache Kürzung zu sehen, sondern auch als Versuch, die Nachfrager zu einem rationaleren und ressourcenschonen-deren Verhalten anzuregen. Damit war „der sicherlich bedeutendste Unterschied zwischen konservativ-liberaler und rot-grüner Gesundheitspolitik [...]" den Ger-linger (2002a: 32) in der Frage ausmachte „[...] ob der Patient als Steuerungsin-stanz in das System individueller ökonomischer Handlungsanreize integriert werden soll oder nicht – also: ob der Rechtsanspruch auf einen alles medizinisch Notwendige umfassenden Leistungskatalog aufrecht erhalten oder die Patienten stärker an ihren individuellen Behandlungskosten beteiligt werden sollen" nicht mehr gegeben – wobei allerdings auch die gewachsene Rolle der Opposition im Bundesrat zu berücksichtigen ist. Im Ergebnis erhalten soziale Rechte als Bezie-hung zwischen Staat und Bürgern bzw. Einwohnern damit einen Beiklang, der als versuchte Verhaltenssteuerung zu charakterisieren ist, ein Element, das in anderen Bereichen der Sozialpolitik noch stärker ausgeprägt war. Dies erklärt sich auch daraus, dass über die Inanspruchnahme von Leistungen im Bereich Gesundheit kaum pauschal bestimmt werden kann (wie durch die Festlegung einer Altersgrenze im Falle der Rentenpolitik), sondern das individuellen Be-dürfnisse und darauf bezogene Entscheidungen von Experten die Nachfrage bestimmen. Daraus ergibt sich, dass direkte Einschnitte auf der Leistungsseite solange nur in engen Grenzen möglich sind, wie das allgemeine Ziel einer be-darfsgerechten Versorgung unabhängig von der individuellen Leistungsfähigkeit nicht vollkommen aufgegeben wird.

Die verschiedenen Maßnahmen, die eine „deutliche Stärkung der Qualitäts-steuerung des Systems" (Brandhorst 2003: 223) ausmachen, fügen sich in den Kontext der Kostensenkung und -kontrolle mittels Marktelementen und Ände-rungen des Finanzierungsmodus auf der Anbieterseite ein, wobei bestimmte Annahmen über das Verhalten der Akteure mitschwingen: Die Akteure werden als rational und gewinnorientiert handelnd betrachtet. Entsprechend müssen andere (soziale) Ziele von außen auferlegt werden:

„Die verbindliche Formulierung von Maßnahmen zur Qualitätssicherung soll im rot-grünen Modernisierungskonzept den von den finanziellen Steuerungsinstrumenten ausgehenden und politisch sehr wohl erkannten Anreizen zu einer Minderung der Versorgungsqualität – also der Kosteneinsparung durch vorzeitige Entlassungen oder Verlegungen von Patienten, durch die Selektion einfacher Behandlungsfälle, durch das Unterlassen von Leistungen etc. – entgegenwirken. [...] Ihre formalrechtliche Aufwertung lässt sich vor diesem Hintergrund auch als ein Pendant der skizzierten Ökonomisierung von Gesundheitspolitik begreifen – womit freilich noch nichts über ihre Wirksamkeit im Versorgungsalltag ausgesagt ist",

wie Gerlinger (2002a: 15) im Zusammenhang mit dem GKV-Gesundheitsreformgesetz 2000 anmerkt. Allerdings führen diese Maßnahmen in den seltensten Fällen zu direkten Ansprüchen der Versicherten und Patienten, auch wenn die Anbieter zum Teil zu bestimmten Maßnahmen verpflichtet werden.[187] Es lässt sich hier in gewisser Weise von einem sozialpolitischen Versuch der Optimierung des Werts sozialer Rechte in einem Marktkontext sprechen, der aber nicht zu neuen sozialen Rechten führte. Diese Einschätzung lässt sich auch auf die Einführung neuer Versorgungsformen wie die integrierte Versorgung übertragen.

Nur teils zurückgenommen und später verstärkt ausgebaut wurden die Möglichkeiten zur Vertragsgestaltung zwischen Krankenkassen und Versicherten. Im Ergebnis wurden hier die Wahlmöglichkeiten der Versicherten erweitert, indem Versicherungen nicht nur neue Angebotsmöglichkeiten (Tarife) erlaubt wurden, sondern sie zu diesen Angeboten teils auch verpflichtet wurden. Hier lässt sich evtl. von neuen sozialen Rechten im Kontext einer Vermarktlichung von Sozialpolitik feststellen, sozialen Rechten, die nicht mehr als Rechte auf Leistungen gefasst sind, sondern als Rechte, die neue Marktbeziehungen regeln: Versicherte haben die Wahl zwischen verschiedenen Tarifen von konkurrierenden Unternehmen, die ihnen wiederum einen unterschiedlichen Marktzugang auf dem Dienstleistungsmarkt gewährleisten. Diese Marktbeziehungen bestehen aber weiterhin in einem sozialpolitischen Rahmen, sie sind nicht Begleiterscheinungen einer vollständigen Kommerzialisierung und Privatisierung.

Die Einführung von Voice-Elementen und Mitspracherechten schließlich fügt sich nicht ohne weiteres in das skizzierte Bild einer Sozialpolitik ein, die durch ein unruhiges Mit- und Nebeneinander von Solidar- und Marktelementen geprägt ist. Hier lässt sich von einem originären Element rot-grüner Sozialpolitik sprechen. Allerdings ist es schwer, hier mehr als einen ersten Schritt hin zu neuen sozialen Rechten gemäß dem dieser Arbeit zugrunde liegenden Verständnis zu identifizieren. Denn die neuen Voice-Elemente sind (wenn überhaupt) kollek-

---

[187] Mosebach (2006: 13) weist darauf hin, dass individuelle Patientenrechte „[...] in Deutschland wesentlich im Richterrecht kodifiziert worden sind".

134 Soziale Rechte in der Gesundheitspolitik

tive Rechte, Rechte von anerkannten Verbänden auf Mitsprache und Gehör, nicht jedoch verbriefte subjektive Rechte. Auch die Neuerungen, die die Förderung von Patientenberatung und Selbsthilfegruppen betreffen, sind nicht mit individuellen Ansprüchen verknüpft. Dies soll jedoch die Bedeutung dieser neuen Elemente im deutschen Gesundheitssystem keineswegs in Abrede stellen – sie geben zudem einen Hinweis darauf, dass Versicherte und Patienten nicht nur zunehmend als kostenbewusste Steuerungselemente im Gesundheitssystem gesehen werden, sondern ihnen zugleich auch mehr Autonomie zugesprochen wird.

6. Aktivierung, aktiv und passiv: Soziale Rechte im Bereich Beschäftigung unter der rot-grünen Koalition

Im Folgenden wird zunächst ein kurzer Überblick über das deutsche Sicherungssystem im Bereich Beschäftigung gegeben (6.1) sowie über Reformen vor der Amtsübernahme durch die rot-grüne Bundesregierung (6.2). Darauf folgt eine detaillierte Darstellung der Gesetzgebung der rot-grünen Koalition in diesem Feld (6.3). Die Gesetzgebung wird mittels des oben beschriebenen Analyserahmens untersucht und die Ergebnisse werden vor dem Hintergrund der aktuellen Forschung zu diesem Bereich interpretiert (6.4).

6.1 Soziale Rechte im Bereich Beschäftigung – Einführung

In diesem Kapitel stehen Programme im Vordergrund, die bei Unterbrechung von Erwerbsarbeit wirksam werden. Im Unterschied zu Renten wird dabei grundsätzlich davon ausgegangen, dass der Verdienstausfall zeitlich begrenzt ist und der Leistungsbezieher wieder erwerbstätig wird und auch werden kann. Im Folgenden wird jener Teil der Beschäftigungspolitik der rot-grünen Koalition einer Bewertung unterzogen, der mit individuellen Rechtsansprüchen, die zur Sicherung gegen das Risiko der Arbeitslosigkeit dienen, verbunden ist.[188] Dieser Politikbereich folgt stärker als andere Bereiche nicht nur politischen Imperativen, die sich aus den Bedürfnissen der Leistungsempfänger ergeben (mit der Folge des Ausbaus oder der Anpassung von Leistungen) oder aus Finanzierungsfragen (mit der Folge einer Beschränkung von Leistungen), sondern auch sich wandelnden Auffassungen über die gesellschaftliche Wirkung von Leistungen. Soziale Rechte im Bereich Arbeit und Beschäftigung stehen immer im Kontext der Beschäftigungsförderung und der Einschätzung der aktuellen Lage auf dem Arbeitsmarkt.

Im Bereich der Sicherung gegen Arbeitslosigkeit galt lange: „the unemployment insurance system was normatively bound to insure the worker's stan-

---

[188] Arbeitsmarkt- und Beschäftigungspolitik im weiteren Sinne würde etwa Schmid (2007: 274) zufolge auch die Arbeitsmarktordnungspolitik umfassen. In dieser Untersuchung wird auch auf Regelungen zum Arbeitsrecht – etwa Bestimmungen nach dem Arbeitnehmer-Entsendegesetz – nicht weiter eingegangen. Auch der Teilbereich Altersteilzeit wird nicht in die Behandlung einbezogen

dard of living should he lose his job" (Bleses/Seeleib-Kaiser 2004: 21). Dieses Ziel führte bis Mitte der 1970er Jahre zu einem Ausbau der Leistungen der Arbeitslosenversicherung, 1969 durch das Arbeitsförderungsgesetz noch zusätzlich ergänzt um Mittel der aktiven Arbeitsmarktpolitik.[189] Die beiden zentralen Sicherungsprogramme, die Versicherungsleistung Arbeitslosengeld und die steuerfinanzierte Arbeitslosenhilfe, waren in der Folgezeit zahlreichen Änderungen unterworfen, wobei das Ziel der Lebensstandardsicherung langsam in den Hintergrund trat, so dass eine Situation entstehen konnte, in der Bezieher von Arbeitslosenhilfe z. T. noch ergänzend Sozialhilfe beziehen mussten (Bäcker et al. 2000a: 228, Knuth 2008: 69). Allerdings blieben die beiden Programme selbst erhalten.

Diese Entgeltersatzsysteme sind Teil der weiteren Arbeitsförderung, durch die die Sicherung im Falle des Eintritts von Arbeitslosigkeit im deutschen Sozialrecht (SGB III) erfolgt: „Durch die Leistungen der Arbeitsförderung soll vor allem der Ausgleich am Arbeitsmarkt unterstützt werden, indem Ausbildung- und Arbeitsuchende über Lage und Entwicklung des Arbeitsmarktes und der Berufe beraten, offene Stellen zügig besetzt und die Möglichkeiten von benachteiligten Ausbildung- und Arbeitsuchenden für eine Erwerbstätigkeit verbessert und dadurch Zeiten der Arbeitslosigkeit sowie des Bezugs von Arbeitslosengeld, Teilarbeitslosengeld und Arbeitslosenhilfe vermieden oder verkürzt werden" (§ 1 I SGB III i. d. Fassung vom 1. Januar 1998). Aus diesem Ansatz ergibt sich eine Vielzahl von Fördermöglichkeiten für Arbeitnehmer und Arbeitgeber, wobei zwischen Leistungen der aktiven Arbeitsförderung und Entgeltersatzleistungen (nach § 3 IV SGB III) unterschieden wird. Während auf die Entgeltersatzleistungen nach SGB III, im Jahr 1998 Arbeitslosengeld, Teilarbeitslosengeld, Arbeitslosenhilfe und Insolvenzgeld, ein Rechtsanspruch besteht, ist dies bei den Leistungen der aktiven Arbeitsförderung meist nicht der Fall, es handelt sich hier in der Regel um Ermessensleistungen.[190] „Leistungen der aktiven Arbeitsförderung erscheinen somit als ein nach Gutdünken verteiltes Geschenk der Arbeitsverwaltung, das man nicht erstreiten, sondern nur erbitten kann" (Schweiger 2002: 412). Bei der Diskussion von Leistungen im Falle der Arbeitslosigkeit wird z. T. auch die Sozialhilfe berücksichtigt. Die Sozialhilfe – genauer: die Leistung Hilfe zum Lebensunterhalt – folgt allerdings anderen Prinzipien, sie wird als letztes

---

[189] Das Ziel der damaligen Arbeitsmarktpolitik fassen Bleses und Seeleib-Kaiser (2002: 22) wie folgt zusammen: „To summarise: active labour market policy was conceptualised as a supply-side instrument for constantly upgrading the skills of the labour force, and not as a demand-side instrument for providing state-financed jobs for the unemployed. The goal of the active labour-market policy was to re-integrate the worker into the labour market on the basis of a standard employment relationship".
[190] Die Ausnahmen, d. h. Leistungen der aktiven Arbeitsförderung, auf die ein Rechtsanspruch besteht, beinhalten u. a. Wintergeld, Winterausfallgeld und Kurzarbeitergeld (§ 3 V SGB III i. d. Fassung vom 1.1.1998).

Sicherungsnetz bei Bedürftigkeit gewährt.[191] Auf die Sozialhilfe wird im Folgenden nicht weiter eingegangen.

Im Folgenden sollen zwar die sozialen Rechte – und damit Leistungen, auf die ein Anspruch der von einem Risiko Betroffenen besteht und die nicht Ermessensleistungen der Arbeitsverwaltung sind – im Vordergrund stehen, jedoch wird auch jeweils auf die Leistungen der aktiven Arbeitsförderung am Rande eingegangen.[192] Dies deswegen, weil §§ 4-5 SGB III (Fassung vom 1. Januar 1998) einen Vorrang der Vermittlung und der aktiven Arbeitsförderung vor den Entgeltersatzleistungen bei Arbeitslosigkeit festlegen. Dies hat Folgen auch für die sozialen Rechte, da bei ihrer Geltendmachung, also der Inanspruchnahme von Förderung oder Unterstützung durch die Arbeitsämter immer die Sanktion der Leistungskürzung im Raum steht: Der Bezug von Leistungen ist in diesem Bereich der Sozialpolitik stärker als in anderen durch Verhaltenspflichten des Leistungsempfängers vor und während des Bezugs von Leistungen geprägt (2. und 3. Dimension sozialer Rechte).

Die wichtigsten Charakteristika der zwei großen Entgeltersatzsysteme zu Beginn der Regierung Schröder lassen sich wie folgt zusammenfassen:[193]

Arbeitslosengeld ist eine Versicherungsleistung. Ansprüche werden durch Beiträge erworben, die von sozialversicherungspflichtigen Arbeitnehmern und den Arbeitgebern paritätisch getragen werden.[194] Ein Anspruch entsteht erst nach i. d. R. zwölf Monaten beitragspflichtiger Beschäftigung (Wartezeit, Anwartschaftszeit) innerhalb von drei Jahren (Rahmenfrist). Die Dauer und Höhe des Arbeitslosengeldes bemisst sich auf der Grundlage der Dauer der Beitragszahlung und der Höhe des letzten Nettoeinkommens (Durchschnitt der letzten zwölf Monate; Äquivalenzprinzip).[195] Gezahlt werden 60% des Nettoeinkommens, Anspruchsberechtigte mit unterhaltspflichtigen Kindern erhalten 67% des Nettoeinkommens. Sonderzahlungen, Mehrarbeitszuschläge u. ä. werden dabei nicht berücksichtigt. Die Dauer beträgt mindestens sechs, höchstens zwölf Monate, auf zwei Monate Beitragszeit kommt damit ein Monat Leistungsbezug. Allerdings kann sich die Bezugsdauer bei älteren Arbeitnehmern auf bis zu 32 Monate erhöhen, vorausgesetzt, dass die entsprechende Wartezeit erfüllt ist. Das Arbeitslosengeld kann auch als Teilarbeitslosengeld ausgezahlt werden.

---

[191] S. zum Stand 1998 Bäcker et al. 2000a: 203-227, zu den Unterschieden zwischen den Systemen Arbeitslosenhilfe und Sozialhilfe Knuth 2008: 68-71
[192] Ganz ausgeblendet werden die Leistungen zur Arbeitsförderung nach dem SGB IX.
[193] Zum Folgenden s. Bäcker et al. 2000a: 348-351.
[194] Beiträge werden bis zur Beitragsbemessungsgrenze der Rentenversicherung erhoben (s. Fn. 45). Der paritätisch getragene Beitragssatz betrug während der gesamten Regierungszeit von Rot-Grün 6,5%.
[195] Bei älteren Arbeitnehmern, die länger als 12 Monate Arbeitslosengeld beziehen, werden die Leistungen analog zur Entwicklung der Bruttoarbeitsentgelte angepasst.

Bei der steuerfinanzierten *Arbeitslosenhilfe* muss zu Beginn der rot-grünen Regierungszeit unterschieden werden zwischen Anschlussarbeitslosenhilfe, die nach Auslaufen eines Anspruchs auf Arbeitslosengeld gezahlt wird, und originärer Arbeitslosenhilfe, auf die Ansprüche schon nach 150 Tagen versicherungspflichtiger Beschäftigung bestehen. Im Gegensatz zum Arbeitslosengeld muss zusätzlich zu diesen Voraussetzungen die Bedürftigkeit nachgewiesen werden.[196] Ebenfalls im Unterschied zum Arbeitslosengeld wird Anschlussarbeitslosenhilfe unbegrenzt geleistet, während originäre Arbeitslosenhilfe auf ein Jahr beschränkt ist. Die Höhe der Leistung bemisst sich nach dem letzten Nettoeinkommen, und beträgt 53% dieses Bemessungsentgelts (57% bei Arbeitslosen mit unterhaltspflichtigen Kindern). Die Arbeitslosenhilfe wird jährlich entsprechend der Bruttolohnentwicklung angepasst, gleichzeitig wird allerdings das zugrunde liegende Bemessungsentgelt um 3% gekürzt.[197] Bei der Berechnung der Leistungen werden Einkommen und Vermögen des Arbeitslosen und seines Partners mit berücksichtigt, sowie das Einkommen Unterhaltsverpflichteter.[198] Darüber hinaus wird die Bedürftigkeit nicht geprüft, auch nicht im Sinne eines Bedarfs. Damit nimmt die Arbeitslosenhilfe eine Zwischenposition zwischen der Versicherungsleistung Arbeitslosengeld und der Hilfe zum Lebensunterhalt ein.[199]

Damit sind Arbeitslosengeld und Arbeitslosenhilfe Erwerbstätigenrechte, also Rechte, die erworben werden. Bei beiden Leistungen ist außerdem die Situation der Arbeitslosigkeit ausschlaggebend – diese ist jedoch nicht nur durch das Merkmal „ohne Beschäftigung" definiert, sondern auch durch die Suche des Arbeitslosen nach einer Beschäftigung zusammen mit der Verfügbarkeit für Vermittlungsbemühungen des Arbeitsamtes und der Arbeitslosigkeitsmeldung

---

[196] Grundsätzlich gilt dabei als Grenze die hypothetische Arbeitslosenhilfe, die dem Arbeitslosen zu zahlen wäre. Auf diese werden das Einkommen und Vermögen des Arbeitslosen und das seines Partners – abzüglich eines Freibetrags – angerechnet.

[197] Dabei besteht eine Untergrenze: Die Bemessungsgrenze darf nicht unter die Hälfte der Bezugsgröße sinken. Die Bezugsgröße (s. o. Fn. 69) wird jährlich angepasst.
Die Anpassung des Bemessungsentgelts wurde zwischenzeitlich von der Bruttolohnentwicklung abgekoppelt und orientierte sich an der Entwicklung des Preisindex (analog zur Rente).

[198] „[D]as Vorhandensein einer eheähnlichen Gemeinschaft ist eng definiert. Das Vorliegen einer Wohn- oder Wirtschaftsgemeinschaft allein löst keine Unterhaltsverpflichtungen aus" (Bäcker et al. 2000a: 351).

[199] Der Vollständigkeit halber sei noch auf eine weitere Pflichtleistung hingewiesen: Die Pflichtleistung *Insolvenzgeld* sichert Arbeitnehmer im Falle der Zahlungsunfähigkeit des Arbeitgebers. Dabei wird der noch ausstehende Lohn für die letzten drei Monate vor Eröffnung des Insolvenzverfahrens übernommen. Die Leistung entspricht der Höhe des Nettolohns, die Sozialbeiträge werden vom Arbeitsamt an die Sozialversicherungen gezahlt.
Schließlich sollte aufgrund ihres politischen Stellenwerts die Lohnfortzahlung im Krankheitsfall hier kurze Erwähnung finden – hier handelt es sich um eine durch den Staat garantierte Leistung der Arbeitgeber an die Arbeitnehmer, die im Entgeltfortzahlungsgesetz (EFZG) geregelt ist.

beim Arbeitsamt (§§ 16, 117-119, 190, 198 SGB III i. d. Fassung vom 1. Januar 1998).

Hieraus ergeben sich Pflichten für die Arbeitnehmer, nämlich angebotene Stellen auch anzunehmen, und Sanktionsmöglichkeiten für die Arbeitsämter. Die Kriterien, welche Beschäftigungen zumutbar sind (Entlohnung des letzten Arbeitsverhältnisses, früher aber auch Ausbildung und vorherigen Position des Arbeitslosen), sind im Laufe der Zeit geändert worden. Die Arbeitsämter können Sperrzeiten verhängen (in der Regel 12 Wochen), in denen der Anspruch auf Entgeltersatzleistungen ruht, wenn Arbeitslose ihren Mitwirkungspflichten nicht nachkommen.[200] Neben weiteren Folgen verkürzt sich durch die Sperrfrist auch die Anspruchsdauer. Diese Charakteristika entsprechen Clasens allgemeiner Beobachtung, dass „[...] unemployment benefits have never been granted unconditionally, but have always involved requirements on the part of claimants regarding the availability for and willingness to work, as well as demonstrable steps to seek employment" (2000: 89-90).

6.2 Politik im Feld Beschäftigung bis 1998

Der Bereich Beschäftigung war, wie andere sozialpolitische Handlungsfelder auch, seit Mitte 1970er Jahren von Reformen betroffen, mit denen auf ein gewandeltes ökonomisches Umfeld reagiert wurde. Unter dem Eindruck anhaltender und steigender Arbeitslosigkeit und der damit verbundenen Kosten bei gleichzeitig sinkenden Einnahmen der Arbeitslosenversicherung wurden die Leistungen zur Entgeltsicherung schrittweise eingeschränkt, während der aktiven Arbeitsmarktpolitik ein eher wechselhaftes Schicksal beschieden war (Bleses/Seeleib-Kaiser 2004: 49-61, Mohr 2008: 195-197, Feil et al. 2008: 167-171, 174-175). Die Entwicklung des Politikfelds Arbeit und Beschäftigung wurde auch stark durch die Folgen der Wiedervereinigung geprägt (s. auch Heinelt 2003: 139-140).

> „The collapse of the east German labour market after unification was to a large extent cushioned by easing access to active labour market policies and by benefit transfers, both financed via increased contribution levels. Once unemployment reached extremely high levels in both parts of the country, cost containment programmes introduced substantial benefit restrictions for some groups, while the position of core workers with good contribution records (particularly those with children) remained unaffected. The exceptions were two changes which weakened the ‚status protec-

---

[200] Die Tatbestände, die eine Sperrzeit auslösen, waren 1998 die Lösung eines Arbeitsverhältnisses oder die Herbeiführung einer solchen Lösung, die Ablehnung einer vom Arbeitsamt vermittelten Beschäftigung, die Ablehnung der Teilnahme an einer beruflichen Eingliederungsmaßnahme oder der Abbruch einer Teilnahme.

tion' for unemployed by significantly watering down the definition of ‚suitable job offers' and reducing the level of unemployment assistance over time" (Clasen 2000: 96).

Zu den letzten gesetzgeberischen Maßnahmen vor der Regierungsübernahme der rot-grünen Koalition zählten das Arbeitsförderungs-Reformgesetz (AFRG, 1997), das 1. SGB III-Änderungsgesetz (1998) und das Gesetz zur Absicherung flexibler Arbeitszeitregelungen (1998). Diese letzten Gesetzesänderungen fügen sich insgesamt in das Bild, das Bleses und Seeleib-Kaiser (2004: 61) in Bezug auf die christlich-liberale Koalition seit der Wiedervereinigung zeichnen:

> „With regard to unemployment insurance and unemployment assistance benefits, the policy approach of recommodification was continued and accelerated. This move essentially led to a withdrawal of the public guarantee that the unemployed worker would maintain his achieved living standard. This process was more moderate for unemployed workers with children, since the conservative government did not cut their benefits by as much, thereby recognising that they were in greater ‚need' of benefits".

Im Detail brachte das AFRG nicht nur die Überführung des Arbeitsförderungsrechts in das SGB mit sich (als neues SGB III), sondern zuvor auch Modifikationen des Arbeitsförderungsgesetzes von 1969. In seiner Diskussion der Arbeitsmarkt- und Beschäftigungspolitik der Ära Kohl bezeichnet Zohlnhöfer (2001: 637) das AFRG als „das wichtigste Gesetz im Rahmen der aktivierenden Arbeitsmarktpolitik". Mit ihm wurde den Arbeitslosen eine größere Verantwortung für ihr berufliches Schicksal übertragen. Die Neuregelungen, mit denen dieses Ziel erreicht werden sollte, umfassten neue Kriterien, welche Beschäftigung als zumutbar für Arbeitslose anzusehen war[201], eine Anhebung der Altersschwelle für den verlängerten Arbeitslosengeldbezug für ältere Arbeitnehmer und den Einbezug von Abfindungen bei der Berechnung von Arbeitslosengeld. Außerdem beinhaltete das neue SGB III die Kodifizierung des neuen Ziels der Arbeitsförderung[202], die Verschärfung der Sperrzeitenregelung und die Einführung des Mittels der Eingliederungsvereinbarung, die Mitwirkung des Arbeitsamtes auch an der Herbeiführung tarifwidriger Arbeitsverträge, die Neudefinition des Arbeitslosenstatus, aber auch die Schaffung des neuen Teilarbeitslosengeldes, um die Einkommensminderung auszugleichen, die durch den Verlust einer von meh-

---

[201] Mit den neuen Regelungen wurde u. a. der Berufsschutz abgeschafft und nach sieben Monaten Arbeitslosigkeit ist jede Beschäftigung zumutbar, „[...] deren Nettoentgelt [...] mindestens die Höhe des Alg erreicht" (Steffen 2008: 18). In diesem Kontext wurde auch bestimmt, dass eine Pendelzeit von bis zu drei Stunden (zuvor 2,5 Stunden; bei einer Beschäftigung bis zu sechs Stunden 2,5 Stunden statt zwei Stunden) zumutbar war.

[202] „Daher wurde beispielsweise neben der Beschäftigungslosigkeit auch die Verfügbarkeit des Arbeitslosen und die aktive Suche nach einer Beschäftigung zur Voraussetzung für den Bezug von Arbeitslosengeld gemacht" (Zohlnhöfer 2001: 637).

reren zugleich ausgeübten sozialversicherungspflichtigen Beschäftigungen entsteht, sowie schließlich eine Reihe von Neuregelungen in der aktiven Arbeitsmarkpolitik.[203] Bleses und Seeleib-Kaiser urteilen über die Regelungen: „All these measures can be subsumed under the general objective of promoting work instead of compensating for unemployment" (2004: 61).

Das 1. SGB III-Änderungsgesetz regelte unter anderem die Behandlung einer nicht geringfügigen Beschäftigung bis 15 Stunden pro Woche bei Bezug von Arbeitslosengeld und Arbeitslosenhilfe neu und legte für 1998 fest, dass auch Arbeitslosengeldempfänger „[...] nach 6-monatigem Leistungsbezug über die sog. Arbeitnehmerhilfe in Saisonbeschäftigungen (Ernteeinsätze) gezwungen werden [...]" (Steffen 2008: 21) können. Mit dem Gesetz zur Absicherung flexibler Arbeitszeitregelungen schließlich wurden die Regelungen des SGB auf neue flexible Arbeitsverhältnisse angepasst.

6.3 Die Politik der rot-grünen Koalition

Unter den Hinterlassenschaften der Regierung Kohl waren nicht nur die genannten gesetzlichen Regelungen, sondern auch eine Arbeitslosigkeit von 12,3% (1998; BMAS 2010 Tab. 2.10), die zwar noch unter dem EU-Durchschnitt lag, in den letzten Jahren aber kontinuierlich gestiegen war. Das Problem der Arbeitslosigkeit wurde auch in der Bevölkerung als wichtigstes Problem gesehen (Blancke/Schmid 2002: 217). Entsprechend nahm dieser Themenkomplex im SPD-Wahlprogramm „Arbeit, Innovation und Gerechtigkeit" für die Bundestagswahl 1998 (SPD 1998; hierzu auch Gohr 2003: 41-45) eine prominente Rolle ein, genauso wie er im Koalitionsvertrag an erster Stelle stand (SPD/Bündnis 90/Die Grünen 1998: 7-11). Inhaltlich hatte die SPD in der Opposition Positionen vertreten, die Heinelt (2003: 125) als „‚traditionelle' Positionen wohlfahrtsstaatlicher Inklusion" bezeichnet und in einer Linie mit dem Arbeitsförderungsgesetz (AFG) von 1969 sieht: „Damit wurde das Ziel einer wohlfahrtsstaatlichen Politik hochgehalten, die auf eine Re-Integration von Arbeitslosen in ein statusadäquates, d. h. ihrer Ausbildung und vorherigen Erwerbstätigkeit entsprechendes ‚Normalarbeitsverhältnis' ausgerichtet war [...]". Sie stand damit im klaren Gegensatz zur Politik der christlich-liberalen Koalition. Gohr (2003: 43) weist allerdings darüber hinaus darauf hin, dass es innerhalb der SPD mit Blick auf die Bewertung atypischer Beschäftigung zu einer Neuorientierung gekommen sei, so dass diese nicht nur als Gefahr, sondern auch als Chance begriffen wurde. Zur Position von Bündnis 90/Die Grünen bemerkt Heinelt: „Wenn sich Bündnis 90/Die Grünen aufgrund einer (im Vergleich zu anderen Politikfeldern) geringen

---

[203] Für Details s. Bleses/Seeleib-Kaiser 2004: 59-61.

arbeitsmarktpolitischen Profilierung nicht eindeutig positionieren lassen, so kann davon ausgegangen werden, dass sie bis zur Bundestagwahl des Jahres 1998 im Wesentlichen auch das sozialstaatliche Ziel einer statusadäquaten (Re-)Integration von Arbeitslosen in das Beschäftigungssystem verfolgten" (2003: 126).

Nach der Regierungsübernahme setzte die Regierung direkt einige Vorhaben – vor allem die Rücknahme einiger Regelungen der Regierung Kohl – um und legte das „Sofortprogramm zum Abbau der Jugendarbeitslosigkeit" auf. Weitere Aktivitäten bezogen sich auf die Politics in diesem Feld, indem im Dezember 1998 ein neues „Bündnis für Arbeit, Ausbildung und Wettbewerbsfähigkeit" ins Leben gerufen wurde (Heinze 2003). Es zeigte sich bald, dass diese „traditionelle" Ausrichtung der Regierungsparteien in diesem Feld nicht von Bestand war, und sich auch in der rot-grünen Politik ein Wandel „von der aktiven zur aktivierenden Arbeitsmarktpolitik" (Heinelt 2003: 127) vollzog.

6.3.1 Zunächst wurden mit dem *Gesetz zu Korrekturen in der Sozialversicherung und zur Sicherung der Arbeitnehmerrechte* Änderungen, die die Vorgängerregierung beschlossen hatte, rückgängig gemacht. Aus dem Blickwinkel der sozialen Rechte ist dabei vor allem von Bedeutung, dass der Anspruch auf Lohnfortzahlung im Krankheitsfall gegenüber dem Arbeitgeber wieder von 80% auf 100% des Entgelts angehoben wurde. Außerdem wurde festgelegt, dass Maßnahmen der medizinischen Vorsorge und Rehabilitation nicht auf den Urlaub angerechnet werden sollten, solange der Arbeitnehmer in dieser Zeit Anspruch auf Lohnfortzahlung im Krankheitsfall hat.

Die Möglichkeiten der Arbeitsförderung wurden erweitert, ebenso wurden die Förderungswege für die Weiterbildung von Jugendlichen flexibilisiert (s. Steffen 2008: 23).[204]

6.3.2 Das *Gesetz zur Neuregelung der Geringfügigen Beschäftigungsverhältnisse* ist aus dem Blickwinkel der sozialen Rechte vor allem deswegen von Bedeutung, da durch das Gesetz die Grenze der Geringfügigkeit auf 630 DM fixiert wurde. Unterhalb dieser Grenze sollten im Gegensatz zur Renten- und (eingeschränkt) gesetzlichen Krankenversicherung keine Beiträge zur Arbeitslosenversicherung geleistet werden. Abweichend von den anderen Sozialversicherungszweigen sollten geringfügige Beschäftigungen auch nicht mit der nicht geringfügigen Hauptbeschäftigung verrechnet werden, „[...] um zu vermeiden, daß Bagatellbeschäftigungen Ansprüche auf Arbeitslosengeld begründen" (Lembke 1999: 1826).

---

[204] Zu den im Gesetz beinhalteten Regelungen zur Scheinselbständigkeit s. Abschnitt 4.3.1.

6.3.3 Durch das *Gesetz zur Änderung der Berücksichtigung von Entlassungsent-schädigungen im Arbeitsförderungsrecht* (Entlassungsentschädigungs-Änderungsgesetz – EEÄndG) wurde eine Änderung der Regierung Kohl vor ihrem Inkrafttreten zurückgenommen und damit im Wesentlichen zu den entsprechenden Regelungen des AFG zurückgekehrt. Statt einer Anrechnung einer Entlassungsentschädigung auf das Arbeitslosengeld sollte der Anspruch auf Arbeitslosengeld und Arbeitslosenhilfe nun ruhen, wenn zusätzlich zu der Zahlung einer Entschädigung das Arbeitsverhältnis ohne Einhaltung der Frist, in der es ordnungsgemäß gekündigt werden konnte, vom Arbeitgeber beendet wurde. Der Anspruch sollte für den Zeitraum ruhen, den der Arbeitnehmer benötigt hätte, um 25-60% (gestaffelt nach Alter und Dauer der Betriebszugehörigkeit) der Entschädigung durch Arbeitsentgelt zu erzielen (Steffen 2008: 23).

Trotz dieser Rückkehr zu einer eher traditionellen Politik, wie sie sich auch in den nächsten Gesetzesmaßnahmen widerspiegelte, wurden bereits in dieser Phase – speziell nach dem Rücktritt von Oskar Lafontaine als Finanzminister und SPD-Parteivorsitzender – erste Ansätze zu einer Neuorientierung in der Arbeits- und Beschäftigungspolitik sichtbar. Die im Juni 1999 vorgestellte gemeinsame Erklärung von Gerhard Schröder und dem britischen Premierminister Tony Blair „Der Weg nach vorne für Europas Sozialdemokraten" bzw. „Europe: The Third Way/Die Neue Mitte", die in Deutschland nach kurzer Debatte zunächst ohne Folgen geblieben zu sein schien, beinhaltete mehrere Stellen, die sich als Ankündigung einer aktivierenden Arbeitsmarktpolitik verstehen lassen: „Ein Sozialversicherungssystem, das die Fähigkeit, Arbeit zu finden, behindert, muss reformiert werden. Moderne Sozialdemokraten wollen das Sicherheitsnetz aus Ansprüchen in ein Sprungbrett in die Eigenverantwortung umwandeln" (Schröder/Blair 1999). Die erwünschte Rolle der Arbeitslosen wurde im Weiteren noch genauer bestimmt:

> „Zeiten der Arbeitslosigkeit müssen in einer Wirtschaft, in der es den lebenslangen Arbeitsplatz nicht mehr gibt, eine Chance für Qualifizierung und persönliche Weiterbildung sein. Teilzeitarbeit und geringfügige Arbeit sind besser als gar keine Arbeit, denn sie erleichtern den Übergang von Arbeitslosigkeit in Beschäftigung. Eine neue Politik mit dem Ziel, arbeitslosen Menschen Arbeitsplätze und Ausbildung anzubieten, ist eine sozialdemokratische Priorität – wir erwarten aber auch, daß jeder die ihm gebotenen Chancen wahrnimmt" (Schröder/Blair 1999).

Arbeitsplätze sollten durch eine angebotsorientierte, wirtschaftsfreundliche Politik, aber auch durch den Ausbau des Niedriglohnsektors geschaffen werden. Die Politik der rot-grünen Regierung folgte diesem Vorschlag allerdings zunächst nicht. Das im gleichen Zeitraum verabschiedete Zweite SGB III-Änderungsgesetz entsprach eher dem Geist der Anfangsphase und für die Folgezeit halten Blancke und Schmid (2003: 219) fest, dass „[...] ab Mitte 1999 bis

Ende 2001 das Verklingen jeglichen Reformeifers zu konstatieren [ist]", mit der Ausnahme von Modellvorhaben (CAST und MOZART).[205] Bis zum Job-AQTIV-Gesetz Ende 2001 (s. Abschnitt 6.3.12) waren insgesamt nur kleinere Anpassungen oder Folgeregelungen zu Reformen in anderen Bereichen zu verzeichnen.

6.3.4 Die *Sechste Verordnung zur Änderung der Arbeitslosenhilfe-Verordnung* beinhaltete eine Spezifizierung des Schonvermögens für Bezieher von Arbeitslosenhilfe und ihre Ehegatten für die Altersvorsorge, das je Person auf 1.000 DM pro Lebensjahr festgelegt wurde.

6.3.5 Die Regelungen des *Zweiten Gesetzes zur Änderung des Dritten Buches Sozialgesetzbuch und anderer Gesetze* (Zweites SGB III-Änderungsgesetz – 2. SGB III ÄndG) zielten nach dem Gesetzentwurf darauf ab „[...] kurzfristig und im Vorgriff auf die vorgesehene umfassendere Reform der Arbeitsförderung das arbeitsförderungsrechtliche Instrumentarium effizienter auszugestalten" (BT-Drucksache 14/873: 1). Dabei sollten Arbeitsförderungsleistungen besser auf Problemgruppen (ältere oder von Langzeitarbeitslosigkeit bedrohte Arbeitslose und arbeitslose Frauen) ausgerichtet werden, wobei der Fokus auf die Verhinderung von Langzeitarbeitslosigkeit auch die Umsetzung der Beschäftigungspolitischen Leitlinien der EU bedeutete. Zusätzlich wurden durch das Gesetz auch Regelungen der Vorgängerregierung zurückgenommen und Verwaltungsvereinfachungen angestrebt, die allerdings auf Vorarbeiten der Regierung Kohl aufbauten (Meyer 1999: 903).

Neben einer ganzen Reihe von Änderungen im Förderrecht, wurden auch soziale Rechte im Sinne dieser Untersuchung reformiert[206]: Die Zumutbarkeitsregeln (Regelvoraussetzungen) hinsichtlich Pendelzeiten bei der Aufnahme einer Beschäftigung nach Erhalt von Arbeitslosengeld wurden gemildert und damit Regelungen der Vorgängerregierung zurückgenommen. Außerdem wurden die Regelungen bezüglich der persönlichen Arbeitslosmeldung entschärft (Abschaffung der Pflicht zur regelmäßigen wiederholten Meldung beim Arbeitsamt). Selbständige Arbeit sollte nur noch zur Verlängerung der Rahmenfrist für den Bezug von Arbeitslosengeld führen, wenn sie mehr als 15 Stunden pro Woche umfasst. Diese Grenze sollte nun auch hinsichtlich der Verlängerung bei der Frist vor Bezug der Arbeitslosenhilfe gelten bzw. der Frist, nach der ein Anspruch auf Arbeitslosenhilfe erlischt. Die Berechnung des Arbeitslosengeldes und der Arbeitslosenhilfe wurde durch eine neue Bestandsregelung zugunsten

---

[205] CAST zielte auf Geringqualifizierte, MOZART auf die Zusammenarbeit von Arbeits- und Sozialämtern (Blancke/Schmid 2003: 219).
[206] Zum Folgenden s. Meyer 1999, Kruse 1999.

der Leistungsempfänger korrigiert.[207] Die Regelungen zum Nebenverdienst bei Bezug von Arbeitslosengeld und Arbeitslosenhilfe wurden teils verschärft und der Mindestfreibetrag bei Nebenverdienst auf 315 DM fixiert.

Durch das Gesetz wurde das Förderungsrecht in einer Weise überarbeitet, der nach Heinelt „[...] der bis dahin dominanten sozialdemokratischen (und grünen) Kritik am ‚Arbeitsförderungsreformgesetz' der Vorgängerregierung entsprach"; die Änderung folgte den „Kerngedanken des alten Arbeitsförderungsgesetzes von 1969" (2003: 127). Damit wurde die Umsetzung der in der Koalitionsvereinbarung festgelegten Ziele fortgeführt (Meyer 1999: 902-903).

6.3.6 Das *Gesetz zur Sanierung des Bundeshaushalts* (Haushaltssanierungsgesetz – HsanG) modifizierte die Anpassung von Lohnersatzleistungen. Laut dem ursprünglichen Gesetzentwurf müssten auch die sozialen Sicherungssysteme Arbeitslosenversicherung und Arbeitslosenhilfe einen Beitrag zur Haushaltssanierung leisten; es stünden inzwischen mehr Mittel für die aktive Arbeitsmarktpolitik zur Verfügung, Ziel sei es „[...] Arbeit statt Arbeitslosigkeit zu finanzieren" (BT-Drucksache 14/1523: 205). Die Anpassung der Bemessungsentgelte sollte (analog zur Entwicklung der Renten) von Juli 2000 bis Juni 2003 nicht wie bisher entsprechend der Entwicklung der Bruttolöhne, sondern dem Preisindex folgend vorgenommen werden. Das *Dritte Gesetz zur Änderung des Dritten Buches Sozialgesetzbuch* (Drittes SGB III-Änderungsgesetz – 3. SGB III-ÄndG) war ursprünglich Teil des Haushaltssanierungsgesetzes, war aber im Gesetzgebungsverfahren mit anderen im Bundesrat zustimmungspflichtigen Teilen von diesem abgekoppelt worden. Dieses Gesetz brachte die Abschaffung der originären Arbeitslosenhilfe, d. h. der Arbeitslosenhilfe, die nicht im Anschluss an Arbeitslosengeld, sondern direkt bezogen wurde, ab 2000. Damit wurde ein Teil der Regelungen des Zweiten SGB III-Änderungsgesetz (s. Abschnitt 6.3.5) wieder hinfällig. Als Grund für die Streichung gibt die Gesetzesbegründung an, dass es nicht vertretbar erschiene, „[...] Arbeitslosen, die vorher keinen oder nur kurzzeitigen Bezug zur Arbeitslosenversicherung hatten, Arbeitslosenhilfe und damit den vollen Zugang zu den beitragsfinanzierten Leistungen der aktiven Arbeitsförderung zu gewähren" (BT-Drucksache 14/1523: 205).

6.3.7 Das *Zweite Gesetz zur Fortentwicklung der Altersteilzeit* beinhaltete die Verlängerung einer Sonderregel zum Zugang zum Arbeitslosengeld, nach der ältere Arbeitslose Arbeitslosengeld ohne Verfügbarkeit erhalten konnten, unter

---

[207] „Die (3jährige) Bestandsschutzregelung bei Alg/Alhi (Alg-/Alhi-Bezieher, die eine niedriger entlohnte Beschäftigung aufnehmen und diese innerhalb von drei Jahren wieder verlieren) sieht vor, dass der Bemessung der erneuten Entgeltersatzleistung das höhere Entgelt zugrunde gelegt wird; die bisherige Beschränkung, wonach Alg/Alhi hierbei das letzte Nettoentgelt (Leistungsentgelt) nicht überschreiten dürfe, wird gestrichen" (Steffen 2008: 23).

der Voraussetzung, dass sie sobald möglich eine Altersrente beantragten (Steffen 2008: 25).

6.3.8 In einer Reaktion auf ein Urteil des Bundesverfassungsgerichts (BVerfG 1 BvL 1/98, 1 BvL 4/98, 1 BvL 15/99 vom 24. Mai 2000) wurde das *Gesetz zur Neuregelung der sozialversicherungsrechtlichen Behandlung von einmalig ge-zahltem Arbeitsgeld* (Einmalzahlungs-Neuregelungsgesetz) beschlossen. Im Kern bedeutete das Verbesserungen beim Arbeitslosengeld, Unterhaltsgeld und Übergangsgeld, in deren Berechnung nun auch Einmalzahlungen einflossen (s. Heinelt 2003: 128). Bei der Berechnung der Arbeitslosenhilfe wurden Einmal-zahlungen allerdings weiterhin nicht berücksichtigt.

6.3.9 Durch das *Gesetz zur Beendigung der Diskriminierung gleichgeschlechtli-cher Gemeinschaften: Lebenspartnerschaften* wurde die Lebenspartnerschaft auch im Bereich Arbeit der Ehe in den meisten Fällen gleichgestellt, d. h. bei der Gewährung von Leistungen, der Einkommensanrechnung und bei den Leis-tungsvoraussetzungen (Rahmenfristen und Erlöschung von Ansprüchen können bspw. durch die Betreuung der Kinder des Lebenspartners bis zu deren dritten Lebensjahr modifiziert werden; Wenner 2002: 272-273).[208] Nach Wenner (2002: 272 (Fn. 26)) wurde das Prinzip der Gleichstellung im SGB III durchgehend verfolgt. Er weist allerdings explizit auf einen Punkt hin, der nicht geregelt wur-de, nämlich ob die Kündigung eines Arbeitsverhältnisses, um dem Partner an dessen Wohnort zu folgen, eine Sperrfrist auslöst (2002: 273).

6.3.10 Das Gesetz zur Ergänzung des Gesetzes zur Reform der gesetzlichen Rentenversicherung und zur Förderung eines kapitalgedeckten *Altersvorsorge-vermögens* (Altersvermögensergänzungsgesetz – AVmEG) hatte nicht nur Kon-sequenzen für den Bereich Alterssicherung, sondern auch für Lohnersatzleistun-gen im Fall von Arbeitslosigkeit: Arbeitslose, die Anspruch auf eine Rente we-gen teilweiser Erwerbsminderung haben (neu eingeführt durch das Gesetz zur Reform der Renten wegen verminderter Erwerbsfähigkeit; s. Abschnitt 4.3.4), wurden verpflichtet, einen Antrag auf Rente wegen voller Erwerbsminderung zu stellen, sofern sie ihr Restleistungsvermögen „[…] unter den üblichen Bedin-gungen des allgemeinen Arbeitsmarktes nicht mehr verwerten […]" (§ 142 I SGB III n. F.) können. Anderenfalls sollte nach einer Frist von einem Monat ihr Anspruch auf Arbeitslosengeld ruhen. Entgeltersatzleistungen sollten ab Juli

---

[208] Die Anwartschaftszeit für Arbeitslosengeld konnte bisher nur durch die Erziehung des eigenen Kindes verlängert werden – diese Regel wurde nicht nur um die Erziehung des Kindes des Lebens-partners, sondern auch um die Erziehung des Kindes des nicht dauernd getrennt lebenden Ehegatten, jeweils bis zum Alter von drei Jahren, ergänzt.

2001 wieder der Bruttolohnentwicklung entsprechend angepasst werden, die Sonderregel des Haushaltssanierungsgesetzes wurde damit zurückgenommen.

6.3.11 Mit dem *Gesetz zur Reform der gesetzlichen Rentenversicherung und zur Förderung eines kapitalgedeckten Altersvorsorgevermögens* (Altersvermögens- gesetz – AVmG) wurde die Förderung von privater Altersvorsorge eingeführt („Riester-Rente", s. Abschnitt 4.3.8). Für die Arbeitslosenhilfe hatte das insofern Konsequenzen, als dass die staatliche Förderung und Erträge aus dem geförder- ten Vermögen nicht als Einkommen angerechnet werden sollten und später fest- gelegt wurde, dass die geförderte Altersvorsorge bei der Bedürftigkeitsprüfung nicht als Vermögen berücksichtigt, jedoch begrenzt auf den Freibetrag angerech- net wird.[209]

6.3.12 Die Phase relativer Untätigkeit im Bereich Beschäftigung, für die auch stetig sinkende Arbeitslosenzahlen verantwortlich waren, ging 2001 zu Ende. „Nicht zuletzt vor dem Hintergrund der im September 2002 anstehenden Bun- destagswahlen und des langsam beginnenden Wahlkampfes sah sich die Bundes- regierung nun unter Reformdruck, würde sie sich doch für eine Verfehlung ihres arbeitsmarktpolitischen Ziels rechtfertigen müssen" (Blancke/Schmid 2003: 225). Ergebnis der Reformbemühungen war das *Gesetz zur Reform der arbeits- marktpolitischen Instrumente* (Job-AQTIV-Gesetz).[210] Es stellte nach Heinelt (2003: 133) das „zentrale arbeitsmarktpolitische Gesetz der 14. Legislaturperiode des deutschen Bundestages" dar. Seine Ziele waren laut Feil et al. (2007: 175) „[...] u. a. eine Modernisierung der Arbeitsvermittlung sowie eine Stärkung der Zielgenauigkeit der Vermittlung durch Maßnahmen zur Früherkennung von drohender Langzeitarbeitslosigkeit". Präventive Maßnahmen sollten gemäß dem Motto „Fördern und Fordern", aber auch in Anlehnung an die beschäftigungspo- litische Leitlinien der EU Arbeitslosigkeit und vor allem Langzeitarbeitslosigkeit verhindern helfen (Körner 2002: 242, s. auch Schmidt 2002: 415). Die Regeln umfassten eine Reihe von Maßnahmen im Bereich der aktiven Arbeitsförderung und Vorschriften für die Arbeitsvermittlung, aber auch einige Modifikationen, die die sozialen Rechte von Arbeitslosen betrafen[211]:

---

[209] Die Bestimmungen zum Vermögen wurden in der Arbeitslosenhilfe-Verordnung (AlhiV 2002) geregelt. Bei den Vermögensfreibeträgen erfährt die private Altersvorsorge, die durch das Altersver- mögensgesetz (AVmG) aufgewertet wurde, eine besondere Behandlung: Das durch das AVmG geförderte Vermögen wird bei der Arbeitslosenhilfe nicht als Vermögen berücksichtigt, reduziert jedoch den Freibetrag auf bis zu 4.100 € pro Person. Der Freibetrag beträgt ansonsten 520 € pro Person und Lebensjahr bis zu einer Höchstgrenze von 33.800 €. Durch die Verordnung wurden auch die Vermögensfreibeträge bei Arbeitslosenhilfebezug neu justiert und Pauschalbeträge eingeführt, durch die vom Einkommen absetzbare Kosten für Vorsorge und Fahrtkosten berücksichtigt wurden.
[210] AQTIV steht dabei für Aktivieren, Qualifizieren, Trainieren, Investieren, Vermitteln.
[211] S. für Details Körner 2002, Schmidt 2002, Blancke/Schmid 2003: 226, Steffen 2008: 25-26.

Durch das Gesetz wurde die Versicherungspflicht ausgeweitet. Auch Bezieher von vollen Erwerbsminderungsrenten und Mutterschaftsgeld sowie Personen, die ein bis zu drei Jahre altes Kind erziehen (das eigene bzw. das des Ehe- oder Lebenspartners), wurden nun versicherungspflichtig unter der Voraussetzung, dass sie entweder vor dem Bezug der Leistungen versicherungspflichtig beschäftigt waren oder Leistungen nach dem SGB III bezogen. Bleses und Seeleib-Kaiser (2004: 62) sehen darin ein „substantial improvement", da auf diese Weise den so Versicherten bei einer Rückkehr auf den Arbeitsmarkt die entsprechenden Leistungen beanspruchen konnten.[212]

Der Bereich der Arbeitsvermittlung wurde um neue Mittel ergänzt: Am Anfang der Vermittlung sollte nun die Erstellung eines individuellen Bewerberprofils samt Chancenprognose – „profiling" – stehen, zu dem die Arbeitsämter verpflichtet wurden und das mit in die ebenfalls neuen Eingliederungsvereinbarungen einfließen sollte. In diesen Vereinbarungen sollten die Bemühungen sowohl des Arbeitsamtes als auch des Ausbildungs- oder Arbeitsuchenden festgelegt werden, wie auch gegebenenfalls künftige Leistungen der aktiven Arbeitsförderung. Die Vereinbarungen sollte für einen bestimmten Zeitraum gelten und gegebenenfalls angepasst, fortgeführt und überprüft werden.[213] Die Regelungen zur Arbeitsvermittlung wurden dahingehend ergänzt, dass Arbeitsämter nun auch die „Teilnahme an einer Maßnahme der Eignungsfeststellungen vorsehen" (Gesetz Art. 1 XIII) sollten, bei Unklarheit, in welche Ausbildungen und Tätigkeiten Ausbildungs- oder Arbeitsuchende vermittelt werden können.

Bei den Vermittlungsbemühungen des Arbeitsamtes wurde die Möglichkeit der Einbeziehung Dritter in die Vermittlung gestärkt. Dabei wurde Arbeitslosen das Recht eingeräumt, nach einer sechsmonatigen Arbeitslosigkeit vom Ar-

---

[212] Körner (2002: 245) weist darauf hin, dass bis 1998 im AFG die Erziehungsperiode zumindest als Anrechnungszeit galt.
Kleinere Ergänzungen und Klarstellungen betrafen zudem das Kurzarbeiter- und das Insolvenzgeld (s. Schmidt 2002: 416).
[213] Schweiger (2002: 412-413) kommt in seiner Diskussion des rechtlichen Status der Eingliederungsvereinbarung zu dem Schluss, dass diese unverbindlich ist und als Konsequenz „[…] keine Rechtsgrundlage für Ansprüche des Arbeitslosen, z. B. auf Fortbildungsmaßnahmen sein kann, die Eingliederungsvereinbarung entfaltet für den Kunden also keine rechtsbindende Wirkung. Andererseits vermag sie auch keine neuen Pflichten des Arbeitslosen hervorrufen. Man sucht im Gesetzentwurf zum Job-AQTIV-Gesetz daher vergeblich nach einem Sperrzeittatbestand (§ 144 I SGB III), der die Verletzung von Pflichten aus der Eingliederungsvereinbarung sanktioniert". Die Pflichten des Arbeitslosen (Eigenbemühungen, Verfügbarkeit etc.) ergäben sich direkt aus dem Gesetz. Positiv vermerkt Schweiger (2002: 415) allerdings: „Immerhin gewährleistet die Eingliederungsvereinbarung bei zweckentsprechender Handhabung individuelle Beratung durch den Arbeitsvermittler. Wenn es sich bei ihr auch nicht um ein echtes Kooperationsangebot handelt, so bewirkt sie zumindest eine positive Formalisierung des Vermittlungsprozesses, da der Arbeitsvermittler erstmals ‚gezwungen' ist, sich frühzeitig und intensiv mit seinen Kunden zu befassen, worauf der Arbeitslose auch einen Rechtsanspruch hat (§§ 6, 35 SGB III n. F.)". S. hierzu auch Körner 2002: 242-243.

beitsamt die Beauftragung eines Dritten als Vermittler zu verlangen. Die Möglichkeit des Arbeitsamts zur Einschaltung Dritter ist durch ein Widerspruchsrecht des Arbeitsuchenden eingeschränkt. Die Gründe, aus denen das Arbeitsamt Sperrzeiten – Zeiten in denen kein Arbeitslosengeld gezahlt wird – verhängen kann, wurden um die Verhinderung der Anbahnung eines durch das Arbeitsamt vermittelten Beschäftigungsverhältnisses ergänzt. Die Abwertung der Arbeitslosenhilfe nach einer gewissen Zeit[214] sollte nicht eintreten, wenn der Arbeitslose einem Qualifikationsverlust entgegenwirken konnte, indem er an einer vom Arbeitsamt geförderten Bildungsmaßnahme teilgenommen oder für sechs Monate eine Beschäftigung (mindestens 15 Stunden pro Woche) ausgeübt hat. Die fakultativen Leistungen der aktiven Arbeitsmarktpolitik wurden um eine Vielzahl von Regelungen ergänzt. Diese Maßnahmen waren nicht durchweg neu, „[e]inige Maßnahmen (wie der Eingliederungszuschuss für jüngere Arbeitnehmer ohne Berufsausbildung und berufsvorbereitende Maßnahmen) wurden aus dem Sofortprogramm zum Abbau der Jugendarbeitslosigkeit übernommen und sollen ab 2004 als Regelinstrumente der Arbeitsförderung gelten" (Blancke/Schmid 2003: 226).

Feil et al. (2007: 175) sehen in dem Gesetz im Großen und Ganzen eine Bestätigung des „[…] 1998 eingeleiteten Paradigmenwechsels der deutschen Arbeitsförderung zu einer aktivierenden Arbeitsmarktpolitik". Mit dem Gesetz sei „[…] das Primat einer frühzeitigen Reintegration von Arbeitslosen in den ersten Arbeitsmarkt systematisch gesetzlich fixiert" worden, die Regelungen sollten das „Fördern und Fordern" institutionalisieren (2007: 176). Kritisch zum Job-AQTIV-Gesetz äußert sich Körner (2002: 243), die bemängelt, dass der Grundsatz des „Fördern und Forderns" wegen der unklaren Ausgestaltung der Eingliederungsvereinbarung unverbindlich bleibe und dass die aktivierende Arbeitsmarktpolitik „[…] letztlich doch nichts anderes als eine konsequente Fortsetzung des Weges, den das SGB III 1998 unter einer anderen Regierung eingeschlagen hat [ist]: die Verlagerung der Verantwortung für die Beschäftigung vom Staat auf die Arbeitslosen und die Arbeitgeber […]". Sie macht dies auch an den sich wandelnden Eingangsparagraphen des SGB III fest:

> „Im Job-AQTIV-Gesetz ist zwar in § 1 I 1 auch wieder von hohem Beschäftigungsstand die Rede, aber in S. 2 wird die andere Zielrichtung deutlich: der hohe Beschäftigungsstand ist nicht mehr explizit, wie noch im AFG, staatliche Aufgabe. Es wird also vor allem auf die schnelle Vermittelbarkeit gesetzt. Daher ist der Eindruck nur schwer auszuräumen, dass zugunsten einer positiven Eingliederungsbilanz, im Zweifel die Interessen der einzelnen Arbeitnehmer auf der Strecke bleiben".

---

[214] Minderung des Bemessungsentgelts um 3% pro Jahr.

Dies zeige sich auch an der Beibehaltung problematischer Veränderungen vom AFG zum SGB III, an denen auch das Job-AQTIV-Gesetz nichts ändere.

Blanckes und Schmids (2003: 226-227) Bewertung der Maßnahmen hebt dagegen die Unterschiede zur Politik der Vorgängerregierung hervor. Sie sehen in dem Gesetz „[…] Züge eines Wandels weg von den bislang üblichen nachfrageorientierten Strategien (Lohnkostenzuschüsse, Arbeitsbeschaffungsmaßnahmen, Strukturanpassungsmaßnahmen) hin zu einer stärker angebotsorientierten Arbeitsmarktpolitik. Dies sollte jedoch nicht, wie unter der christlich-liberalen Koalition, durch Verschärfung der Anspruchsbedingungen für passive (lohnkompensatorische) Maßnahmen angestrebt werden, sondern durch Veränderungen der materiellen Inhalte der aktiven Maßnahmen […]". Diese Strategie sei in hohem Maße konsensfähig gewesen, da „[…] auf weitreichende Kürzungen verzichtet [wurde] und […] sich auch sonst kaum kontroverse Maßnahmen im Gesetz" fanden. Sie stellen die Maßnahmen in einen Zusammenhang mit sozialdemokratischer Politik des „dritten Weges" (Blancke/Schmid 2003: 227).[215] Bald allerdings folgten Reformen im Bereich Beschäftigung, die das Job-AQTIV-Gesetz und seine Umsetzung in den Schatten stellten sollten.

6.3.13 Dass das Job-AQTIV-Gesetz nur der Auftakt zu weiteren Reformen war, war zu Beginn des Reformprozesses nicht absehbar gewesen. Der so genannte Vermittlungsskandal – im Februar 2002 hatte der Bundesrechnungshof gravierende Fehler in den Vermittlungsstatistiken von fünf Arbeitsämtern festgestellt – öffnete ein „window of opportunity" für die Bundesregierung (Blancke/Schmid 2003: 227-228), die einen Zweistufenplan zum Umbau der Arbeitsverwaltung und -vermittlung vorlegte (Schröder 2002).

In der Folge wurde zum einen die Bundesanstalt für Arbeit nach Prinzipien des New Public Management umstrukturiert. Diese Regelungen waren Teil des *Gesetzes zur Vereinfachung der Wahl der Arbeitnehmervertreter in den Aufsichtsrat*, das auch direkte Konsequenzen für die Arbeitsvermittlung hatte (Adamy 2002). Dabei wurde die Rolle von privaten Vermittlern von Arbeitsplätzen und Ausbildungsstellen gestärkt: Während diese nun ohne eine besondere Erlaubnis tätig werden konnten und ein Erfolgshonorar verlangen durften, erhielten Arbeitslose (mit Anspruch auf Arbeitslosengeld bzw. -hilfe und nach dreimonatiger Arbeitslosigkeit) und Beschäftigte in ABM und SAM Anspruch auf einen Vermittlungsgutschein. Der Wert des Gutscheins wurde von der Dauer der Ar-

---

[215] Heinelt (2003: 134-135) hebt außerdem hervor, dass entscheidend „[…] für die politische Debatte [ist], dass versucht wurde, ‚Aktivierung' begrifflich (positiv) mit Befähigung zur Integration, zu Eigeninitiative und -verantwortung, sowie mit ‚Leistungsverpflichtung auf Gegenseitigkeit' in Verbindung zu bringen – und nicht negativ mit Zwang und sozialer Kontrolle".

beitslosigkeit abhängig gemacht,[216] das Honorar des privaten Arbeitsvermittlers durfte die Höhe eines Gutscheins nicht überschreiten, wenn ein solcher vorliegt. Die Regelung wurde bis Ende 2004 befristet. Die Beziehung zwischen Arbeitsvermittler und Arbeitsuchendem sollte in einem Vertrag festgehalten werden, der den Regelungen des SGB III (§ 296) genügen musste.

Zum anderen wurde die Kommission Moderne Dienstleistungen am Arbeitsmarkt einberufen, deren 15 Mitglieder unter der Leitung von Peter Hartz (daher auch „Hartz-Kommission") nicht nur ihrem Auftrag gemäß Vorschläge zur Reform der Bundesanstalt für Arbeit, ihrer Organisation, Aufgaben und Mittel machten, sondern sich auch grundsätzlicher zur Arbeitsmarkt- und Beschäftigungspolitik äußerten (Heinelt 2003: 135-136). Die Vorschläge der Kommission (Kommission Moderne Dienstleistungen am Arbeitsmarkt 2002) stießen zwar in einigen Punkten auf Widerspruch, „[...] durch die Besetzung der Kommission auch mit Gewerkschaftsvertretern wurde den Vorschlägen jedoch später Schärfe genommen und schien eine Berücksichtigung der Arbeitnehmerinteressen gewährleistet" (Blancke/Schmid 2003: 229), wobei auch die nahe Bundestagswahl zur nur verhaltenen Kritik beitrug. Die Bundesregierung wollte die im August offiziell an sie übergebenen Vorschläge, die insgesamt 13 Module umfassten, möglichst bald umsetzen, und zwar „Eins zu Eins", wie Schröder versprach.

Bereits vor der Bundestagswahl wurden erste Schritte zur Umsetzung der Kommissionsvorschläge unternommen (Blancke/Schmid 2003: 229), nach der Bundestagswahl im September wurden weitere Elemente in mehrere Gesetze überführt, jetzt allerdings unter Mitwirkung Wolfgang Clements als „Superminister" für Wirtschaft und Arbeit.[217] Insgesamt wurden etwa zwei Drittel der Kommissionsvorschläge in unterschiedlichem Maße realisiert (Kemmerling/Bruttel 2006: 91; s auch Jann/Schmid 2004), wobei die Regierung auch auf die Vorstellungen der Opposition eingehen musste, deren Zustimmung zu Teilen der Gesetze im Bundesrat notwendig war. Die vier Gesetze für moderne Dienstleistungen am Arbeitsmarkt wurden in zwei Blöcken umgesetzt, das Erste und Zweite wurden Ende 2002 beschlossen und verkündet, das Dritte und Vierte Ende 2003. Die Gesetze umfassten Regelungen sowohl zur Arbeitsvermittlung und zur Reorganisation der Institutionen der Arbeitsverwaltung, als auch zu den Lohnersatzleistungen im Falle von Arbeitslosigkeit:

> „Vor allem das Problem der Langzeitarbeitslosigkeit sollte nachhaltig bekämpft werden, was sowohl den Betroffenen als auch den Steuer- und Beitragszahlern hel-

---

[216] Bei drei bis sechs Monaten Arbeitslosigkeit 1.500 €, bei sechs bis neun Monaten 2.000 €, darüber 2.500 €.
[217] Im Koalitionsvertrag nahm die Arbeitsmarktpolitik wieder eine prominente Rolle ein: „Der Abbau der Arbeitslosigkeit bleibt unser wichtigstes Ziel" (SPD/Bündnis 90/Die Grünen 2002: 11; s. auch 9-14).

fen sollte, denn neue Beschäftigung erzeugt Einkommen und senkt die (Lohnneben-) Kosten. Mit den vier Gesetzen für moderne Dienstleistungen am Arbeitsmarkt wurden die Arbeitsverwaltung und die Arbeitsvermittlung grundlegend umstrukturiert, um sie durchgreifend zu verbessern [...]. Insbesondere sollte die Bundesagentur für Arbeit zum kundenorientierten, modernen Dienstleister am Arbeitsmarkt werden. Das Nebeneinander zweier Leistungen – Arbeitslosenhilfe und Sozialhilfe – für langzeitarbeitslose Menschen wurde beendet und durch die einheitliche Grundsicherung für Arbeitsuchende ersetzt" (Schmid 2007: 279).

Die vier „Hartz-Gesetze" wurden – teils noch vor Inkrafttreten – durch weitere Gesetze ergänzt oder geändert. Sie werden im Folgenden im Detail erläutert.

6.3.14 Das *Erste Gesetz für moderne Dienstleistungen am Arbeitsmarkt* und das *Zweite Gesetz für moderne Dienstleistungen am Arbeitsmarkt* umfassten vor allem Maßnahmen zur aktiven Arbeitsmarktpolitik. Dabei wurden sowohl Ermessensleistungen, Pflichtleistungen als auch Pflichten der Arbeitsuchenden neu gestaltet.[218] Die im November vom Bundestag gleichzeitig beschlossenen Gesetze werden im Folgenden gemeinsam behandelt. Das Zweite Gesetz wurde nach Verhandlungen im Vermittlungsausschuss modifiziert, wovon etwa die Regelungen zur geringfügigen Beschäftigung berührt wurden. Die sozialen Rechte betreffenden Regelungen umfassten im Einzelnen:

Arbeitslosengeld und Arbeitslosenhilfe wurden entdynamisiert, d. h. sie sollten nicht mehr jährlich entsprechend der Lohnentwicklung angepasst werden. Weitere Änderungen im Bereich Arbeitslosenhilfe geschahen vor dem Hintergrund ihrer geplanten Zusammenlegung mit der Sozialhilfe. „Diese Zusammenführung wird vollständig nicht vor dem 1. Januar 2003 möglich sein. In einem ersten Schritt werden aber die beiden Systeme bei der Anrechnung von Partnereinkommen und von Vermögen angenähert", so der parlamentarische Staatssekretär im BMWA, Andres (2002: 380). Daher wurden die Freibeträge neu geregelt[219]: Der bei der Bedürftigkeitsprüfung relevante Mindesteinkommensfreibetrag des (Ehe-)Partners wurde um 20% gekürzt[220] und der Erwerbstätigen-

---

[218] Ein weiterer, hier zu vernachlässigender Punkt war die Überarbeitung des Arbeitnehmerüberlassungsgesetzes.

[219] Zum Folgenden s. Steffen/Nakielski 2003: 119-120. Die beiden Autoren weisen darauf hin, dass „[...] die Leistungssätze noch nicht angetastet, dafür aber die Hürden der Bedürftigkeitsprüfung vor dem Bezug der Alhi extrem erhöht" wurden (2003: 119).

[220] Damit wurde dieser Freibetrag von 602,92 € auf 482,33 € gesenkt. „Von der Kürzung sind jene Arbeitslosenhilfeempfänger in vollem Umfang betroffen, deren Partner ein vergleichsweise geringes Einkommen erzielen, so dass ihre hypothetische Alhi [bestimmt den Freibetrag oberhalb des Mindestfreibetrags; FB] die neue Mindestfreibetragshöhe nicht übersteigt; in diesen Fällen sinkt die monatliche Alhi um 120,59 €. Von der Absenkung sind nach internen Berechnungen des Bundesministeriums für Wirtschaft und Arbeit (BMWA) zufolge zwölf Prozent aller Arbeitslosenhilfe-Haushalte betroffen. Im Bundeshaushalt sollen hierdurch ab 2004 jährlich 0,23 Mrd. € Minderausgaben anfallen" (Steffen/Nakielski 2003: 119).

Freibetrag[221] gestrichen. Auch die im Zuge der Rentenreform neu geregelten Vermögensfreibeträge (s. Fn. 209) wurden herabgesetzt.[222] Die Senkung der Vermögensfreibeträge galt allerdings nicht für Arbeitslose, die Ende 2002 ihr 55. Lebensjahr vollendet hatten.

Die geringfügige Beschäftigung wurde neu geregelt durch Anhebung der Geringfügigkeitsgrenze von 325 € auf 400 € (so genannte Mini-Jobs, nun ohne Beschränkung der Wochenarbeitszeit) und die Einführung einer Gleitzone für Einkommen zwischen 400,01 € und 800 €.[223] Dies bedeutete, dass durch Anhebung der Grenze nun formal ein größerer Teil der Beschäftigten keinen Zugang zur Arbeitslosenversicherung, also auch keinen Anspruch auf Leistungen hatte, die eine vorherige versicherungspflichtige Beschäftigung voraussetzen.

Die Dauer der Sperrzeiten, in denen keine Entgeltersatzleistungen gezahlt werden, wurde differenziert (statt einheitlich zwölf Wochen abgestuft drei, sechs, zwölf Wochen in Abhängigkeit von der Dauer der aufgegebenen, abgelehnten oder abgebrochenen Beschäftigung oder Maßnahme).[224] Gleichzeitig wurde die Summe der Sperrzeiten, die einen Verlust des Anspruchs auf Arbeitslosengeld oder -hilfe bewirken, von 24 auf 21 Wochen gesenkt. Außerdem wurden die Bedingungen, nach denen Arbeitslose Gründe geltend machen können, warum eine Sperrzeit nicht verhängt werden sollte, verschärft.

Eine qualitative Neuerung stellte die Verpflichtung von Arbeitnehmern dar, sich frühzeitig beim Arbeitsamt zu melden. Bis dahin konnte zwar die Zahlung des Arbeitslosengeldes frühestens am Tag der Arbeitslosmeldung beginnen, es bestand jedoch keine Pflicht zur Meldung. Nun mussten Arbeitnehmer, die sich nicht frühzeitig meldeten, eine Minderung des Arbeitslosengeldes in Kauf nehmen.[225] „Frühzeitig" bedeutete mit dem Zeitpunkt, zu dem die Auflösung des bestehenden Arbeitsverhältnisses bekannt wurde, bei einer befristeten Beschäftigung frühestens drei Monate vor deren Ende.

Für Arbeitslose wurde ein Umzug zur Aufnahme einer Beschäftigung zumutbar, wenn die Arbeitslosigkeit nicht innerhalb des Pendelbereichs beendet

---

[221] Zusätzlich konnte bisher vom Einkommen des (Ehe-)Partners ein Betrag „in angemessener Höhe" (§ 194 II 2 SGB III i. d. Fassung vom 1.1.2002) von 150,73 € abgesetzt werden.

[222] Von 520 € auf 200 € pro Person und Lebensjahr, bei einer Höchstgrenze von 13.000 € bei Alleinstehenden und 26.000 € in Partnerhaushalten (zuvor 33.800 € bzw. 67.600 €).

[223] Für Auszubildende bestehen Ausnahmen sowohl hinsichtlich der Geringfügigkeitsgrenze als auch der Gleitzone.

[224] Für Details s. Hümmerich et al. 2003: 12-13.

[225] Die Minderung beträgt je nach wöchentlichem Bemessungsentgelt zwischen 7 € und 50 € pro Tag der verspäteten Meldung, begrenzt auf die Summe von 30 Tagen. Diese Regelung ist mit Sollvorschriften für den Arbeitgeber gekoppelt (Information des Arbeitnehmers über und Freistellung für die Meldung beim Arbeitsamt, Ermöglichung der Teilnahme an Qualifizierungsmaßnahmen). Allerdings bestehen hier keine Sanktionsmöglichkeiten bei Verletzung der Pflichten. S. Neumann 2003: 115-116.

werden konnte. Allerdings konnten familiäre Bindungen gegen einen solchen Umzug sprechen, wie auch eine voraussichtliche Arbeitsaufnahme im Pendelbereich innerhalb der ersten drei Monate der Arbeitslosigkeit.

Die von der Hartz-Kommission vorgeschlagene Förderung so genannter „Ich-AGs" wurde durch einen neuen Zuschuss für Existenzgründer umgesetzt. Es handelte sich hier um ein Anrecht, wenn die folgenden Voraussetzungen vorlagen: Vorheriger Bezug von Entgeltersatzleistungen oder Teilnahme an Arbeitsbeschaffungs- oder Strukturanpassungsmaßnahmen, ein Einkommen aus der selbständigen Tätigkeit von voraussichtlich höchstens 25.000 € pro Jahr und die Beschäftigung allenfalls von Familienangehörigen, nicht jedoch von Arbeitnehmern. Der Beginn einer Förderung war bis Ende 2005 möglich. Der Zuschuss betrug pro Monat 600 € im ersten, 360 € im zweiten und 240 € im dritten Jahr. Als Bewilligungszeitraum wurde ein Jahr festgelegt. Für die Geförderten bestand Versicherungspflicht in der Rentenversicherung. Damit bestanden zwei Fördermöglichkeiten für den Übergang von der Arbeitslosigkeit in die Selbständigkeit, da die Ermessensleistung Überbrückungsgeld weiter Bestand hatte.[226]

Als eine neue Pflichtleistung wurde die Entgeltsicherung für ältere Arbeitnehmer eingeführt. Arbeitnehmer über 50 Jahre, die eine versicherungspflichtige Arbeit (zu Tariflohn oder ortsüblichen Bedingungen) aufnahmen und noch einen Anspruch auf Arbeitslosengeld für mindestens 180 Tage hatten, erhielten einen Anspruch auf einen Zuschuss zu ihrem Arbeitsentgelt und einen zusätzlichen Beitrag zur Rentenversicherung.[227]

Ermessensleistungen im Bereich Weiterbildung wurden neu strukturiert (s. hierzu Steffen 2008: 27-28). Die Förderung von Weiterbildungsmaßnahmen für Arbeitslose und Arbeitnehmer erfolgte nun durch Vergabe so genannter Bildungsgutscheine, die sie zur Auswahl unter verschiedenen Angeboten und Anbietern berechtigten. Diese Gutscheine konnten zeitlich, regional und auf bestimmte Bildungsziele beschränkt werden. Weitere Leistungen wurden gestrichen oder gekürzt (Anschlussunterhaltsgeld, Unterhaltsgeld), in manchen Fällen

---

[226] Für Details und eine Gegenüberstellung Existenzgründungszuschuss und Überbrückungsgeld s. Hoehl 2003. In diesem Zusammenhang wurde auch § 7 IV SGB IV (Selbständigkeit) ein weiteres Mal geändert. Die bisherigen Kriterien wurden gestrichen und stattdessen festgelegt, dass „[f]ür Personen, die für eine selbständige Tätigkeit einen Zuschuss nach § 421l des Dritten Buches beantragen, […] widerlegbar vermutet [wird], dass sie in dieser Tätigkeit als Selbständige tätig sind. Für die Dauer des Bezugs dieses Zuschusses gelten diese Personen als selbständig Tätige" (§ 7 IV SGB IV, i. .d Fassung vom 1.1.2003). S. hierzu Rolfs 2003: 65-66.

[227] Der Zuschuss zum Arbeitsentgelt betrug 50% der Nettoentgeltdifferenz (der Differenz zwischen dem pauschalierten Entgelt aus der neuen Beschäftigung und dem Arbeitslosengeld zugrunde liegenden Entgelt). Der Zuschuss zur Rentenversicherung wurde geleistet „[…] auf Basis des Unterschiedsbetrags zwischen 90% des Bemessungsentgelts (max. bis zur BBG) und dem Arbeitsentgelt aus der entgeltgesicherten Beschäftigung" (Steffen 2008: 28; s. dort auch für weitere Details). Die Regelung war zunächst befristet, Erstanträge konnten bis Ende 2005 gestellt werden.

allerdings leichter zugänglich gemacht (Übernahme von Bewerbungs- und Reisekosten und Mobilitätshilfen).

Daneben wurden auch das Arbeitnehmerüberlassungsgesetz – das Gesetz regelt Leiharbeit – reformiert und die Arbeitsämter zur Einrichtung von PersonalServiceAgenturen (Zeitarbeitsgesellschaften) durch Verträge mit existierenden Verleihern, Beteiligung an Unternehmen oder durch eigene Gründung verpflichtet. Für Neumann stellen die PSA das „Herzstück des Abbaus der Arbeitslosigkeit" (Neumann 2003: 113) dar, deren Aufgabenschwerpunkt die „vermittlungsorientierte Arbeitnehmerüberlassung" gewesen sei (2003: 114).[228]

Die Gesetze für moderne Dienstleistungen am Arbeitsmarkt wurden von der Regierung als Teil des Regierungsprogramms Agenda 2010 gesehen, das im Zusammenhang mit einer sich seit 2002 verschlechternden wirtschaftlichen Lage, die auch auf den Arbeitsmarkt durchschlug, entwickelt wurde. Diese Agenda löste z. T. heftigen Protest aus und wurde von Schröder auch gegen Widerstand aus der eigenen Partei durchgesetzt. In der Regierungserklärung zur Agenda 2010 vom 14.3.2003 nahm Schröder direkten Bezug auf die ersten beiden Gesetze für moderne Dienstleistungen am Arbeitsmarkt:

> „Wir haben die Arbeitsmärkte deshalb für neue Formen der Beschäftigung und der Selbständigkeit geöffnet. Wir haben das *Programm ‚Kapital für Arbeit'* aufgelegt. Wir haben die Bedingungen für die Vermittlung der Arbeitslosen durchgreifend verbessert. Wir haben Rechte und Pflichten der Arbeitsuchenden in ein neues Gleichgewicht gebracht.
> Wir sind dabei, die Bundesanstalt für Arbeit so umzubauen, dass sie ihrer eigentlichen Aufgabe nachkommen kann, nämlich Arbeitslose in Arbeit zu vermitteln und sie nicht bloß zu verwalten" (BT-Plenarprotokoll 15/32: 2484A; Hervorhebung i. O.).[229]

Bezüglich der kommenden Reformen nannte er einige Punkte, die mit zu den umstrittensten Details der Agenda-Politik gehören sollten:

> „Wir brauchen deshalb Zuständigkeiten und Leistungen aus einer Hand. Damit steigern wir die Chancen derer, die arbeiten können und wollen. Das ist der Grund, warum wir *Arbeitslosen- und Sozialhilfe* zusammenlegen werden, und zwar einheitlich auf einer Höhe – auch das gilt es auszusprechen –, die in der Regel dem Niveau der Sozialhilfe entsprechen wird" (BT-Plenarprotokoll 15/32: 2485A; Hervorhebung i. O.).

Nach einer kurzen Ausführung darüber, dass Langzeitarbeitslose mehr Hilfe erhalten sollten, kündigte Schröder eine Verschärfung der Bedingungen an, unter

---

[228] Für Details zu arbeitsrechtlichen Konsequenzen s. Steffen 2008: 27, Neumann 2003: 113-115.

[229] „Kapital für Arbeit" bzw. „Job Floater": „Von der Hartz-Kommission vorgeschlagenes Förderprogramm der Kreditanstalt für Wiederaufbau (KfW) zur Schaffung neuer Arbeitsplätze" (Schmid 2007: 282).

denen auf Unterstützung zugegriffen werden könne: „Niemandem aber wird künftig gestattet sein, sich zulasten der Gemeinschaft zurückzulehnen. Wer zumutbare Arbeit ablehnt – wir werden die Zumutbarkeitskriterien verändern –, der wird mit Sanktionen rechnen müssen" (BT-Plenarprotokoll 15/32: 2485B). Die Agenda 2010 wurde von den Sonderparteitagen der Regierungsparteien abgesegnet, die große Zustimmung in der SPD war allerdings auch einer Rücktrittsdrohung des Kanzlers geschuldet. Zugeständnisse, die zu diesem Zeitpunkt an Reformkritiker gemacht wurden, um eine Mehrheit für die Reformgesetze im Bundestag zu sichern, wurden in den folgenden Verhandlungen mit der Opposition, die über die Mehrheit im Bundesrat verfügte, wieder zurückgenommen (Clasen 2005: 75). Denn während das Dritte Gesetz für moderne Dienstleistungen am Arbeitsmarkt keiner Zustimmung durch den Bundesrat bedurfte, wurde das Vierte Gesetz im Vermittlungsausschuss überarbeitet.

6.3.15 Das Ende 2003 beschlossene *Dritte Gesetz für moderne Dienstleistungen am Arbeitsmarkt* stellte die nächste Stufe des Neustrukturierung der Arbeitsverwaltung dar. Neben dem organisatorischen Umbau der Bundesanstalt für Arbeit (und ihrer Umbenennung in Bundesagentur für Arbeit; für Details s. Allmendinger et al. 2005: 70-73), die auch zu einem Umbau der örtlichen Agenturen für Arbeit führte, reformierte dieses Gesetz die Leistungen der Arbeitsförderung. Die in § 3 V SGB III als Pflichtleistungen aufgeführten Leistungen der aktiven Arbeitsförderung wurden um das Überbrückungsgeld, Leistungen zur Förderung der Teilnahme an Transfermaßnahmen sowie (ab 1. Januar 2005) das Arbeitslosengeld bei beruflicher Weiterbildung ergänzt, der an Arbeitgeber erbrachte Eingliederungszuschuss zur Einarbeitung von Berufsrückkehrern wurde hingegen gestrichen. Damit erhielt das Überbrückungsgeld[230] für Empfänger von Arbeitslosengeld oder -hilfe, die sich selbständig machen wollen, denselben Status wie der Existenzgründungszuschuss (s. Abschnitt 6.3.14). Die Förderung der Teilnahme an Transfermaßnahmen betraf Arbeitnehmer, „[...] die auf Grund von Betriebsänderungen oder im Anschluss an die Beendigung eines Berufsausbildungsverhältnisses von Arbeitslosigkeit bedroht sind [...]" (§ 216a I SGB III n. F.). Voraussetzung für die Erbringung dieser Leistung zur Eingliederung von Arbeitnehmern in den Arbeitsmarkt war allerdings, dass sich Arbeitgeber an der

---

[230] Überbrückungsgeld wurde für sechs Monate bei Aufnahme einer selbständigen Tätigkeit geleistet. Es entsprach in der Höhe dem zuvor bezogenen Arbeitslosengeld/der Arbeitslosenhilfe zuzüglich pauschalierter Sozialversicherungsbeiträge. Ein Bezug war an den vorherigen Erhalt von Entgeltersatzleistungen oder Teilnahme an einer ABM sowie die Stellungnahme einer fachkundigen Einrichtung (z. B. Handwerkskammer) zur Tragfähigkeit der Existenzgründung gebunden. Geregelt wurde nun auch, wie oft diese Leistung bezogen werden kann: Ein erneuter Bezug nach einer gescheiterten Existenzgründung ist nach zwei Jahren möglich, in Ausnahmefällen auch schon früher.

Finanzierung beteiligen. Diese Förderung löste die bisherigen Zuschüsse zu Sozialplanmaßnahmen ab.[231]

Die Leistung Arbeitslosengeld war von mehreren Änderungen betroffen: Eine Arbeitslosmeldung wurde nun früher möglich (drei Monate vor Beendigung des Arbeitsverhältnisses statt zwei). Außerdem wurde die Möglichkeit geschaffen, dass die Anspruchberechtigten ab 2005 flexibler über den Zeitpunkt der Anspruchentstehung für Arbeitslosengeld entscheiden können. Dies brachte Vorteile etwa für ältere Arbeitnehmer, die durch eine solche Verschiebung abhängig von Altersgrenzen evtl. eine längere Bezugsdauer für das Arbeitslosengeld erreichten (Steffen 2008: 29, Nakielski/Winkel 2005: 27).

Die Vorversicherungszeit für Arbeitslosengeld wurde auf zwölf Monate vereinheitlicht (Anwartschaftszeit; vorher bestanden Ausnahmen). Die zwölf Monate mussten innerhalb einer Rahmenfrist von zwei Jahren liegen (vorher: drei), eine Verlängerung war nicht mehr möglich. Für Pflegende, Existenzgründer und außerhalb der EU und assoziierten Ländern Beschäftigte wurde allerdings die Möglichkeit geschaffen, sich freiwillig weiterzuversichern (für Existenzgründer und im Ausland Beschäftigte befristet bis 2010). Wehr- und Zivildienstpflichtige wurden ab Februar 2006 voll in die Arbeitslosenversicherung einbezogen, zuvor war dies nicht bei allen Betroffenen der Fall gewesen.[232] Die Regelungen für Nebeneinkommen bei Bezug von Arbeitslosengeld wurden verschärft.

Arbeitslosengeld wurde nun auch bei beruflicher Weiterbildung gezahlt, neben dem Arbeitslosengeld bei Arbeitslosigkeit (AlgA) trat nun anstelle des Unterhaltsgeldes das Arbeitslosengeld bei beruflicher Weiterbildung (AlgW), auf das dann ein Anspruch bestand, wenn ein Anspruch auf Arbeitslosengeld besteht.[233] Empfänger von Arbeitslosengeld konnten nun auch verlangen, in eine Teilzeitarbeit mit mindestens 15 Stunden pro Woche vermittelt zu werden. Dies war zuvor nur als Ausnahme möglich gewesen.

---

[231] Für Details siehe Steffen 2008: 30, Allmendinger et al. 2005: 77-78.

[232] S. hierzu die Gesetzesbegründung in BT-Drucksache 15/1515: 77.

[233] „Dabei geht es auch um eine stärkere Versicherungs-Orientierung. [...] Betroffen davon sind in erster Linie Berufsrückkehrerinnen. Frauen, die nach der Familienphase auf dem Arbeitsmarkt zurückkehrten, konnten bislang – soweit ihnen eine berufliche Weiterbildung bewilligt wurde – unter Umständen noch Jahrzehnte nach ihrer letzten versicherungspflichtigen Beschäftigung während der Bildungsteilnahme Unterhaltsgeld erhalten. Diese Sonderregelung ist jetzt entfallen. Der neu eingefügte § 8 SGB III regelt lediglich, dass Berufsrückkehrer die zu ihrer Rückkehr in die Erwerbstätigkeit notwendigen Leistungen der aktiven Arbeitsförderung erhalten sollen. Insbesondere können sie durch die Übernahme der Kosten für die berufliche Weiterbildung (Kursgebühren etc.) gefördert werden – allerdings nicht durch die Zahlung von Arbeitslosengeld bei beruflicher Weiterbildung" (Nakielski/Winkel 2005: 26).

Der Status des Arbeitslosen, der die Voraussetzung des Erhalts von Arbeitslosengeld ist, wurde ab dem 1. Januar 2005 um das Merkmal „Eigenbemühungen" ergänzt. D. h.,

„Arbeitslose dürfen sich nicht allein darauf verlassen, von der Arbeitsagentur vermittelt zu werden. Sie müssen vielmehr – ohne konkrete Aufforderungen der Arbeitsagentur – eigene Aktivitäten zur Arbeitssuche ergreifen. […] Da nach § 117 nur Arbeitslose Anspruch auf Arbeitslosengeld haben, entfällt vom Grundsatz her bei fehlenden Eigenbemühungen auch der Anspruch auf Arbeitslosengeld" (Nakielski/Winkel 2005: 26).

Eine Streichung des Arbeitslosengeldes konnte also aus mangelnden (oder nicht belegbaren) Eigenbemühungen, zu denen jetzt auch die Erfüllung von in der Eingliederungsvereinbarung niedergelegten Pflichten zählt, folgen. Um die Eigenbemühungen des Arbeitslosen sicherzustellen, konnten mangelnde Eigenbemühungen zudem mit Sperrzeiten von zwei Wochen geahndet werden. Die bisherige Säumniszeit (Ruhen des Anspruchs auf Arbeitslosengeld für zwei Wochen wegen des Versäumnisses, sich bei der Arbeitsagentur zu melden) wurde aufgehoben. An ihrer Stelle sollte nun eine Sperrzeit von einer Woche verhängt werden, die zu anderen Sperrzeiten addiert wurde. Eine Sperrzeit konnte auch für arbeitsuchende Arbeitnehmer verhängt werden, wenn diese eine Arbeit ablehnten. Schließlich wurden ab Februar 2006 Sperrzeiten wegen Arbeitsaufgabe auch zur Gesamtsumme der Sperrzeiten addiert, „[…] die mit der Entstehung des Alg-Anspruchs eintreten (bisher: nur Sperrzeiten nach Entstehung des Alg-Anspruchs)" (Steffen 2008: 30).

Teilnehmer an einer Arbeitsbeschaffungsmaßnahme unterlagen keiner Versicherungspflicht mehr, konnten also keine Ansprüche für die Zeit nach dem Auslaufen der Maßnahme erwerben. Weitere Änderungen betrafen das Kurzarbeitergeld[234] und das Insolvenzgeld[235] (s. Steffen 2008: 30, Allmendinger et al. 2005: 75-77).

6.3.16 Unter den Gesetzen für moderne Dienstleistungen am Arbeitsmarkt ist das *Vierte Gesetz für moderne Dienstleistungen am Arbeitsmarkt* das in der Öffentlichkeit vermutlich bekannteste und zugleich umstrittenste. „Hartz 4" ist umgangssprachlich zum Synonym für die Leistungen des neuen SGB II, das Arbeitslosengeld II, geworden. Damit ist der Name des Leiters der Kommission Moderne Dienstleistungen am Arbeitsmarkt, Peter Hartz, in den allgemeinen Sprachgebrauch eingegangen. Die Grundsicherung für Arbeitssuchende – Ar-

---

[234] Das Transfer-Kug (KugT) löst das Struktur-Kug ab, wobei als Ziele der Leistung die Förderung von Wiedereingliederung und Qualifizierung gegenüber der Vermeidung von Arbeitslosigkeit betont wird.
[235] Die Berechnung beschränkt sich auf Arbeitsentgelt bis zur Beitragsbemessungsgrenze.

beitslosengeld II und Sozialgeld – wurde neu geschaffen und löste die Arbeitslosenhilfe zum 1. Januar 2005 ab.[236] Allerdings wurde die Leistung nicht für den gleichen Personenkreis wie die Arbeitslosenhilfe konzipiert, da auch bisherige Empfänger von Sozialhilfe Arbeitslosengeld II beanspruchen sollen konnten, andererseits manche Empfänger von Arbeitslosenhilfe keinen Zugang zum Arbeitslosengeld II erhielten. Damit wurden lange bestehende Überlegungen zu einer Zusammenlegung von Arbeitslosenhilfe und Sozialhilfe umgesetzt;[237] allerdings zu Bedingungen (bspw. mit Blick auf die Höhe der Leistungen und die mit ihrem Erhalt verbundenen Pflichten), die auf viel Widerstand stießen. Hatte die Hartz-Kommission die Frage, auf welchem Niveau sich die neue Leistung bewegen sollte, unter Verweis auf die Kommission zur Reform der Gemeindefinanzen offen gelassen, war von Schröder in der Regierungserklärung zur Agenda 2010 bereits angekündigt worden, dass es sich an der Sozialhilfe orientieren würde.[238]

Die neue Grundsicherung richtete sich an bedürftige Erwerbsfähige zwischen 15 und 65 Jahren mit gewöhnlichem Aufenthalt in der Bundesrepublik (Arbeitslosengeld II) und deren nicht erwerbsfähige Familienmitglieder (Sozialgeld). Diese Leistungen sollten zusammen mit einem Mehrbedarf (z. B. für Alleinerziehende) und Kosten für Unterkunft und Heizkosten die Leistungen zur Sicherung des Lebensunterhalts ausmachen. Außerdem wurden Leistungen zur Beendigung oder Verringerung der Hilfebedürftigkeit gewährt. Ein Bezug von Leistungen nach dem SGB II schloss Leistungen nach dem BSHG bzw. SGB XII aus.

Der Erhalt von Leistungen nach dem SGB II wurde von bestimmte Voraussetzungen abhängig gemacht: Ähnlich wie bei der Arbeitslosen- und Sozialhilfe galt das Bedürftigkeitsprinzip. „Hilfebedürftig ist, wer seinen Lebensunterhalt, seine Eingliederung in Arbeit und den Lebensunterhalt der mit ihm in einer Bedarfsgemeinschaft lebenden Personen nicht oder nicht ausreichend aus eigenen Kräften und Mitteln, vor allem nicht 1. durch Aufnahme einer zumutbaren Arbeit, 2. aus dem zu berücksichtigenden Einkommen oder Vermögen sichern kann und die erforderliche Hilfe nicht von anderen, insbesondere von Angehörigen oder von Trägern anderer Sozialleistungen erhält" (§ 9 I SGB II in der Fassung vom 1. Mai 2005). Bezugspunkt wurde also nicht nur der einzelne Hilfsbedürftige, sondern die Bedarfsgemeinschaft und deren Gesamtbedarf. Bedarfsgemeinschaften sollten neben dem Hilfebedürftigen die im Haushalt lebenden Eltern

---

[236] Die Grundsicherung für Arbeitsuchende löste zudem die Eingliederungshilfe für besondere Personengruppen, etwa für Spätaussiedler, ab.
[237] S. bspw. Adamy/Steffen 1999.
[238] Zu den Ergebnissen der Arbeitsgruppe „Arbeitslosenhilfe/Sozialhilfe" der Kommission zur Reform der Gemeindefinanzen s. Arbeitsgruppe 2003: 13-32; zum Minderheitenvotum der Gewerkschaftsvertreter in der Kommission s. Arbeitsgruppe 2003: Anhang A8.

eines minderjährigen, unverheirateten und erwerbsfähigen Hilfebedürftigen[239] und den Partner des Hilfebedürftigen (nicht dauernd getrennt lebende Ehe- und Lebenspartner, eheähnliche Gemeinschaft) umfassen sowie die im Haushalt lebenden minderjährigen, unverheirateten Kinder des Hilfebedürftigen und seines Partners, die selbst nicht für ihren Unterhalt sorgen können. Die Bedürftigkeit wird von den Arbeitsagenturen festgestellt. Hilfebedürftigkeit liegt vor, wenn nicht genügend Einkommen[240] und/oder Vermögen vorhanden ist: „Kriterium der Hilfsbedürftigkeit bei den Einnahmen ist die Leistung nach dem SGB II. Sofern der Anspruchssteller mehr Einnahmen hat als Leistung ihm zustehend würde, ist er nicht bedürftig" (Faber 2005: 77). Beim Vermögen wurden unterschiedliche Freibeträge eingeführt, in Abhängigkeit auch von der Art des Vermögens; das Altersvorsorgevermögen wurde gesondert geregelt.[241]

Das Kriterium der Erwerbsfähigkeit schloss jeden ein, der „[...] nicht wegen Krankheit oder Behinderung auf absehbare Zeit außer Stande ist, unter den üblichen Bedingungen des allgemeinen Arbeitsmarktes mindestens drei Stunden täglich erwerbstätig zu sein" (§ 8 I SGB II). Erwerbsfähigkeit bedeutete entsprechend für Ausländer, dass „[...] ihnen die Aufnahme einer Beschäftigung erlaubt ist oder erlaubt werden könnte" (§ 8 II SGB II).

---

[239] Durch das Gesetz zur optionalen Trägerschaft von Kommunen nach dem Zweiten Buch Sozialgesetzbuch (Kommunales Optionsgesetz), das vor allem Regelungen, die die alleinige Zuständigkeit von Kommunen für das SGB II betrafen (Experimentierklausel), enthielt, wurden die Bestimmungen zur Bedarfsgemeinschaft insofern noch vor Inkrafttreten ergänzt, als dass neben Eltern bzw. Elternteil eines minderjährigen, unverheirateten erwerbsfähigen Kindes auch der im Haushalt lebende Partner dieses Elternteils mit zur Bedarfsgemeinschaft gehören sollte. „Mit der Regelung wird eine Lücke geschlossen, weil anderenfalls nicht erwerbsfähige Partner keine BG [Bedarfsgemeinschaft; FB] mit einem nicht erwerbsfähigen Elternteil und dessen minderjährigen unverheirateten erwerbsfähigen Kindern bilden könnten." (Steffen 2008: 80)

[240] „Als Einkommen werden alle Einnahmen in Geld oder Geldeswert berücksichtigt. Davon ausgenommen sind Leistungen nach dem SGB II, der Grundrente nach dem Bundesversorgungsgesetz und nach den Gesetzen, die eine entsprechende Anwendung des Bundesversorgungsgesetzes vorsehen als auch Renten oder Beihilfen, die nach dem Bundesentschädigungsgesetz für Schaden an Leben sowie an Körper oder Gesundheit erbracht werden, bis zur Höhe der vergleichbaren Grundrente nach dem Bundesversorgungsgesetz" (Faber 2005: 77).

[241] Grundsätzlich erhielten Hilfsbedürftige und ihre Partner einen Freibetrag von 200 € pro Lebensjahr (Mindestbetrag 4.100 €, Höchstbetrag 13.000 €), bei vor 1948 Geborenen betrug der Freibetrag 520 € pro Lebensjahr (Höchstbetrag 33.800 €). Für Kinder bis 18 Jahre betrug der Freibetrag 4.100 €. Dazu sollte für jedes Mitglied der Bedarfsgemeinschaft ein Freibetrag für notwendige Anschaffungen von 750 € kommen. Für Altersvorsorgevermögen wurde ein gesonderter Freibetrag von 200 € pro Lebensjahr festgelegt (Mindestbetrag 4.100 €, Höchstbetrag 13.000 €; lag nur Altersvorsorgevermögen vor, sollte sich der Freibetrag pro Lebensjahr verdoppeln). Zusätzlich wurden staatlich geförderte Vorsorgeprodukte (Riester-Rente) bis zu den Förderhöchstbeträgen nicht als Vermögen berücksichtigt. Die Regelungen wurden durch die Verordnung zur Berechnung von Einkommen sowie zur Nichtberücksichtigung von Einkommen und Vermögen beim Arbeitslosengeld II/Sozialgeld (Arbeitslosengeld II/Sozialgeldverordnung – Alg II-V) spezifiziert.

Die Hilfsbedürftigen sollten als Regelleistungen zur Sicherung des Lebens-unterhalts[242] Anspruch auf Arbeitslosengeld II für erwerbsfähige Arbeitnehmer und Sozialgeld für nicht erwerbsfähige Mitglieder der Bedarfsgemeinschaft er-halten. Die Regelleistung wurde auf 345 € in den alten bzw. 331 € in den neuen Bundesländern festgelegt, die Leistung war damit im Unterschied zur Arbeitslo-senhilfe nicht mehr an die Höhe eines zuvor erzielten Einkommens gekoppelt.[243] Die Regelleistung sollte jährlich entsprechend der Veränderung des aktuellen Rentenwertes angepasst werden. Bei Bedarfsgemeinschaften sollten geringere Leistungen bewilligt werden: Bei zwei Personen ab 18 Jahren betrug der Satz 90% pro Person. Weitere erwerbsfähige Mitglieder der Bedarfsgemeinschaft erhielten 80% der Regelleistung, für Kinder bis zur Vollendung des 14. Lebens-jahres wurden 60% und darüber 80% geleistet. Außerdem erhielten Schwangere, Alleinerziehende, Behinderte und Hilfsbedürftige, die aus medizinischen Grün-den eine kostenaufwändige Ernährung brauchten, Leistungen für Mehrbedarfe. Für Unterkunft und Heizung wurden „angemessene" Kosten übernommen. Zu-sätzlich konnten in manchen Fällen Kredite gewährt werden und die Kosten etwa für erstmalige Haushaltsausstattungen übernommen werden. In Einzelfällen sollte die Hilfe zum Lebensunterhalt auch als Sachleistung gewährt werden kön-nen.[244]

Bei Übergang vom Arbeitslosengeld I in das Arbeitslosengeld II wurde ein Anspruch auf einen Zuschlag zum Arbeitslosengeld II in Höhe von zwei Dritteln der Differenz zwischen dem zuletzt bezogenen Arbeitslosengeld I und Wohngeld und dem Arbeitslosengeld II (Leistungen zur Sicherung des Lebensunterhalts und Kosten für Wohnung und Heizung; berechnet für die Bedarfsgemeinschaft) für ein Jahr geschaffen. Dieser Aufschlag sollte monatlich höchstens 160 €, für Partner insgesamt 320 € zuzüglich 60 € pro minderjährigem Kind betragen. Im zweiten Jahr des Bezugs von Arbeitslosengeld II betrug der Zuschlag nur noch ein Drittel der Differenz.

Wie bei anderen Sozialleistungen wurde die Anrechnung von Zuverdienst geregelt. Als Einkünfte galten nicht nur Arbeitseinkommen, sondern auch die meisten anderen Sozialleistungen mit wenigen Ausnahmen wie Erziehungs- und Pflegegeld, also auch Kindergeld und Rente (Nakielski/Winkel 2005: 25). Für

---

[242] „Die Regelleistung zur Sicherung des Lebensunterhalts umfasst insbesondere Ernährung, Klei-dung, Körperpflege, Hausrat, Bedarfe des täglichen Lebens sowie in vertretbarem Umfang auch Beziehungen zur Umwelt und eine Teilnahme am kulturellen Leben" (§ 20 I SGB II i. d. Fassung des BGBl).

[243] Bekanntmachung über die Höhe der Regelleistungen nach § 20 Abs. 2 des Zweiten Buches Sozi-algesetzbuch für die Zeit ab 1. Juli 2005

[244] „ Solange sich der Hilfebedürftige, insbesondere bei Drogen- oder Alkoholabhängigkeit sowie im Falle unwirtschaftlichen Verhaltens, als ungeeignet erweist, mit der Regelleistung nach § 20 seinen Bedarf zu decken, kann die Regelleistung in voller Höhe oder anteilig in Form von Sachleistungen erbracht werden" (§ 22 II SGB II).

ein Arbeitseinkommen bis zu einer Höhe von 1.500 € wurden abgestufte Freibeträge festgelegt.[245]

Neben diesen Geldleistungen sollten wie im SGB III Dienstleistungen der Arbeitsagenturen zur Eingliederung in Arbeit stehen: „Zur schnellstmöglichen Überwindung der Hilfebedürftigkeit wurden mit der Grundsicherung für Arbeitsuchende Eingliederungsleistungen verbunden, deren Kernelement ein auf die individuelle Problemlage des Einzelnen zugeschnittenes Betreuungskonzept – Fallmanagement – sein soll" (Schmid 2007: 280). Zum einen wurden die Leistungen des SGB III als Kann-Leistungen genannt[246], zum anderen im SGB II zusätzliche Ermessensleistungen festgelegt, darunter die Betreuung minderjähriger oder behinderter Kinder, die häusliche Pflege von Angehörigen, Schuldnerberatung, psychosoziale Betreuung, Suchtberatung, Einstiegsgeld[247] und Leistungen nach dem Altersteilzeitgesetz. Außerdem konnten Leistungen erbracht werden, die als „Ein-Euro-Jobs" bekannt wurden, und bei denen es sich laut Gesetz (§16 III) um Arbeitsmöglichkeiten handelte, für die eine Aufwandsentschädigung geleistet werden sollte. Diese sollte nicht auf das Arbeitslosengeld II angerechnet werden, aber auch kein Arbeitsverhältnis im Sinne des Arbeitsrechts begründen. Der Leistungskatalog des SGB II beinhaltete schließlich auch eine Eingliederungsvereinbarung, in der für sechs Monate sowohl die Leistungen, die der Arbeitslose erhält, als auch die von ihm geforderten Bemühungen niedergelegt werden sollten. Beim Nicht-Zustandekommen einer solchen Vereinbarung konnten die Pflichten des Bedürftigen durch einen Verwaltungsakt festgelegt werden.

Für den Fall einer Pflichtverletzung durch den Leistungsempfänger wurden Kürzungen des Arbeitslosengelds II für drei Monate festgelegt. Die Kürzung sollte 30% der Regelleistung betragen, wenn der Leistungsempfänger sich u. a. ohne wichtigen Grund weigerte, eine Eingliederungsvereinbarung abzuschließen, die in der Vereinbarung niedergelegten Pflichten nicht erfüllte, eine zumutbare Arbeit, Ausbildung oder Arbeitsgelegenheit ablehnte oder abbrach oder eine Arbeitsmöglichkeit nach § 16 III SGB II ablehnte.[248] Die Kürzung

---

[245] 15 % des Nettoeinkommens bei einem Bruttoeinkommen bis 400 €, 30% für den Teil des Bruttoeinkommen von 400 € bis 900 € und wiederum 15% für den Teil zwischen 900 € und 1.500 €.

[246] Allerdings legte das Kommunale Optionsgesetz fest, dass der Existenzgründungszuschuss oder das Überbrückungsgeld nicht gewährt werden konnten.

[247] Das Einstiegsgeld konnte bei Aufnahme einer Tätigkeit als Zuschuss zum Arbeitslosengeld II gezahlt werden. Durch das Kommunale Optionsgesetz wurde klargestellt, dass das Einstiegsgeld auch im Falle einer selbständigen Tätigkeit gewährt werden konnte.

[248] Als weitere Tatbestände, die eine Kürzung um 30% herbeiführen, gelten „[…] wenn ein Volljähriger Einkommen oder Vermögen vermindert, um den Alg II-Anspruch zu erlangen bzw. zu erhöhen, bei fortgesetztem unwirtschaftlichen Verhalten sowie bei Alg-Sperrzeit oder wg. Sperrzeit erloschenem Alg-Anspruch oder als Alg II-Bezieher bei Erfüllung der Voraussetzungen für eine SGB III-Sperrzeit" (Steffen 2008: 80).

sollte 10% betragen, wenn der Leistungsempfänger Meldepflichten vernachlässigte und zu medizinischen oder psychologischen Untersuchungen nicht erschien. Bei wiederholten Verstößen sollte das Arbeitslosengeld jeweils zusätzlich um die genannten Sätze gekürzt werden können, wovon dann auch Mehrleistungen, Leistungen für Wohnung und Heizung und andere Zusatzleistungen betroffen sein konnten. Bei einer Kürzung der Regelleistung um mehr als 30%, konnte die Arbeitsagentur angemessene ergänzende Sachleistungen oder Gutscheine gewähren, sie sollte es, wenn der Bedarfsgemeinschaft minderjährige Kinder angehörten. Dabei fiel der Zuschlag nach Bezug von Arbeitslosengeld I weg. Bei Leistungsempfängern unter 25 Jahren sollte keine prozentuale Kürzung vorgenommen, sondern die Leistungen direkt auf die Leistungen für Wohnung und Heizung beschränkt werden.

Im Vergleich zu Beziehern von Arbeitslosengeld I sollten für Bezieher von Arbeitslosengeld II schärfere Bedingungen gelten, was die Zumutbarkeit von Arbeit angeht. Nun wurde auch Arbeit zumutbar, deren Bezahlung unter dem Tariflohn oder dem ortsüblichen Entgelt lag.[249] Weitere Grenzen der Zumutbarkeit (Überforderung, Freistellung wegen Kindererziehung), wurden an das Sozialhilferecht angelehnt. Diese Regelungen stellten insgesamt eine Verschärfung gegenüber der Arbeitslosenhilfe, deren Regeln denen des Arbeitslosengeldes entsprachen, aber auch dem Sozialhilferecht, dar (Bieback 2005: 339-340).

Bezieher von Arbeitslosengeld II wurden in der gesetzlichen Krankenversicherung, der Pflegeversicherung und in der Rentenversicherung versichert. Privat Versicherte sollten Zuschüsse zu ihren Versicherungsbeiträgen erhalten.

Der Widerstand gegen die „Hartz-Gesetze" lag zum einen in den dokumentierten Kürzungen der Beträge und Bezugsdauer der Sozialleistungen begründet – Arbeitslosigkeit wurde nun weniger lang durch statuserhaltende Sicherungsleistungen gemildert und manche Empfänger von Arbeitslosenhilfe erhielten keinen Anspruch auf das neue Arbeitslosengeld II. Eine Simulationsrechnung des Instituts für Arbeitsmarkt- und Berufsforschung geht davon aus, dass etwa 17% der Arbeitslosenhilfeempfänger keinen Anspruch auf Arbeitslosengeld II hatten (Blos/Rudolph 2005: 1). Allerdings darf darüber nicht vergessen werden, dass einerseits ein Teil der Haushalte, die vor der Reform auf Sozialhilfe angewiesen waren, nun die – wenn auch nur geringfügig höhere – Hilfe zum Lebensunterhalt und Zugang zur Arbeitsvermittlung erhielt (Kemmerling/Bruttel 2006: 96),[250] andererseits schon vor der Reform manche Empfänger von Arbeitslosen-

---

[249] „Auch nicht sozialversicherte Mini-Jobs gelten für sie [ALG II-Bezieher; FB] als zumutbar. Ausgenommen sind lediglich sittenwidrige Arbeitsbedingungen. Als sittenwidrig gilt nach derzeitiger Rechtsprechung in der Regel ein Lohn, der etwa 30 Prozent unter der üblichen Bezahlung für die Tätigkeit liegt" (Nakielski/Winkel 2005: 25).

[250] Schmidt (2007: 301) spricht von einer „großen Minderheit", die durch die Reformen nicht schlechter gestellt wurden. Promberger (2009: 607) gibt zudem an, dass es im Zuge Reform zu 1,027

hilfe teilweise auf aufstockende Sozialhilfe angewiesen waren.[251] Blos und Rudolph (2005: 4) schätzen auf Grundlage einer Simulationsrechnung, dass unter
denjenigen Beziehern von Arbeitslosengeld II, die zuvor Arbeitslosenhilfe bezogen haben, 47% höhere Leistungen beziehen als vor der Reform. Demgegenüber
stellen jedoch Goebel und Richter (2007: 761) auf Basis einer Analyse von Daten des Sozio-oekonomischen Panels (SOEP) fest, dass es zwar auch eine erhebliche Zahl von Gewinnern gegeben, die Zahl der Verlierer aber überwogen habe.
„Dementsprechend ist der Anteil der von der Reform betroffenen Leistungsbezieher, die als einkommensarm gelten, deutlich gestiegen, von gut der Hälfte im
Jahr 2004 auf zwei Drittel 2005".
Schmidt identifiziert einen zweiten Konflikt neben den materiellen Kürzungen:

> „Nicht wenige Adressaten von ‚Hartz IV' sahen sich in ihrer Ehre als sozialversi-
> cherte Arbeitnehmer, die durch ihre Beitragszahlungen einen Rechtsanspruch auf
> Sozialleistungen erworben haben, verletzt. Und nicht wenige von ihnen sahen sich
> in ihrer Vorsorge für das Alter irregeleitet. Wer viele Jahre in die Arbeitslosenversi-
> cherung eingezahlt hatte, würde bei längerer Arbeitslosigkeit mitunter gleich oder
> schlechter behandelt als ein Antragsteller, der nicht berufstätig war und keine Er-
> sparnisse beiseite gelegt hatte. Auch ein langjährig versicherter Arbeitnehmer würde
> bei längerer Arbeitslosigkeit nur noch Fürsorgeleistungen erhalten, also Leistungen
> minderwertiger Form im Vergleich zur klassischen Sozialversicherungsleistung,
> womöglich obendrein in abgesenktem Umfang, und erst nachdem er zuvor einen
> Großteil seiner Ersparnisse aufgezehrt hatte" (Schmidt 2007: 301-302).

In dem durch „Hartz IV" erfolgten Wechsel von der Lebensstandard- zur Ar-
mutssicherung sehen auch Kemmerling und Bruttel einen Wandel, der den Charakter des deutschen Wohlfahrtsstaats verändert habe. In ihrer Behandlung des
gesamten Reformprozesses – Neuorganisation der öffentlichen Arbeitsverwaltung und -vermittlung, Sozialleistungen und Aktivierung – heben sie allerdings
die Kontinuitäten hervor: „At the same time, the Hartz reform was not the decisive rupture of the institutional system but rather a reform of policies within this
system with the same set of key actors and institutions involved as before"
(Kemmerling und Bruttel 2006: 109).

6.3.17 Die grundlegenden Reformen im Bereich Beschäftigung waren damit
umgesetzt, allerdings sind auch für den folgenden – größeren – Teil der zweiten
Legislaturperiode Rot-Grüns einige Änderungen festzuhalten. Dies waren zum
Teil ausgesprochene Reformen der Reformen, die die gerade beschlossenen

---

Mio. unerwarteten neuen Hilfebedürftigen kam, die zuvor ihnen zustehende Leistungen nicht genutzt
hätten.
[251] Knuth (2008: 69, Fn. 19) weist allerdings darauf hin, dass dies nur etwa 210.000 Empfänger der
Arbeitslosenhilfe betraf und die Hartz-Kommission diesen Personenkreis auf 240.000 Personen
geschätzt hatte, während das neue SGB II eine neue Leistung für 6 bis 7 Mio. Personen schuf.

Regelungen modifizierten. Die Gesetze für moderne Dienstleistungen am Arbeitsmarkt wurden durch das *Gesetz zu Reformen am Arbeitsmarkt* ergänzt. Dabei wurde die Berechnung der Bezugsdauer des Arbeitslosengeldes neu geregelt. Sie sollte nun von der Dauer der versicherungspflichtigen Beschäftigung innerhalb der Rahmenfrist zuzüglich eines Jahres abhängen (statt zuzüglich vier Jahren), also von den letzten drei statt von den letzten sieben Jahren, da die Rahmenfrist durch das dritte Gesetz für moderne Dienstleistungen am Arbeitsmarkt mit Wirkung zum selben Zeitpunkt (1. Januar 2004) von drei auf zwei Jahre verkürzt wurde. Die Höchstdauer des Bezugs von Arbeitslosengeld wurde für weitere Altersgruppen auf zwölf Monate begrenzt, für ältere Arbeitnehmer (ab 55 Jahre) auf maximal 18 Monate. Davon waren vor allem Neuzugänge (ab Februar 2006) im Alter ab 45 betroffen, ab dem zuvor ein verlängerter Bezug von Arbeitslosengeld (gestuft in Abhängigkeit von Dauer der Beitragszahlung und Alter von 14 bis zu maximal 32 Monaten ab dem Alter von 57) möglich gewesen war.

6.3.18 Mit dem *Vierten Gesetz zur Änderung des Dritten Buches Sozialgesetzbuch und anderer Gesetze* wurden SGB II und III ein weiteres Mal geändert. Im SGB III wurden die Unterstützungsleistungen für Existenzgründer (Existenzgründungszuschuss und Überbrückungsgeld) auf hauptberufliche Tätigkeiten beschränkt. Außerdem wurde für den Existenzgründungszuschuss geregelt, dass zur Gewährung des Anspruchs eine Stellungnahme einer fachkundigen Stelle – z. B. Industrie- und Handelskammern oder Handwerkskammern – über die Tragfähigkeit der Existenzgründung vorgelegt werden sollte, analog zum Überbrückungsgeld.

Ein Anrecht auf Vermittlungsgutscheine bestand nun bereits nach sechs Wochen (statt nach drei Monaten) und Gutscheine erhielten nun einen Wert von pauschal 2.000 € (nicht mehr gestaffelt nach Dauer der Arbeitslosigkeit).[252] Die Probephase dieser Regelung wurde bis Ende 2006 verlängert.

Im SGB II wurden die Regeln zur Vermögensanrechnung geändert: Der Grundfreibetrag für minderjährige Kinder, die Anspruch auf Sozialgeld oder Alg II haben, betrug nun einheitlich 4.100 €.

6.3.19 Das *Gesetz zur Neufassung der Freibetragsregelungen für erwerbsfähige Hilfebedürftige* (Freibetragsneuregelungsgesetz) brachte für Empfänger von ALG II eine Pauschalierung (100 €) von absetzbaren Kosten bei erwerbstätigen Hilfebedürftigen. Gingen diese einer Erwerbstätigkeit nach, die mit mehr als

---

[252] Die Auszahlung der ersten Rate (1.000 €) an den Vermittler erfolgte nicht mehr bei Arbeitsaufnahme, sondern nach sechs Wochen Erwerbstätigkeit des Vermittelten. Die zweite Rate folgte wie gehabt nach sechs Monaten.

400 € pro Monat entlohnt wird, sollten auch höhere Kosten abgesetzt werden können, die dann allerdings belegt werden mussten. Die Zuverdienstregeln besagten nun, dass bei Erwerbstätigkeit bei Beträgen zwischen 100 € und 800 € 20%, von Einkommen darüber bis 1.200 € (bei minderjährigen Kindern in der Bedarfsgemeinschaft: 1.500 €) 10% als Freibeträge gelten sollten (Steffen 2008: 80-81). Gegenüber den bis dahin geltenden Regeln stellt das eine Verbesserung für Einkommen bis 600 € dar. Außerdem konnte „[d]as Einstiegsgeld [...] auch erbracht werden, wenn die Hilfebedürftigkeit durch oder nach Aufnahme der Erwerbstätigkeit entfällt" (Art. 1 Nr. 3 Freibetragsneuregelungsgesetz). Zuvor war dies nur bei „weiterhin vorliegender Hilfebedürftigkeit" (Steffen 2008: 81) möglich.

6.3.20 Durch die *Erste Verordnung zur Änderung der Arbeitslosengeld II/Sozialgeld-Verordnung* wurden schließlich Details zur Berechnung des Einkommens von Beziehern von Arbeitslosengeld II und Sozialgeld neu geregelt.

6.4 Die Politik der rot-grünen Koalition im Feld Beschäftigung – Bewertung

Im Folgenden werden die skizzierten Maßnahmen im Feld Beschäftigung anhand des oben vorgestellten Dimensions-Schemas (s. o. Abschnitt 2.2.3) analysiert. Abschließend werden die so gewonnenen Ergebnisse mit der Forschungsliteratur zu diesem Thema abgeglichen und diskutiert.

6.4.1 *Erste Dimension*

Die 1. Dimension umfasst den Kreis der Rechtsträger, also die Frage danach, wer welche Ansprüche hat. Die Ausweitung oder Beschränkung von Programmen auf bestimmte Personenkreise ist hier ebenso zu diskutieren wie die Schaffung oder Abschaffung von sozialen Rechten. Hier sind in den Jahren 1998-2005 eine ganze Reihe von Änderungen vorgenommen worden.

Die Vorversicherungszeit, die zum Bezug von Arbeitslosengeld berechtigt, wurde mehrfach modifiziert: Neben einzelnen Änderungen hinsichtlich selbständiger Arbeit und Kindererziehung (Lebenspartnerschaftsgesetz) wurde vor allem die Anwartschaftszeit vereinheitlicht und die Rahmenfrist verkürzt. Dadurch wurde der Erwerb von Ansprüchen erschwert.

Durch die Neuregelung der geringfügigen Beschäftigung wurde die Grenze zwischen geringfügiger und regulärer Beschäftigung zunächst entdynamisiert. Dies kommt angesichts der bis zu dem Zeitpunkt bestehenden Koppelung der

Grenze an die Entwicklung der Bezugsgröße und deren steigender Tendenz einer Ausweitung der Versicherungspflicht nahe. Während dies allerdings nur eine potentielle Folge ist, führte die spätere Anhebung der Grenze von 325 € auf 400 € dazu, dass Einkommen zwischen diesen Werten keinen Versicherungsschutz in der Arbeitslosenversicherung mehr begründen. Es ist eine Besonderheit, dass eine geringfügige Beschäftigung neben einer nicht geringfügigen Hauptbeschäftigung keine zusätzlichen Ansprüche in der Arbeitslosenversicherung begründet.

Für Bezieher der (neuen) vollen Erwerbsminderungsrente, Bezieherinnen von Mutterschaftsgeld und Erzieher von Kindern bis zum Alter von drei Jahren wurde die Versicherungspflicht eingeführt, vorausgesetzt, sie waren zuvor versicherungspflichtig beschäftigt. Auch die Möglichkeit der freiwilligen Versicherung für Pflegende, Existenzgründer und außerhalb der EU und assoziierten Ländern Beschäftigte wurde neu geschaffen. Damit kann die Arbeitslosenversicherung verstärkt auch zur Absicherung von Menschen dienen, die nicht direkt aus der Erwerbsarbeit in die Arbeitslosigkeit geraten. Die Teilnahme an ABM begründet hingegen keine neuen Ansprüche auf Leistungen der Arbeitslosenversicherung mehr.

Neben diesen Änderungen, die den Einbezug bzw. Ausschluss von Personengruppen in die Sozialversicherung betrafen, wurden im Bereich Arbeit und Beschäftigung auch neue Ansprüche – mit entsprechenden Falldefinitionen und Regelungen zum Leistungsumfang – neu geschaffen.

Zunächst wurde die originäre Arbeitslosenhilfe abgeschafft, später auch die Anschlussarbeitslosenhilfe. Im Gegenzug wurde das Arbeitslosengeld II neu geschaffen. Die Leistungen sind unterschiedlichen Empfängerkreisen zugänglich: Der Anspruch auf Arbeitslosengeld beruhte auf versicherungspflichtiger Beschäftigung, das Arbeitslosengeld II ist an den Status „arbeitsuchend" geknüpft (Grundsicherung für Arbeitsuchende), verbunden mit Hilfebedürftigkeit und Erwerbsfähigkeit. Darüber hinaus unterscheiden sich die Programme gravierend in der zweiten und dritten Dimension: Die Berechnung der Leistungen folgt unterschiedlichen Prinzipien (die für die Arbeitslosenhilfe typische Mischung aus Bedürftigkeits- und Versicherungsprinzip wird abgelöst von auf die Bedarfsgemeinschaft bezogenem Bedürftigkeitsprinzip bzw. pauschalierter Grundsicherung), der Leistungsbezug ist im Falle des Arbeitslosengeld II an verschärfte Bedingungen geknüpft und die Vermögens- und Einkommensgrenzen liegen niedriger. Diese Neuordnung geschah vor dem Hintergrund einer schon länger andauernden Debatte über den Nutzen zweier nebeneinander bestehender und sich teils auch überschneidender steuerfinanzierter Leistungssysteme, hing aber ebenfalls zusammen mit einer Neuinterpretation der Gründe von Arbeitslosigkeit und einer Neubewertung der Pflichten von Arbeitslosen.

Daneben wurde in der Arbeitsförderung zunächst ein Recht auf Vermittlung durch Dritte eingeführt, später ein Recht auf einen Vermittlungsgutschein. Die Leistung Existenzgründungszuschuss wurde als ein neues Recht eingeführt, später auch die bisherige Ermessensleistung Überbrückungsgeld als Recht gewährt. In diesen Maßnahmen zeigt sich sozusagen die positive Seite der Aktivierungspolitik. Schließlich wurde die Leistung Entgeltsicherung für ältere Arbeitnehmer als Recht neu eingeführt, sowie Leistungen zur Förderung der Teilnahme an Transfermaßnahmen. Das Arbeitslosengeld bei beruflicher Weiterbildung löste das Unterhaltsgeld ab.

Eine Gesamteinschätzung dieser Entwicklungen in der ersten Dimension ist schwierig, da die einzelnen Veränderungen kaum gegeneinander aufgerechnet werden können. Beim Arbeitslosengeld steht ein grundsätzlich erschwerter Zugang (Vorversicherungszeit) einem erweiterten Schutz für einzelne Gruppen gegenüber. Mit Blick auf den Übergang von Arbeitslosenhilfe zu Arbeitslosengeld II ist von einer Erweiterung des Kreises der Leistungsempfänger auszugehen; dabei muss allerdings berücksichtigt werden, dass diejenigen Arbeitslosengeld II-Empfänger, die zuvor keine Arbeitslosenhilfe bezogen haben, vielfach Anspruch auf Hilfe zum Lebensunterhalt hatten. Zuvor wurde bereits die originäre Arbeitslosenhilfe gestrichen. Grundsätzlich lässt sich allerdings in der ersten Dimension eine Abkehr von der traditionellen, den Lebensstandard bewahrenden Absicherung von Arbeitnehmern festhalten, was einem Ausbau von Leistungen in Teilaspekten und der Einführung von neuen Leistungen im Kontext von Aktivierungsmaßnahmen nicht widerspricht.

6.4.2   Zweite Dimension

Die zweite Dimension umfasst Regelungen, wann bzw. in welcher Situation ein Recht Anwendung finden kann, m. a. W. wann der Versicherungsfall eintritt. Der folgende Abschnitt fasst also Regelungen zur Definition der Situation „Arbeitslosigkeit" und andere Anspruchsvoraussetzungen zusammen.

Der Status des Arbeitslosen wurde um das Merkmal „Eigenbemühungen" ergänzt, mit möglichen Folgen für die Höhe der Leistungen und grundsätzlich den Bezug der Leistungen.

Nachdem im Zusammenhang mit der „Riester-Rente" die Regeln zu Einkommens- und Vermögensfreibeträgen angepasst wurden, wurden im Vorfeld der Zusammenlegung von Arbeitslosen- und Sozialhilfe Freibeträge bezüglich des Einkommens des Partners des Bedürftigen und ihres Vermögens abgesenkt. Die Freibeträge bzw. Bedürftigkeitsgrenzen beim neuen Arbeitslosengeld II liegen unter denen der Arbeitslosenhilfe. Lebenspartner bzw. deren Einkommen und Vermögen wurden nun auch in die Bedürftigkeitsprüfung bei Arbeitslosenhilfe und später Arbeitslosengeld II mit einbezogen (Freibeträge). Hier zeigt sich ähnlich wie in den anderen Politikfeldern, dass nicht nur beschäftigungspolitische Ziele die Reformen veranlassten (Übergang zum Arbeitslosengeld II), sondern dass auch Wechselwirkungen mit anderen Bereichen (Alterssicherung, Gesellschaftspolitik) eine Rolle spielten.

Eine Sonderregelung, nach der Arbeitslosengeld für ältere Arbeitnehmer auch bewilligt werden konnte, ohne dass das Merkmal „Verfügbarkeit" des Arbeitslosen zutrifft, wurde verlängert (um den Preis, dass die Betroffenen zum frühestmöglichen Zeitpunkt eine Altersrente beantragen müssen). Ebenfalls wurden Arbeitslose mit einem Anspruch auf eine Rente wegen teilweiser Erwerbsminderung, die ihr Restleistungsvermögen nicht verwerten können, verpflichtet, eine volle Erwerbsminderungsrente zu beantragen (und damit kein Arbeitslosengeld mehr zu beziehen).

Die Zeit, nach der ein Anspruch auf einen Vermittlungsgutschein besteht, wurde von drei Monaten auf sechs Wochen verkürzt; die Einführung des Gutscheins brachte schon eine Verkürzung von sechs auf drei Monate mit sich, bezogen allerdings auf vorher bestehende Recht auf die Einschaltung Dritter. Die Gewährung eines Existenzgründungszuschusses wurde von der Stellungnahme einer fachkundigen Stelle abhängig gemacht.

Trotz der Verschiedenheit der Leistungen lässt sich in der zweiten Dimension von einer Tendenz zu einer Verschärfung der Situationen, in denen eine Leistung bezogen werden kann, sprechen. Ausnahmen betreffen Fälle, in denen Leistungen nur dann leichter bezogen werden können, wenn der Bezug durch Leistungen aus einem anderen System (Altersrente) nahe liegt bzw. eine neue Leistung der aktivierenden Arbeitsmarktpolitik (Vermittlungsgutschein).

6.4.3 Dritte Dimension

Die dritte Dimension beinhaltet Regelungen, die festlegen, welche Leistungen bzw. Leistungen in welcher Höhe in Anspruch genommen werden können. Hier können im Bereich Beschäftigung Regelungen unterschieden werden, die die Leistungshöhe direkt beeinflussen und Regelungen, die als Bedingungen des Leistungsbezugs indirekt auf die Leistungshöhe rückwirken können.

6.4.3.1 Direkte Regelung der Leistungshöhe und -dauer

Die Lohnfortzahlung im Krankheitsfall wurde wieder auf 100% des Entgelts angehoben. Die Berechnung von Arbeitslosengeld (I) und Arbeitslosenhilfe bei erneutem Verlust einer Beschäftigung wurde verbessert und Einmalzahlungen werden bei der Berechnung des Arbeitslosengelds und anderen Leistungen berücksichtigt. Die Nebenverdienstregelungen zu Arbeitslosengeld (I) und Arbeitslosenhilfe wurden hingegen verschärft. Die Gleichstellung von Lebenspartnerschaften brachte auf der einen Seite Vorteile (höherer Leistungssatz durch Kinder des Partners), auf der anderen Seite auch potentielle Einschränkungen (Berücksichtigung des Einkommens und Vermögens des Partners bei bedürftigkeitsabhängigen Leistungen). Die Bezugsdauer von Arbeitslosengeld I wurde für weitere Altersgruppen auf die Regelzeit von zwölf Monaten beschränkt. Sie hängt nun von der Dauer der versicherungspflichtigen Beschäftigung innerhalb der letzten drei (statt sieben) Jahre ab – was für die Versicherten eine Leistungskürzung bedeuten kann.

Die jährliche Abwertung der Arbeitslosenhilfe wurde abgeschwächt, wenn dem Qualifikationsverlust des Arbeitslosen entgegengewirkt wurde, und die Anrechnung des Vermögens bei Bezug von Arbeitslosenhilfe wurde insofern verbessert, als dass die „Riester-Rente" bei der Anrechnung von Vermögen eine besondere Behandlung erfährt.

Die Anpassung der Lohnersatzleistungen wurde für einen kurzen Zeitraum von der Entwicklung der Bruttoverdienste abgekoppelt und an die Entwicklung des Preisindex gebunden (analog zur Rente). Arbeitslosengeld und Arbeitslosenhilfe wurden im Vorfeld der Einführung des neuen Arbeitslosengeldes II jedoch entdynamisiert, ebenso wurden die Freibeträge bei der Arbeitslosenhilfe massiv gekürzt. Das neue Arbeitslosengeld II wird jährlich entsprechend der Rentenentwicklung angepasst. Die neue Leistung hat keinen Bezug zu einem zuvor erzielten Einkommen mehr, folgt also einem anderen Prinzip als die Arbeitslosenhilfe. Eine spätere Neuregelungen der Zuverdienstregeln bei Erhalt von Arbeitslosengeld II war positiv bei Arbeitsentgelten bis 600 €.

6.4.3.2   Indirekte Regelung der Leistungen

Stärker als in anderen Bereichen ist der Bezug von Leistungen im Bereich Beschäftigung an die Einhaltung von bestimmten Pflichten der Leistungsbezieher gekoppelt. Verletzungen dieser Pflichten können Folgen für den Umfang der Leistungen haben.

Die zumutbaren Pendelzeiten wurden verkürzt, die Regeln zur persönlichen Meldung beim Arbeitsamt entschärft. Dem stehen allerdings eine ganze Reihe von Verschärfungen gegenüber: Arbeitslose wurden verpflichtet, sich frühzeitig beim Arbeitsamt zu melden. Mangelnde Eigenbemühungen und die Verhinderung der Anbahnung eines Arbeitsverhältnisses begründen nun Sperrzeiten. Die Säumniszeit bei Nicht-Meldung beim Arbeitsamt wurde als Sperrzeit neu gefasst. Die Möglichkeit, Sperrzeiten abzuwehren, wurde erschwert. Insgesamt wurden die Sperrzeiten differenziert und verschärft. Auch die Nicht-Erfüllung von Pflichten aus der Eingliederungsvereinbarung wurde nach einiger Zeit als Grund für eine Sperrzeit eingeführt. Ein Umzug wurde zur Aufnahme einer Beschäftigung als zumutbar erklärt. Schließlich gehen die Zumutbarkeitsregeln, die mit dem Arbeitslosengeld II verbunden sind, sowohl über die der Arbeitslosenhilfe als auch über die Regeln der Sozialhilfe hinaus. Dies bedeutet letztlich die Aktivierung der Arbeitslosen nicht durch positive Anreize oder Förderung, sondern durch die Androhung von Sanktionen.

Damit ist für die dritte Dimension festzuhalten, dass beim Arbeitslosengeld I die direkten Neuregelungen sowohl kleinere Verbesserungen und gerade bei der Bezugsdauer Einschränkungen enthielten und an der grundsätzlichen Berechnung der Höhe dieser Versicherungsleistung nichts änderten, dieser Bereich jedoch von Verschärfungen der Pflichten der Arbeitslosen betroffen war. Bei der Arbeitslosenhilfe hingegen wurden vor dem Übergang zum Arbeitslosengeld II die Vermögensfreibeträge gekürzt. Ein direkter Vergleich dieser beiden Leistungen ist allerdings schwer, da sie nach unterschiedlichen Prinzipien berechnet werden. Allerdings ist der fortgesetzte Bezug der Leistung Arbeitslosengeld II mit härteren Auflagen verbunden und – beim Vergleichsmaßstab Arbeitslosenhilfe vor ihrer Anpassung in Vorbereitung des Arbeitslosengeldes II – auch mit geringeren Vermögensfreibeträgen. Insgesamt muss in der dritten Dimension von einer Verschärfung der Bezugsbedingungen ausgegangen werden und insbesondere im steuerfinanzierten unteren Segment der Lohnersatzleistungen von Leistungskürzungen.

6.4.4 Diskussion

Bewertungen der Regierungstätigkeit im Bereich Arbeit und Beschäftigung rücken häufig die Outcomes in den Vordergrund, was durch die gesellschaftliche Relevanz des Problems Arbeitslosigkeit einerseits, dem darauf bezogenen Anspruch Schröders andererseits, sich dieses Problems anzunehmen und die Arbeitslosigkeit unter 3,5 Millionen zu senken (Schmidt 2007: 308), nachvollziehbar ist. So urteilt Schmid (2007: 291): „Die Arbeitsmarktpolitik hat – getreu dem Motto: Große Probleme brauchen große Reformen – in der 2. Regierung Schröder einen zentralen Stellenwert eingenommen. Bewertet man sie anhand ihrer materiellen Ergebnisse, dann ist, bezogen auf die Entwicklung der Arbeitslosigkeit insgesamt sowie der besonders betroffenen Teilgruppen, wenig erreicht worden". Schmidt spricht ebenso von einer „enttäuschenden Bilanz", auch wenn er zu Bedenken gibt, dass „[…] die Umstellung auf „Hartz IV" einen Teil der in der Sozialhilfeempfängerschar versteckten Arbeitslosigkeit sichtbar gemacht und damit die Anzahl der Arbeitslosen erhöht [hatte] und zwar über die Fünf-

Millionen-Marke hinaus" (Schmidt 2007: 307). Neben diesem Messen der Politik an ihren Ansprüchen und auf der Grundlage ihrer realen oder vermeintlichen Wirkungen können die Reformen der Regierung Schröder im Feld Beschäftigung jedoch auch anhand immanenter Merkmale charakterisiert werden.

Kemmerling und Bruttel (2006: 109) sehen in „Hartz IV", der bei weitem umstrittensten Reform in diesem Feld, eine Form von Retrenchment:

> „Notwithstanding institutional path dependencies, it is particularly the reform of the unemployment system (Hartz IV) that has affected the character of the German welfare state and led to claims of the first signs of retrenchment. This change is felt especially by individual jobseekers, whereas overall social welfare spending is affected relatively little in the short run. However, as we have argued, there has been a radical divergence from the German system of wage-related welfare. In place of benefit levels that allowed unemployed people to maintain their standard of living, the new Unemployment Benefit II is designed to prevent poverty, not to secure previous living standards. [...] However, as has become clear, it is too early to really speak of a regime shift in German labour market policy".

Eine entsprechende Einschätzung der Politik als Retrenchment und eine Abkehr vom „wage earner-centred social policy approach" diagnostizieren auch Bleses und Seeleib-Kaiser (2004: 65) zunächst: „With regard to passive labour market policies, the previous retrenchment by the conservative government was not reversed. Moreover, the recent proposals even serve to accelerate the process". Sie qualifizieren den Wandel aber weiter, indem sie auf eine andere Komponente aufmerksam machen: „By defining familial services as equivalent to ‚real' social insurance contributions, the unemployment insurance scheme, which once constituted a core pillar of wage earner-centred social policy approach, is becoming more family oriented".[253] Grundsätzlich bestätigt die Darstellung und Analyse der rot-grünen Sozialgesetzgebung sowohl den Abbau von Leistungen, als auch die Neugewichtung von Kindererziehung.

Zugleich gehen diese Einschätzungen aber möglicherweise in mehrfacher Hinsicht nicht weit genug. Mit dem Übergang von der Arbeitslosenhilfe zum Arbeitslosengeld II ist eine Neufassung des Empfängerkreises (1. Dimension) und nicht nur eine Kürzung der Leistungen verbunden – in dem Titel der neuen Leistung zeigt sich eine Analogie zur Alterssicherung: Es handelt sich um eine Grundsicherung für Arbeitsuchende. Ansprüche werden nicht mehr durch Erwerbsarbeit erworben, sondern – Erwerbsfähigkeit und Wohlverhalten vorausgesetzt – allen Bedürftigen gewährt. Auch der Inhalt dieser Leistung (3. Dimension) trägt nun einen anderen Charakter: Die alte Arbeitslosenhilfe war zwar steuerfinanziert, hatte aber auf der Leistungsseite einen Zwittercharakter, bestehend aus Versicherungselementen und Bedürftigkeitsprüfung – sowohl was den Zu-

---

[253] S. auch Bothfeld et al. 2004: 511.

gang, als auch die Bemessung der Leistungen angeht (Bezug zum Lebensstandard). An ihre Stelle ist eine pauschalierte Leistung getreten auf einem Niveau, das häufig unter der alten Arbeitslosenhilfe liegt, wenn auch leicht über dem der Sozialhilfe. Dies lässt sich als einen Wandel weg vom konservativen, statuserhaltenden Modell hin zu einem liberalen interpretieren.

Zusätzlich zu einer Neudefinition der Möglichkeiten, Anrechte zu erwerben und der Neujustierung von Leistungen als Grundsicherung – bzw. Kürzungen, die möglicherweise den Druck auf Arbeitslose erhöhen und sich als „passive" Aktivierung oder Re-Kommodifizierung beschreiben ließen – wurden Rechte und Pflichten im Sinne einer Aktivierungspolitik neu justiert. Mit dieser Wende zur aktivierenden Arbeitsmarktpolitik vollzog der deutsche Sozialstaat einen Wandel, der in anderen europäischen Ländern schon geschehen war und der in der Bundesrepublik nicht zuletzt aufgrund der besonderen Situation nach der Wiedervereinigung nicht stattgefunden hatte (Heinelt 2003: 139). Unter der rotgrünen Bundesregierung wurden einerseits Bezugsbedingungen verschärft, als eine Form der Ausprägung der „conditionality" der Leistungen: „[…] the reform [die „Hartz-Gesetze"; FB] has made steps towards an activation oriented policy regime that regulates behavioural aspects of job seekers more strictly. This applies to ALG II recipients and benefit claimants under the age of 25 in particular, who are supposed to be offered, and to accept, a job or an ‚activation' programme instead of benefit receipt", urteilen Clasen und Clegg (2007: 179-180). Die Neubestimmung von Rechten und Pflichten der Arbeitsuchenden lief unter der rot-grünen Bundesregierung vor allem auf eine Betonung der Pflichten hinaus:

> „Gleich an prominenter Stelle (§ 2 [SGB II], Grundsatz des Forderns) wird das wesentliche Element des ‚workfare-Ansatzes' (keine Leistung ohne Gegenleistung) etabliert. Die erforderten Gegenleistungen gehen im SGB II weit über Etabliertes hinaus. Während Eigenaktivitäten umfassend abverlangt (deren Nichtbeachtung sanktioniert werden kann) und in einer Eingliederungsvereinbarung festgehalten werden (als rechtlich bindender öffentlich-rechtlicher Vertrag mit sanktionsbewehrter Teilnahmepflicht), stehen dem – jenseits der existenzsichernden Geldleistungen – keine gesicherten Rechtsansprüche auf passgenaue, ausreichende und erfolgversprechende Eingliederungsleistungen gegenüber" (Oschmiansky et al. 2007: 293; s. auch Bothfeld et al. 2004: 512).

Für Oschmiansky et al. (2007: 294-295) ist dies Ausdruck eines Übergangs zur „autoritär-aktivierenden" Arbeitsmarkpolitik. Dabei ist zusätzlich zu berücksichtigen, dass sich die Beschäftigungspolitik vom Ziel der Vermittlung in eine Beschäftigung, die für den Arbeitssuchenden nicht mit einem Status- und Einkommensverlust einhergeht und sich als „Normalarbeitsverhältnis" charakterisieren lässt, verabschiedet hat (Bleses/Seeleib-Kaiser 2003: 66).

Die Analyse sozialer Rechte hat anderseits aber auch gezeigt, dass diesen sanktionierenden Aktivierungsmaßnahmen, wenn auch in geringem Maße, Regelungen gegenüberstehen, die als Rechte ausgestaltet sind: Gerade die Maßnahmen für Existenzgründer stellen sozusagen die positive Seite der Aktivierung dar; Arbeitsuchende haben hier einen Anspruch auf Leistungen, die sie bei ihren Eigenaktivitäten unterstützen sollen. Bleses und Seeleib-Kaiser (2004: 66) weisen hier allerdings auf das Problem hin, dass diese neuen Selbständigen nicht versicherungspflichtig in der Arbeitslosenversicherung seien und damit ihren Versicherungsschutz verlieren.

Den oben dargestellten Änderungen sozialer Rechte liegen auch geänderte Problemwahrnehmungen zugrunde. Oschmiansky et al. (2007: 295) machen als „Standarderklärung" für die deutschen Arbeitsmarktprobleme aus, „[...] dass die im internationalen Vergleich hohe Arbeitslosigkeit in Deutschland, die mit einem sehr hohen Anteil Langzeitarbeitsloser einhergeht, zu einem erheblichen Teil auf Defizite bei der Beschäftigung im Bereich einfacher Tätigkeiten oder personennaher Dienstleistungen und damit auf zu wenige Jobs im Niedriglohnbereich zurückzuführen sei." Grundsätzlicher noch lässt sich das der aktivierenden Arbeitsmarktpolitik zugrunde liegende Problemverständnis nicht nur in einem fehlendem Arbeitsmarktsegment, sondern in den Eigenschaften der Arbeitslosen ausmachen: „Arbeitslosigkeit wird als Folge individueller Verhaltensdefizite interpretiert" (Marquardsen 2007: 258). Die Problemlösungen lagen – wie gezeigt – entsprechend in Leistungskürzungen und Sanktionen zur Steigerung der Arbeitsbereitschaft (3. Dimension) sowie in einer Neuregulierung der geringfügigen Beschäftigung. Soziale Rechte werden damit im Rahmen der Aktivierungspolitik zur Verhaltenssteuerung genutzt. Das ist ein signifikanter Unterschied zur „traditionellen" sozialdemokratischen Problemdiagnose (die auch in anderen Parteien Anhänger fand), „[...] dass Arbeitsmarktprobleme systematisch aus Marktprozessen bzw. aus Besonderheiten des Arbeitsmarktes resultieren und deswegen politische Interventionen zur Lösung erfordern" (Heinelt 2003: 139).

Im Bereich Beschäftigung lässt sich zudem eine Tendenz identifizieren, die auch in anderen Bereichen der Sozialpolitik Einzug gehalten hat: die Kombination von öffentlichen und privatwirtschaftlichen Institutionen. Nun haben Empfänger von Arbeitslosengeld I Anspruch auf Vermittlungsgutscheine. Dieses Recht, das von Regulationen der Anbieter der entsprechenden Dienstleistungen begleitet wurde, ist zwar verglichen mit den oben genannten Reformen der Entgeltersatzleistungen nur ein Detail, ein wichtiges jedoch: Verweist es doch auf das Vertrauen in Marktmechanismen in die Produktion von Leistungen, die zuvor durch öffentliche Institutionen erbracht wurden und eine neue Mischung von (regulierten) marktlichen Elementen und sozialen Rechten, die den Zugang zu Leistungen betreffen. Diese Entwicklung entbehrt nicht einer gewissen Ironie, wenn man sich die Anfänge der öffentlichen Arbeitsverwaltung vor Augen führt:

„Zu den Mißständen, welche die Arbeiter von Anfang an belasteten, gehörte auch das Problem des Nachweises von Arbeitsmöglichkeiten. Nicht selten nutzen skrupellose ‚Arbeitsvermittler' die Notlage Arbeitsloser aus. Um diesen Mißständen entgegenzuwirken, einigten sich in zahlreichen Kommunen Gewerkschaften und Unternehmer auf die Einrichtung paritätisch beaufsichtigter Arbeitsnachweise. Die Verallgemeinerung und Verstaatlichung des Arbeitsnachweises war daher ein Postulat der Arbeiterbewegung, dem die Reichsregierung mit der Schaffung des *Reichsarbeitsamtes* (1918) noch kurz vor Kriegsende entsprach. Daraus entwickelte sich in der Weimarer Zeit unter Beteiligung der Tarifparteien eine reichsweite Struktur der Arbeitsvermittlung mit örtlichen Büros, die auch bereits Fördermaßnahmen wie Eignungsprüfungen, Berufsberatung und Umschulungen vorsah. Als ‚Reichsanstalt für Arbeit' übernahm sie ab 1927 auch die Verwaltung der Arbeitslosenversicherung, deren Problematik bald alle anderen Aufgaben überschattete" (Kaufmann 2003: 295).

Auf die Kombination von sozialen Rechten und Marktmechanismen wird in der Gesamtschau (s. u. Abschnitt 8.2) genauer eingegangen. Mit Blick auf die sozialen Rechte im Bereich Arbeit und Beschäftigung zeigt sich insgesamt, dass sich die rot-grüne Bundesregierung vor allem in der zweiten Legislaturperiode darauf konzentriert hat, (potentielle) Leistungsempfänger zu aktivieren. Das überrascht angesichts der inhaltlichen Neuorientierung – von der aktiven zur aktivierenden Arbeitsmarktpolitik – schon in der ersten Legislaturperiode nicht. Was allerdings nicht notwendig aus dieser Neuorientierung folgen musste, war, dass die Aktivierung vor allem durch Sanktionen und eine „passive" Aktivierung – also durch Kürzung von Leistungen und Verschärfung der Bezugsbedingungen vorgenommen wurde. Darüber sollten aber die erwähnte Aufwertung der Erziehungsarbeit, Maßnahmen, die sich als „positive" Aktivierung charakterisieren lassen, und der grundlegende Übergang von einer Arbeitslosen- zu einer Erwerbsfähigensicherung nicht vergessen werden.

7. Wenig Reformen der Reform: Soziale Rechte im Bereich Pflege unter der rot-grünen Koalition

Im Folgenden wird zunächst ein kurzer Überblick über das deutsche Sicherungssystem im Bereich Pflege gegeben (7.1). Darauf folgt eine detaillierte Darstellung der Gesetzgebung der rot-grünen Koalition in diesem Feld (7.2). Die Gesetzgebung wird mittels des oben beschriebenen Analyserahmens untersucht und die Ergebnisse werden vor dem Hintergrund der aktuellen Forschung zu diesem Bereich interpretiert (7.3).

7.1 Soziale Rechte im Bereich Pflege – Einführung

Die Pflegeversicherung wurde 1995 als fünftes und letztes der für den deutschen Wohlfahrtsstaat typischen Sozialversicherungssysteme eingeführt. An der grundlegenden Gesetzgebung waren neben der CDU/CSU-FDP Regierungskoalition auch die SPD dank ihrer starken Position im Bundesrat beteiligt.[254] Bis zur Einführung der Pflegeversicherung waren Pflegebedürftige auf ihre eigenen Ressourcen, ihre Familien und Unterstützung nach dem BSHG angewiesen, ein spezielles Sicherungssystem zur Absicherung des Pflegerisikos existierte nicht. Daher war „[…] die Mehrheit der Pflegebedürftigen auf Leistungen des BSHG angewiesen […]" (Pabst/Rothgang 2000: 347). Die Regelungen des BSHG strukturierten entsprechend auch den Pflegedienstleistungssektor.

Mit dem 1994 beschlossenen Gesetz zur sozialen Absicherung des Risikos der Pflegebedürftigkeit, das in Stufen bis Mitte 1996 in Kraft trat, sollte der Begründung des Gesetzentwurfes der Fraktionen der CDU/CSU und FDP zum Pflege-Versicherungsgesetz zufolge „[…] die Versorgung Pflegebedürftiger umfassend verbessert und auf eine neue Grundlage gestellt werden. Die Pflegeversicherung soll dazu beitragen, die aus der Pflegebedürftigkeit entstehenden Belastungen zu mildern; sie soll bewirken, daß in der überwiegenden Zahl der Pflegebedürftigen nicht mehr auf Sozialhilfe angewiesen ist; wer sein Leben lang gearbeitet und eine durchschnittliche Rente erworben hat, soll wegen der Kosten der Pflegebedürftigkeit nicht zum Sozialamt gehen müssen" (BT-Drucksache 12/5262: 2; Fehler i. O.; s. auch 61-62, 64). Politisches Handlungsziel waren

---

[254] Zum politischen Prozess, der schließlich zur Pflegeversicherung führte, und zu den folgenden Details s. Pabst/Rothgang 2000: 347-353.

neben dem sozialpolitischen Aspekt der Vermeidung der Sozialhilfebedürftigkeit von pflegebedürftigen Heimbewohnern nach Roth (2000: 184) die Stärkung der häuslichen Pflege und die Verbesserung der Pflegeinfrastruktur sowie finanzpolitische Ziele, d. h. die Entlastung der Kommunen (s. auch Boeckh et al. 2004: 287-288).

Der Versicherungsschutz der Pflegeversicherung folgt der Krankenversicherung: Gesetzlich Krankenversicherte sind bei einer gesetzlichen Pflegekasse versichert, Privatversicherte müssen eine private Pflegeversicherung abschließen, deren Leistungen denen der gesetzlichen mindestens entsprechen. Freiwillig in der GKV Versicherte können sich von der Pflichtversicherung befreien lassen, wenn sie eine private Pflegeversicherung abschließen. Die Regeln zur Familienversicherung in der GKV gelten entsprechend. Aufgrund dieser Koppelung hat jede Neuregelung des Krankenversicherungsschutzes auch Folgen für die Pflegeversicherung.

Leistungen sind an eine vorherige Versicherungszeit geknüpft, die nach Einführung der Pflegeversicherung schrittweise angehoben wurde. Seit 2000 beträgt diese Versicherungszeit fünf Jahre innerhalb von zehn Jahren vor Beantragung von Leistungen. Durch die Bindung von Krankenversicherung und Pflegeversicherung ist die Absicherung eines Großteils der Bevölkerung sichergestellt (s. o. Abschnitt 5.1). Ansprüche auf Leistungen kommen daher – nicht zuletzt dank der sozialen Komponenten der gesetzlichen Krankenversicherung – einem allgemeinen sozialen Recht nahe, auch wenn die Pflegeversicherung wie die GKV prinzipiell als eine Sicherung von Arbeitnehmern konzipiert ist und über Beiträge finanziert wird.

Die gesetzlichen Pflegekassen sind an die Krankversicherungen gebunden, sie werden durch diese verwaltet. Die Finanzierung geschieht im Umlageverfahren (in der privaten Pflegeversicherung bestehen auch kapitalgedeckte Elemente), im Falle von beschäftigten Versicherten führen Arbeitnehmer und Arbeitgeber Beiträge vom Arbeitslohn bis zur GKV-Beitragsbemessungsgrenze ab.[255] Im Unterschied zu den öffentlichen Krankenkassen vor 2009 besteht ein einheitlicher Beitrag, der durch die Kassen nicht beeinflusst werden kann. Durch einen Finanzausgleich zwischen den Kassen werden alle Kassen entsprechend ihrer Ausgaben an den Gesamteinnahmen beteiligt. „Hence, in effect, all funds are just ‚branches' of one LTCI [Long-Term Care Insurance; FB]" (Rothgang/Igl 2007: 67).

---

[255] Insgesamt beträgt der Beitrag seit Juli 2008 1,95% des Arbeitslohns (zuvor seit Einführung 1,7%), der Beitrag wird hälftig von Arbeitnehmern und -gebern getragen. In Sachsen besteht eine Ausnahme: Da hier im Gegensatz zu den anderen Bundesländern die Arbeitgeber für ihre Beiträge nicht durch Streichung eines Feiertags „entschädigt" wurden, beträgt der Beitrag zur Pflegeversicherung hier für Arbeitnehmer 1,475%, für Arbeitgeber 0,475% des Arbeitslohns.

Privat versicherte Arbeitnehmer haben Anspruch auf Unterstützung durch den Arbeitgeber. Im Unterschied zur PKV sind in der privaten Pflegeversicherung auch Kinder kostenlos und nicht erwerbstätige Partner zu den halben Kosten mitversichert.

Die Pflegeversicherung unterscheidet sich gravierend von den anderen Zweigen der Sozialversicherung in Hinblick auf die Leistungen: Diese folgen weder eindeutig dem Bedarfsprinzip (wie die Leistungen der gesetzlichen Krankenversicherung), noch dem Äquivalenzprinzip (wie – vereinfacht – die Leistungen der Arbeitslosen- und Rentenversicherung). Stattdessen folgt der Umfang der Leistungen der Einstufung eines Pflegebedürftigen in eine von drei Pflegestufen entsprechend seiner Pflegebedürftigkeit. Dabei wird allerdings keine Rücksicht auf den tatsächlichen individuellen Bedarf an Leistungen genommen.[256] „Anders als der Krankheitsbegriff in der GKV ist der Begriff der Pflegebedürftigkeit im SGB XI abschließend definiert: Pflegebedürftig ist, wer aufgrund einer Krankheit oder Behinderung für die gewöhnlichen und regelmäßig wiederkehrenden Verrichtungen im Ablauf des täglichen Lebens auf Dauer, voraussichtlich für mindestens 6 Monate, mindestens im erheblichen Maße der Hilfe bedarf" (Pabst/Rothgang 2000: 355). Die Einstufung in die Pflegestufen hängt von der durchschnittlichen Zeit und den Tätigkeiten ab, für die Hilfe benötigt wird.[257] Die Einstufung in die Pflegestufen nimmt für die gesetzlichen Kas-

---

[256] In diesen gestuften und einheitlichen Zuschüssen sehen Pabst und Rothgang (2000: 373) eine neue Zieldimension der Sozialversicherung (neben Bedarfs- und Äquivalenzprinzip) verwirklicht, nämlich die Beitragsstabilität.

[257] „[…] 1. Pflegebedürftige der Pflegestufe I (erheblich Pflegebedürftige) sind Personen, die bei der Körperpflege, der Ernährung oder der Mobilität für wenigstens zwei Verrichtungen aus einem oder mehreren Bereichen mindestens einmal täglich der Hilfe bedürfen und zusätzlich mehrfach in der Woche Hilfen bei der hauswirtschaftlichen Versorgung benötigen.
2. Pflegebedürftige der Pflegestufe II (Schwerpflegebedürftige) sind Personen, die bei der Körperpflege, der Ernährung oder der Mobilität mindestens dreimal täglich zu verschiedenen Tageszeiten der Hilfe bedürfen und zusätzlich mehrfach in der Woche Hilfen bei der hauswirtschaftlichen Versorgung benötigen.
3. Pflegebedürftige der Pflegestufe III (Schwerstpflegebedürftige) sind Personen, die bei der Körperpflege, der Ernährung oder der Mobilität täglich rund um die Uhr, auch nachts, der Hilfe bedürfen und zusätzlich mehrfach in der Woche Hilfen bei der hauswirtschaftlichen Versorgung benötigen.
[…]
(3) Der Zeitaufwand, den ein Familienangehöriger oder eine andere nicht als Pflegekraft ausgebildete Pflegeperson für die erforderlichen Leistungen der Grundpflege und hauswirtschaftlichen Versorgung benötigt, muss wöchentlich im Tagesdurchschnitt
1. in der Pflegestufe I mindestens 90 Minuten betragen; hierbei müssen auf die Grundpflege mehr als 45 Minuten entfallen,
2. in der Pflegestufe II mindestens drei Stunden betragen; hierbei müssen auf die Grundpflege mindestens zwei Stunden entfallen,
3. in der Pflegestufe III mindestens fünf Stunden betragen; hierbei müssen auf die Grundpflege mindestens vier Stunden entfallen" (§ 15 SGB XI i. d. Fassung vom 25.6.1996).

sen der Medizinische Dienst der Krankenkassen (MDK) vor, für die privaten Versicherer eine Tochtergesellschaft des Dachverbandes der privaten Krankenversicherungen. Durch diese Normierung und den Fokus auf somatische Beschwerden wird eine Reihe von Fällen ausgeblendet. So wurde lange darauf hingewiesen, dass etwa Demenzkranke nicht entsprechend ihren Bedürfnissen unterstützt wurden (Fuchs 2002: 156, Sendler 2003: 281).[258]

Die Leistungen unterscheiden sich zudem nach häuslicher Versorgung oder stationärer Versorgung in einem Pflegeheim und bei häuslicher Versorgung nach Geld- oder Sachleistung. Die Beträge der Leistungen bei Einführung der Pflegeversicherung können Tabelle 3 entnommen werden:

Tabelle 3: Monatliche Leistungen der Pflegeversicherung bei Einführung; alle Beträge in DM

	Häusliche Pflege (Pflegegeld)	Häusliche Pflege (Sachleistung)	Teilstationäre Pflege	Stationäre Pflege
Pflegestufe I	400	750	750	2.000
Pflegestufe II	800	1.800	1.800	2.500
Pflegestufe III	1.300	2.800 (Härtefälle bis 3.750)	2.800	2.800 (Härtefälle bis 3.300)

Quelle: SGB XI i. D. Fassung vom 25. Juni 1996

Die bewilligten Leistungen können die Pflegebedürftigen in verschiedener Weise einsetzen: Sie können nach eigenem Ermessen mit ihnen Sachleistungen von Pflegediensten und -heimen, die Verträge mit den Pflegekassen abgeschlossen haben, erwerben (Sachleistung, häusliche und stationäre Versorgung), sie können das Geld im Falle der häuslichen Pflege aber auch an andere Pflegepersonen (Familienmitglieder, Privatpersonen oder professionelle Pfleger, die keinen Vertrag mit einer Pflegekasse abgeschlossen haben; Pflegegeld) weiterleiten oder aber auch das Geld selber verwenden, vorausgesetzt, dass die pflegerische Versorgung sichergestellt ist. Auch Mischungen zwischen Sach- und Geldleistungen sind möglich.[259]

Die Leistungen der Pflegeversicherung waren von Anfang an als Zuschuss zu den durch die Pflegebedürftigkeit entstehenden Kosten gedacht, nicht als eine

---

[258] Spezielle Leistungen für Demenzkranke wurden durch die rot-grüne Koalition durch das Pflegeleistungs-Ergänzungsgesetz (s. Abschnitt 7.2.6) als Zusatzleistung beschlossen und durch die Pflegereform 2008 der Großen Koalition erhöht und auch Bedürftigen, die nicht in Pflegestufe 1 eingestuft werden, zugänglich gemacht („Pflegestufe 0").

[259] Zur beabsichtigten bzw. tatsächlichen Steuerungswirkung der Beträge dieser Leistungen s. Pabst/Rothgang 2000: 358, 367-368.

Vollversicherung. Dies ist zum einen auf das Ziel des Gesetzgebers zurückzuführen, dass die Einnahmen der Pflegeversicherung die Leistungen bestimmen sollen, wobei gleichzeitig großer Wert auf Beitragssatzstabilität gelegt wurde. Entsprechend wurden bis 2008 keine Erhöhungen der grundlegenden Leistungen vorgenommen.[260] Der Charakter des Zuschusses wird besonders bei der stationären Versorgung deutlich: Hier sind die Leistungen der Pflegeversicherung nur als Beitrag zu den eigentlichen Pflegekosten gedacht, nicht aber zu den so genannten Hotelkosten (Unterkunft und Verpflegung), die durch den Heimaufenthalt entstehen.[261]

Die Pflegedienstleistungen werden durch private, zivilgesellschaftliche und öffentliche Dienstleister erbracht. Im Zuge der Einführung der Pflegeversicherung wurden erstmals kommerzielle Dienstleister den karitativen Anbietern gleichgestellt. So entstand ein regulierter „Pflegemarkt" (BT-Drucksache 12/5262: 136), zu dem grundsätzlich alle Anbieter Zugang haben, die bestimmte Kriterien erfüllen. Das Angebot auf diesem Markt wird also nicht der Nachfrage entsprechend begrenzt.

Die beschriebenen Geld- und Sachleistungen werden durch andere Leistungen des SGB XI ergänzt: Durch Kostenübernahme für eine Pflegekraft bei Verhinderung einer Pflegeperson und für vollstationäre Kurzzeitpflege (jeweils bis zu vier Wochen und 2.800 DM pro Jahr) sowie für teilstationäre Pflege (Tages- oder Nachtpflege; bis zu 750 DM/Stufe I, 1.500 DM/Stufe II und 2.100 DM/ Stufe III) und schließlich durch die (Teil-) Finanzierung von Pflegehilfsmitteln und technischen Hilfen im Haushalt.[262] Daneben werden Pflegepersonen in der Renten- und Unfallversicherung abgesichert. Zur Sicherung der Pflegequalität werden zudem Kurse für die Pflegepersonen angeboten, die von den Pflegebedürftigen auch abgerufen werden müssen; anderenfalls kann die Pflegekasse ihnen das Pflegegeld kürzen oder sogar ganz entziehen.

Die Pflegeversicherung und das SGB XI waren in der vergleichsweise kurzen Zeit zwischen der Einführung und der Amtsübernahme durch die rot-grüne Bundesregierung Gegenstand einiger Gesetze.[263] Der Inhalt dieser Gesetze be-

---

[260] S. Rothgang/Igl (2007: 56): „Until the time of writing, benefits have never been adjusted, not even for inflation, while prices for nursing home care, to give one example, have gone up by 10 to 15 percent. Consequently, the purchasing power of LTCI [Long-Term Care Insurance; FB] benefits has been declining." Eine Ausnahme stellte die Anhebung der Sätze für Tages- und Nachtpflege in Pflegestufe II und II dar, die die rot-grüne Koalition vornahm (s. Abschnitt 7.2.2).

[261] „Since all insurance benefits are capped, private co-payments remain important, and means-tested social assistance still plays a vital role, particularly in nursing home care, where about 30 percent of all residents still receive social assistance" (Rothgang/Igl 2007: 54).

[262] Alle Beträge entsprechen dem Stand bei Einführung des SGB XI.

[263] Gesetz zur Änderung des Gesetzes zur sozialen Absicherung des Risikos der Pflegebedürftigkeit, Erstes Gesetz zur Änderung des Elften Buches Sozialgesetzbuch und anderer Gesetze (Erstes SGB XI-Änderungsgesetz – 1. SGB XI-ÄndG), Gesetz zur sozialrechtlichen Absicherung flexibler Ar-

stand vor allem in Übergangsregelungen und deren Verlängerungen, Klarstellungen und kleineren Anpassungen, nicht jedoch größeren substantiellen Änderungen (Steffen 2008: 70-71).

7.2 Die Reformen der rot-grünen Koalition

Der Koalitionsvertrag der neu gewählten rot-grünen Koalition behandelte auch die Pflegeversicherung. Nach der grundlegenden Zielsetzung, „[...] die Qualität der Pflege und Betreuung zu erhalten und angesichts begrenzter Finanzspielräume weiter zu verbessern" wurde neben Fragen der Finanzierung und des Verhältnisses zu anderen Sicherungssystemen auf der Leistungsseite nur ein Punkt angekündigt: „Die bereits in der 13. Wahlperiode vereinbarten maßvollen Leistungsverbesserungen werden umgesetzt; zugleich wird geprüft, wie die Betreuung Demenzkranker bei der Feststellung der Pflegebedürftigkeit und ob ‚Arbeitgebermodelle' berücksichtigt werden können" (SPD/Bündnis 90/Die Grünen 1998: 30).

Tatsächlich war der Bereich Pflege in den folgenden sieben Jahren nicht so tief greifenden Maßnahmen wie die Bereiche Alterssicherung, Gesundheit und Beschäftigung ausgesetzt. Das heißt allerdings nicht, dass die rot-grüne Koalition hier untätig blieb, wie die folgenden Ausführungen zeigen. Außerdem wurde der Bereich Pflege durch die direkte Koppelung von Krankenversicherung und Pflegeversicherung einerseits und den grundlegenden Charakter einer Versicherung von Arbeitnehmern andererseits durch Maßnahmen der Gesundheitspolitik und Beschäftigungspolitik beeinflusst, was sich auf den Versichertenkreis auswirkte. Die entsprechenden Regeln werden im Folgenden kurz angesprochen, für die Details wird auf die Kapitel zu den anderen Politikfeldern verwiesen.

7.2.1 Wie im Bereich Gesundheit hatte das *Gesetz zur Neuregelung der Geringfügigen Beschäftigungsverhältnisse* im Bereich Pflege nur geringe Folgen. Durch das Gesetz wurde die Grenze, bis zu der eine Beschäftigung als geringfügig gilt, fixiert (630 DM, Höchstarbeitszeit 15 Stunden pro Woche) und damit die Untergrenze der voll versicherungspflichtigen Beschäftigungsverhältnisse festgelegt. Im Gegensatz zu Rentenversicherung und gesetzlicher Krankenversicherung werden bei geringfügiger Beschäftigung keine Arbeitgeberbeiträge zur Pflegeversicherung fällig. Wie im Falle der GKV kann eine geringfügige Beschäfti-

---

beitszeitregelungen, Zweites Gesetz zur Änderung des Elften Buches Sozialgesetzbuch (SGB XI) und anderer Gesetze, Drittes Gesetz zur Änderung des Elften Buches Sozialgesetzbuch (3. SGB XI-Änderungsgesetz, 3. SGB XI-ÄndG).

gung allein also keine Ansprüche gegenüber der Pflegeversicherung begründen
(Lembke 1999: 1826, 1828; Goretzki/Hohmeister 1999).[264]

7.2.2 Mit dem *Vierten Gesetz zur Änderung des Elften Buches Sozialgesetzbuch*
(4. SGB XI-Änderungsgesetz – 4. SGB XI-ÄndG) wurde ein Vorhaben aus der
13. Legislaturperiode umgesetzt. Es wurde im Bundestag einstimmig beschlossen und hatte auch die Zustimmung des Bundesrats.[265] Es enthielt zum einen
Änderungen, mit denen verhindert wurde, dass das an unentgeltlich Pflegende
weitergegebene Pflegegeld in der Regel bei der Festlegung von deren Unterhaltsverpflichtungen und -ansprüchen berücksichtigt wird, was nach der Gesetzesbegründung „[…] mit dem sozialpolitischen Anliegen, die häusliche Pflege
zu fördern und die Pflegebereitschaft und -fähigkeit im häuslichen Bereich zu
stärken, nicht vereinbar" sei (BT-Drucksache 14/407: 4).[266] Zum anderen wurde
die Finanzierung so genannter Beratungseinsätze neu geregelt: Diese regelmäßige professionelle Beratung zum Zwecke der Qualitätssicherung und Hilfe der
Pflegenden, zu deren Inanspruchnahme die Pflegebedürftigen verpflichtet sind,
sollte nun nicht mehr durch die Pflegebedürftigen getragen werden, sondern
durch die Pflegekassen und Versicherungsunternehmen.

Die Höchstbeträge der von den Pflegekassen zu übernehmenden Leistungen
bei Tages- oder Nachtpflege wurden auf 1.800 DM (Pflegestufe II, zuvor 1.500
DM) bzw. 2.800 DM (Pflegestufe III, zuvor 2.100 DM) angehoben und damit an
die Höchstbeträge der Pflegesachleistungen angepasst. Zudem wurde der Zugang
zur als Hilfe in Notfällen konzipierten Kurzzeitpflege in einer vollstationären
Einrichtung (wenn häusliche Pflege zeitweise nicht erbracht werden kann) erleichtert. Die Voraussetzung, dass die Pflegeperson den Pflegebedürftigen zuvor
12 Monate in dessen häuslicher Umgebung gepflegt haben musste, wurde gestrichen. Schließlich sollte die Kostenübernahme für Ersatzpflegekräfte den der
Pflegestufe entsprechenden Betrag an Pflegegeld nicht übersteigen, „[…] wenn
die Ersatz-Pflegekraft mit dem Pflegebedürftigen bis zum zweiten Grade verwandt oder verschwägert ist oder mit ihm in häuslicher Gemeinschaft lebt" (Steffen 2008: 71).

---

[264] S. hierzu allerdings die Regelungen im Bereich der GRV zur Berechnung bei mehreren (regulären
und/oder geringfügigen) Beschäftigungsverhältnissen, mit den entsprechenden Konsequenzen auch
für die Pflegeversicherung; s. Abschnitt 4.3.2.

[265] In Beschluss und Bericht des federführenden Gesundheitsausschuss (BT-Drucksache 14/1203: 6)
hält die Berichterstatterin fest: „Der Gesetzentwurf wurde von allen Mitgliedern des Ausschusses
einstimmig begrüßt. Die Mitglieder betonten, daß über die vorliegenden Regelungen schon in der
vergangenen Legislaturperiode überfraktionelle Einigkeit bestanden habe und daß der Gesetzentwurf
aber wegen der auslaufenden Legislaturperiode nicht mehr habe verabschiedet werden können".

[266] S. auch BT-Drucksache 14/5395: 26.

7.2.3 Die Regelungen des *Gesetzes zur Reform der gesetzlichen Krankenversicherung ab dem Jahr 2000* (GKV-Gesundheitsreformgesetz 2000) zum erschwerten Zugang zur GKV für Personen über 55 Jahren und für Ehegatten während des Mutterschutzes oder Erziehungsurlaubs hatten auch Auswirkungen auf die Pflegeversicherung (s. Abschnitt 5.3.3). Das Gesetz beinhaltete zudem weitere kleinere Klarstellungen und Folgeänderungen im SGB XI.

7.2.4 Das *Gesetz zur Beendigung der Diskriminierung gleichgeschlechtlicher Gemeinschaften: Lebenspartnerschaften* brachte analog zu den Regelungen zur Krankenversicherung (s. Abschnitt 5.3.5) einen Einbezug von Lebenspartnern (ohne ein mehr als geringfügiges Einkommen) und ihren Kindern in die Familienversicherung sowie die Gleichbehandlung von Lebenspartnern bei der Prämiengestaltung in der privaten Pflegeversicherung (Wenner 2002: 272). „Im Übrigen ist durch zahlreiche Einzelregelungen sichergestellt, dass alle Regelungen im SGB XI, in denen von ‚Familienangehörigen' des Mitglieds die Rede ist, unmittelbar auch für Lebenspartner gelten" (Wenner 2002: 272).

7.2.5 Mit dem *Gesetz zu Qualitätssicherung und zur Stärkung des Verbraucherschutzes in der Pflege* (Pflege-Qualitätssicherungsgesetz – PQsG) „[…] reagierte die Bundesregierung auf Mängel und Defizite in der pflegerischen Versorgung, die in den regelmäßig erscheinenden Berichten der Medizinischen Dienste aufgelistet werden und immer wieder auch in der bundesweiten Presse für Aufsehen sorgen" (Sendler 2004: 265). Durch das Gesetz wurde neben einer Reihe von Einzelregelungen dem SGB XI ein neues Kapitel mit dem Titel „Qualitätssicherung, Sonstige Regelungen zum Schutz der Pflegebedürftigen" hinzugefügt. Außer umfangreichen Bestimmungen, die das Verhältnis von Pflegedienstleistern und Pflegekassen, Sozialhilfeträgern und anderen beteiligten Institutionen und Organisationen wie den MDK, Heimaufsicht oder Sachverständigen betrafen und bspw. die Pflegedienstleister zu einem internen Qualitätsmanagement verpflichteten[267] und die Kontrollbefugnisse des MDK regelten[268], wurde an einigen Stellen auch direkt die Rechtsposition der Pflegebedürftigen geändert: Das neue Instrument der Leistungs- und Qualitätsvereinbarung (LQV)[269] wurde

---

[267] „Während das Gesetz selbst seit dem 1. Januar 2002 in Kraft ist, wurde eine Verordnung zur Umsetzung der Verpflichtung zum einrichtungsinternen Qualitätsmanagement von der Opposition im Bundesrat gestoppt. Folglich gibt es zwar eine Verpflichtung, aber ohne einheitliche Angabe darüber, wie ihr nachzukommen ist" (Sendler 2004: 265; hierzu auch Bieback 2004).

[268] S. hierzu und zu den folgenden Details sowie zu Problemen bei der Umsetzung der Regelungen Bieback 2004: 337 und Steffen 2008: 71, zu den Details des Gesetzes in einem frühen Stadium auch Moldenhauer 2001.

[269] Diese Vereinbarung wird zwischen Trägern von Pflegeheimen, Pflegekassen bzw. sonstigen Sozialversicherungsträgern oder deren Arbeitsgemeinschaften sowie dem zuständigen Träger der Sozialhilfe abgeschlossen und ist nun Bestandteil des Sicherstellungsauftrags der Pflegekassen.

nun auch in die dem Pflegebedürftigen bei Bewilligung seines Antrags auf Unterstützung auszuhändigenden Leistungs- und Preisvergleichsliste über Pflegedienstleister eingefügt. Die Verpflichtung zur Erbringung von Leistungs- und Qualitätsnachweisen durch die Pflegeinrichtungen sollte laut Gesetzesbegründung „[...] für die Pflegebedürftigen ein verlässliches und einheitliches Qualitätszertifikat [...]" schaffen (BT-Drucksache 14/5395: 40). Im Zusammenhang mit Maßnahmen der Qualitätssicherung und -prüfung standen auch die Einführung von Regelungen zur Kürzung und Rückzahlung von Vergütungen an Kostenträger und Pflegebedürftige und der Vermittlung der Pflegebedürftigen an andere Dienstleister bei Mängeln. Den Pflegekassen wurde ermöglicht, Pflegebedürftige bei möglichen Prozessen durch sonst nicht zugängliche Informationen zu unterstützen. Sie konnten sich nun außerdem an Beratungsangeboten anderer Träger beteiligen. Im Bereich der häuslichen Pflege mussten nun genauso wie in der stationären Pflege Verträge zwischen Pflegebedürftigen und Pflegediensten geschlossen werden, in denen die Leistungen des Dienstes festgelegt werden, wodurch die „,individualrechtliche' Verpflichtung" des Pflegedienstes gegenüber dem Pflegebedürftigen klargestellt wird (BT-Drucksache 14/5395).[270] Moldenhauer (2001: 134) sieht hierin den „[...] wohl wichtigste[n] Ansatz zur Stärkung der Verbraucherrechte im PQsG [...]".[271] Der Abschluss eines Heimvertrags wurde auch in den Fällen vorgeschrieben, in denen das Heimgesetz keine Anwendung findet (laut Gesetzesbegründung vor allem Pflegeheime für Jugendliche (BT-Drucksache 14/5395: 47)).

Pflegekurse für Angehörige und ehrenamtliche Pflegepersonen sollten (bisher: konnten) nun in der häuslichen Umgebung des Pflegebedürftigen stattfinden. Diese Änderung zielte darauf ab sicherzustellen, „[...] dass neben der theoretische Wissensvermittlung auch praktische Anleitung im häuslichen Umfeld erfolgt, soweit dies von den Pflegebedürftigen und den betroffenen Angehörigen gewünscht wird" (BT-Drucksache 14/5395: 27).

Allerdings wird in der Begründung des Gesetzesentwurfs auch darauf hingewiesen, dass die LQV kein neuer Vertragstyp sei: „Bereits nach geltendem Recht sind die von der Pflegeeinrichtung erwarteten Leistungen und deren Qualität sowohl im Versorgungsvertrag (für die Zulassung) als auch in der Vergütungsvereinbarung (für die Vergütung) zu definieren. In der Sache bietet daher die LQV den Vertragsparteien auch formal die Möglichkeit, die inhaltliche Bestimmung der erwarteten Leistung und deren Qualität in einer verbindlichen Absprache ,vor die Klammer' zu ziehen [...]" (BT-Drucksache 14/5395: 32).

[270] Der verbraucherfreundliche Anspruch des PQsG findet sich auch im Dritten Gesetz zur Änderung des Heimgesetzes, durch das u. a. auch die Heimverträge zwischen Bewohnern und Trägern überarbeitet wurden. Ziel dieses Gesetz war nicht zuletzt auch die Harmonisierung des Heimgesetzes mit dem SGB XI und den durch das PQsG vorgenommenen Änderungen bspw. hinsichtlich der Zusammenarbeit von MDK und Heimaufsicht.

[271] „Der Pflegebedürftige kann diesen Vertrag innerhalb von 14 Tagen nach dem ersten Pflegeeinsatz fristlos und ohne Angabe von Gründen kündigen" (Moldenhauer 2001: 134).

Pflegebedürftige Heimbewohner wurden verpflichtet, der Aufforderung des Heimträgers nachzukommen, eine höhere Pflegestufe beim Leistungsträger zu beantragen, wenn Anhaltspunkte für die entsprechende Bedürftigkeit vorliegen. Sollten sie der Aufforderung nicht nachkommen, wurde dem Heimträger die Möglichkeit gegeben, dem Pflegebedürftigen oder dem Kostenträger nach einem Monat den höheren Pflegesatz vorläufig zu berechnen.

Bei der Pflegesatzvereinbarung zwischen Leistungserbringern und Leistungsträgern sollten den Unterlagen des Heimes über die Leistungen auch eine Stellungnahme des Heimbeirats oder Heimfürsprechers beigefügt werden.

7.2.6 Durch das *Gesetz zur Ergänzung der Leistungen bei häuslicher Pflege von Pflegebedürftigen mit erheblichem allgemeinen Betreuungsbedarf* (Pflegeleistungs-Ergänzungsgesetz – PflEG) wurde eine neue Leistungen der Pflegeversicherung geschaffen. Pflegebedürftigen in häuslicher Pflege, die einen erheblichen allgemeinen Betreuungsbedarf aufweisen (etwa bei Demenz, geistigen Behinderungen und psychischen Erkrankungen) wurden jährlich zweckgebunden 460 € für qualitätsgesicherte Betreuungsleistungen zur Verfügung gestellt.[272] Auf Verlangen sollten die Pflegekassen eine Liste der durch den Betrag finanzierbaren Betreuungsangebote aushändigen. In diesem Zusammenhang wurden die Pflegekassen zur Förderung von niedrigschwelligen Betreuungsangeboten und Modellprojekten zur Weiterentwicklung der Versorgungsstrukturen verpflichtet. Darüber hinaus wurde auch die Förderung von Modellprojekten in der Pflege ermöglicht.

In Folge eines Urteils des BVerfG vom 3. April 2001 (BVerfG, 1 BvR 81/98 vom 3. April 2001) wurde der Zugang zur Pflegeversicherung geöffnet: Nichtversicherte, die bei Einführung der Pflegeversicherung keinen Zugang zu dieser hatten oder zu einem späteren Zeitpunkt zu Nichtversicherten wurden, bekamen eine befristete Möglichkeit, sich in der öffentlichen Pflegeversicherung oder bei einem privaten Anbieter abzusichern. Eine weitere Sonderregel wurde für Zuwanderer oder Auslandsrückkehrer geschaffen.

Die Beratungseinsätze, die Pflegegeldempfänger in regelmäßigem Abstand abrufen müssen, wurden in Details geändert, die den Beratungs- und Hilfscharakter dieser Einsätze gegenüber dem Kontrollcharakter betonen sollten. Pflegebedürftige mit erheblichem allgemeinen Betreuungsbedarf konnten diese Leistung nun häufiger abrufen.

---

[272] „This low ceiling may be the most important reason why in 2003 only 30,000 people applied fort his specific benefit out of an estimated 400,000 people who were assumed to be entitled to it. So while the government originally expected an additional 250 million € to be spent on this benefit, in 2003 only 13.4 million € were spent" (Rothgang/Igl 2007: 68).

Im Koalitionsvertrag 2002 bekannte sich die rot-grüne Regierung zur Weiterentwicklung der Pflegeversicherung und nannte Qualitätssicherung, Stärkung der Rechte der Pflegebedürftigen, die Lösung von Abstimmungsproblemen mit der GKV, die Umsetzung eines Urteils des BVerfG zum Familienlastenausgleich und die Versorgung Demenzkranker als konkrete Ziele (SPD/Bündnis 90/Die Grünen 2002: 55-56, 58). Diesen Plänen folgten allerdings kaum Taten, mit Ausnahme der Umsetzung des Urteils des BVerfG. Soziale Rechte im Bereich Pflege wurden in der 15. Legislaturperiode nur durch Änderungen in anderen Bereichen der Sozialpolitik berührt, wozu allerdings auch die erhöhte Reformaktivität in anderen Politikfeldern beigetragen haben mag.

7.2.7 Die Hartz-Gesetze betrafen den Bereich Pflege nur am Rande. Die im *Zweiten Gesetz für moderne Dienstleistungen am Arbeitsmarkt* beinhaltete Neuregelung der geringfügigen Beschäftigung bedeutete, dass erst ab einem Einkommen von 400,01 € Anrechte gegenüber der Pflegeversicherung erworben werden konnten. In der neuen „Gleitzone" bis 800 € sollten durch Beiträge zur Pflegeversicherung Anrechte erworben werben können. Das *Vierte Gesetz für moderne Dienstleistungen am Arbeitsmarkt* und das neu geschaffene SGB II definierten im Zusammenhang mit der Leistung Arbeitslosengeld II eine neue Gruppe Leistungsempfänger. Empfänger dieser Leistung sind in der Pflegeversicherung versichert (Münder 2004: 3211). Dadurch änderte sich nichts für die vorherigen Bezieher von Arbeitslosenhilfe, sofern sie nun Arbeitslosengeld II erhielten, wohl aber für diejenigen bisherigen Sozialhilfeempfänger, die zuvor nicht versichert waren.

7.2.8 Die Reformen am Arbeitsmarkt und auch im Rentensystem hatten allerdings eine indirekte Wirkung auf die Pflegepolitik. Die Rürup-Kommission (Kommission für die Nachhaltigkeit in der Finanzierung der sozialen Sicherungssysteme) hatte Vorschläge auch zur Pflegeversicherung gemacht, die nicht nur die Finanzierungsseite betrafen, sondern u. a. auch eine Dynamisierung der Leistungen, Gleichstellung der ambulanten und stationären Pflege und eine bessere Unterstützung von Demenzkranken beinhalteten (BMGS 2003b: 191-210). Die Empfehlungen zu den letzten beiden Punkten wurden Teil eines Reformgesetzes, das allerdings nicht umgesetzt wurde. „However, the reform proposal was shot down as a whole by the former German chancellor, Gerhard Schröder, who felt that his pension and labor market reforms had caused enough trouble for his government at that time" (Rothgang/Igl 2007: 68). Darum habe Schröder die Pflegereform, die mit zusätzlichen Ausgaben verbunden gewesen wäre und weitere Opfer von der Bevölkerung verlangt hätte, verschoben. Der Zeitpunkt, nicht ihr Inhalt hätte das Ende der Reform gebracht.[273]

7.2.9 Das *Gesetz zur Berücksichtigung von Kindererziehung im Beitragsrecht der sozialen Pflegeversicherung* (Kinder-Berücksichtigungsgesetz – KiBG) war eine Reaktion auf ein Urteil des BVerfG (BVerfG, 1 BvR 1629/64 vom 3. April 2001), demnach Beitragszahler zur Pflegeversicherung mit Kindern hinsichtlich der Bemessung der Beiträge kinderlosen Beitragszahlern besser gestellt werden sollten. Kinderlose sollten deshalb ab 2005 einen Aufschlag von 0,25% auf den Arbeitnehmeranteil zur Pflegeversicherung zahlen, der damit 1,1% betrug.[274]

7.2.10 Durch das *Gesetz zur Vereinfachung der Verwaltungsverfahren im Sozialrecht* (Verwaltungsvereinfachungsgesetz) wurde die Familienversicherung in der Pflegeversicherung auch auf die Kinder familienversicherter Kinder ausgeweitet.

7.3 Die Politik der rot-grünen Koalition im Feld Pflege – Bewertung

Die dargestellten Reformen im Bereich Pflege werden im Folgenden mittels des oben eingeführten Dimensionsschemas (s. o. Abschnitt 2.2.3) analysiert. Die Ergebnisse der Analyse werden mit der Forschungsliteratur abgeglichen und diskutiert.

7.3.1 Erste Dimension

Die 1. Dimension umfasst den Kreis der Rechtsträger, also die Frage danach, wer welche Ansprüche hat. Die Ausweitung oder Beschränkung von Programmen auf bestimmte Personenkreise ist hier ebenso zu behandeln wie die Schaffung oder Abschaffung von sozialen Rechten. Änderungen in dieser Dimension in der Pflegeversicherung stimmen häufig mit jenen in der Krankenversicherung überein, da die Mitgliedschaft in der Pflegeversicherung der Mitgliedschaft in der Krankenversicherung folgt. Dies ist bspw. der Fall bei Versicherungspflichtgrenzen in der GKV, die im letzten Abschnitt nicht mehr eigens thematisiert wurden, aber auch bei der Neuregelung der geringfügigen Beschäftigung, dem Ausbau der Familienversicherung und den Folgen der so genannten Hartz-Gesetze.

---

[273] Die Große Koalition hat mit der Pflegereform 2008 u. a. die meisten Leistungen angehoben, vor allem auch die Leistungen für Pflegebedürftige mit erheblichem allgemeinen Betreuungsbedarf von jährlich 460 auf 2.400 €.

[274] Für weitere Details s. Steffen 2008: 72.

Der einzige Fall, wo unter der rot-grünen Regierung eine Erweiterung des Versichertenkreises vorgenommen wurde, der nicht mit einer Regelung in der Krankenversicherung zusammenhing, war Folge eines Urteils des BVerfG, durch das bestimmten Nicht-Versicherten der Zugang zur Versicherung für einen begrenzten Zeitraum ermöglicht wurde. Für die Versicherten wurde zudem eine neue Leistung für Pflegebedürftige mit erheblichem allgemeinen Betreuungsbedarf neu geschaffen.

Im Rahmen der Bemühungen zur Qualitätssicherung kam es kaum zur Schaffung von Rechten der Versicherten, Ausnahmen bilden die Bestimmungen zur Vermittlung an einen anderen Leistungserbringer und zur Rückzahlung von Vergütungen – Rechte, die klassischen Verbraucherrechten ähneln. Sowohl mit dem PQsG als auch dem Pflegeleistungs-Ergänzungsgesetz wurden Informationsangebote ausgebaut und als Rechte formuliert, die dem Ziel einer Verbesserung der Orientierung und Ressourcenverwendung der Pflegebedürftigen dienen.

Als Fazit kann in dieser Dimension – in Anlehnung an die Ergebnisse der Diskussion des Bereichs Gesundheit – grundsätzlich von einer Ausweitung sozialer Rechte ausgegangen werden, da formal neue Gruppen in die Versicherung einbezogen wurden – bspw. durch die Ausweitung der Familienversicherung – und den Versicherten eine neue Leistung zugänglich gemacht wurde.

7.3.2 Zweite Dimension

Die zweite Dimension umfasst Regelungen, die bestimmen, wann bzw. in welcher Situation ein Recht Anwendung finden kann, m. a. W. wann der Versicherungsfall eintritt. Hier beschränkten sich Änderungen auf die Erleichterung des Zugangs zur Kurzzeitpflege.

7.3.3 Dritte Dimension

In der dritten Dimension werden die Leistungen und die Bedingungen, die während ihres Bezugs zu erfüllen sind, behandelt.

Die Beträge der Leistungen, die den Pflegebedürftigen als Sach- oder Geldleistungen gewährt wurden, sind mit einer Ausnahme im Laufe der Legislaturperioden nicht über das ursprüngliche Niveau angehoben worden. Damit sinkt ihre Kaufkraft, die Leistung wird de facto gemindert (Rothgang/Igl 2007: 73). Die Ausnahme betrifft die Anhebung der Höchstbeträge für Tages- und Nachtpflege. Die Kosten der Beratungseinsätze bei häuslicher Pflege durch Pflegepersonen werden nun von den Pflegekassen übernommen.

Das PQsG zielte auf eine Stärkung der Position der Pflegebedürftigen ab, allerdings wurden in der Regelung nur wenig individuelle Rechtsansprüche geschaffen. Allerdings lässt sich argumentieren, dass die schon bei der Behandlung der ersten Dimension angesprochene Qualitätssicherung einen Versuch der Regierung darstellt, soziale Rechte bzw. deren Wert im Pflegemarkt zu optimieren.

7.3.4 Diskussion

In Rückblicken auf die Sozialpolitik der rot-grünen Bundesregierung spielt der Bereich Pflege nur eine äußerst geringe Rolle. Viele Änderungen in diesem Bereich (1. Dimension) hängen zudem von Entscheidungen in anderen Politikfeldern ab, vor allem auch durch die Koppelung von Pflege und Krankenversicherung. Die geringe politische Bedeutung in der Zeit zwischen 1998 und 2005 ist auf mehrere Gründe zurückzuführen: Einerseits ist der Bereich Pflege relativ klein[275], die Ausgaben in diesem Bereich sind vergleichsweise gering und die Finanzsituation der Pflegeversicherung konnte im Vergleich zu den anderen Sicherungssystemen als gut gelten – nicht zuletzt, weil von vornherein, seit ihrer Schaffung ein Augenmerk der Politik auf der Ausgabenbegrenzung lag. Zum anderen ist möglicherweise in diesem jungen System, nur drei Jahre vor dem Regierungswechsel im Konsens eingeführt, der Problemdruck durch jahrzehntelange Entwicklungen nicht so hoch, dass dies trotz aller Kritik im Detail zu einem großen Reformbedarf hätte führen können. Schließlich wurde aus politischen Gründen auf größere Reformen verzichtet. So stand die Pflegeversicherung sowohl in der Politik als auch in der öffentlichen Debatte im Schatten der Arbeitsmarkt-, Renten- und Gesundheitsreformen. Nichtsdestotrotz sind einige der Änderungen in diesem Bereich diskussionswürdig.

Die Entwicklung von sozialen Rechten im Bereich der Pflegeversicherung folgte bis 2005 (auch) einer Logik, die sich als Finanz-Sozialpolitik charakterisieren lässt. Das Ziel der Beitragsstabilität dominiert nach Einführung des Sicherungssystems die Politikentwicklung und lässt andere Aspekte (Mängel in der Versorgung) in den Hintergrund treten. Rothgang und Igl (2007: 80) sehen als einer der Lehren aus den Erfahrungen mit der Pflegeversicherung, dass

„[...] it is possible to control costs. The German system has been quite successful at this, mainly by capping benefits and by having an institution that is independent from providers assessing the eligibility of potential beneficiaries. However, this strategy of effecting real cuts through nominally fixed benefits cannot be applied

---

[275] Die Pflegeversicherung machte 2005, am Ende der rot-grünen Regierungszeit 2,4% des Sozialbudgets aus (BMAS 2008: Tab. I-3).

forever as it causes the purchasing power of the benefits to decline, which will sooner or later de-legitimize the whole system".[276]

Diese Konzentration auf die Finanzierungsseite ist allerdings auch durch die spezifische Struktur der Leistungen möglich. Da diese als Zuschuss angelegt sind, heißt das im Umkehrschluss, dass andere Träger für die restlichen Kosten aufkommen müssen. Damit werden durch die Eigenheiten dieses Versicherungssystems Probleme, die in anderen Bereichen politisch dominant wurden, weitgehend minimiert.

Auf der Leistungsseite fügten sich Änderungen in das in den 1990er Jahren etablierte System, das häufig als ein Beispiel für die Schaffung so genannter Wohlfahrtsmärkte gesehen wird. Der Zugang der Pflegebedürftigen zu diesem Markt wurde dadurch erleichtert, dass er „[...] auf der Nachfrageseite durch die Pflegeversicherungsleistungen subventioniert wird" (Nullmeier 2002a: 273). Die dargestellte Ergänzung der Leistungen der Pflegeversicherung um eine knappe Unterstützung für Pflegebedürftige mit besonderem Betreuungsbedarf entspricht dieser Logik, da hier zweckgebundene Ressourcen gewährt werden, die auf dem entsprechenden Markt eingesetzt werden können.

Zugleich sind Wohlfahrtsmärkte aber auch mit spezifischen Problemen verbunden, auf die das oben vorgestellte PQsG verweist. Dieses ist als ein Beispiel regulativer Sozialpolitik (Leisering 2003) zu werten, als der Versuch, suboptimale Ergebnisse des Pflegemarktes zu korrigieren bzw. zu verhindern. Aus dem Blickwinkel der sozialen Rechte sind dabei zwei Aspekte von Bedeutung: Zum einen lässt sich hier von einer Tendenz sprechen, den Wert sozialer Rechte in einem Marktumfeld zu optimieren. Dafür werden gerade nicht die den pflegebedürftigen Versicherten gewährten, als monetäre Größen normierten Leistungen selber angehoben oder zielgerichteter, individueller geformt, sondern die durch sie zu erwerbenden Dienstleistungen kontrolliert oder eher: zu kontrollieren versucht. Statt „mehr Geld" heißt die Devise „mehr fürs – gleiche – Geld".

Zum anderen wurden die „citizen-consumers" (Clarke 2006) insgesamt kaum mit neuen individuellen Rechten ausgestattet, worin der Pflegebereich dem Gesundheitsbereich gleicht (s. Abschnitt 5.4.4). Die Regulierung der Pflegemärkte findet über Kontrollen verschiedener Institutionen und die Verpflichtung der Dienstleistungserbringer statt, weniger jedoch durch eine Ermächtigung der Versicherten durch individuelle Rechte. Ihre Rechte in dieser Situation sind im Wesentlichen die des Teilnehmers auf (theoretisch) allen Märkten: Das Recht, einen Anbieter zu wechseln und bei offensichtlicher Schlechtleistung Geld zurückzufordern. Dies sind allerdings Neuerungen in der Sozialpolitik, die sich

---

[276] Tatsächlich wurde 2008 durch die Große Koalition beschlossen, die Beträge stufenweise bis Anfang 2012 anzuheben, mit der Ausnahme der Leistungen bei Pflegestufe I und II bei vollstationärer Pflege.

dem traditionellen Verständnis sozialer Rechte entziehen und auf die in der folgenden Gesamtschau noch eingegangen wird.

8. Diskussion: Soziale Rechte und Policy Change unter der rot-grünen Koalition

Soziale Rechte sind in den sieben Jahren der rot-grünen Regierung Gegenstand von zum Teil tief greifenden Reformen gewesen. Die Beziehung zwischen Wohlfahrtsstaat und (potentiellen) Leistungsempfängern, das Verständnis von sozialen Risiken und öffentlicher Verantwortung ist dabei in vielerlei Hinsicht modifiziert worden.

In der Gesamtschau der Reformen in den Feldern Alter, Gesundheit, Beschäftigung und Pflege werden einige übergreifende Tendenzen sichtbar. Dies sind zum einen Veränderungen, die soziale Rechte einschränken, erweitern oder anpassen. Diese Veränderungen bleiben im Rahmen dessen, was im Folgenden als klassische soziale Rechte bezeichnet wird und dem im zweiten Kapitel entwickelten Verständnis sozialer Rechte entspricht. Zum anderen sind aber Reformen zu verzeichnen, deren Inhalte sich diesem Verständnis von sozialen Rechten zumindest teilweise entziehen, indem sie den Charakter sozialer Rechte verändern und damit ein auch qualitativ gewandeltes Verständnis von öffentlicher Verantwortung für die soziale Sicherung der Bürger zum Ausdruck bringen. Als Ergebnis der Reformen können Ansprüche identifiziert werden, die einer neuen Logik gehorchen und die im Folgenden als Neue Soziale Rechte bezeichnet werden. Hier lässt auch sich von einer Transformation sozialer Rechte sprechen. Diese Transformation hängt eng mit der Schaffung von Wohlfahrtsmärkten zusammen. Sie hat Folgen auch für die Anforderungen an Bürger bei der Nutzung ihrer Rechte und damit verbunden für den Wert sozialer Rechte.

Die folgende Diskussion baut auf der empirischen Analyse der rot-grünen Gesetzgebungstätigkeit in den vorangegangenen Kapiteln auf, für Details einzelner Regelungen wird entsprechend auf diese Kapitel verwiesen. Zunächst werden übergreifende Tendenzen diskutiert und durch einen Überblick über rot-grüne Familienpolitik abgerundet. Danach stehen die Neuen Sozialen Rechte und ihr Verhältnis zu älteren Institutionen des Wohlfahrtsstaats im Mittelpunkt. Die Behandlung klassischer und Neuer Sozialer Rechte ist Grundlage für eine abschließende Diskussion und Bewertung der Entwicklung des deutschen Wohlfahrtsstaats unter der rot-grünen Bundesregierung.

8.1 Soziale Rechte 1998-2005

Mittels des in Abschnitt 2.2 eingeführten Analyserahmens wurden die Reformen der rot-grünen Koalition daraufhin untersucht, in welchen Dimensionen sozialer Rechte ein Wandel stattgefunden hat. Schon die Diskussion der einzelnen Politikfelder machte deutlich, dass keine einheitliche Tendenz hinsichtlich Abbau oder Ausbau festzustellen ist. Die Gesamtschau der einzelnen Dimensionen zeigt aber, dass es ähnliche Bewegungen in allen Politikfeldern gegeben hat.

8.1.1 Erste Dimension: Abschied vom (Normal-) Arbeitnehmer

Mit Blick auf die Frage nach den Rechtsträgern und den Grundlagen von Ansprüchen (1. Dimension) ließ sich in allen untersuchten Feldern eine Tendenz zur Ausdehnung des Kreises der formal Anspruchsberechtigten feststellen, mit Folgen für den im deutschen Wohlfahrtsstaat traditionell stark ausgeprägten Bezug zwischen sozialen Rechten und Erwerbsarbeit. Es lassen sich drei grundlegende inhaltliche Ausprägungen dieser Tendenz unterscheiden:

8.1.1.1 Soziale Rechte und Erwerbsarbeit

Zu Beginn der ersten Legislaturperiode wurde die Koppelung von Anrechten und Erwerbsarbeit dadurch gestärkt, dass geringfügig Beschäftigte in die Sozialversicherungspflicht einbezogen wurden und die Geringfügigkeitsgrenze fixiert wurde. Durch die Sozialversicherungspflicht werden Ansprüche allerdings nur gegenüber der Rentenversicherung erworben. Durch die Fixierung der Geringfügigkeitsgrenze wurde die bisherige Koppelung an die Lohnentwicklung aufgehoben, was bei tendenziell steigenden Löhnen einer Ausweitung der Versicherungspflicht nahe kommt (die Grenze wurde allerdings später angehoben). Dazu merkt Schmidt (2003: 245) nicht nur kritisch an, dass so die geringfügige Beschäftigung unattraktiver geworden sei – was nach Oschmiansky et al. (2007: 291) auch das politische Ziel dieser Reform war –, sondern verweist auch auf das Verhältnis dieser Regelungen zum klassischen deutschen Wohlfahrtsstaatsverständnis: „[D]ie Sozialpolitik, die in Deutschland ohnehin auf die Fiktion zugeschnitten ist, der eigentlich Schutzbedürftige sei der – möglichst vollbeschäftigte – Arbeiter oder Angestellte, bekräftigte auch hier ihren Grundsatz, dass nur der so richtig zählt, der sozialversicherungspflichtig ist".

Diese zunächst gestärkte Verknüpfung der Sozialversicherung an die Lohnarbeit, noch dazu – wenn man Schmidt folgt – an ein normativ als überlegen geltendes Normalarbeitsverhältnis, wurde allerdings im Laufe der Regierungszeit tendenziell wieder abgeschwächt. Andere Erwerbsformen wurden deutlich aufgewertet. Dazu zählte die Anerkennung und Förderung geringfügiger Beschäftigung (Aufhebung der 15-Stunden-Grenze, haushaltsnahe Dienstleistungen, Gleitzone) und selbständiger Beschäftigung (Rechtsanspruch auf Existenzgründungszuschuss und später Überbrückungsgeld). Diese Umwertung findet sich sehr pointiert in zwei Formulierungen des Schröder-Blair-Papiers: „Teilzeitarbeit und geringfügige Arbeit sind besser als gar keine Arbeit, denn sie erleichtern den Übergang von Arbeitslosigkeit in Beschäftigung". Und in Bezug auf Selbständigkeit:

> „Wenn die neue Politik gelingen soll, muß sie eine Aufbruchstimmung und einen neuen Unternehmergeist auf allen Ebenen der Gesellschaft fördern. Dies erfordert [...] ein positives Klima für unternehmerische Selbständigkeit und Initiative. Kleine Unternehmen müssen leichter zu gründen sein und überlebensfähiger werden; wir wollen eine Gesellschaft, die erfolgreiche Unternehmer ebenso positiv bestätigt wie erfolgreiche Künstler und Fußballspieler und die Kreativität in allen Lebensbereichen zu schätzen weiß" (Schröder/Blair 1999).

Überdies wurde der Zusammenhang zwischen Mitgliedschaft in einer Sozialversicherung und der Erwerbsarbeit geschwächt, indem Leistungsbezieher – u. a. Bezieher des neuen Arbeitslosengeld II, die zuvor nicht Arbeitslosenhilfe, sondern Sozialhilfe bezogen hatten – in die Zweige der Sozialversicherung integriert wurden. Speziell im Zusammenhang mit dem Arbeitslosengeld II lässt sich hier von einem Übergang von der Arbeitnehmer- zur Arbeitsfähigen- bzw. Arbeitswilligensicherung sprechen, wobei im Falle der Rentenversicherung hier nur sehr geringe Ansprüche erwachsen.

Insgesamt wurde damit die zentrale Rolle der (Normal-)Arbeitnehmerversicherung abgeschwächt. Auch die verschärften Zumutbarkeitsregelungen (3. Dimension) bei der Unterstützung von Arbeitslosen (Pflicht zur Aufnahme einer Beschäftigung mit Entlohnung unter Tarif oder ortsüblichem Lohn) können in diesem Kontext gesehen werden (Oschmiansky et al. 2007: 293), wie auch die als „Ein-Euro-Jobs" bekannt gewordenen Arbeitsmöglichkeiten. In Anbetracht der Tatsache, dass in Deutschland die Sozialversicherung auch immer versicherungsfremde Elemente enthielten (s. Abschnitt 3.1), muss hier allerdings von einer relativen Verschiebung ausgegangen werden.

8.1.1.2   Abgeleitete Rechte: Soziale Rechte und Familien

Als eine zweite Abweichung von der Arbeitnehmerversicherung sind Änderungen zu sehen, die im Zusammenhang mit der Absicherung von Familienangehörigen und der Behandlung von Zeiten der Kindererziehung stehen. Das deutsche

Sozialversicherungssystem beinhaltet bereits seit langem Elemente, die sich einer strengen Versicherungslogik entziehen, gerade in Bezug auf die Mitversicherung von Familienmitgliedern. Hier wurden in der ersten Dimension – wenn auch nur wenige – Änderungen vorgenommen, die diesen solidarischen Aspekt der Sozialversicherung unterstreichen: Die Familienversicherung in Kranken- und Pflegeversicherung wurde ausgeweitet und die zwei Gesetze zur Anerkennung von Lebenspartnerschaften sorgten für eine Übertragung der einschlägigen Regelungen auf einen neuen Kreis von Rechtsträgern. Nicht die abgeleiteten Rechte, jedoch die familienbezogenen Elemente der Sozialversicherung ergänzte die Versicherungspflicht in der Arbeitslosenversicherung für Bezieherinnen von Mutterschaftsgeld und bei Erziehung von Kindern bis zum Alter von drei Jahren, wenn zuvor eine versicherungspflichtige Beschäftigung ausgeübt wurde.

8.1.1.3 Soziale Rechte und neue bedürftigkeitsorientierte Programme

Die bisher diskutierten Reformen in der ersten Dimension betrafen die Sozialversicherungssysteme. Der im deutschen Wohlfahrtsstaat traditionell starke Zusammenhang zwischen sozialen Rechten und dem Ziel der Lebensstandardsicherung (s. Kapitel 3) sowie zwischen sozialen Rechten und der Institution Sozialversicherung wurde durch neue Programme gelockert, deren Leistungen nach Bedürftigkeitsprüfungen gewährt werden: das Arbeitslosengeld II und die Grundsicherung im Alter (später Teil des SGB XII). Diese Programme unterscheiden sich von den Vorgängerprogrammen bzw. Programmen, die sie ergänzen sollen, nicht nur mit Blick auf die Rechtsträger, es rücken auch die Unterschiede in der 2. und 3. Dimension in den Blick. In beiden Fällen ist das Leistungsniveau an die Sozialhilfe angelehnt und die Leistungen werden strikt nach einer Prüfung von Einkommen und Vermögen gewährt. Während die Grundsicherung im Alter im Wesentlichen auf bisherige Sozialhilfeempfänger bzw. potentiell Berechtigte zugeschnitten ist und unter weniger schweren Auflagen als die Sozialhilfe zu erhalten ist (keine Anrechnung von Einkommen der Kinder), stellt das Arbeitslosengeld II insofern eine Verschlechterung gegenüber der Vorgängerin Arbeitslosenhilfe dar, als dass an sie einerseits strengere Verhaltensregeln geknüpft sind, andererseits die Leistungen nicht mehr wie zuvor im Sinne einer Mischung der Prinzipien Lebensstandardsicherung und Bedürftigkeit berechnet werden. Beide Programme können damit als eine Abkehr vom Zusammenhang zwischen Erwerbseinkommen und sozialen Rechten und dem Ziel der Statussicherung gewertet werden.

8.1.2   Zweite Dimension: Verschärfungen in manchen Feldern

Die zweite Dimension sozialer Rechte, also die Definitionen der Situationen, in denen Rechte geltend gemacht werden dürfen, haben sich im Vergleich zu den anderen Dimensionen am wenigsten verändert; die kleineren Änderungen lassen sich kaum auf einen Nenner bringen. Es bieten sich für eine vergleichende Diskussion nur wenig relevante Reformen an.

Hervorzuheben ist einerseits die Ablösung von Berufs- und Erwerbsunfähigkeitsrenten durch Erwerbsminderungsrenten, was eine neue Falldefinition bedeutete. Andererseits ist für das Feld Arbeit und Beschäftigung zu konstatieren, dass es hier tendenziell zu Verschärfungen gekommen ist. Hier hat die lange Vorlaufzeit der „Hartz-Reformen" dazu geführt, dass bereits im Vorfeld der Gesetze für moderne Dienstleistungen am Arbeitsmarkt die Freibeträge in der Arbeitslosenhilfe massiv gekürzt wurden und die Freibeträge des Arbeitslosengeld II unter denen der Arbeitslosenhilfe vor den Reformen liegen. Außerdem ist zu vermerken, dass in der Rente in Teilbereichen (Altersrente für Schwerbehinderte und nach Arbeitslosigkeit oder Altersteilzeit) die Altersgrenzen angehoben wurden.

Die nur geringen Veränderungen in der zweiten Dimension – s. auch die entsprechenden Abschnitte in den vier Fallstudien – erscheinen erklärungsbedürftig. Es stellt sich die Frage, ob diese Dimension des Analyserahmens unangemessen konzipiert ist oder aber die Untersuchung mit einem angemessenen Instrument durchgeführt worden ist und der Untersuchungsgegenstand tatsächlich nur geringe Veränderungen in der zweiten Dimension aufweist. Letzteres würde bedeuten, dass bei einem anderen Untersuchungsgegenstand oder einem anderen Untersuchungszeitraum stärkere Veränderungen in dieser Dimension registriert werden könnten.

Ein Blick auf die dem Untersuchungszeitraum folgenden Legislaturperiode liefert einen Beleg dafür, dass die zweite Dimension nicht bloß ein analytisches Konstrukt ist, sondern sogar von großer politischer Relevanz. Die hoch umstrittene Entscheidung der Großen Koalition, das Renteneintrittsalter auf 67 Jahre anzuheben, ist eine Veränderung in der zweiten Dimension. Diese Änderung war bereits von der Rürup-Kommission vorgeschlagen worden (s. Abschnitt 4.3.15), jedoch von der rot-grünen Koalition nicht umgesetzt worden. Wenn diese Dimension also aussagekräftig ist, d. h. in einem anderen Kontext Veränderungen registriert, dann lassen sich die geringen Veränderungen zwischen 1998 und 2005 zumindest zum Teil auf tatsächliche politische Untätigkeit zurückführen. Hinzu kommt jedoch außerdem eine politikfeldspezifische Besonderheit im Bereich Gesundheit, durch die die wenigen relevanten Änderungen in diesem Bereich erklärt werden: Hier haben die Ärzte und die Versicherten einen großen Einfluss auf die Feststellung der Situation, in der ein Recht geltend gemacht werden kann. Eine politische Regelung, was allgemein als Krankheit anzusehen ist bzw. wann ein Rechtsträger krank ist, ist hier schwierig zu bewerkstelligen (s. Abschnitt 2.2.3.2), nicht zuletzt auch vor dem Hintergrund der teilweisen Autonomie des Gesundheitswesens.

Eine letzte Möglichkeit zur Erklärung der geringen Anzahl an Veränderungen ist ein Aspekt, der zumindest auf den ersten Blick als ein Messartefakt erscheinen kann: Die Schaffung eines neuen Programms – wie die Grundsicherung im Alter oder die Grundsicherung für Arbeitssuchende – wird in dieser Arbeit als neues Recht in der ersten Dimension behandelt. Dies ist systematisch dann gerechtfertigt, wenn sich die Leistung auf einer anderen Rechtsgrundlage an einen anderen Adressatenkreis wendet als ein vergleichbares Vorgängerprogramm (dies ist etwa beim Übergang von der Berufs- und der Erwerbsunfähigkeitsrente zur Erwerbsunfähigkeitsrente im Wesentlichen nicht der Fall). Es ist durchaus sinnvoll, die Grundsicherung für Arbeitssuchende und die Arbeitslosenhilfe (vor ihrer Anpassung in Vorbereitung der Einführung der Grundsicherung), bspw. mit Blick auf die zweite Dimension hinsichtlich der jeweiligen Regeln zu Freibeträgen zu vergleichen. Allerdings heißt das im Rahmen dieser Arbeit, auf unterschiedlichen Grundlagen gewährte Ansprüche miteinander zu vergleichen.

Letztlich führt die Kombination aus politischer Untätigkeit in dieser Dimension, programmimmanenten Gründen im Bereich Gesundheit und einem Aspekt des Analyserahmens zu der geringen Anzahl der zu berichtenden Ereignisse in der zweiten Dimension. Letztlich wird das Design des Analyserahmens insgesamt nicht in Frage gestellt, da ein anderer Untersuchungszeitraum oder -kontext hier zu zahlreicheren Ausprägungen führen kann.

8.1.3 Dritte Dimension: Kürzung und Rationalisierung

Der Inhalt der Leistungen schließlich (3. Dimension) zeigte in den behandelten Bereichen vielfach eine Tendenz zum Abbau oder zur Entwertung, wobei unterschiedliche Ausprägungen festzustellen sind: Zunächst eine direkte Kürzung von Leistungen (bspw. Streichung von Leistungen aus dem Katalog der GKV und Kürzung von Freibeträgen). Im Bereich Rente und Pflege sind weniger nominale Kürzungen als Entwertungen (Verlangsamungen des Anstiegs, Belastung durch Steuern und Abgaben, kein Ausgleich der Preisentwicklung) festzuhalten, wodurch – ähnlich wie beim Übergang von Arbeitslosenhilfe zum Arbeitslosengeld II – das Ziel der Lebensstandardsicherung geschwächt wird. Über dieser Einschätzung darf jedoch nicht vergessen werden, dass punktuell durchaus Leistungen ausgebaut wurden (z. B. Krankengeld, Leistungen für besonders betreuungsbedürftige Personen in der Pflegeversicherung).

Außerdem wurden die Kosten des Bezugs von Leistungen erhöht, d.h. Bezugsbedingungen (Verhaltenspflichten, Zumutbarkeitsregelungen) bzw. finanzielle Gegenleistungen (Zuzahlungen) wurden verschärft. Sowohl im Bereich Gesundheit wie auch im Bereich Beschäftigung lassen sich diese Entwicklungen als Neuformulierung der wechselseitigen Beziehung zwischen wohlfahrtsstaatlichen Institutionen und Leistungsempfängern verstehen: Es geht hier um die Herstellung eines sozialpolitisch erwünschten Verhaltens mit dem Ziel, die Nachfrage nach Leistungen zu kanalisieren und einzudämmen (Gesundheit) oder idealerweise vollständig aufzuheben (Aktivierungsmaßnahmen im Bereich Beschäftigung zielen letztlich auf die Senkung der Arbeitslosigkeit und damit der Nachfrage nach Leistungen ab). Im Bereich Beschäftigung wird dieser autoritäre Zug (Oschmiansky et al. 2007: 294) z. T. durch positive Elemente ergänzt, etwa Rechte für Selbständige (1. Dimension, s. o.).

Damit lassen sich zwei Strategien der Kostensenkung identifizieren, die im Kontext der Finanzierungskrise des Wohlfahrtsstaats zur Anwendung kommen können: Zum einen direkte Kürzungen oder Entwertungen. Dies betrifft Leistungen, deren Inanspruchnahme nicht oder nur geringfügig der Entscheidung der Versicherten unterworfen ist, wie im Falle der Rente oder der Pflegeversicherung. Zum anderen, wenn die Entscheidung über den Leistungsbezug tatsächlich oder vermeintlich ganz oder zumindest seinen Umfang betreffend auf Entscheidungen der Rechtsträger beruht, kann außer der Kürzung oder Entwertung versucht werden, die Kosten der Inanspruchnahme durch Gegenleistungen zu erhöhen und damit die Nachfrage zu senken.

Außerdem finden sich insbesondere im Bereich Rente Änderungen, die mit den Änderungen in der ersten Dimension korrespondieren: Zum einen die von der Äquivalenzlogik des Versicherungssystems (Leistungen gekoppelt an Beiträge auf der Grundlage von Erwerbsarbeit) abweichende Aufwertung von Erziehungsarbeit. Zum anderen die Einrichtung der „Gleitzone", durch die aufgrund geringerer Beiträge bei Einkommen zwischen 400,01 und 800 € entsprechend geringere Leistungen erworben werden. Sie entsprechen der oben festgestellten Aufwertung von familienbezogenen Elementen in der Sozialversicherung und der Aufwertung von Beschäftigung jenseits des Normalarbeitsverhältnisses.

In dieser Darstellung der Änderungen wurden mehrere Aspekte genannt, die als eine Aufwertung familienpolitischer Elemente in den klassischen sozialen Sicherungssystemen zu verstehen sind. Zum Abschluss der Darstellung der Reformen der rot-grünen Koalition erscheint es deswegen als sinnvoll, im Folgenden einen Überblick über die originär familienpolitische Gesetzgebung zwischen 1998 und 2005 zu geben.

8.1.4 Rot-grüne Familienpolitik

Familienpolitische Maßnahmen und Leistungen außerhalb des Sozialversicherungssystems wurden bisher außer acht gelassen, da Familienpolitik stärker als andere Bereiche ein Querschnittsbereich ist, zu dem neben originären familienorientierten Leistungen auch Maßnahmen im Steuerrecht und in sozialpolitischen Handlungsfeldern wie der Gesundheits- oder Rentenpolitik gehören. Nach Angaben des Bundesministeriums für Familie, Senioren, Frauen, und Jugend (BMFSFJ 2009) wurden 2007 156 verschiedene Leistungen für Ehe und Familie gewährt. Diese summierten sich zu einem Betrag von 183 Milliarden Euro, davon 111,5 Milliarden Euro für familienbezogene Leistungen (BMFSFJ 2009). Angesichts dieser Menge an familienpolitischen Leistungen wird im Folgenden nur auf die wichtigsten Programme eingegangen.[277] Dabei werden familienpolitische Elemente und Neuerungen in den bereits dargestellten sozialen Sicherungssystemen nicht erneut angesprochen, ebenso wird auf die Schaffung der eingetragenen Lebenspartnerschaft hier nicht weiter eingegangen.

Ein Kernelement der deutschen Familienpolitik ist der Familienleistungsausgleich, eine finanzielle Leistung, mit dem die Aufwendungen und finanzielle Schlechterstellung, die sich aus der Kindererziehung ergeben, zumindest teilweise kompensiert werden soll. Im Rahmen des Familienleistungsausgleichs werden Familien durch Kindergeld oder steuerliche Freibeträge unterstützt – je nach dem, was für die Eltern günstiger ist. Beide Leistungen wurden unter der rot-grünen Bundesregierung angehoben, die Steuerfreibeträge auch neu geordnet. Die Neuregelungen erfolgten in erster Linie aufgrund von Entscheidungen des BVerfG (BVerfG, 2 BvR 1057/91 vom 10. November 1998), das bestehende Regelungen hinsichtlich Steuererleichterungen wegen Kinderbetreuung und den Haushaltsfreibetrag für verfassungswidrig erklärt hatte, später allerdings auch die Neuregelung kritisierte (BVerfG, 1 BvL 1/01 vom 9. April 2003).[278]

Außerdem reformierte die rot-grüne Bundesregierung das Erziehungsgeld und die Elternzeit (zuvor: Erziehungsurlaub) ab Januar 2001,[279] in Umsetzung einer EU-Vereinbarung zum Elternurlaub (Gerlach 2004: 417, Blum 2009: 11-12). Beim Erziehungsgeld wurden zum einen die jährlichen Einkommensgrenzen, bis zu denen die Leistung bezogen werden kann, und der Umfang der während der Bezugszeit erlaubten Beschäftigung erhöht, Bezugsdauer und -höhe jedoch grundsätzlich unangetastet gelassen. Zum anderen wurde die so genannte Budgetoption geschaffen, bei der ein höherer monatlicher Betrag beansprucht

---

[277] Die Darstellung orientiert sich an den Darstellungen von Bleses (2003) für die erste Legislaturperiode sowie an Gerlach (2004).
[278] S. hierzu im Detail Gerlach 2004: 412-414.
[279] Zu Ausgangslage, Reformen und zur Kritik s. Leitner 2003: 254-258.

werden kann, die Bezugsdauer aber auf ein Jahr verkürzt wird, der Gesamtumfang der Leistung ist in diesem Fall niedriger. Blum (2009: 12) äußert sich kritisch zu diesen Neuerungen:

> „Apart from that, however, the reform kept the old system and did not show fundamental changes to the underlying goals and ideas. The payment remained very low and the childcare infrastructure was not expanded to facilitate reconciliation. The overall payment for the budget-variant was remarkably lower, so real incentives to take a shorter leave were not set. Accordingly on the impact level, the quota of fathers taking the leave did not increase".

Ab 2004 wurden die Einkommensgrenzen für die ersten sechs Monate allerdings drastisch gesenkt und nach regulärem Erziehungsgeld und Budgetlösung differenziert. Auch wurden die Leistungen leicht gekürzt. Gerlach merkt zur Senkung der Einkommensgrenzen an, dass sich damit „[...] der Charakter des Erziehungsgeldes im Grunde genommen zunehmend gewandelt [hat], da es heute weniger ein Element der monetären Unterstützung von Vereinbarkeit [von Beruf und Familie; FB] im Allgemeinen, sondern eher eines für Familien der unteren Einkommensschichten geworden ist" (Gerlach 2004: 417).[280]

Der bisherige Elternurlaub wurde ab Januar 2001 durch die neue Elternzeit ersetzt. Diese beträgt weiterhin drei Jahre pro Kind, allerdings kann diese Zeit nun flexibler gehandhabt werden: Nun können bis zu vier Phasen Elternzeit genommen werden (zuvor: drei), auch von den Eltern gleichzeitig.[281] Dabei können, die Zustimmung des Arbeitgebers vorausgesetzt, 12 Monate zwischen dem zweiten und achten Lebensjahr des Kindes genutzt werden. Die Möglichkeit, während der Elternzeit zu arbeiten, wurde von 19 auf 30 Stunden pro Woche erweitert. Außerdem erhielten Eltern nun gegenüber ihrem Arbeitgeber einen Anspruch auf Verringerung der Arbeitszeit während der Elternzeit (Teilzeitgesetz). „Die neue Elternzeit wies damit klar in Richtung einer verbesserten Vereinbarkeit von Familie und Erwerbstätigkeit *beider Elternteile*", so Bleses (2003: 202), der in dieser Reform bedeutende Unterschiede zur Politik der Vorgängerregierung sieht.

Im Zusammenhang mit den so genannten „Hartz-Reformen" wurde ein Kinderzuschlag eingeführt, der gering verdienenden Eltern zugute kommen soll. Durch diesen Zuschlag sollte verhindert werden, dass die Familie auf Arbeitslosengeld II bzw. Sozialgeld angewiesen ist. Es wurde sowohl eine Mindesteinkommensgrenze sowie eine Höchstgrenze für Einkommen und Vermögen festgelegt. Der Zuschlag sollte bis zu 140 € monatlich betragen. Über diesen Zuschlag

---

[280] Und weiter: „Während nämlich 1986 noch 83,6 Prozent der Bezieher(innen) den Höchstsatz von monatlich 600 DM erhielten, waren dies schon 1997 nur noch 48 Prozent" (Gerlach 2004: 417).
[281] Diese Möglichkeit wurde später (ab 2004) auf zwei Phasen begrenzt, weitere Phasen wurden von der Zustimmung des Arbeitgebers abhängig gemacht.

urteilt Gerlach (2004: 413): „Mit dieser Maßnahme werden im Übrigen familien-
und arbeitsmarktpolitische Elemente miteinander verbunden, so wie es typi-
scherweise in liberalen Wohlfahrtsstaatssystemen geschieht (z. B. die New Deals
von New Labour)". Tatsächlich passt dieser auf Geringverdiener abzielende
Anspruch zu der oben bereits festgehaltenen Beobachtung, dass das Normalarbeitsverhältnis als zentraler Bezugspunkt des deutschen Sicherungssystems an
Bedeutung verliert.

Mit den Reformen wurden die durch die rot-grüne Koalition zunächst im
Wahlkampf und in der Koalitionsvereinbarung von 1998 gegebene Versprechen
eingelöst (Bleses 2003: 200-201). Spätere Reformen waren nicht zuletzt Folgen
von Reformen in anderen Bereichen, wie etwa die Aktivierung von Müttern mit
über dreijährigen Kindern durch die Hartz-Reformen (Leitner 2005: 962), oder
„fiskalischen Engpässen" (Gerlach 2004: 417). Leitner (2005: 959) sieht in den
rot-grünen Reformen das grundlegende Motiv, die Teilnahme von Frauen auf
dem Arbeitsmarkt fördern zu wollen:

> „Ansatzpunkt der rot-grünen Familienpolitik war diese Diskrepanz zwischen realer
> und gewünschter Arbeitsmarktpartizipation von (westdeutschen) Müttern. Zugleich
> wollte man die auf EU-Ebene akkordierte Zielsetzung, die Erwerbstätigkeit von
> Frauen zu erhöhen, fördern, indem man sich darauf konzentrierte, die Problematik
> der Vereinbarkeit von Elternschaft und Berufstätigkeit von Eltern mit Kindern unter
> drei Jahren abzumildern. Die ab 2001 geltende Neuregelung von Erziehungsur-
> laub/Elternzeit und Erziehungsgeld, der Ausbau der Kinderbetreuung für unter Drei-
> jährige ab 2005 sowie die forcierte ‚Aktivierung' von Müttern durch Hartz IV zielen
> aus dieser Perspektive darauf ab, ein „Arbeitnehmer-Modell" *(adult worker model)*
> zu generalisieren, welches alle erwerbsfähigen Erwachsenen – auch solche mit Kin-
> derbetreuungspflichten – als potenziell Erwerbstätige einstuft" (Hervorhebung i. O.;
> FB).

Die Konzentration auf das Problem der Vereinbarkeit von Erwerbsarbeit und
Familie sieht auch Bleses (2003: 197), der die Gesetzgebungstätigkeit in der
ersten Legislaturperiode „beachtlich" nennt und bemerkt, die Koalition habe
„den familienpolitischen Ausbau dynamisch vorangetrieben" (2003: 204).[282]
Allerdings betont er für die erste Legislaturperiode insgesamt die Kontinuität im
Verhältnis zur Politik der Vorgängerregierung „Von einer grundlegenden Partei-
endifferenz konnte während der ersten Legislaturperiode der rot-grünen Regierung in der Familienpolitik nicht gesprochen werden" (Bleses 2003: 205). Dem
widerspricht allerdings Leitners (2005: 958) Ansicht, dass die Familienpolitik
der rot-grünen Regierung ein eigenes Profil entwickelt habe.

---

[282] Auch Gerlach (2004: 413) spricht für diese Phase von einem Ausbau, hebt allerdings hervor, dass
viele Reformen durch das Bundesverfassungsgericht vorgegeben waren.

„Die generalisierte Anwendung der ‚Arbeitnehmer-Norm' auf alle, auch auf Familien mit Kindern unter drei Jahren, unterscheidet die rot-grüne Familienpolitik von der zuvor bestehenden Politik der ‚Wahlfreiheit', die Müttern von Kleinkindern nahe legte, keiner Erwerbstätigkeit nachzugehen. Daneben zeichnet sich eine weitere normative Zielvorstellung rot-grüner Familienpolitik ab: Im Sinne der Etablierung eines Prinzips geteilter Elternschaft (*co-parenting*), die Elternschaft und damit auch Kinderbetreuung als zwischen Müttern und Vätern geteilte Verantwortung definiert, sollen Väter stärker in die Kinderbetreuung einbezogen werden" (Leitner 2005: 960).

Aus dem Blickwinkel der sozialen Rechte, die als Normen ein bestimmtes Menschen- bzw. Gesellschaftsbild transportieren oder umsetzen sollen, ist schließlich Leitners (2005: 960) Beobachtung hervorzuheben, dass es sich

„[s]owohl bei der ‚Arbeitnehmer-Norm' als auch beim Prinzip geteilter Elternschaft […] weniger um eine forcierte Durchsetzung der Normvorstellung als darum [handelt], entsprechende Anreizstrukturen zu schaffen. Damit werden zweifellos neue Optionen für die Gestaltung des Geschlechterverhältnisses unter den Bedingungen von Elternschaft geschaffen. Jedoch bedingt die spezifische Ausgestaltung dieser Anreizstrukturen, dass sich nur für bestimmte soziale Gruppen tatsächlich neue Wahlmöglichkeiten eröffnen".

Damit lässt sich für die Familienpolitik der rot-grünen Koalition festhalten, dass es hier grundsätzlich eher zu einem Ausbau der Leistungen gekommen ist. Insgesamt zeigt sich an den Leistungen zum Teil, dass auf Familien bezogene soziale Rechte nicht bloß auf die Bereitstellung von Gütern und Dienstleistungen abzielen, sondern zudem auf eine Lenkung des Verhaltens der Leistungsempfänger, vor allem mit dem Ziel einer Aktivierung. Letztlich korrespondiert dies mit den festgestellten Tendenzen in anderen Politikfeldern. Außerdem kann in der Gesamtschau von familienpolitischen und anderen Maßnahmen evtl. von einer zunehmenden Verschränkung ausgegangen werden: familienpolitische Maßnahmen in der Sozialpolitik gehen einher mit beschäftigungspolitischen Maßnahmen in der (originären) Familienpolitik.

8.1.5 Zwischenfazit

Die bis hier zusammengefassten Änderungen lassen sich als Reformen beschreiben, die – trotz ihrer zum Teil gravierenden Konsequenzen für die Rechtsträger – im Rahmen eines traditionellen Verständnis von sozialen Rechten bleiben. Allerdings zeigte die Diskussion auch, dass sich der Charakter des deutschen sozialen Sicherungssystems in vielerlei Hinsicht wandelt. Mit Pierson (2001a) gesprochen, zielen die Reformen zum einen auf Einsparungen (cost containment), zum anderen auch bewusst auf eine Re-Kommodifizierung im Sinne einer verstärkten Rückführung auf den Arbeitsmarkt bzw. stärkere Abhängigkeit von diesem – gefördert durch eine stärkere „conditionality" – und schließlich auch auf eine Neuausrichtung (recalibration), wobei speziell eine verstärkte Berücksichtigung von Erziehungstätigkeit in der sozialen Sicherung festzustellen ist. Die Aktivitäten in der Familienpolitik fügen sich gemeinsam mit diesen Änderungen zu einem Bild, das Bleses und Seeleib-Kaiser (2004) als eine „dual transformation" zusammengefasst haben: eine Abnahme der Bedeutung der Sicherung des Lebensstandards für Arbeitnehmer und eine Ausweitung der Familienpolitik. Sie bestätigen damit auch die Tendenz, die Bönker und Wollmann (2000: 527-528) für die 1990er Jahre ausgemacht haben, nämlich eine Abschwächung der Lohnarbeitszentrierung in Verbindung mit dem klassischen Normalarbeitsverhältnis. In den neuen Grundsicherungssystemen in der Alterssicherungs- und Beschäftigungspolitik finden sich zudem auch Ansätze für universelle Einwohnerrechte im Gegensatz zu den für das deutsche System typischen Arbeitnehmerrechten.

Bevor allerdings die Konsequenzen dieser Entwicklungen für den oft und lange als konservativ charakterisierten Wohlfahrtsstaat diskutiert werden, muss ein wichtiges Element der Wohlfahrtsreformen der rot-grünen Koalition diskutiert werden, das Bleses und Seeleib-Kaisers Diagnose vernachlässigt. Die Darstellung der Reformen in den einzelnen Politikfeldern hat gezeigt, dass sich manche sozialpolitischen Neuerungen, auch wenn sie mit individuellen Ansprüchen einhergehen, nicht ohne weiteres mit einem traditionellen Verständnis von sozialen Rechten verbinden lassen: Dies betrifft die Förderung von privater und betrieblicher Altersvorsorge, die Neuregelung von Vertragsbeziehungen zwischen Krankenkassen und Versicherten, die Vermittlungsgutscheine im Bereich Beschäftigung und Qualitätssicherungsmaßnahmen im Politikfeld Pflege – aber nicht nur dort. Diese Reformelemente müssen im Zusammenhang mit der Schaffung eines „neuen Public-Private Mix" (Bönker/Wollmann 2000: 525-526) bzw. neuer Wohlfahrtsmärkte[283] gesehen werden, wie sie in den Bereichen Pflege und Gesundheit z. T. schon vor der Amtsübernahme der rot-grünen Koalition bestanden, in den Bereichen Rente und Beschäftigung aber erst ab 1998 eingeführt wurden.

Wohlfahrtsmärkte bezeichnen Arrangements der Wohlfahrtsproduktion, in denen die Endnutzer von Gütern und Dienstleistungen sich mehreren konkurrierenden Anbietern gegenübersehen, wobei die Wahl zwischen den Anbietern weitgehend den Nutzern überlassen ist. Zugleich zeichnen sich diese Märkte durch ein hohes Maß an explizit sozialpolitischer Regulation aus. Diese Art der

---

[283] Zur Debatte um Wohlfahrtsmärkte s. Le Grand, 1991, 1993, Bartlett et al. 1998, Taylor-Gooby 1999, Nullmeier 2002, 2004, Leisering et al. 2002, Bode 2005, Köppe 2008.

Wohlfahrtsproduktion lässt sich nicht mehr mit den Begriffen des klassischen Wohlfahrtsarrangements – auch in Hinblick auf soziale Rechte – beschreiben.

8.2 Neue soziale Rechte – civil rights and social rights

Zum besseren Verständnis des mit den Wohlfahrtsmärkten einhergehenden Wandels in Bezug auf soziale Rechte sei noch einmal auf die drei Dimensionen sozialer Rechte und ihren Zusammenhang verwiesen: „Klassische" soziale Rechte zeichnen sich dadurch aus, dass sie (politisch veränderbare) einheitliche (gesetzlich normierte) Ansprüche darstellen, die in bestimmten Situationen gegenüber öffentlichen Institutionen geltend gemacht werden können oder den *direkten* Zugang zu anderen Leistungsanbietern (z. B. Ärzten) ermöglichen, wobei zumeist ein gewisses Maß an „conditionality" festzuhalten ist. Ihre „Logik" wurde in Abschnitt 2.2.4 in Abb. 1 verdeutlicht.

Im Kontext von neuen Wohlfahrtsmärkten ändert sich diese Logik allerdings. Dabei sind zwei Ausprägungen festzuhalten: (1.) Ein soziales Recht auf Marktteilnahme und (2.) eine Kommodifizierung von Ansprüchen, die ihrerseits mit einem Recht auf Marktteilnahme verknüpft ist. Neben diesen zwei neuen Ausprägungen von Ansprüchen auf Güter und Dienstleistungen in Marktkontexten werden außerdem (3.) begleitende Rechte neu geschaffen, die letztlich spezielle Verbraucherrechte sind.

Ad (1.): Schon bei der Einführung der Pflegeversicherung (1995) bestand die Versicherungsleistung nicht in einem direkten Zugang zu den benötigten Pflegedienstleistungen, sondern in finanziellen Leistungen (Geldleistungen) oder Ansprüchen auf Sachleistungen mit einem bestimmten Wert, die auf dem Pflegedienstleistungsmarkt „eingekauft" werden können. Mit anderen Worten: Mit der Pflegeversicherung wurde ein Recht auf marktgängige Ressourcen geschaffen. Unter Rot-Grün wurde solch ein Recht auf Marktzugang im Bereich Beschäftigung neu geschaffen. Versicherte haben nach einer gewissen Zeit (zuletzt sechs Wochen) ein Recht auf einen Vermittlungsgutschein, mit dem, als Alternative zur öffentlichen Arbeitsvermittlung, Vermittlungsleistungen von privaten Anbietern eingekauft werden können. Die beiden Fälle ähneln sich darin, dass die Dienstleistungen durch konkurrierende Anbieter auf einem regulierten Dienstleistungsmarkt erbracht werden.

Die „Logik" dieser Rechte auf Marktzugang lässt sich folgendermaßen darstellen (Abbildung 2):

Abbildung 2:   Die „Logik" des Rechts auf Marktzugang

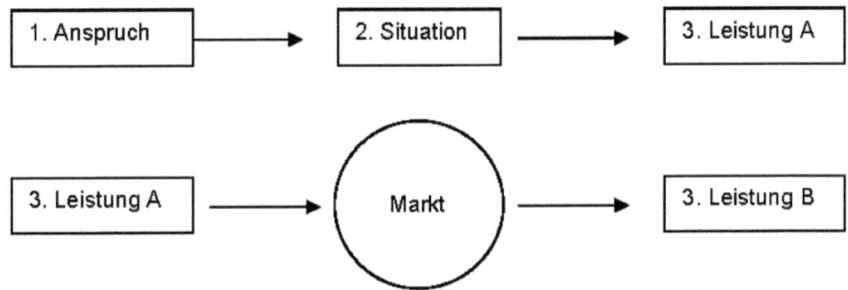

Quelle: eigene Darstellung

Leistung A ist hier die Leistung – eine zweckgebundene Geldleistung, ein Gut-schein, ein Anrecht –, die auf dem Markt verwendet wird, die eigentlich benötig-te Leistung B – in erster Linie eine Sach- oder Dienstleistung – zu erwerben.

Ad (2.): Die dargestellte Art von Vermarktlichung unterscheidet sich von Reformen im Gesundheitswesen und in der Rentenpolitik. Im Falle der „Riester-Rente" besteht kein Anspruch mehr auf soziale Güter und Dienstleistungen im engeren Sinne, sondern auf einen Zuschuss zu privaten Investitionen, mit denen die Ansprüche auf eine zusätzliche Rente erst erworben werden. Im Bereich der gesetzlichen Krankenversicherung ist der Marktzugang für viele Arbeitnehmer und andere zwar grundsätzlich obligatorisch[284], allerdings wurden durch die Schaffung eines Wettbewerbs zwischen den gesetzlichen Krankenkassen und durch die Möglichkeit einer Diversifizierung der Versicherungsverträge die Ver-sicherungsbedingungen und damit die sozialen Rechte auf Dienstleistungen im Krankheitsfalle zu einem Gegenstand individueller Entscheidung zwischen kon-kurrierenden Produkten. Die Ansprüche selbst sind Waren auf einem – allerdings hochgradig reglementierten – Markt geworden.

Die „Logik" neuer Ansprüche lässt sich in diesen Fällen wie folgt schemati-sieren (Abbildung 3):

---

[284] Die Große Koalition hat durch die Gesundheitsreform 2007 (Gesetz zur Stärkung des Wettbe-werbs in der gesetzlichen Krankenversicherung (GKV-Wettbewerbsstärkungsgesetz – GKV-WSG)) Krankenversicherungsschutz grundsätzlich, d. h. für alle Bevölkerungsgruppen, obligatorisch ge-macht.

Abbildung 3:   Kommodifizierung von Ansprüchen

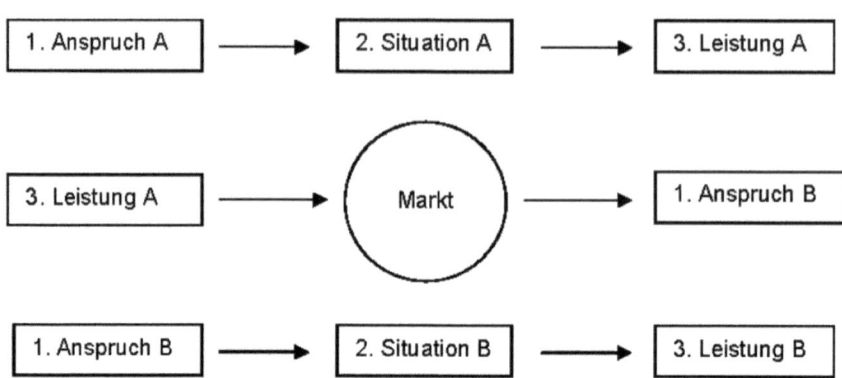

Quelle: eigene Darstellung

Hierbei bestehen Ansprüche (Anspruch A) gegenüber öffentlichen Institutionen auf Leistungen (Leistung A), die auf Märkten zum Kauf von neuen Ansprüchen (Anspruch B) eingesetzt werden können, die schließlich zum Bezug der eigentlichen Leistung (Leistung B) berechtigen – diese Logik findet sich entsprechend vor allem auf neuen Märkten für private oder öffentliche Versicherungen: Im Markt für Krankenversicherungen wird der Zugang zum Markt selber als Recht geregelt (das Recht stellt damit die Leistung A dar), dort werden die eigentlichen Ansprüche auf Güter und Dienstleistungen erworben. Im Falle der Riester-Rente werden individuelle und öffentliche Ressourcen (Leistung A) im Markt in neue Ansprüche umgesetzt. Es ist zu beachten, dass die dargestellte Logik nicht den genauen Ablauf der Transaktionen repräsentiert (im Falle der Riester-Rente folgt die Förderung auf die Investitionen). Wichtig ist, dass als Recht gewährte öffentliche Ressourcen die Marktteilnahme ermöglichen oder anregen.

Ad (3.): Die Kommodifizierung von Wohlfahrtsgütern und -dienstleistungen und sogar der Ansprüche wird abgerundet durch neue Rechte, die zwar sozialpolitischen Zwecken dienen (also letztendlich auf die Sicherung gegen bestimmte Risiken bezogen sind), sich aber auf unterschiedliche Abschnitte des Prozesses der Rechtswahrnehmung und des Konsums von Leistungen beziehen. Es sind dies letztendlich Verbraucherrechte – Regulierungen von Verträgen, Informationsrechte –, die zusätzlich zu den allgemeinen verbraucherpolitischen Vorkehrungen den Erfolg der Bürger in neuen Wohlfahrtsmärkten sicherstellen und damit die Erreichung des politischen Ziels der angemessenen Bereitstellung von Gütern und Dienstleistungen befördern sollen. Dabei fällt auf, dass die Versicherungsverträge bei der Riester-Rente am ehesten mit solchen neuen Rechten einhergehen, im Pflege- und Gesundheitsbereich zwar verbraucherpolitische

Regulierungen wie qualitätssichernde Maßnahmen, weniger jedoch neue soziale Verbraucherrechte vorzufinden sind. Der entscheidende Unterschied zu klassischen Verbraucherschutzmaßnahmen besteht in erster Linie in der originär sozialpolitischen Motivation und dem direkten Bezug zu Wohlfahrtsgütern und -dienstleistungen.

8.2.1 Wohlfahrtsmärkte und soziale Rechte – alter Wein in neuen Schläuchen?

Inwieweit die neuen Wohlfahrtsmärkte und die sie begleitenden Ansprüche mit ihren neuen Funktionslogiken aus dem Blickwinkel der sozialen Rechte allerdings eine grundlegende Neuerung darstellen, kann nicht eindeutig beantwortet werden: Die neuen Märkte und die marktbezogenen Rechte weisen deutliche Spuren der zuvor existierenden und z. T. in modifizierter Form weiter bestehenden sozialen Sicherungssysteme auf. Dies ist deswegen bestenfalls auf den ersten Blick verwunderlich, weil Märkte und marktbezogene Rechte entweder in bestehende Systeme der Wohlfahrtsproduktion und -distribution (Markt im System der GKV und Pflegedienstleistungsmarkt) oder als Ergänzung bzw. Teilersatz für bestehende Systeme eingeführt wurden (Rente, Beschäftigung). Sie sind Lösungen für Probleme, die teils aus früheren sozialpolitischen Entscheidungen und Institutionen erwuchsen und beziehen sich daher direkt auf diese. Die zu lösenden Probleme sind in der Debatte um Reformen des deutschen Wohlfahrtssystems insbesondere Finanzierungsprobleme. Im Vergleich zu anderen europäischen Wohlfahrtssystemen stellten „choice" und „empowerment" der Nutzer nur zweitrangige Argumente für die Einführung von Marktelementen dar und die politischen Motive hinter der Vermarktlichung umfassen im Wesentlichen den Wunsch nach Kostensenkung und Effizienzsteigerung (Blank 2009: 587). Es ging jeweils weniger um einen aktiven qualitativen Ausbau des Zugangs zu Leistungen auf einem einmal erreichten hohen Niveau der Wohlfahrtsproduktion, sondern vielmehr um reaktive Versuche der Stabilisierung der Finanzierung der Sicherungssysteme.

Entsprechend dieser direkten Bezogenheit auf bestehende Sicherungssysteme ist der Zugang zum Markt für Krankenkassenverträge für dieselbe Klientel offen wie schon vor der Schaffung neuer Wahlmöglichkeiten, wendet sich die „Riester-Rente" an einen Kreis, der dem der Mitglieder der Rentenversicherung nahe kommt (wenn er auch bspw. Beamte einschließt), und werden Vermittlungsgutscheine den Versicherten in der Arbeitslosenversicherung – bzw. Beziehern von Arbeitslosengeld I – als Recht gewährt, die sich aber weiter auch für die öffentliche Arbeitsvermittlung entscheiden können.

Diese Beobachtung hängt eng damit zusammen, dass mit den neuen Marktmechanismen zwar neue Instrumente der sozialpolitischen Leistungsproduktion und -distribution geschaffen wurden, sich jedoch die übergeordneten Ziele, die ein öffentliches Eingreifen rechtfertigen, im Zusammenhang mit den neuen Wohlfahrtsmärkten nur bedingt geändert haben.[285] Lässt sich in den Begriffen von Hall (1993; s. Palier 2001) im Hinblick auf die neuen Wohlfahrtsmärkte und die mit ihnen verbundenen Rechte also von einem Wandel 2. Ordnung (Wechsel der Instrumente) sprechen, nicht jedoch von einem der 3. Ordnung (Wandel der Ziele bzw. Paradigmenwechsel)? Während im Bereich Beschäftigung und Gesundheit über die Märkte neue Wahlmöglichkeiten in das weiter bestehende System eingeführt wurden, wurde die „Riester-Rente" explizit geschaffen, um eine spätere Rentenminderung im öffentlichen System zu kompensieren. Wie oben angemerkt, spricht Berner (2004) von einem „untergegangenen Sicherungsziel". Es lässt sich zwar argumentieren, dass im Übergang von der alten Rentenpolitik zur Alterssicherungspolitik die „Riester-Rente" nur ein Instrument zur Erreichung des alten Ziels der Lebensstandardsicherung ist. Allerdings muss an dieser Stelle zwischen dem Ziel der Politik und der tatsächlichen Verantwortungsübernahme unterschieden werden. Die Erreichung des Ziels durch öffentliche Verantwortungsübernahme könnte durch ein neues, marktförmiges Instrument nur auf zweierlei Weise sichergestellt werden: durch eine obligatorische private Altersvorsorge, wie sie im Vorfeld der Riesterrente auch diskutiert wurde (Nullmeier 2002a: 275), oder durch ein weiter gefasstes allgemeines Recht auf Marktzugang, das die Entscheidung für den Erwerb von Ansprüchen nicht von individuellen Ressourcen bzw. deren Bewertung abhängig macht. Mit der bestehenden Regelung wird eine Lebensstandardsicherung im Alter zwar angestrebt, durch die Beschränkung auf die Unterstützung privater Initiative zur Vorsorge fallen jedoch politisches Ziel und öffentliche Verantwortung auseinander. Darum lässt sich für die Rente von einem Wandel 3. Ordnung insofern sprechen, als dass sich das herrschende Paradigma dergestalt geändert hat, dass eine umfassende öffentliche Verantwortungsübernahme grundsätzlich als nicht mehr möglich gesehen wurde und zugleich die Möglichkeiten bisheriger Instrumente grundlegend neu beurteilt wurden.

Die Frage, die entsprechend für jeden Wohlfahrtsmarkt neu zu stellen ist, ist die nach der Form und dem Ausmaß der staatlichen Verantwortungsübernahme. Ob ein direkter Zugang zu durch Märkte vermittelten Gütern und Dienstleistungen, fixe monetäre Ressourcen oder nur Zuschüsse zu Investitionen gewährt werden, hängt letztlich nicht nur von den Regelungen des zuvor bestehenden Systems ab, sondern auch von den Reformimpulsen. Ob die Rationalisierung des Sicherungssystems oder die Stärkung von Wahlfreiheit im Zentrum stehen, prägt auch die Rechte auf Marktzugang.

---

[285] Familienpolitische Elemente und aktivierende Tendenzen in der Beschäftigungspolitik können hingegen ein Beispiel für einen Zielwandel darstellen.

8.2.2 Der gleiche Wert gleicher Rechte

Die Unterschiede zwischen Art und Umfang der als Recht gewährten Ressourcen wie auch die begleitenden Rechte und generell Maßnahmen des Verbraucherschutzes in neu geschaffenen Wohlfahrtsmärkten verweisen auf ein Problem in der vermarktlichten Wohlfahrtsproduktion, das sich aus dem Blickwinkel der sozialen Rechte wie folgt darstellt: Grundsätzlich können diese neuen Rechte als Hybride zwischen den sozialen und zivilen Rechten Marshalls (1964) verstanden werden. Die grundsätzliche Zielrichtung sozialer Rechte („the right to a modicum of economic welfare and security to the right to share to the full in the social heritage and to live the life of a civilized being according to the standards prevailing in the society"; Marshall 1964: 72) wird mit den zivilen Rechten auf Vertragsfreiheit („to conclude valid contracts"; 1964: 71) verknüpft. Durch die Verquickung von sozialen Rechten – Ansprüchen, die aus sozialpolitischer Motivation geschaffen werden – und Marktmechanismen wird der gleiche Wert gleicher Rechte in Frage gestellt. Natürlich können und konnten Dienstleistungen nie vollständig vereinheitlicht werden und sollten speziell Dienstleistungen umgekehrt auch immer angepasst an die Nutzer und hier: Rechtsträger erbracht werden – eine Diversifizierung von Leistungen und Wahl unter verschiedenen Anbietern kann den Rechtsträgern durchaus Nutzen bringen.[286] Allerdings bieten Dienstleistungsmärkte nicht nur die Möglichkeit einer stärkeren Berücksichtigung der Nutzerinteressen, sondern auch die Möglichkeit der Konkurrenz auf der Nachfrageseite, da Anbieter ein Produktionslimit haben können. Die individuelle Optimierung des Werts sozialer Rechte, die mit dem Marktgedanken verbunden ist, stößt dann an Grenzen, wenn das Angebot zu gering ist oder manche Nachfragergruppen benachteiligt, weil diese die Möglichkeiten, die sich durch die Konkurrenz von Anbietern ergeben, wegen mangelnden „Marktwissens" (Nullmeier 2002b) oder Unfähigkeit, die Transaktionskosten zu schultern, nicht nutzen können.

Im Falle von standardisierbaren Gütern ohne Mengenlimit wie Versicherungsverträgen stellt möglicherweise die Konkurrenz auf der Nachfrageseite kein Problem dar. Im Gegenzug wird das Problem des ungleichen Werts gleicher Rechte erst recht offensichtlich, wie sich am Beispiel der Alterssicherung zeigt: Können in einem öffentlichen System – ob steuer- oder beitragsfinanziert, mit Umlageverfahren oder Kapitaldeckung – alle Anspruchsberechtigten darauf vertrauen, dass sie im Grundsatz gleich behandelt werden (gleiche Leistungen bei gleichen Voraussetzungen wie etwa Höhe und Dauer der Beitragszahlungen), hängt die Leistung bei privaten Versicherungen wie der „Riester-Rente" nicht

---

[286] Die freie Arztwahl ist in Deutschland seit Jahrzehnten, lange bevor in anderen Ländern die Debatte um „choice" aufkam, ein aus Sicht der Nutzer wichtiges Element des Gesundheitssystems.

nur von der Höhe der Beiträge und der als Recht gewährten staatlichen Zuschüsse ab, sondern vom Anlageverhalten und damit Geschäftserfolg der Versicherungsunternehmen. „It is to be expected that the distribution of income in old age will become more diversified and income inequality in old age will increase. This may be the effect of different participation in private pension funds as well as in different amounts of saving, but also in different net rates of return" (Schmähl 2004: 195). Gleiche Beitragshöhe und -dauer führt zu diversifizierten Leistungen (Lamping/Rüb 2004: 184) und damit zu einer unterschiedlichen Absicherung. Damit wird eine grundlegende Eigenschaft sozialer Rechte infrage gestellt, die Erzeugung von Erwartungssicherheit in Hinblick auf die individuelle Absicherung im Falle des Eintritts eines sozialen Risikos: „Modern welfare states represent an important way of handling future uncertainties" (Taylor-Gooby 2005: 218).[287]

Bereits Marshall betonte in seiner Analyse des Bürgerstatus die Wirkung, die dieser und die darin eingeschlossenen sozialen Rechte hervorrufen, nämlich „class abatement" (1964: 96). Dies allerdings nicht im Sinne materieller Angleichung, sondern vor allem als gemeinsame Erfahrung der Bürger als einander gleichgestellte (1964: 103; s. auch Honneth 2003). Diese mögliche Erfahrung wird nun durch das Marktelement dann wieder aufgehoben, wenn die unterschiedliche Leistungserbringung im Markt zum unterschiedlichen Wert der Leistungen führt (und nicht nur zu qualitativen Unterschieden, die sich als eine Personalisierung der Leistungen begreifen lassen). Eine solche Diversifizierung und Individualisierung des Angebots widerspricht dem Marshall'schen Verständnis des gemeinsam geteilten Status, selbst wenn ein gleichwertiger Marktzugang gegeben ist und sogar Transaktionskosten berücksichtigt werden – die Frage ist damit, ob und wie ein gleicher Status mit unterschiedlichen, individualisierten Rechtsfolgen als gleiche Erfahrung erlebt werden kann.

> „But a government cannot allow risk-taking in welfare – or only minimally. It cannot leave any important part of its overall responsibilities in the hands of private agencies unless it takes steps to limit risk by regulation, supervision, inspection or safety-nets, as when a basic state pension underpins private ones. It was, in fact, the disastrous effects of the frequent failure of private savings and pension schemes which forced European governments to intervene in this field in the nineteenth century. Thus the distinction between public and private enterprise in welfare is not as sharp as one might imagine; it is a matter of degree" (Marshall 1981c: 111-112).

---

[287] Die Umsetzung der öffentlichen Verantwortung als Recht führt zudem bis zu einem gewissen Grad auch zu politischer (im Unterschied zu individueller) Erwartungssicherheit, die sich daraus ergibt, dass soziale Problemlagen durch die Etablierung sozialer Rechte zeitweise entpolitisiert werden (Voigt 1981: 16, Vobruba: 1983: 94, 100).

Dass diese Bedenken nicht rein spekulativer Natur sind, zeigt sich an einer Reihe von politischen Maßnahmen, wie dem Pflege-Qualitätssicherungsgesetz, die allerdings nur zum Teil als individuelle Rechte gefasst sind. Diese Maßnahmen, die in einem vermarktlichten Umfeld an politischer Relevanz gewonnen haben, lassen sich als der Versuch einer Wertsicherung oder -steigerung sozialer Rechte interpretieren. Der Versuch der Wertsteigerung setzt aber nicht mehr an den eigentlichen Ansprüchen an, sondern im Markt. Verkürzt lässt sich sagen, dass es hier nicht um mehr Geld oder Input in den Markt geht, sondern um mehr oder höherwertige Leistungen bzw. Outputs für denselben Einsatz.

8.3 Von Bismarck ins Unbestimmte

In den letzten Abschnitten wurden sowohl Reformen diskutiert, die klassische soziale Rechte betreffen als auch Neuerungen, die Neue Soziale Rechte schaffen oder modifizieren. In der Gesamtschau stellt sich die Frage, wie sehr die Maßnahmen, die zwischen 1998 und 2005 beschlossen und umgesetzt wurden, das deutsche Wohlfahrtssystem verändert haben.

Das deutsche Wohlfahrtssystem wurde und wird häufig als konservativ charakterisiert, als eine Ausprägung des kontinentaleuropäischen oder Bismarck'schen Typus der Wohlfahrtsproduktion. Derartige Charakterisierungen spiegeln die Anfangs- und Ausbauphase des deutschen Wohlfahrtsstaats wider, wie auch die einflussreichste Unterscheidung verschiedener Wohlfahrtsregime, Esping-Andersens (1990) drei Welten des Wohlfahrtskapitalismus, noch unter dem Eindruck des „golden age" bzw. der „trente glorieuse" steht. Von dieser klassischen Trias der Wohlfahrtsregime ausgehend, sind zunächst drei grundlegende Entwicklungswege vorstellbar: Erstens ein Wandern zwischen den drei idealtypischen Ausprägungen liberal, sozialdemokratisch und konservativ oder eine neue Kombination der jeweiligen Elemente.

> „We think that the German and perhaps all European welfare states will lose their distinct character as subtypes of the three (or four) ‚worlds of welfare'. In addition, there is no likelihood of convergence towards an ‚optimal' or best welfare state model. Instead there will be a new type of welfare state, a *recombinant welfare* state mixing elements of all three ‚worlds of welfare' and adding new variations within each policy and within each type of welfare state" (Lamping/Rüb 2004: 186; Hervorhebung i. O.; FB).

Zweitens kann, wenn diese Idealtypen als Endpunkte sozialpolitischer Entwicklungen verstanden werden, eine Rückwärtsbewegung zum Ausgangspunkt, stattfinden. Diese Form der Veränderung ließe sich am ehesten als Retrenchment charakterisieren: Der Pfad des Liberalismus, die Sozialdemokratische Straße und der Bismarck-Weg wären dann keine Einbahnstraßen, sondern böten auch die Möglichkeit einer Umkehr in Richtung Ausgangspunkt. Diese Möglichkeit kommt der Rede von einem Abbau von Sozialleistungen zwar am nächsten, ist allerdings in der Regel nur in einem sehr oberflächlichen Sinne machbar, da es höchst fraglich ist, ob es ein derart einfaches „Zurück" in der Politik überhaupt geben kann.

Die dritte Möglichkeit besteht in einer Mischform dieser Entwicklungswege: Wenn das sozialdemokratische Modell als „conventional paradigm" (Gilbert 2002: 43) auch normative Überlegenheit beanspruchen kann, das liberale Modell mit dem am wenigsten ausgebauten Wohlfahrtsstaat den Mindeststandard öffentlicher Verantwortungsübernahme symbolisiert und der konservative Wohlfahrtsstaat durch ein „irgendwo dazwischen" charakterisiert ist, kann ein Wandel nicht nur als eine neutrale Verschiebung zwischen den Typen beschrieben werden, sondern als ein Mehr in Richtung sozialdemokratisches Modell oder aber ein Weniger in Richtung liberales Wohlfahrtssystem.

Die Entwicklungen seit den frühen 1980er Jahren können mit der Heuristik der „drei Welten" jedoch nur noch zum Teil beschrieben werden (Bleses/Seeleib-Kaiser 2004: 152). „In den letzten Jahren waren [...] alle europäischen Wohlfahrtsstaaten einem Wandlungsprozess unterworfen, so dass sich angesichts dieser veränderten empirischen Realitäten die Frage stellt, ob die Kategorisierung in drei oder vier Wohlfahrtsstaatsregime überhaupt noch greifen kann" (Meyer/Schubert 2007: 32). Zwar hebt Pierson (2001a: 454-455) hervor, dass die Wohlfahrtssysteme regimespezifischen Zwängen und Möglichkeiten zur Veränderungen unterliegen, allerdings sagt dies noch nichts über mögliche *innovative* Reaktionen auf reale oder vermeintliche Handlungszwänge aus. Tatsächlich lässt sich aber als Ergebnis dieser Arbeit in Anlehnung an Piersons „new politics" des Wohlfahrtsstaats (1996) auch von „new policies" sprechen.

Die Grundannahme der „new politics"-These ist, dass der Ausbau der Wohlfahrtsstaaten sich qualitativ anders vollzogen hat als die Reformen seit den 1970er Jahren unter den Vorzeichen einer „permanent austerity" (Pierson 2001a): „Retrenchment is not simply the mirror image of welfare state expansion" (Pierson 1996: 156). Entsprechend lassen sich aber auch für die Ergebnisse politischen Handelns neue Ausprägungen annehmen. Pierson (2001a: 425-426) selbst hat später als Ausprägungen der „recalibration" von Wohlfahrtssystemen „rationalization" und „updating" unterschieden. Ersteres meint Anstrengungen, die Effizienz von Leistungssystemen zu steigern, speziell durch die Veränderung von Anreizstrukturen. „Updating" bezieht sich auf die Anpassung von Systemen an neue Umstände oder die Schaffung neuer Programme. Allerdings können sowohl „rationalization" als auch „updating" mit dem Instrumentarium einer „klassischen" Sozialpolitik vorgenommen werden, etwa durch eine Veränderung von Bezugsbedingungen oder einer Neudefinition der Rechtsträger. Die in den vorangegangen Kapiteln dokumentierten Veränderungen aus dem Blickwinkel der sozialen Rechte gehen jedoch qualitativ häufig über die traditionellen sozialpolitischen Regelungen hinaus. Und obwohl einiges dafür spricht, dass das deutsche System liberalisiert und teils auch universalisiert wurde, was sich unter anderem an neuen bedürftigkeitsorientierten Systemen, der Abkehr von der Lebensstandardsicherung und dem Einbezug neuer Gruppen in die Versicherungssysteme zeigt, vernachlässigt die Rede von einer (Neo-) Liberalisierung (Butterwegge 2005: 231) doch die aktive Rolle, die die Sozialpolitik spielt: in der Beschäftigungspolitik bei der Aktivierung der Bürger (eine verschärfte „conditionality" beinhaltet eine Kontrolle des Einhalts der Bedingungen und damit eine Regulierung, die nicht mit einem einfachen Leistungsabbau gleichzusetzen ist), in der Familienpolitik und in der Regulation der neuen Wohlfahrtsmärkte, was mit neuen – und auch neuartigen – Ansprüchen (hier als Neue Soziale Rechte bezeichnet) einhergeht.[288] Statt eines „silent surrender" öffentlicher Verantwortung (Gilbert 2002) muss deswegen wohl eher von einer Transformation gesprochen werden, die sich zumindest teilweise den alten Kategorien entzieht.

Über diesen Neuerungen, die eine Abkehr nicht nur vom konservativen Modell, sondern von den Kategorien der Regime-Trias generell nahe legen, sollte allerdings nicht vergessen werden, dass die „new policies" zwar z. T. viel Aufmerksamkeit erregten, aber keineswegs die ganze Wahrheit des deutschen Wohlfahrtssystems darstellen:

Es wurde bei der Behandlung der neuen, marktbezogenen Ansprüche betont, dass diese in der Regel deutliche Spuren der Systeme tragen, die sie ergänzen oder ersetzen. Außerdem dienen sie zum Teil den gleichen übergeordneten Zielen, auch wenn sie die Rolle der Rechtsträger aktiver gestalten und eine Einschränkung in der öffentlichen Verantwortung für die soziale Sicherung bedeuten. Muss hier also, in Anlehnung an Ross (2000b), von „not quite so new *policies*" gesprochen werden? Eine solche Einschätzung würde m. E. die neuen Herausforderungen, die speziell mit marktbezogenen Rechten einhergehen, herunterspielen. Die Festlegung, wer neue Rechte in welcher Situation nutzen darf (also die Frage nach Rechtsträger und Risikodefinition), ist zwar weiter von den alten Institutionen bestimmt, die Funktionslogik der neuen Rechte und die damit ver-

---

[288] „Dass es bei der neuen aktivgesellschaftlichen Regierung des Sozialen nicht um einen bloßen ,Rückzug des Staates' geht, sollte an dieser Stelle nicht mehr erläutert werden müssen: Individuelle Freiheit, Selbstbestimmung und Eigenverantwortung markieren im neuen, aktivierenden Sozialstaat keineswegs eine ordnungspolitische Grenze öffentlicher Intervention, sondern werden vielmehr zu konstitutiven Elementen derselben. Die Adressaten der Aktivierungsprogrammatik werden dabei paradoxerweise zu jenen selbständig-sozialverantwortlichen Subjekten stilisiert, zu denen sie qua Aktivierung erst werden sollen: Sie werden als (sich selbst) aktiv zu denkende Passive, als ,eigentlich' bewegliche Unbewegte angerufen" (Lessenich 2008: 128).

bundenen Verhaltensanforderungen an die Nutzer von Gütern und Dienstleistungen weicht aber gerade von der klassischen Wohlfahrtsproduktion ab.

Darüber hinaus darf auch nicht vernachlässigt werden, dass neue Institutionen und neue Rechte nur einen Teil der Wohlfahrtsproduktion betreffen. Die „Riester-Rente" ist nur für einen Teil der Bevölkerung von Interesse und selbst für diese gilt bisher, dass diese Vorsorgeform nur eine Ergänzung – wenn auch eine als notwendig angesehene – zu Leistungen aus dem öffentlichen Alterssicherungssystem ist. Dies stellt sich im Bereich Krankenversicherung etwas anders dar, da hier die Vermarktlichung alle Versicherten berührt wird. Allerdings kann die aktive Marktteilnahme auch als eine Option gesehen werden, von denen viele Versicherte keinen Gebrauch machen und auch nicht machen müssen – allerdings um den möglichen Preis einer vergleichsweise teureren Versicherung. Zudem sind die Leistungen der gesetzlichen Krankenversicherung nach wie vor zu einem großen Teil nicht den Marktgesetzen unterworfen, bestehen also die alten Regeln letztlich weiter. Demgegenüber sind andere Änderungen, die nicht als Vermarktlichung zu beschreiben sind, von weitaus größerer Bedeutung, wie etwa Modifikationen der Rentenformel, Senkungen der Geldleistungen bei Arbeitslosigkeit oder die Einführung einer Praxisgebühr. Ist das deutsche Wohlfahrtssystem am Ende der rot-grünen Koalition also mit der Formel „[(liberalisiertes + konditionalisiertes Bismarck'sches Modell) + neue Märkte]" zu beschreiben?

Es erscheint sinnvoll, eine derartige Neubeschreibung bewusst zu verweigern. Zum einen, da bei einem inkrementellen Wandel der Punkt, ab dem eine Neubeschreibung gültig ist, kaum auszumachen ist. Neuerungen lösen alte Institutionen nicht oder nur sehr selten in Gänze ab, sondern stehen in einem Wechselverhältnis mit ihnen. Mit Blick auf über die Sozialpolitik hinausgehende Entwicklungen in fortgeschrittenen kapitalistischen Gesellschaften halten Streeck und Thelen (2005: 4) fest: „In fact, an essential and defining characteristic of the ongoing worldwide liberalization of advanced political economies is that it evolves in the form of gradual change that takes place within, and is conditioned and constrained by, the very same postwar institutions that it is reforming or even dissolving". Es ist keine zu gewagte Vorhersage, dass die Zweige der Sozialversicherung im deutschen Wohlfahrtssystem auf absehbare Zeit eine wichtige Rolle spielen werden. Aber sie werden kontinuierlich weiterentwickelt und verändern dadurch ihren Charakter. Die Analyse sozialer Rechte in dieser Arbeit dokumentiert Entwicklungstendenzen politischen Handelns, Versuche, bestimmte Ziele zu realisieren, kann aber das Ende der Entwicklung nicht benennen, nicht zuletzt weil ein Ende einer politischen Entwicklung – im Gegensatz zu Zielen – nicht prospektiv und möglicherweise gar nicht bestimmbar ist.

Zum anderen, und um ein letztes Mal auf die altbekannten Kategorien einzugehen: Die Trias der Wohlfahrtssysteme ist nur dann sinnvoll, wenn die den

Regimen zugeordneten Wohlfahrtssysteme signifikante Gemeinsamkeiten innerhalb ihres Regimes und signifikante Unterschiede zu den Mitgliedern anderer Regime aufweisen. Mit anderen Worten: liberal, sozialdemokratisch und konservativ sind hier – wie auch in anderen Zusammenhängen – nur als relationale Begriffe sinnvoll, wenn sie nicht als bloße Hinweise auf einen historischen Ursprung dienen sollen. Konzepte wie „choice", Wohlfahrtsmarkt, Aktivierung, „welfare-to-work", Retrenchment, „re-calibration" sind in der internationalen Debatte um Reformen des Wohlfahrtsstaats nicht auf einzelne Wohlfahrtssysteme beschränkt. In ihnen spiegeln sich gemeinsame inhaltliche Tendenzen in den Reformprozessen wider, die auf ähnliche Problemlagen, z. T. aber auch auf explizites Policy-Lernen und Austausch etwa im Rahmen der europäischen Offenen Methode der Koordination zurückzuführen sind. Das hat Folgen für bestehende Kategorisierungen. Seeleib-Kaiser (2008a: 218) spricht in diesem Zusammenhang von einer „divergent convergence": Während Unterschiede zwischen den Wohlfahrtsstaaten und die verschiedenen Ausgangspunkte ihrer Entwicklung weiterhin von Belang sind, sorgen ähnliche Umgestaltungstendenzen wie etwa die Stärkung von Marktelementen für eine Angleichung der Institutionen, die die bekannten, prononcierten Unterscheidungen zwischen Wohlfahrtsstaaten und -regimen relativieren.[289] Auch wenn die Reformtendenzen in die gleiche Richtung weisen, scheint es noch zu früh, ein Urteil über die Eigenschaften des neuen – oder doch *der* neuen? – Regimes oder Modells zu fällen.[290]

Jenseits der Debatte um Regime und der Einordnung von Wohlfahrtssystemen zeichnet sich zudem ein Bild der Sozialpolitik ab, das sich durch eine vielschichtige Kombination von Zielen der Sozialpolitik auszeichnet.[291] Die Ergebnisse der vier Fallstudien zeigen, dass die Reformen keineswegs nur auf die Realisierung klassischer, originär sozialpolitischer Ziele (wie sie mit De-Kommodifizierung oder Redistribution verbunden werden) beschränkt waren. Neben diese sind Ziele getreten, die sie teils ergänzen, teils aber auch beschränken und die erst als Reaktion auf den ausgebauten Wohlfahrtsstaat des „golden age" wirksam werden konnten. Dies sind zum einen Maßnahmen, die die Passgenauigkeit und Qualität der Maßnahmen betreffen. Während Qualitätsfragen auch im Untersuchungszeitraum der vorliegenden Studie in der Sozialpolitik

---

[289] S. auch Mohr 2008.

[290] Dies gilt um so mehr, als dass sich gerade im Kontext der Europäischen Integration die Fragen stellen, welche Wohlfahrtssysteme denn bei einer solchen Untersuchung berücksichtigt werden sollten und welche Konsequenzen die Erweiterung oder Verkleinerung des Untersuchungsfokus für die Regime- oder Clusterbildung hätte; s. Schubert et al. 2008: 28.

[291] Auch wenn die Motive der politischen Akteure bei der Formulierung der in den vier Fallstudien dokumentierten Maßnahmen nur am Rande behandelt wurden, kann hier von Zielen gesprochen werden, da die untersuchten sozialen Rechte letztlich als Normen immer auf die Erreichung bestimmter Ziele ausgerichtet sind.

berücksichtigt wurden, ist die Zielgenauigkeit, zumindest, wie sie in der internationalen Debatte verstanden wird (Responsivität, „choice"), hier eher anderen Zielen nachgeordnet. Zum anderen konnte angesichts von Finanzierungs- und teils auch Legitimationskrisen des Wohlfahrtsstaats Ziele wie Effizienz, Finanzierbarkeit und ökonomischen Nützlichkeit[292] von Maßnahmen an Bedeutung gewinnen. Ausgaben und soziale Rechte gerieten damit in die Abhängigkeit von den Einnahmen, wie in dieser Untersuchung dokumentiert wurde. Schließlich lassen sich auch gesellschaftspolitische Ziele identifizieren, die durch sozialpolitische Maßnahmen realisiert werden sollen (möglicherweise verbunden mit einem ökonomischen Blickwinkel). Hier geht es auch um einen – teils bevormundenden – Zug von Sozialpolitik, der die Pflichten des Bürgerstatus stärker betont. Eine Sozialpolitik, die vorwiegend sozialen Zielen dient, mit weitgehend bedingungsfreien Leistungen verbunden ist und ökonomische Rechtfertigungsmuster ignorieren kann, ist im Rückblick evtl. nur in Zeiten außergewöhnlicher ökonomischer Prosperität realisierbar. Die Analyse von Sozialpolitik muss diese Erweiterung von Zielen berücksichtigen, sollte aber darauf achten, Sozialpolitik im Umkehrschluss nicht rein ökonomisch zu bestimmen und auf Vorstellungen wie Gleichheit, Teilhabe oder Gerechtigkeit ganz zu verzichten, sondern vielmehr unterschiedliche normative Zielsetzungen, Interessen und faktische ökonomische Beschränkungen in die Analyse zu integrieren. Bandelows (2006: 159) Annahme von vier Zielen in der Gesundheitspolitik (Finanzierbarkeit, Qualität, Solidarität, Wachstum), die analog zum magischen Viereck der Wirtschaftspolitik nicht gleichzeitig zu realisieren sind, kann einen Ausgangspunkt liefern, lässt sich aber sicherlich um weitere Ziele wie Nachhaltigkeit, Verantwortung oder Reziprozität (im Sinne eines Ausgleichs von Rechten und Pflichten) und auch Selbstbestimmung ergänzen.

Die in dieser Arbeit dokumentierten und analysierten Änderungen sozialer Rechte umfassen viele Aspekte. Es lässt sich festhalten, dass das deutsche Wohlfahrtssystem 2005 andere Züge trug als noch 1998. Leistungen werden Individuen zu schärferen Bedingungen und in geringerem Umfang gewährt, die Bedeutung Neuer Sozialer Rechte in Marktkontexten ist gestiegen, was mit einem Rückzug der öffentlichen Verantwortung und einer geringeren Erwartungssicherheit der Bürger einhergeht, und an manchen Stellen, gerade mit Blick auf Familien und Kindererziehung, wurden auch moderate Ausbauten vorgenommen. Zu guter Letzt stellt sich die Frage, ob und inwieweit die rot-grüne Bundesregierung ein eigenes Profil bewies und innovative Problemlösungen umsetzte oder ob sie getrieben durch reale oder vermeintliche Sachzwänge Reformen im Geiste ihrer Vorgängerin betrieb.

---

[292] Zur investiven Sozialpolitik s. Evers 2008.

8.4 Rot-grüne Sozialpolitik: Kontinuität und Kulmination

Abschließend stellt sich für die Sozialpolitik in der Zeit 1998 bis 2005 die Frage nach Innovationen und einem spezifisch rot-grünen Profil. Im Abgleich mit der Politik der Vorgängerregierung erscheint die rot-grüne Sozialpolitik aus dem Blickwinkel der sozialen Rechte in vielerlei Hinsicht geprägt von einer gewissen Kontinuität, durch die manche Tendenzen sogar einen Höhepunkt erlebten. Allerdings war die SPD einerseits durch eine informelle große Koalition z. T. schon vor 1998 an der Politikgestaltung beteiligt und haben anderseits die Oppositionsparteien zwischen 1998 und 2005 an vielen größeren Reformen mitgewirkt. Die in den Jahren seit der Wiedervereinigung – und teils auch früher – angeschobenen Reformen wurden in der Tendenz weitergeführt und dies teils mit erhöhtem Tempo. Zentrales Motiv war und blieb die Konsolidierung des Sozialstaats oder genauer: der Finanzierung des Sozialstaats. Zwar wurden zu Beginn der Legislaturperiode einige Änderungen aus der Spätphase der Regierung Kohl, die als unsozial galten, zurückgenommen – diesen Reformen standen jedoch Kürzungen zu späteren Zeitpunkten gegenüber. Die familienpolitischen Elemente in den rot-grünen Reformen können zwar ebenso als eine Fortsetzung früherer Politik gesehen werden, sie hatten allerdings einen eigenen gesellschaftspolitischen „Beigeschmack". Diese gesellschaftspolitische Differenz im Vergleich zu der Vorgängerregierung zeigt sich auch in der Schaffung der Rechtsinstitution der Lebenspartnerschaft, die auch im Sozialrecht Folgen hatte. Der Versuch der Verhaltenssteuerung durch ökonomische Anreize und Sanktionen bzw. eine Verschärfung der „conditionality" war wiederum bereits unter der Vorgängerregierung eingeleitet worden. Selbst innovative Elemente wie die „Riester-Rente" können bis zu einem gewissen Grad in einer Linie mit früheren Reformen gesehen werden, durch die erstmals Marktmechanismen im deutschen Wohlfahrtssystem neu eingeführt und positiv bewertet wurden – sozialpolitische Ziele sollten mittels Märkten realisiert werden. Vor 1998 betraf dies vor allem die Gesundheitsreform von 1992 und die Einführung der Pflegeversicherung 1995, aber auch die durch die rot-grüne Bundesregierung zunächst zurückgenommene Einführung von Kostenerstattungs- und Selbstbehalttarifen durch das 2. GKV-Neuordnungsgesetz (1997). Allerdings ist als innovatives Element hervorzuheben, dass mit der Riester-Rente und auch dem Vermittlungsgutschein Märkte neben dem öffentlichen Sicherungssystem geschaffen oder gefördert wurden und bei der Riester-Rente die Verantwortung für die Altersvorsorge teilprivatisiert wurde. Vor 1998 fanden die Vermarktlichungstendenzen innerhalb des öffentlichen Systems (Gesundheit) oder in einem neuen System der Leistungserbringung auf Grundlage einer öffentlichen Versicherung (Pflege) statt. Die rot-grünen Neuerungen teilen mit früheren Reformen das Vertrauen in Märkte, gehen aber in der Alterssicherung einen Schritt weiter, indem sie die öffentliche Verantwortung für die Absicherung beschränken. Eine Innovation war zudem die Einführung der Grundsicherung im Alter und auch das streng bedürftigkeitsgeprüfte Arbeitslosengeld II kann – als Abkehr vom Versicherungsprinzip in der Sicherung gegen Arbeitslosigkeit – als solche gesehen werden, wenngleich sie sich inhaltlich an die Sozialhilfe anlehnt.

Nicht nur von einer Kontinuität in der Tendenz der Reformen, sondern sogar von einer Kulmination kann mit einigen Jahren Abstand gesprochen werden. Die der rot-grünen Koalition folgende Große Koalition unter Angela Merkel hat zwar ebenfalls einige Reformen in Angriff genommen – darunter 2007 die Gesundheitsreform (Gesetz zur Stärkung des Wettbewerbs in der GKV; GKV-WSG), die u. a. den umstrittenen Gesundheitsfonds und eine allgemeine Versicherungspflicht brachte und sich evtl. als ein Schritt in Richtung eines universellen Sicherungssystems begreifen lässt –, aus Perspektive der sozialen Rechte wirken die Jahre 2005-2009 jedoch wie die Ruhe *nach* dem Sturm. Dies heißt nicht, dass Regelungen wie die Anhebung der Regelaltersgrenze für die gesetzliche Rente auf 67 Jahre (2007) nicht großen öffentlichen Widerspruch hervorgerufen haben. Gemessen an den Umbauten der rot-grünen Koalition erscheinen die Anpassungen unter der Regierung Merkel jedoch eher als Neujustierungen der Instrumente im Rahmen des bestehenden Systems.

Dass zum einen viele Tendenzen aus der Regierung Kohl unter der rot-grünen Bundesregierung einen Höhepunkt erreichten und andererseits gerade Programme, die am unteren Ende des Wohlfahrtssystems ansetzen, neu geschaffen wurden, womit auch auf Kürzungen in anderen Bereichen reagiert wird, lässt sich auf zwei Gründe zurückführen. Zum einen erbte die neue Regierung 1998 eine Situation, die durch einen in der öffentlichen Meinung beschworenen „Reformstau" in Wirtschafts- und Sozialpolitik gekennzeichnet war, während die tatsächlichen oder vermeintlichen Herausforderungen des überkommenen Wohlfahrtssystems weiter zugenommen hatten. Zum anderen lässt sich im Sinne der „Nixon goes to China"-Logik (Ross 2000a: 162)[293] annehmen, dass Umstrukturierungen in diesem Ausmaß von einer konservativen Regierung gegen eine sozialdemokratische Opposition im Bundesrat nicht hätten durchgesetzt werden können. Dennoch ist die Kontinuität der Problemwahrnehmung auf der einen Seite, der Lösungsansätze auf der anderen Seite bemerkenswert. Diese Kontinuität wurde allerdings zwischen 1998 und 2005 erst hergestellt, sie war der rot-grünen Koalition nicht in die Wiege gelegt. In der ersten Legislaturperiode lassen sich durchaus Spuren eher traditioneller sozialdemokratischer Politik erkennen, während zugleich – anfangend mit dem Schröder-Blair-Papier (Schrö-

---

[293] „There is an old adage associated with Nixon's 1972 visit to China: leaders who are perceived to be closest to a politically delicate issue are likely to find themselves most constrained" (Ross 2000: 162).

der/Blair 1999) – ein programmatischer Wandel innerhalb der SPD begann (Gohr 2003: 53-54) und auch von der Parteiführung gegen Teile der Basis durchgesetzt wurde. Unabhängig von der parteilichen Neuausrichtung ist allerdings nicht zu vernachlässigen, dass einmal eingeschlagene sozialpolitische Lösungswege nur einen begrenzten Spielraum lassen, nicht zuletzt wegen der aus ihnen erwachsenen Ansprüche – die im Falle der Rente den Status von Besitzrechten haben – aber auch wegen der Erwartungen der Bürger an das politische System. Ebenfalls muss berücksichtigt werden, dass das föderale politische System große Sachkoalitionen zwischen Regierung und Opposition erleichtert oder herbeiführt (1999 hatte die rot-grüne Koalition ihre eigene Mehrheit im Bundesrat verloren, 2002 kam es zu einer bürgerlichen Mehrheit), die sowohl vor 1998 als auch danach in der Sozialpolitik regelmäßig zustande kamen. Diese erzwungene Zusammenarbeit betraf auch manche der größeren Reformprojekte der rot-grünen Koalition, bspw. das GKV-Modernisierungsgesetz, wenngleich es die Regierung in einigen Situationen verstand, den Bundesrat zu umgehen oder sich die Zustimmung einzelner Länder zu erkaufen (Zohlnhöfer 2004: 117-118).

Als Fazit lässt sich damit festhalten, dass es die rot-grüne Koalition an Phantasie hinsichtlich der Ziele der Sozialpolitik vermissen ließ. In der Wahl der Mittel war sie zum Teil innovativ, speziell bei der Einführung von Marktelementen in neue Felder, wendete zum anderen aber oft bekannte Instrumente radikaler als die Regierung Kohl an und ließ sich dabei von einem vergleichbaren Problembewusstsein leiten. In gewisser Weise bewahrheitete sich damit der erste Teil von Schröders Ankündigung „nicht alles anders" machen zu wollen. Über den zweiten Teil, „aber vieles besser", gehen die Meinungen auseinander. Zumindest die Wähler bei der Bundestagswahl 2005 waren nicht eindeutig davon überzeugt, dass die rot-grüne Regierung vieles besser gemacht hatte und auch der Zwist mit den Gewerkschaften und die Entfremdung von ihnen, die Gründung der WASG und die Erfolge von Die Linke legen hiervon Zeugnis ab.

Literaturverzeichnis

Adamy, Wilhelm, 2002: Tiefe Zäsur bei der Bundesanstalt für Arbeit, Mehr Markt in der Arbeitsförderung? in: Soziale Sicherheit, 51 (2002), 4, 110-113.

Adamy, Wilhelm/Steffen, Johannes, 1999: Arbeitslosenhilfe überflüssig? Soziale Sicherheit für Langzeitarbeitslose, in: Soziale Sicherheit, 48 (1999), 9-10, 302-307.

Alber, Jens, 1995: A Framework for the Comparative Study of Social Services, in: Journal of European Social Policy, 5 (1995), 2, 131-149.

Alber, Jens, 2000: Der deutsche Sozialstaat in der Ära Kohl: Diagnosen und Daten, in: Leibfried, Stephan/Wagschaal, Uwe (Hrsg.), 2000: Der deutsche Sozialstaat, Bilanzen – Reformen – Perspektiven, Frankfurt a. M./New York, 235-275.

Allmendinger, Jutta/Eichhorst Werner/Walwei, Ulrich, 2005: IAB Handbuch Arbeitsmarkt, Analysen, Daten, Fakten, Frankfurt a. M./New York.

am Orde, Bettina, 1997: Die GKV-Neuordnungsgesetze – eine neue Ära mit vielen Verlierern und wenigen Gewinnern beginnt, in: Soziale Sicherheit, 46 (1997), 7, 241-249.

am Orde, Bettina, 1999: Politikwechsel im Gesundheitswesen, Übersicht und Bewertung, in: Soziale Sicherheit, 48 (1999), 1, 1-6.

Andres, Gerd, 2002: Gesetz zur Reform des Arbeitsmarktes, Bundesregierung setzt Hartz-Konzept um, in: Soziale Sicherheit, 51 (2002), 11, 347-380.

Angershausen, Susanne, 2004: Wirksame Mitsprache oder „Logik des Misslingens"? Die neue Patientenbeteiligung im Gesundheitswesen, in: Soziale Sicherheit, 53 (2004), 1, 13-17.

Arbeitsgruppe „Arbeitslosenhilfe/Sozialhilfe" der Kommission zur Reform der Gemeindefinanzen (Arbeitsgruppe), 2003: Bericht der Arbeitsgruppe „Arbeitslosenhilfe/Sozialhilfe" der Kommission zur Reform der Gemeindefinanzen, 17. April 2003, o. O.

Arts, Wil/Gelissen, John, 2002: Three worlds of welfare capitalism or more? A state-of-the-art report, in: Journal of European Social Policy, 12 (2002), 2, 137-158.

Bäcker, Gerhard/Bispink, Reinhard/Hofemann, Klaus/Naegele, Gerhard, 2000a: Sozialpolitik und soziale Lage in Deutschland, Band 1: Ökonomische Grundlagen, Einkommen, Arbeit und Arbeitsmarkt, Arbeit und Gesundheitsschutz, Wiesbaden.

Bäcker, Gerhard/Bispink, Reinhard/Hofemann, Klaus/Naegele, Gerhard, 2000b: Sozialpolitik und soziale Lage in Deutschland, Band 2: Gesundheit und Gesundheitssystem, Familie, Alter, Soziale Dienste, Wiesbaden.

Bäcker, Gerhard/Koch, Angelika, 2004: Unterschiede zwischen zukünftigem Arbeitslosengeld II und bisheriger Arbeitslosen- und Sozialhilfe, Absicherung bei Langzeitarbeitslosigkeit, in: Soziale Sicherheit, 53 (2004), 3, 88-94.

Bambra, Clare, 2005: Cash versus services: ‚Worlds of welfare' and the decommodification of cash benefits and health care services, in: Journal of Social Policy, 34 (2005), 2, 195-213.

Bambra, Clare, 2006: Decommodification and the worlds of welfare revisited, in: Journal of European Social Policy, 16 (2006), 1, 73-80.

Bandelow, Nils C., 1999: The red/green Healthcare Reform Bill 2000: Triumphing over the interest groups at last, in: The American Institute for Contemporary German Studies: Issue Briefs: The Red/Green Government Ten Months On. [URL: http://www.nilsbandelow.de/red-green.html] (26.11.2009).

Bandelow, Nils C., 2006: Gesundheitspolitik: Zielkonflikte und Politikwechsel trotz Blockaden, in: Schmidt, Manfred G./Zohlnhöfer, Reimut (Hrsg.), 2006: Regieren in der Bundesrepublik Deutschland, Innen- und Außenpolitik seit 1949, Wiesbaden, 159-176.

Bandelow, Nils C./Schubert, Klaus, 1998: Wechselnde Strategien und kontinuierlicher Abbau solidarischen Ausgleichs. Eine gesundheitspolitische Bilanz der Ära Kohl, in: Wewer, Göttrik (Hrsg.), 1998: Bilanz der Ära Kohl, Christlich-liberale Politik in Deutschland 1982-1998, Opladen, 113-127.

Bandelow, Nils C./Hartmann, Anja, 2007: Weder rot noch grün. Machterosion und Interessenfragmentierung bei Staat und Verbänden in der Gesundheitspolitik, in: Egle, Christoph/Zohlnhöfer, Reimut (Hrsg.), 2007: Ende des rot-grünen Projekts, Eine Bilanz der Regierung Schöder 2002-2005, Wiesbaden, 334-354.

Barbalet, J. M., 1988: Citizenship, rights, struggle and class inequality, Milton Keynes.

Bauer, Jobst-Hubertus/Krets, Jérôme, 2003: Gesetze für moderne Dienstleistungen am Arbeitsmarkt, in: Neue Juristische Wochenschrift, 2003, 8, 537-545.

Baumeister, Frank, 2002: Grundzüge der betrieblichen Altersversorgung, in: Die Angestelltenversicherung, 2002, 5-6, 187-193.

Berndt, Joachim, 2000: Änderungen im Sozialversicherungsrecht durch das 4. Euro-Einführungsgesetz, in: Deutsches Steuerrecht, 38 (2000), 51-52, 2191-2193.

Berner, Frank, 2004: Wohlfahrtsmarkt und wohlfahrtsstaatliches Arrangement, Marktstrukturen und sozialstaatliche Einbettung der kapitalgedeckten Altersvorsorge in Deutschland, Universität Bielefeld/Institut für Weltgesellschaft, Fakultät für Soziologie, Fakultät für Rechtswissenschaft: Regina-Arbeitspapier Nr. 6, Bielefeld.

Berner, Frank, 2007a: Das Zusammenspiel der drei Säulen der Alterssicherung und die Entstehung einer staatlichen Alterssicherungspolitik, in: Deutsche Rentenversicherung, 2007, 8-9, 562-575.

Berner, Frank, 2007b: Der entgrenzte Sozialstaat, Der Wandel der Alterssicherung in Deutschland und die Entzauberung sozialpolitischer Fiktionen, Dissertation, Fakultät für Soziologie, Universität Bielefeld.

Berner, Frank, 2008: Steuerungsprobleme im regulierenden Wohlfahrtsstaat, Die Vermarktlichung und Individualisierung der betrieblichen Altersversorgung, in: Zeitschrift für Sozialreform 54 (2008), 4, 391-417.

Bieback, K.-J., 2004: Keine Vergütungsvereinbarung in der Pflege mehr? – Probleme der Qualitätssicherung im SGB XI, in: Neue Zeitschrift für Sozialrecht, 2004, 7, 337-345.

Bieback, K.-J., 2005: Probleme des SGB II – Rechtliche Probleme des Konflikts zwischen Existenzsicherung und Integration in den ersten Arbeitsmarkt, in: Neue Zeitschrift für Sozialrecht, 2005, 7, 337-343.

222 _Verzeichnisse_

Bieber, Ulrich/Stegmann, Michael, 2002: Maßnahmen des sozialen Ausgleichs innerhalb der Gesetzlichen Rentenversicherung, – Relevante Anwartschaftsbestandteile bei den Geburtsjahrgängen 1936 bis 1955 –, in: Deutsche Rentenversicherung, 2002, 11, 642-660.

Blancke, Susanne/Schmid, Josef, 2003: Bilanz der Bundesregierung Schröder in der Arbeitsmarktpolitik 1998-2002: Ansätze zu einer doppelten Wende, in: Egle, Christoph/Ostheim, Tobias/Zohlnhöfer, Reimut (Hrsg.), 2003: Das rot-grüne Projekt, Eine Bilanz der Regierung Schröder 1998-2002, Wiesbaden, 215-238.

Blank, Florian, 2009: When ‚choice' and ‚choice' are not the same: Institutional frameworks of choice in the German welfare system, in: Social Policy & Administration, 43 (2009), 6, 585-600.

Bleses, Peter, 2003: Der Umbau geht weiter - Lohnarbeit und Familie in der rot-grünen Sozialpolitik, in: Zeitschrift für Sozialreform, 49 (2003), 4, 557-583.

Bleses, Peter/Seeleib-Kaiser, Martin, 2004: The dual transformation of the German welfare state, Houndmills/New York.

Blos, Kerstin/Rudolph, Helmut, 2005: Verlierer, aber auch Gewinner, Simulationsrechnungen zum Arbeitslosengeld II, IAB Kurzbericht Nr. 17, 07.10.2005.

Blum, Sonja, 2009: A fairytale of reconciliation? Parental leave reforms in Austria and Germany compared, Papier für die ESPAnet Konferenz 2008, 18.-20. September 2008, Helsinki.

Böckmann, Roman, 2009: Die Private Krankenversicherung – weder Solidarität noch Wettbewerb, in Böckmann, Roman (Hrsg.), 2009: Gesundheitsversorgung zwischen Solidarität und Wettbewerb, Wiesbaden, 63-90.

Boeckh, Jürgen, Huster, Ernst-Ulrich, Benz, Benjamin, 2004: Sozialpolitik in Deutschland, Eine systematische Einführung, Wiesbaden.

Bode, Ingo, 2005: Einbettung und Kontingenz, Wohlfahrtsmärkte und ihre Effekte im Spiegel der neueren Wirtschaftssoziologie, in: Zeitschrift für Soziologie, 34 (2005), 4, 250-269.

Boecken, Winfried, 1999: Die Neuregelung der geringfügigen Beschäftigungsverhältnisse, in: Neue Zeitschrift für Arbeitsrecht, 1999, 8, 393-402.

Bolderson, Helen/Mabbett, Deborah, 1995: Mongrels or thoroughbreds: A cross-national look at social security systems, in: European Journal of Political Research, 28 (1995), 1, 119-139.

Bönker, Frank/Wollmann, Hellmut, 2000: Sozialpolitik im Übergang: Entwicklungslinien der bundesdeutschen Sozialpolitik in den Neunzigerjahren, in: Czada, Roland/Wollmann, Hellmut (Hrsg.), 2000: Von der Bonner zur Berliner Republik, 10 Jahre Deutsche Einheit, Wiesbaden, 514-538.

Bönker, Frank/Wollmann, Hellmut, 2001: Stumbling towards reform: The German welfare state in the 1990s, in: Taylor-Gooby, Peter (Hrsg.), 2001: Welfare states under pressure, London/Thousand Oaks/New Delhi, 75-99.

Bonoli, Giuliano/George, Vic/Taylor-Gooby, Peter, 2000: European Welfare Futures, Towards a Theory of Retrenchment, Cambridge.

Bothfeld, Silke/Gronbach, Sigrid/Seibel, Kai, 2004: Eigenverantwortung in der Arbeitsmarktpolitik: Zwischen Handlungsautonomie und Zwangsmaßnahmen, in: WSI Mitteilungen, 57 (2004), 9, 507-513.

Brall, Natalie/Bruno-Latocha, Gesa/Lohmann, Albert, 2004: Neuordnung der Rentenbe-
steuerung – Auswirkung für Versicherte, Rentner und Rentenversicherungsträger,
in: Deutsche Rentenversicherung, 2004, 6-7, 409-445.

Brall, Natalie/Dünn, Sylvia/Fasshauer, Stephan, 2005: Zu den Einflussfaktoren der Rentenanpassung und deren verfassungsrechtlichen Grenzen, in: Deutsche Rentenversicherung, 2005, 8-9, 460-488.

Brandhorst, Andreas, 2003: Gesundheitspolitik zwischen 1998 und 2003: Nach der Reform ist vor der Reform, in: Gohr, Antonia/Seeleib-Kaiser, Martin (Hrsg.), 2003:
Sozial- und Wirtschaftspolitik unter Rot-Grün, Wiesbaden, 211-228.

Briggs, Asa, 1961: The welfare state in historical perspective, in: Archives Européennes
de Sociologie, 2 (1961), 2, 221-258.

Bruno-Latocha, Gesa/Tippelmann, Ortrun, 2003: Betriebliche Altersversorgung im Um-
bruch – aktuelle Entwicklungen durch das AVmG, in: Deutsche Rentenversicherung, 2003, 1-2, 13-29.

Bruno-Latocha, Gesa/Tippelmann, Ortrun, 2004: Änderungen bei betrieblicher und privater Altersvorsorge durch das Alterseinkünftegesetz, in: Deutsche Rentenversicherung, 2004 (2004), 6-7, 393-408.

Büchel, Dirk/Grintsch, Ulrich/Neidert, Alfred, 2003: Die Umsetzung der Vorschläge der
Hartz-Kommission im Versicherungs-, Beitrags- und Melderecht der Sozialversicherung, in: Deutsche Rentenversicherung, 2003, 3-4, 105-132.

Bulmer, Martin/Rees, Anthony M. (Hrsg.), 1996: Citizenship today, The contemporary
relevance of T. H. Marshall, London/Bristol PA.

Bundesministerium der Finanzen (BMF), 2003: Abschlussbericht Sachverständigenkommission zur Neuordnung der steuerrechtlichen Behandlung von Altersvorsorgeaufwendungen und Altersbezügen, Berlin.

Bundesministerium der Finanzen (BMF), 2008: Datensammlung zur Steuerpolitik, Ausgabe 2008. [URL: http://www.bundesfinanzministerium.de/nn_53848/DE/
BMF__Startseite/Service/Broschueren__Bestellservice/Steuern/20220__Daten
sammlung__zur__Steuerpolitik__08,property=publicationFile.pdf] (09.09.2009).

Bundesministerium für Arbeit und Soziales (BMAS), 2008 (Mai): Sozialbudget 2007,
Tabellenauszug, Bonn.

Bundesministerium für Arbeit und Soziales (BMAS), 2010: Statistisches Taschenbuch
2010. Arbeits- und Sozialstatistik, Bonn. [URL: http://www.bmas.de/portal/47984/
property=document/statistisches__taschenbuch__2010__zipdatei.zip] (17.10.2010).

Bundesministerium für Familie, Senioren, Frauen und Jugend (BMFSFJ), 2009: Kompe-
tenzzentrum für familienbezogene Leistungen. [URL: http://www.bmfsfj.bund.de/
bmfsfj/generator/BMFSFJ/familie,did=108684.html] (09.09.2009).

Bundesministerium für Gesundheit (BMG), 2009: Kennzahlen der gesetzlichen Kranken-
versicherung 1998 bis 2007; 1. bis 4. Quartal 2008. [URL: http://www.bmg.bund.
de/cln_100/nn_1168278/SharedDocs/Downloads/DE/Statistiken/Gesetzliche-
Krankenversicherung/Kennzahlen-und-Faustformeln/Kennzahlen-und-
Faustformeln,templateId=raw,property=publicationFile.pdf/Kennzahlen-und-
Faustformeln.pdf] (07.09.2009).

Bundesministerium für Gesundheit und Soziale Sicherung (BMGS), 2003a: Eckpunkte für
die Weiterentwicklung der Rentenreform des Jahres 2001 und zur Stabilisierung des

Beitragssatzes in der Gesetzlichen Rentenversicherung. [URL: http://www.bmas.de/
coremedia/generator/3074/property=pdf/eckpunkte_fuer_die_weiterentwicklung
_der_rentenreform_des_jahres_2001.pdf] (04.09.2009).

Bundesministerium für Gesundheit und Soziale Sicherung (BMGS), 2003b: Nachhaltigkeit in der Finanzierung der Sozialen Sicherungssysteme, Bericht der Kommission
[Rürüp-Kommission], Berlin.

Bundesversicherungsamt, 2009: Übersicht zum Stand der Gesetzgebung bei den DMP.
[URL: http://www.bundesversicherungsamt.de/nn_1046154/DE/DMP/Downloads/
Uebersicht_Gesetz_DMP,templateId=raw,property=publicationFile.pdf/Ueber
sicht_Gesetz_DMP.pdf] (07.09.2009).

Butterwegge, Christoph, 2005: Krise und Zukunft des Sozialstaats, Wiesbaden.

Clarke, John, 2006: Consumers, clients or citizens? Politics, policy and practise in the
reform of social care, in: European Societies, 8 (2006), 3, 423-442.

Clasen, Jochen, 2000: Motives, means and opportunities: Reforming unemployment
compensation in the 1990s, in: West European Politics, 23 (2000), 2, 89-112.

Clasen, Jochen, 2005: Reforming European welfare states, Germany and the United
Kingdom compared, Oxford.

Clasen, Jochen/Clegg, Daniel, 2005: Restructuring welfare States, A conditionality approach, Papier für das Seminar „Exploring the Dynamics of Reform: the dependent
variable problem in comparative welfare state analysis", University of Stirling, 12.-
14. Mai 2005, Stirling.

Clasen, Jochen/Clegg, Daniel, 2007: Levels and levers of conditionality: measuring
change within welfare states, in: Clasen, Jochen/Siegel, Nico A. (Hrsg.), 2007: Investigating welfare state change, The „dependent variable problem" in comparative
analysis, Cheltenham/Northampton MA, 166-197.

Clasen, Jochen/Siegel, Nico A. (Hrsg.), 2007a: Investigating welfare state change, The
„dependent variable problem" in comparative analysis, Cheltenham/Northampton
MA.

Clasen, Jochen/Siegel, Nico A., 2007b: Comparative welfare state analysis and the „dependent variable problem", in: Clasen, Jochen/Siegel, Nico A. (Hrsg.), 2007: Investigating Welfare State Change, The „dependent variable problem" in comparative
analysis, Cheltenham/Northampton MA, 3-12.

Clayton, Richard/Pontusson, Jonas, 1998: Welfare-state retrenchment revisited, in: World
Politics, 51 (1998), 1, 67-98.

Clegg, Daniel/Clasen, Jochen, 2003: Conceptualising and measuring the changing princi-
ples of social security in Europe: Reflections from a five-country study, Papier für
die ESPAnet Konferenz 2003, 13.-15. November 2003, Kopenhagen.

Czada, Roland, 2004: Die neue deutsche Wohlfahrtswelt, Sozialpolitik und Arbeitsmarkt
im Wandel, in: Lütz, Susanne/Czada, Roland (Hrsg.), 2004: Wohlfahrtsstaat - Transformation und Perspektiven, Wiesbaden, 127-154.

Deppe, Hans-Ulrich, 2000: Zur sozialen Anatomie des Gesundheitssystems, Neoliberalismus und Gesundheitspolitik in Deutschland, Frankfurt a. M.

Der Westen (WAZ), 2009: Interview: SPD-Chef Müntefering: „Hartz IV war richtig",
11.06.2009. [URL: http://www.derwesten.de/nachrichten/waz/ politik/2009/6/11/
news-12237 6056/detail.html] (12.06.2009).

Deutsche Rentenversicherung Bund, 2008a: Rentenversicherung in Zahlen 2008, Stand 22. August 2008, Berlin.

Deutsche Rentenversicherung Bund, 2008b: Rentenversicherung in Zeitreihen, Ausgabe 2008, Berlin.

Deutsche Rentenversicherung, 2009: Entwicklung der Bundeszuschüsse in Prozent der Rentenausgaben. [URL: http://www.deutsche-rentenversicherung.de/nn_45396/ DRV/de/Navigation/Deutsche__RV/Finanzen/Kennzahlen__Rechengroe_C3_9Fen/ entwicklung__bundeszuschuss__node.html__nnn=true] (03.09.2009).

Dickhuth-Harrach, Hans-Jürgen v., 2005: Das Lebenspartnerschaftsrecht Version 2005, in: Familie Partnerschaft Recht, 2005, 7, 273-279.

Dieterich, Thomas, 1999: Zwischenbericht der Kommission, Dokumentation: „Scheinselbständigkeit", in: Soziale Sicherheit, 48 (1999), 9-10, 316-321.

Dudey, Stefan/Reschke, Peter, 1997: Funktionsweise und Wirkungen des Risikostruktur-ausgleichs, in: Soziale Sicherheit, 46 (1997), 3, 81-87.

Dünn, Sylvia/Lohmann, Albert/Stahl, Helmut/Stegmann, Michael, 2004: Die Neuregelung zur Bewertung schulischer und beruflicher Ausbildungszeiten, in: Deutsche Renten-versicherung, 2004, 6-7, 364-383.

Dünn, Sylvia/Rüb, Katrin, 2004: Die Neuregelung der bedarfsorientierten Grundsicherung im Alter und bei Erwerbsminderung zum 1. Januar 2005, in: Deutsche Rentenversi-cherung, 2004, 10, 614-627.

Egle, Christoph, 2003: Lernen unter Stress: Politik und Programmatik von Bündnis 90/Die Grünen, in: Egle, Christoph/Ostheim, Tobias/Zohlnhöfer, Reimut (Hrsg.), 2003: Das rot-grüne Projekt, Wiesbaden, 93-116.

Egle, Christoph, 2007: In der Regierung erstarrt? Die Entwicklung von Bündnis 90/Die Grünen von 2002 bis 2005, in: Egle, Christoph/Zohlnhöfer, Reimut (Hrsg.), 2007: Ende des rot-grünen Projekts, Eine Bilanz der Regierung Schröder 2002-2005, Wiesbaden, 98-123.

Egle, Christoph, 2009: Reformpolitik in Deutschland und Frankreich, Wirtschafts- und Sozialpolitik bürgerlicher und sozialdemokratischer Regierungen seit Mitte der 90er Jahre, Wiesbaden.

Egle, Christoph/Henkes, Christian, 2003: Später Sieg der Modernisierer über die Traditi-onalisten? Die Programmdebatte in der SPD, in: Egle, Christoph/Ostheim, Tobi-as/Zohlnhöfer, Reimut (Hrsg.), 2003: Das rot-grüne Projekt, Wiesbaden, 67-92.

Esping-Andersen, Gøsta, 1990: The three worlds of welfare capitalism, Cambridge.

Esping-Andersen, Gøsta, 1996: After the Golden Age? Welfare state dilemmas in a global economy, in: Esping-Andersen, Gøsta (Hrsg.), 1996: Welfare states in transition, National adaptations in global economies, London/Thousand Oaks/New Delhi, 1-31.

Eurostat, 2009: Gesamtausgaben für den Sozialschutz - Zu jeweiligen Preisen (% von BIP). [URL: http://epp.eurostat.ec.europa.eu/tgm/table.do?tab=table&init= 1&language=de&pcode=tps00098&plugin=1] (02.09.2009).

Evers, Adalbert, 1990: Shifts in the welfare mix – introducing a new approach for the study of transformations in welfare and social policy, in: Evers, Adal-bert/Wintersberger, Helmut (Hrsg.), 1990: Shifts in the welfare mix – their impact on work, social services and welfare policies, Frankfurt a. M./New York, 7-30.

Evers, Adalbert/Olk, Thomas, 1996: Wohlfahrtspluralismus – Analytische und normativ-politische Dimensionen eines Leitbegriffs, in: Evers, Adalbert/Olk, Thomas (Hrsg.), 1996: Wohlfahrtspluralismus – Vom Wohlfahrtstaat zur Wohlfahrtsgesellschaft, Wiesbaden, 9-60.

Evers, Adalber, 2008: Investiv und aktivierend oder ökonomistisch und bevormundend? Zur Auseinandersetzung mit einer neuen Generation von Sozialpolitiken, in: Evers, Adalber/Heinze, Rolf G. (Hrsg.), 2008:Sozialpolitik, Ökonomisierung und Entgrenzung, Wiesbanden, 229-249

Faber, Michael, 2005: Das neue SGB II - eine Lösung des Problems der Langzeitarbeitslosigkeit? in: Neue Zeitschrift für Sozialrecht, 2005, 2, 75-82.

Falk, Gerhard, 2004: Zusätzliche Beiträge zur Kranken- und Pflegeversicherung belasten vor allem einkommensschwächere Rentner, Zickzack-Kurs bei betrieblicher Altersversorgung, in: Soziale Sicherheit, 53 (2004), 3, 81-87.

Feil, Michael/Tillmann, Lisa/Walwei, Ulrich, 2008: Arbeitsmarkt- und Beschäftigungspolitik nach der Wiedervereinigung, in: Zeitschrift für Sozialreform, 54 (2008), 2, 161-185.

Feinberg, Joel, 1980: The nature and value of rights, in: Feinberg, Joel (Hrsg.), 1980: Rights, justice, and the bounds of liberty – essays in social philosophy, Princeton NJ, 143-155.

Felkner, Christian, 1998: Steigende Belastung der Patienten, Auswirkungen der Zuzahlungen im Gesundheitswesen, in: Soziale Sicherheit, 47 (1998), 8-9, 281-284.

Ferrera, Maurizio, 1996: The „Southern model" of welfare in social Europe, in: Journal of European Social Policy, 6 (1996), 1, 17-37.

Flecken, Hans Ludwig, 2001: Rentenreform im Überblick, Altersvermögensgesetz und -ergänzungsgesetz, in: Soziale Sicherheit, 50 (2001), 3, 81-88.

Frommert, Dina/Heien, Thorsten, 2006: Kontinuität oder Wandel? Die Bedeutung der drei Säulen der Alterssicherung im Zeitvergleich, in: Deutsche Rentenversicherung, 2006, 2-3, 132-155.

Fuchs, Harry, 2002: Rehabilitation vor Pflege, Das Versorgungsniveau entwickeln und verbessern, in: Soziale Sicherheit, 51 (2002), 5, 154-162.

Geertz, Clifford, 1983: Dichte Beschreibung, Beiträge zum Verstehen kultureller Systeme, Frankfurt a. M.

Gerlach, Irene, 2004: Die Familienpolitik der rot-grünen Koalition, in: Gewerkschaftliche Monatshefte, 55 (2004), 7-8, 411-418.

Gerlinger, Thomas, 2002a: Rot-grüne Gesundheitspolitik – eine Zwischenbilanz, Wissenschaftszentrum Berlin für Sozialforschung/Veröffentlichungsreihe der Arbeitsgruppe Public Health, Wissenschaftszentrum Berlin für Sozialforschung, P02-205, Berlin.

Gerlinger, Thomas, 2002b: Zwischen Korporatismus und Wettbewerb: Gesundheitspolitische Steuerung im Wandel, Wissenschaftszentrum Berlin für Sozialforschung/Veröffentlichungsreihe der Arbeitsgruppe Public Health, Wissenschaftszentrum Berlin für Sozialforschung, P02-204, Berlin.

Gerlinger, Thomas, 2003: Rot-grüne Gesundheitspolitik 1998-2003, in: Aus Politik und Zeitgeschichte, 2003, 33-34, 6-13.

Gerlinger, Thomas, 2004: Privatisierung – Liberalisierung – Re-Regulierung. Konturen des Umbaus des Gesundheitssystems, in WSI Mitteilungen, 57 (2004), 9, 501-506.

Gerlinger, Thomas, 2009: Wettbewerb und Patientenorientierung in der gesetzlichen Krankenversicherung, in: Böckmann, Roman (Hrsg.), 2009: Gesundheitsversorgung zwischen Solidarität und Wettbewerb, Wiesbaden, 19-41.

Giddens, Anthony, 1982: Class division, class conflict and citizenship rights, in: Giddens, Anthony (Hrsg.), 1982: Profiles and critiques in social theory, London/Basingstoke, 164-180.

Gilbert, Neil, 2002: Transformation of the Welfare State, The silent surrender of public responsibility, Oxford.

GKV-Spitzenverband, 2010: Alle gesetzlichen Krankenkassen. [URL: http://www.gkv-spitzenverband.de/ITSGKrankenkassenListe.gkvnet] (12.10.2010).

Goebel, Jan/Richter, Maria, 2007: Nach der Einführung von Arbeitslosengeld II: Deutlich mehr Verlierer als Gewinner unter den Hilfeempfängern, in: DIW Wochenbericht, 74 (2007), 50 (12.12.2007) 753-761.

Gohr, Antonia, 2003: Auf dem „dritten Weg" in den „aktivierenden Sozialstaat"? Programmatische Ziele unter Rot-Grün, in: Gohr, Antonia/Seeleib-Kaiser, Martin (Hrsg.), 2003: Sozial- und Wirtschaftspolitik unter Rot-Grün, Wiesbaden, 37-60.

Goodin, Robert E., 2002: Structures of mutual obligation, in: Journal of Social Policy, 31 (2002), 4, 579-596.

Goodin, Robert E./Headey, Bruce/Muffels, Ruud/Dirven, Henk-Jan, 1999: The real worlds of welfare capitalism, Cambrigde.

Goodin, Robert E./Rein, Martin, 2001: Regimes on pillars: Alternative welfare state logics and dynamics, in: Public Administration, 79 (2001), 4, 769-801.

Goretzki, Susanne/Hohmeister, Frank, 1999: Zur Neuregelung der geringfügigen Beschäftigungsverhältnisse, in: Neue Zeitschrift für Sozialrecht, 1999, 8, 369-374.

Green-Pedersen, Christoffer, 2004: The dependent variable problem within the study of welfare state retrenchment: Defining the problem and looking for solutions, in: Journal of Comparative Policy Analysis, 6 (2004), 1, 3-14.

Green-Pedersen, Christoffer, 2007: More than data questions and methodological issues: Theoretical conceptualization and the dependent variable „problem" in the study of welfare reform, in: Clasen, Jochen/Siegel, Nico A. (Hrsg.), 2007: Investigating welfare state change, The „dependent variable problem" in comparative analysis, Cheltenham/Northampton, MA, 13-23.

Grintsch, Ulrich, 2001: Beitragsrechtliche Behandlung der Durchführungswege der betrieblichen Altersversorgung, in: Deutsche Rentenversicherung, 2001, 6-7, 425-430.

Grziwotz, Herbert, 2005: Gleichstellung der Lebenspartnerschaft nach dem Gesetz zur Überarbeitung des Lebenspartnerschaftsrechts - Beratungs- und Gestaltungsprobleme, in: Deutsche Notar-Zeitschrift, 2005, 1, 13-29.

Hain, Winfried/Lohmann, Albert/Lübke, Eckhard, 2004: Veränderungen bei der Rentenanpassung durch das „RV-Nachhaltigkeitsgesetz", in: Deutsche Rentenversicherung 2004, 6-7, 333-349.

Hall, Peter A., 1993: Policy paradigms, social learning, and the state, The case of economic policymaking in Britain, in: Comparative Politics, 25 (1993), 3, 275-296.

Hartmann, Anja, 2003: Patientennah, leistungsstark, finanzbewusst? Die Gesundheitspolitik der rot-grünen Bundesregierung, in: Egle, Christoph/Ostheim, Tobias/Zohlnhöfer

Reimut, (Hrsg.), 2003: Das rot-grüne Projekt, Eine Bilanz der Regierung Schröder 1998-2005, Wiesbaden, 259-281.

Hartmann, Anja, 2006: Gesundheitspolitik: Mehr Probleme als Lösungen? in: Sturm, Roland/Pehle, Heinrich (Hrsg.), 2006: Wege aus der Krise? Die Agenda der zweiten Großen Koalition, Opladen/Farmington Hills, 59-75.

Hegelich, Simon, 2006a: Moving from „defined benefit" to „undefined": The interests in the enhancement of supplementary provision for old age in Germany, in: German Policy Studies, 3 (2006), 3, 535-585.

Hegelich, Simon, 2006b: Reformkorridore des deutschen Rentensystems, Wiesbaden.

Hegelich, Simon/Meyer, Hendrik, 2008: Konflikt, Verhandlung, Sozialer Friede: Das deutsche Wohlfahrtssystem, in; Schubert, Klaus/Hegelich, Simon/Bazant, Ursula (Hrsg.), 2008: Europäische Wohlfahrtssysteme, Ein Handbuch, Wiesbaden, 127-148.

Hegelich, Simon/Schubert, Klaus, 2008: Europäische Wohlfahrtssysteme: Politisch limitierter Pluralismus als europäisches Spezifikum, in: Schubert, Klaus/Hegelich, Simon/Bazant, Ursula (Hrsg.), 2008: Europäische Wohlfahrtssysteme, Ein Handbuch, Wiesbaden, 647-660.

Heinelt, Hubert, 2003: Arbeitsmarktpolitik – von „versorgenden" wohlfahrtsstaatlichen Interventionen zur „aktivierenden" Beschäftigungsförderung, in: Gohr, Antonia/Seeleib-Kaiser, Martin (Hrsg.), 2003: Sozial- und Wirtschaftspolitik unter Rot-Grün, Wiesbaden, 125-146.

Heinze, Meinhard/Ricken, Oliver/Giesen, Richard, 2002: Umsetzung des 10.SGB V-Änderungsgesetzes – Zur Frage der KVdR-Mitgliedschaft des familienversicherten Rentners, in: Neue Zeitschrift für Arbeitsrecht, 2002, 14, 786.

Heinze, Rolf G., 2003: Das „Bündnis für Arbeit" – Innovativer Konsens oder institutionelle Erstarrung?, in: Egle, Christoph/Ostheim, Tobias/Zohlnhöfer Reimut, (Hrsg.), 2003: Das rot-grüne Projekt, Eine Bilanz der Regierung Schröder 1998-2005, Wiesbaden, 137-161.

Hinrichs, Karl, 1994: Restrukturierung der Sozialpolitik? Das Beispiel der Gesundheitspolitik, in: Riedmüller, Barbara/Olk, Thomas (Hrsg.), 1994: Grenzen des Sozialversicherungsstaats, Wiesbaden, 119-145.

Hinrichs, Karl, 2000: Auf dem Weg zur Alterssicherungspolitik – Reformperspektiven in der gesetzlichen Rentenversicherung, in: Leibfried, Stephan/Wagschaal, Uwe (Hrsg.), 2000: Der deutsche Sozialstaat, Bilanzen – Reformen – Perspektiven, Frankfurt a. M./New York, 276-305.

Hinrichs, Karl, 2004: Active citizens and retirement planning: Enlarging freedom of choice in the course of pension reforms in Nordic countries and Germany, Universität Bremen/Zentrum für Sozialpolitik: ZeS-Arbeitspapier 11/2004, Bremen.

Hinrichs, Karl/Kangas, Olli, 2003: When is a change big enough to be a system shift? Small system-shifting in German and Finnish pension policies, in: Social Policy & Administration, 37 (2003), 6, 537-591.

Hoehl, Stefan, 2003: Neuregelungen bei Existenzgründungszuschuss („Ich-AG") und Überbrückungsgeld, in: Neue Zeitschrift für Sozialrecht, 2003, 12, 635-640.

Hohmeister, Frank, 1999: Anwendbarkeit arbeits- und sozialversicherungsrechtlicher Vorschriften auf Mitarbeiterverhältnisse seit dem 1. 1. 1999 durch das sog. Korrekturgesetz, in: Neue Zeitschrift für Sozialrecht, 1999, 4, 179-181.

Honneth, Axel, 2003: Kampf um Anerkennung, Zur moralischen Grammatik sozialer Konflikte, Frankfurt a. M.

Hort, Sven O. E., 2008: Sklerose oder ständig in Bewegung? Das schwedische Wohlfahrtssystem, in Schubert, Klaus/Hegelich, Simon/Bazant, Ursula (Hrsg.), 2008: Europäische Wohlfahrtssysteme, Ein Handbuch, Wiesbaden, 525-547.

Hülsmeier, Christian, 2000: Richtfest auf der Reformbaustelle, GKV-Gesundheitsreformgesetz 2000 im Überblick, in: Soziale Sicherheit, 49 (2000), 1, 2-5.

Hülsmeier, Christian, 2002: Reformen sind in Kraft, Neues im Arbeits- und Sozialrecht, in: Soziale Sicherheit, 51 (2002), 1, 18-22.

Hümmerich, Klaus/Holthausen, Joachim/Welslau, Dietmar, 2003: Arbeitsrechtliches im Ersten Gesetz für moderne Dienstleistungen am Arbeitsmarkt, in: Neue Zeitschrift für Arbeitsrecht, 2003, 1, 7-14.

Jann, Werner/Schmid, Günther, 2004: Die Hartz-Reformen am Arbeitsmarkt: Eine Zwischenbilanz, in: Jann, Werner/Schmid, Günther (Hrsg.). 2004: Eins zu eins? Eine Zwischenbilanz der Hartz-Reformen am Arbeitsmarkt, Berlin, 7-18.

Jessop, Bob, 2000: From the KWNS to the SWPR, in: Lewis, Gail/Gewirtz, Sharon/Clarke, John (Hrsg.), 2000: Rethinking social policy, London/Thousand Oaks/New Delhi, 171-184.

Jörg, Michael, 2003: § 43 Rente wegen Erwerbsminderung, in: Kreikebohm, Ralf (Hrsg.), 2003: Sozialgesetzbuch, Gesetzliche Rentenversicherung - SGB IV -, Kommentar, München, 207-227.

Joussen, Jacob, 2002: Die Rente wegen voller und teilweiser Erwerbsminderung nach neuem Recht, in: Neue Zeitschrift für Sozialrecht, 2002, 6, 294-298.

Kangas, Olli, 1991: The Politics of Social Rights, Studies on the Dimensions of Sickness Insurance in OECD Countries, Edsbruk.

Kangas, Olli, 2004: Institutional development of sickness cash-benefit programmes in 18 OECD countries, in: Social Policy & Administration, 38 (2004), 2, 190-203.

Kania, Helga/Blanke, Bernhard, 2000: Von der „Korporatisierung" zum „Wettbewerb", Gesundheitspolitische Kurswechsel in den Neunzigerjahren, in: Czada, Roland/Wollmann, Hellmut (Hrsg.), 2000: Von der Bonner zur Berliner Republik, 10 Jahre Deutsche Einheit, Wiesbaden, 567-591.

Kasza, Gregory J., 2002: The illusion of welfare „regimes", in: Journal of Social Policy, 31 (2002), 2, 271-287.

Kaufmann, Franz-Xaver, 2003: Varianten des Wohlfahrtsstaats, Der deutsche Sozialstaat im internationalen Vergleich, Frankfurt a. M.

Kaufmann, Franz-Xaver, 2005a [1977]: Sozialpolitisches Erkenntnisinteresse und Soziologie: Ein Beitrag zur Pragmatik der Sozialwissenschaften, in: Kaufmann, Franz-Xaver (Hrsg.), 2005: Sozialpolitik und Sozialstaat: Soziologische Analysen, Wiesbaden, 31-68.

Kaufmann, Franz-Xaver, 2005b [1999]: Sozialstaatlichkeit unter den Bedingungen moderner Wirtschaft, in: Kaufmann, Franz-Xaver (Hrsg.), 2005: Sozialpolitik und Sozialstaat: Soziologische Analysen, Wiesbaden, 283-318.

Kaufmann, Franz-Xaver, 2005c [1994]: Staat und Wohlfahrtsproduktion, in: Franz-Xaver Kaufmann (Hrsg.), 2005: Sozialpolitik und Sozialstaat: Soziologische Analysen, Wiesbaden, 219-242.

Kemmerling, Achim/Bruttel, Oliver, 2006: „New politics" in German labour market policy? The implications of the recent Hartz reforms for the German welfare state, in: West European Politics, 29 (2006), 1, 90-112.

Kirschner, Klaus, 1999: Mehr Wirtschaftlichkeit und mehr Solidarität, Strukturelle Reformen im Gesundheitswesen, in: Soziale Sicherheit, 48 (1999), 4, 128-133.

Knuth, Matthias, 2009: Grundsicherung „für Arbeitssuchende": ein hybrides Regime sozialer Sicherung auf der Suche nach seiner Governance, in: Bothfeld, Silke/Sesselmeier, Werner/Bogedan, Claudia (Hrsg.) 2009: Arbeitsmarktpolitik in der sozialen Marktwirtschaft, Vom Arbeitsförderungsgesetz zum Sozialgesetzbuch II und III, Wiesbaden, 61-75

Köppe, Olaf, 2004: Der Leviathan des Wettbewerbs: Migration zwischen nationalem Wettbewerbsstaat und europäischer Integration, in: Lütz, Susanne/Czada, Roland (Hrsg.), 2004: Wohlfahrtsstaat – Transformation und Perspektiven, Wiesbaden, 325-347.

Köppe, Stephan, 2008: Pioniere und Nachzügler der Sozialpolitik: Die komplementäre Entstehung von Wohlfahrtsstaat und Wohlfahrtsmarkt, in: ZeS-Report, 13 (2008), 1, 13-16.

Körner, Marita, 2002: Die Reform des SGB III durch das Job-AQTIV-Gesetz – Ein kritischer Überblick, in: Neue Zeitschrift für Arbeitsrecht, 2002, 5, 241-246.

Korpi, Walter, 1989: Power, politics, and state autonomy in the development of social citizenship: Social rights during sickness in eighteen OECD countries since 1930, in: American Sociological Review, 54 (1989), June, 309-328.

Korpi, Walter/Palme, Joakim, 2003: New Politics and Class Politics in the Context of Austerity and Globalization: Welfare State Regress in 18 Countries, in: American Political Science Review, 97 (2003), 3, 425-446.

Kramer, Hans-Jörg, 2004: Rentenversicherungs-Nachhaltigkeitsgesetz, Ein Überblick, in: Die Angestelltenversicherung, 2004, 9, 404-414.

Kruse, Jürgen, 1999: Die wichtigsten Änderungen des zweiten SGB-III-Änderungsgesetzes, in: Deutsches Steuerrecht, 37 (1999), 30, 1232-1238.

Lamping, Wolfram/Rüb, Friedbert W., 2004: From the conservative welfare state to an „uncertain something else": German pension politics in comparative perspective, in: Policy & Politics, 32 (2004), 2, 169-191.

Lamping, Wolfram/Rüb, Friedbert W., 2006: „Experimental law-making" and the politics of German pension reforms, in German Policy Studies, 3 (2006), 3, 446-491.

Lamping, Wolfram/Schridde, Henning, 2004: Der „Aktivierende Sozialstaat" – ordnungs- und steuerungstheoretische Dimensionen, in: Lütz, Susanne/Czada, Roland (Hrsg.), 2004: Wohlfahrtsstaat – Transformation und Perspektiven, Wiesbaden, 39-65.

Le Grand, Julian, 1991: Quasi-markets and social policy, in: Economics Journal, 101 (1991), September, 1256-1267.

Le Grand, Julian, 1993: Ein Wandel in der Verwendung von Policy-Instrumenten: Quasi-Märkte und Gesundheitspolitik, in: Héritier, Adrienne (Hrsg.), 1993: Policy-Analyse – Kritik und Neuorientierung (PVS Sonderheft 24/1993), Opladen, 225-244.

Leiber, Simone/Manouguan, Maral-Sonja, 2009: Vereinbarkeit von Wettbewerb und Solidarität in der sozialen Krankenversicherung? Gesundheitsreformen in den Niederlanden und Deutschland, in: Böckmann, Roman (Hrsg.), 2009: Gesundheitsversorgung zwischen Solidarität und Wettbewerb, Wiesbaden, 175-202.

Leibfried, Stephan/Obinger, Herbert, 2003: The State of the welfare state: German social policy between macroeconomic retrenchment and microeconomic recalibration, in: West European Politics, 26 (2003), 4, 199-218.

Leisering, Lutz, 2003: From redistribution to regulation – regulating private provision for old age as a new challenge for the welfare state in ageing societies, Papier für die 4th International Research Conference on Social Security „Social security in a long life society", 5.-7. Mai 2003, Antwerpen.

Leisering, Lutz/Berner, Frank, 2001: Vom produzierenden zum regulierenden Wohlfahrtsstaat, Zum Policy- und Normwandel in europäischen Wohlfahrtsstaaten am Beispiel der Alterssicherung, Universität Bielefeld/Institut für Weltgesellschaft, Fakultät für Soziologie, Fakultät für Rechtswissenschaft: Regina-Arbeitspapier Nr. 1, Bielefeld.

Leisering, Lutz/Davy, Ulrike/Berner, Frank/Schwarze, Uwe/Blömeke, Patrick, 2002: Vom produzierenden zum regulierenden Wohlfahrtsstaat, Eine international vergleichende und interdisziplinäre Studie des Wandels der Alterssicherung in Europa, Universität Bielefeld/Institut für Weltgesellschaft, Fakultät für Soziologie, Fakultät für Rechtswissenschaft: Regina-Arbeitspapier Nr. 2, Bielefeld.

Leitner, Sigrid, 2003: Die Tour de force der Gleichstellung: Zwischensprints mit Hindernissen, in: Gohr, Antonia/Seeleib-Kaiser, Martin (Hrsg.), 2003: Sozial- und Wirtschaftspolitik unter Rot-Grün, Wiesbaden, 249-264.

Leitner, Sigrid, 2005: Kind und Karriere für alle? Geschlechts- und schichtspezifische Effekte rot-grüner Familienpolitik, in: Blätter für deutsche und internationale Politik, 50 (2005), 8, 958-964.

Lembke, Mark, 1999: Die Neuregelung der „630-DM-Jobs", in: Neue Juristische Wochenschrift, 1999, 25, 1825-1830.

Lessenich, Stephan, 1998: „Relations matter": De-Kommodifizierung als Verteilungsproblem, in: Lessenich, Stephan/Ostner, Ilona (Hrsg.), 1998: Welten des Wohlfahrtskapitalismus, Der Sozialstaat in vergleichender Perspektive, Frankfurt a. M./New York, 91-108.

Lessenich, Stephan, 2006: Hoch die internationale Eigenverantwortung? – Grenzen wohlfahrtsstaatlicher Solidarität, in: WSI Mitteilungen, 59 (2006), 4, 181-185.

Lessenich, Stephan, 2008: Die Neuerfindung des Sozialen, Der Sozialstaat im flexiblen Kapitalismus, Bielefeld.

Mann, Michael, 1987: Ruling class strategies and citizenship, in: Sociology, 21 (1987), 3, 339-354.

Marquardsen, Kai, 2007: Was ist „Aktivierung" in der Arbeitsmarkpolitik? in: WSI Mitteilungen, 60 (2007), 2007, 5.

Marshall, T. H., 1964 [1949]: Citizenship and social class, in: Marshall, T. H. (Hrsg.), 1964: Class, citizenship, and social development. Essays by T. H. Marshall, Garden City NY, 65-122.

Marshall, T. H., 1981a: Afterthought on „The right to welfare", in: Marshall, T. H. (Hrsg.), 1981: The right to welfare and other essays, London/Edinburgh/Melbourne u. a., 95- 103.

Marshall, T. H., 1981b: Afterthought on „Value problems of welfare-capitalism", The „Hyphenated Society", in: Marshall, T. H. (Hrsg.), 1981: The right to welfare and other essays, London/Edinburgh/Melbourne u .a., 123-136.

Marshall, T. H., 1981c [1972]: Value problems of welfare-capitalism, in: Marshall, T. H. (Hrsg.), 1981: The right to welfare and other essays, London/Edinburgh/Melbourne u. a., 104-122.

Mascher, Ulrike, 2001: Rentenreform zugunsten von Frauen, Vorteile bei Erwerbsarbeit und Kindererziehung, in: Soziale Sicherheit, 50 (2001), 3, 89-93.

Meyer, Cord, 1999: Die Neuregelungen des 2. SGB III Änderungsgesetzes, in: Neue Zeitschrift für Arbeitsrecht, 1999, 17, 902-912.

Meyer, Hendrik/Schubert, Klaus, 2007: Vom nationalen Wohlfahrtsstaat zum europäischen Sozialmodell?, in: Bandelow, Nils/Bleek, Wilhelm (Hrsg.), 2007: Einzelinteressen und kollektives Handeln in modernen Demokratien, Festschrift für Ulrich Widmaier, Wiesbaden, 26-42.

Meyer, Thomas, 2007: Die blockierte Partei – Regierungspraxis und Programmdiskussion der SPD 2002-2005, in: Egle, Christoph/Zohlnhöfer, Reimut (Hrsg.), 2007: Ende des rot-grüne Projekts, Eine Bilanz der Regierung Schröder 2002-2005, Wiesbaden, 83-97.

Mohr, Katrin, 2008: Creeping Convergence – Wandel der Arbeitsmarktpolitik in Großbritannien und Deutschland, in: Zeitschrift für Sozialreform, 54 (2008), 2, 187-207.

Moldenhauer, Meinolf, 2001: Zum Stand der Qualitätssicherung in der Altenpflege seit der Einführung der Pflegeversicherung – unter Berücksichtigung aktueller Reformbestrebungen, in: Sozialer Fortschritt, 50 (2001), 6: 130-134.

Mosebach, Kai, 2006: Patienten auf dem Weg zur Macht? Ergebnisse rot-grüner Gesundheitspolitik, Johann Wolfgang Goethe-Universität/Institut für Medizinische Soziologie, Fachbereich Humanmedizin: Diskussionspapier 2006-1, Frankfurt a. M.

Münder, Johannes, 2004: Das SGB II - Die Grundsicherung für Arbeitsuchende, in: Neue Juristische Wochenschrift, 2004, 45, 3209-3214.

Nakielski, Hans/Winkel, Rolf, 2005: Die wichtigsten Änderungen im Jahr 2005, Arbeitsmarkt- und Sozialleistungen, in: Soziale Sicherheit, 54 (2005), 1, 24-32.

Nakielski, Hans, 2003: Gesundheitsreform: Die wichtigsten Änderungen von A-Z, Die finanziellen Auswirkungen, in: Soziale Sicherheit, 52 (2003), 8-9, 302-308.

Neumann, Michael, 2003: Das Erste und Zweite Gesetz für moderne Dienstleistungen am Arbeitsmarkt im Überblick, in: Neue Zeitschrift für Sozialrecht, 2003, 3, 113-119.

Neumann, Volker, 1999: Konsolidierungsmaßnahmen im Rentenversicherungsrecht contra Grundrechtsschutz? in: Deutsche Rentenversicherung, 1999, 6-7, 393-405.

Niemeyer, Werner, 1998: Die Rentenreform 1999, in: Neue Zeitschrift für Sozialrecht, 1998, 3, 103-109.

Nullmeier, Frank, 2002a: Auf dem Weg zu Wohlfahrtsmärkten? in: Süß, Werner (Hrsg.), 2002: Deutschland in den neunziger Jahren, Opladen, 269-281.

Nullmeier, Frank, 2002b: Demokratischer Wohlfahrtsstaat und das neue Marktwissen, in: Heinrich-Böll-Stiftung (Hrsg.), 2002: Gut zu Wissen – Links zur Wissensgesellschaft, Münster, 97-111.

Nullmeier, Frank, 2003: Alterssicherungspolitik im Zeichen der „Riester-Rente", in: Gohr, Antonia/Seeleib-Kaiser, Martin (Hrsg.), 2003: Sozial- und Wirtschaftspolitik unter Rot-Grün, Wiesbaden, 167-187.

Nullmeier, Frank, 2004: Vermarktlichung des Sozialstaats, in: WSI Mitteilungen, 57 (2004), 9, 495-500.

Nürnberger, Ingo/Perreng, Martina, 2004: Die künftige Besteuerung von Alterseinkünften – Die neuen Regelungen zur privaten und betrieblichen Vorsorge, Alterseinkünftegesetz, in: Soziale Sicherheit, 53 (2004), 5, 146-157.

Nüssgens, Heinz-Josef, 2004: Die künftige steuerliche Behandlung von Lebensversicherungen, Alterseinkünftegesetz beschlossen, in: Soziale Sicherheit, 53 (2004), 6, 208-213.

o. A., 2000: Regelungen über „Einmalzahlungen" unvereinbar mit Art. 3 I GG, in: Neue Juristische Wochenschrift, 2000, 31, 2264-2267.

Offczors, Günther/Pawlita, Cornelius, 1997: Die Erwerbsminderungsrente nach dem Rentenreformgesetz 1999, in: Soziale Sicherheit, 46 (1997), 11, 361-372.

Offe, Claus, 1987: Democracy against the welfare state? Structural foundations of neo-conservative political opportunities, in: Political Theory, 15 (1987), 4, 501-537.

Oschmiansky, Frank/Mauer, Andreas/Schulze Buschoff, Karin, 2007: Arbeitsmarktreformen in Deutschland – Zwischen Pfadabhängigkeit und Paradigmenwechsel, in: WSI Mitteilungen, 60 (2007), 6, 291-297.

Pabst, Stefan/Rothgang, Heinz, 2000: Reformfähigkeit und Reformblockaden: Kontinuität und Wandel bei Einführung der Pflegeversicherung, in: Leibfried, Stephan/Wagschal, Uwe (Hrsg.), 2000: Der deutsche Sozialstaat, Bilanzen – Reformen – Perspektiven, Frankfurt a. M./New York, 340-377.

Palier, Bruno, 2001: Beyond retrenchment, Harvard University/Center for European Studies: Working Paper Series, 77, Cambridge/MA.

Palier, Bruno/Martin, Claude, 2007: Editorial Introduction, From „a frozen landscape" to structural reform: The sequential transformation of Bismarckian welfare systems, in: Social Policy & Administration, 41 (2007), 6, 535-554.

Palik, Ruth, 1997: Rentenpolitik ein Dauerthema? Das Rentenreformgesetz 1999, in: Soziale Sicherheit, 46 (1997), 11, 373-378.

Papier, Hans-Jürgen, 2001: Verfassungsrecht und Rentenversicherungsrecht, in: Deutsche Rentenversicherung, 2001, 6-7, 350-358.

Pierson, Paul, 1996: The new politics of the welfare state, in: World Politics, 48 (1996), 2, 143-179.

Pierson, Paul, 1994: Dismantling the welfare state? Reagan, Thatcher, and the politics of retrenchment, Cambridge/New York/Melbourne.

Pierson, Paul, 2001a: Coping with permanent austerity: Welfare state restructuring in affluent democracies, in: Pierson, Paul (Hrsg.), 2001: The new politics of the welfare state, Oxford, 410-456.

Pierson, Paul, 2001b: Post-industrial pressures on the mature welfare states, in: Pierson, Paul (Hrsg.), 2001: The new politics of the welfare state, Oxford, 80-104.

Polanyi, Karl, 1978 [1944]: The great transformation, Politische und ökonomische Ursprünge von Gesellschaften und Wirtschaftssystemen, Frankfurt a. M.

Preuss, Ulrich K., 1985: The concept of rights and the welfare state, in: Teubner, Gunther (Hrsg.), 1985: Dilemmas of law in the welfare state, Berlin/New York, 151-172.

Promberger, Markus, 2009: Fünf Jahre SGB II – Versuch einer Bilanz, in: WSI Mitteilungen, 62 (2009), 9, 604-611.

Rademacker, Olaf, 2001: Das neue Recht und seine Auswirkungen, Renten wegen verminderter Erwerbsfähigkeit, in: Soziale Sicherheit, 50 (2001), 3, 74-81.

Rahn, Monika, 2001: Einführung einer bedarfsorientierten Grundsicherung im Alter und bei Erwerbsminderung, in: Deutsche Rentenversicherung, 2001, 6-7, 431-437.

Rees, Anthony M., 1995: The other T. H. Marshall, in: Journal of European Social Policy, 24 (1995), 3, 341-362.

Reimann, Axel, 2004: Das RV-Nachhaltigkeitsgesetz – Gesamtwirkung und Bewertung, in: Deutsche Rentenversicherung, 2004, 6-7, 318-332.

Reinecke, Gerhard, 2001: Die Änderungen des Gesetzes zur Verbesserung der betrieblichen Altersversorgung durch das Altersvermögensgesetz – neue Chancen für die betriebliche Altersversorgung, in: Neue Juristische Wochenschrift, 2001, 48, 3511-3517.

Rieger, Elmar, 1998: Soziologische Theorie und Sozialpolitik im entwickelten Wohlfahrtsstaat, in: Lessenich, Stephan/Ostner, Ilona (Hrsg.), 1998: Welten des Wohlfahrtskapitalismus, Der Sozialstaat in vergleichender Perspektive, Frankfurt a. M./New York, 59-89.

Riester, Walter, 2000: Die Rentenversicherung an der Schwelle zum neuen Jahrtausend, in: Deutsche Rentenversicherung, 2000, 1-2, 1-14.

Rolfs, Christian, 2003: Scheinselbständigkeit, geringfügige Beschäftigung und „Gleitzone" nach dem zweiten Hartz-Gesetz, in: Neue Zeitschrift für Arbeitsrecht, 2003 (2003), 2, 65-72.

Rose, Richard, 1986: Common goals but different roles: The state's contribution to the welfare mix, in: Rose, Richard/Allardt, Erik (Hrsg.), 1986: The welfare state east and west, Oxford, 13-39.

Rosenbrock, Rolf/Gerlinger, Thomas, 2006: Gesundheitspolitik, Eine systematische Einführung, Bern.

Ross, Fiona, 2000a: „Beyond left and right": The new partisan politics of welfare, in: Governance, 13 (2000), 2, 155-183.

Ross, Fiona, 2000b: Interests and choice in the „not quite so new" politics of welfare, in: West European Politics, 23 (2000), 2, 11-34.

Roth, Günther, 2000: Fünf Jahre Pflegeversicherung in Deutschland: Funktionsweise und Wirkungen, in: Sozialer Fortschritt, 49 (2000), 8-9, 184-192.

Rothgang, Heinz/Cacace, Mirella/Grimmeisen, Simone/Helmert, Uwe et al., 2006: Wandel von Staatlichkeit in den Gesundheitssystemen von OECD-Ländern, in: Leibfried, Stephan/Zürn, Michael (Hrsg.), 2006: Transformation des Staates, Frankfurt a. M., 309-354.

Rothgang, Heinz/Igl, Gerhard, 2007: Long-term care in Germany, in: The Japanese Journal of Social Security Policy, 6 (2007), 1, 54-84.

Rudolph, Helmut, 1999: Geringfügige Beschäftigung: Das 630-DM-Gesetz: Was ändert sich für wen? Abschätzung der Betroffenheit von Arbeitgebern und Arbeitnehmern durch die rechtlichen Änderungen, IAB Kurzbericht Nr. 11, 01.09.1999.

Ruland, Franz, 1995: Zur Zukunft von gesetzlicher Rentenversicherung und Beamtenversorgung, in: Neue Zeitschrift für Verwaltungsrecht, 1995, 5, 417-426.

Ruland, Franz, 2001a: Rentenversicherung nach der Reform – vor der Reform, in: Neue Zeitschrift für Sozialrecht, 2001, 8, 393-401.

Ruland, Franz, 2001b: Schwerpunkte der Rentenreformen in Deutschland, in: Neue Juristische Wochenschrift, (2001), 48, 3505-3511.

Ruland, Franz, 2005: Die „Einschnitte bei den Renten" – zur Methode und zu ihrer verfassungsrechtlichen Zulässigkeit, in: Deutsche Rentenversicherung, 2005, 4-5, 217-228.

Rürup, Bert, 2006: Die Bedeutung der wirtschaftlichen Rahmenbedingungen für die Gesetzliche Rentenversicherung, in: Deutsche Rentenversicherung, 2006, 4-5, 239-247.

Schmähl, Winfried, 2004: Paradigm shift in German pension policy: measures aiming at a new public-private mix and their effects, in: Rein, Martin/Schmähl, Winfried (Hrsg.), 2004: Rethinking the welfare state, The political economy of pension reform, Cheltenham/Northampton, MA, 153-204.

Schmähl, Winfried, 2007: Dismantling an earnings-related social pension scheme: Germany's New Pension Policy, in: Journal of Social Policy, 36 (2007), 2, 319-340.

Schmid, Josef, 2007: Arbeitsmarkt- und Beschäftigungspolitik – große Reform mit kleiner Wirkung, in: Egle, Christoph/Zohlnhöfer, Reimut (Hrsg.), 2007: Ende des rotgrünen Projektes, Eine Bilanz der Regierung Schröder 2002-2005, Wiesbaden, 271-294.

Schmidt, Benjamin, 2002: Neues aus dem Arbeitsförderungsrecht, in: Neue Zeitschrift für Sozialrecht, 2002, 8, 415-418.

Schmidt, Bettina, 2000: Das Gesetz zur Förderung der Selbständigkeit und seine Folgen für die Praxis, in: Neue Zeitschrift für Sozialrecht, 2000, 2, 57-67.

Schmidt, Manfred G., 1999: Immer noch auf dem „mittleren Weg"? Deutschlands Politische Ökonomie am Ende des 20. Jahrhunderts, Universität Bremen/Zentrum für Sozialpolitik: ZeS-Arbeitspapier 7/1999, Bremen.

Schmidt, Manfred G., 2003: Rot-grüne Sozialpolitik (1998-2002), in: Egle, Christoph/Ostheim, Thomas/Zohlnhöfer, Reimut (Hrsg.), 2003: Das rot-grüne Projekt, Eine Bilanz der Regierung Schröder 1998-2002, Wiesbaden, 239-258.

Schmidt, Manfred G., 2005: Sozialpolitik in Deutschland, Historische Entwicklung und internationaler Vergleich, Wiesbaden.

Schmidt, Manfred G., 2007: Die Sozialpolitik der zweiten rot-grünen Koalition (2002-2005), in: Egle, Christoph/Zohlnhöfer, Reimut (Hrsg.), 2007: Ende des rot-grünen Projekts, Eine Bilanz der Regierung Schröder 2002-2005, Wiesbaden, 295-312.

Schmitz, Heinz, 2001: Bundesrat beschließt Rentenreform, in: Die Angestelltenversicherung, 2001, 5-6, 212-217.

Schröder, Gerhard, 2002: Zweistufenplan der Bundesregierung, Bundesanstalt für Arbeit wird umgebaut, in: Soziale Sicherheit, 51 (2002), 2, 43-45.

Schröder, Gerhard/Blair, Tony, 1999: Der Weg nach vorne für Europas Sozialdemokraten, Ein Vorschlag von Gerhard Schröder und Tony Blair [engl.: Europe: The Third Way, Die Neue Mitte], 8. Juni 1999, London.

Schubert, Klaus, 2005: Neo-Korporatismus – und was dann?, in: Woyke, Wichard (Hrsg.), 2005: Verbände, Schwalbach/Ts., 9-36.

Schubert, Klaus/Hegelich, Simon/Bazant, Ursula, 2008: Europäische Wohlfahrtssysteme: Stand der Forschung – theoretisch-methodische Überlegungen, in: Schubert, Klaus/Hegelich, Simon/Bazant, Ursula (Hrsg.), 2008: Europäische Wohlfahrtssysteme, Ein Handbuch, Wiesbaden, 13-43.

Schubert, Klaus/Bandelow, Nils C., 2009: Politikfeldanalyse: Dimensionen und Fragestellungen, in: Schubert, Klaus/Bandelow, Nils C. (Hrsg.), 2009: Lehrbuch der Politikfeldanalyse 2.0, München.

Schulte, Bernd, 2002: Sozialrechtliche Stellung und soziale Sicherung von Drittstaatsangehörigen in der Europäischen Union, in: Treichler, Andreas (Hrsg.), 2002: Wohlfahrtsstaat, Einwanderung und ethnische Minderheiten, Wiesbaden, 165-183.

Schweiger, Maximilian D., 2002: Rechtliche Einordnung der durch das Job-AQTIV-Gesetz in das Arbeitsförderungsrecht eingefügten Eingliederungsvereinbarung (§ 35 Abs. 4 SGB III n. F.), in: Neue Zeitschrift für Sozialrecht, 2002, 8, 410-415.

Scruggs, Lyle/Allan, James P., 2006: Welfare decommodification in 18 OECD countries: a replication and revision, in: Journal of European Social Policy, 16 (2006), 1, 55-72.

Seeleib-Kaiser, Martin, 2002: A dual transformation of the German welfare state, in: West European Politics, 25 (2002), 4, 25-48.

Seeleib-Kaiser, Martin, 2008a: Multiple and multi-dimensional welfare state transformations, in: Seeleib-Kaiser, Martin (Hrsg.), 2008: Welfare state transformations, Comparative perspectices, Houndmills/New York, 210-221.

Seeleib-Kaiser, Martin, 2008b: Reframing social policy: From conservatism to liberal communitarianism, in: German Policy Studies 4 (2008), 2, 67-100.

Sendler, Jürgen, 2003: Acht Jahre Pflegeversicherung – Zwischenbilanz und Perspektiven, Nach den Vorschlägen der Rürup-Kommission, in: Soziale Sicherheit, 52 (2003), 8-9, 279-284.

Sendler, Jürgen, 2004: Zukunftsanforderungen an eine wirksame Absicherung bei Pflegebedürftigkeit, Zehn Jahre Pflegeversicherung – Bilanz und Perspektiven, in: Soziale Sicherheit, 53 (2004), 8-9, 263-269.

Siegel, Nico A., 2003: Worlds of comparative welfare state analysis: Some suggestions for potential bridge-over strategies, Papier für die ESPAnet Conference 2003, 13.-15. November 2003, Kopenhagen.

Siegel, Nico A., 2007: When (only) money matters: the pros and cons of expenditure analysis, in: Clasen, Jochen/Siegel, Nico A. (Hrsg.), 2007: Investigating welfare state change, The ‚dependent variable problem' in comparative analysis, Cheltenham/Northampton MA, 43-71.

Simon, Michael, 2008: Das Gesundheitssystem in Deutschland, Eine Einführung in Struktur und Funktionsweise, Bern.

Sommer, Thomas, 2000: Vom Gesetz zur Sicherung von Arbeitnehmerrechten zum Gesetz zur Förderung der Selbständigkeit – Zur Neufassung des § 7 SGB IV und der

Regelungen des arbeitnehmerähnlichen Selbständigen im SGB VI, in: Neue Zeitschrift für Sozialrecht, 2000, 3, 122-131.

SPD, 1998: Arbeit, Innovation und Gerechtigkeit, SPD-Programm für die Bundestagswahl 1998, Beschluß des außerordentlichen Parteitags der SPD am 17. April in Leipzig, Bonn.

SPD/Bündnis 90/Die Grünen, 1998: Aufbruch und Erneuerung – Deutschlands Weg ins 21. Jahrhundert, Koalitionsvereinbarung zwischen der Sozialdemokratischen Partei Deutschlands und Bündnis 90/Die Grünen, Bonn, 20. Oktober 1998,.

SPD/Bündnis 90/Die Grünen, 2002: Koalitionsvertrag 2002 – 2006: Erneuerung – Gerechtigkeit – Nachhaltigkeit, Für ein wirtschaftlich starkes, soziales und ökologisches Deutschland. Für eine lebendige Demokratie. Berlin, 16. Oktober 2002.

Spieker, Manfred, 1989: Sozialstaat, in: Görres-Gesellschaft (Hrsg.), 1989: Staatslexikon, Recht – Wirtschaft – Gesellschaft, Fünfter Band, Sozialindikatoren - Zwingli, Freiburg/Basel/Wien, 72-78.

Spindler, Helga, 2004: Gesundheitsreform senkt das Existenzminimum bei Sozialhilfe, Kranke müssen Ausgaben für notwendigen Lebensunterhalt kappen, in: Soziale Sicherheit, 53 (2004), 2, 55-60.

Stahl, Helmut, 2001: Schließung von Beschäftigungslücken, in: Deutsche Rentenversicherung, 2001, 5, 327-331.

Stahl, Helmut, 2004: Rentenrechtliche Änderungen bei Altersrenten, in: Deutsche Rentenversicherung, 2004, 6-7, 384-392.

Stahl, Helmut/Stegmann, Michael, 2001: Änderungen der Hinterbliebenenrentenreform, in: Deutsche Rentenversicherung, 2001, 6-7, 387-400.

Standfest, Erich, 2001: Neues Vertrauen in die Rente geweckt, Rentenreform 2001: Die Altersvermögensgesetze, in: Soziale Sicherheit, 50 (2001), 6, 182-185.

Steffen, Johannes, 2008 (Januar): Sozialpolitische Chronik, Die wesentlichen Änderungen in der Arbeitslosen-, Renten-, Kranken- und Pflegeversicherung sowie bei der Sozialhilfe (HLU) und der Grundsicherung für Arbeitsuchende – von den siebziger Jahren bis heute, Bremen.

Steffen, Johannes/Nakielski, Hans, 2003: Die Demontage der Arbeitslosenhilfe, Schon drastische Kürzungen in diesem Jahr, in: Soziale Sicherheit, 52 (2003), 4, 117-122.

Streeck, Wolfgang/Thelen, Kathleen, 2005: Introduction: Institutional change in advanced political economies, in: Streeck, Wolfgang/Thelen, Kathleen (Hrsg.), 2005: Beyond continuity, institutional change in advanced political economies, Oxford, 1-39.

Taylor-Gooby, Peter, 1999: Markets and motives, trust and egoism in welfare markets, in: Journal of Social Policy, 28 (1999), 1, 97-114.

Taylor-Gooby, Peter, 2001: The politics of welfare in Europe, in: Taylor-Gooby, Peter (Hrsg.), 2001: Welfare states under pressure, London/Thousand Oaks/New Delhi, 1-28.

Taylor-Gooby, Peter, 2002: The silver age of the welfare state: Perspectives on resilience, in: Journal of Social Policy, 31 (2002), 4, 597–621.

Taylor-Gooby, Peter, 2005: Uncertainty, trust and pensions: The case of the current UK reforms, in: Social Policy & Administration, 39 (2005), 3, 217-232.

Trampusch, Christine, 2006a: Postkorporatismus in der Sozialpolitik – Folgen für Gewerkschaften, in: WSI Mitteilungen, 59 (2006), 5, 347-352.

Trampusch, Christine, 2006b: Status quo vadis? Die Pluralisierung und Liberalisierung der „Social-Politik", Eine Herausforderung für die politikwissenschaftliche und soziologische Sozialpolitikforschung, in: Zeitschrift für Sozialreform, 52 (2006), 3, 299-323.

Turner, Bryan S., 2009: T. H. Marshall, social rights and English national identity, in: Citizenship Studies, 13 (2009), 1, 65-73.

Van Oorschot, Wim, 2006: Making the difference in social Europe: deservingness perceptions among citizens of European welfare states, in: Journal of European Social Policy, 16 (2006), 1, 23-42.

Viebrok, Holger, 2006: Finanzielle Bedeutung und Verteilung von Erwerbsminderungsrenten aus der Gesetzlichen Rentenversicherung, in: Deutsche Rentenversicherung, 2006, 6, 325-346.

Vobruba, Georg, 1983: Entrechtlichungstendenzen im Wohlfahrtsstaat, in: Voigt, Rüdiger (Hrsg.), 1983: Abschied vom Recht? Frankfurt a. M., 91-117.

Vogel, Manuela/Pötter, Gerrit, 2005: Gesetzliche Neuregelungen für eingetragene Lebenspartner ab 1.1.2005, in: Die Angestelltenversicherung, 2005, 4, 156-165.

Voigt, Rüdiger, 1981: Mehr Gerechtigkeit durch mehr Gesetz? Ein Beitrag zur Verrechtlichungs-Diskussion, in: Aus Politik und Zeitgeschichte, 1981, 21, 3-23.

Weber-Grellet, Heinrich, 2004: Das Alterseinkünftegesetz, in: Deutsches Steuerrecht, 42 (2004), 41, 1721-1729.

Weisbrod-Frey, Herbert, 2004: Zahnpauschale vom Tisch, Versicherte müssen aber 0,9 Beitragssatzpunkte mehr bezahlen, Notbremse beim Zahnersatz, in: Soziale Sicherheit, 53 (2004), 10, 356-358.

Wenner, Ulrich, 2002: Soziale und rechtliche Lage der Lebenspartnerschaft, Nach dem Urteil aus Karlsruhe, in: Soziale Sicherheit, 51 (2002), 8-9, 268-274.

Wenner, Ulrich, 2003: Nationale Grenzen für ambulante ärztliche Behandlungen müssen geöffnet werden, Europäischer Gerichtshof, in: Soziale Sicherheit, 52 (2003), 6, 201-207.

Wilensky, Harold L., 1975: The welfare state and equality, Structural and ideological roots of public expenditures, Berkeley/Los Angeles/London.

Zapf, Wolfgang, 1984: Welfare production: Public versus private, in: Social Indicators Review, 14 (1984), 263-274.

Zohlnhöfer, Reimut, 2001: Parteien, Vetospieler und der Wettbewerb um Wählerstimmen: Die Arbeitsmarkt- und Beschäftigungspolitik der Ära Kohl, in: Politische Vierteljahresschrift, 42 (2001), 4, 655-682.

Zohlnhöfer, Reimut, 2004: Destination anywhere? The German Red-Green government's inconclusive search for a Third Way in economic policy, in: German Politics, 13 (2004), 1, 106-131.

Verzeichnis der im Text behandelten Gesetze

Verzeichnet sind im Folgenden alle im Text genannten Gesetze und Verordnungen einschließlich ihrer Fundstellen im Bundesgesetzblatt (BGBl.), geordnet nach Politikfeldern. Die Aufstellung innerhalb der Politikfelder ist chronologisch, Nennungen in mehreren Politikfeldern sind möglich.

Rente

Gesetz zur Neuordnung der Hinterbliebenenrenten sowie zur Anerkennung der Kindererziehungszeiten in der Gesetzlichen Rentenversicherung (Hinterbliebenenrenten- und Erziehungszeiten-Gesetz – HEZG; BGBl. 1985 I Nr. 38: 1450-1471)

Gesetz zur Reform der gesetzlichen Rentenversicherung (Rentenreformgesetz 1992 – RRG 1992; BGBl. 1989 I Nr. 60: 2261-2397)

Gesetz zur Umsetzung des Programms für mehr Wachstum und Beschäftigung in den Bereichen der Rentenversicherung und Arbeitsförderung (Wachstums- und Beschäftigungsförderungsgesetz – WFG; BGBl. 1996 I Nr. 48, 1461-1475)

Gesetz zur Reform der Gesetzlichen Rentenversicherung (Rentenreformgesetz 1999 – RRG 1999; BGBl. 1997 I Nr. 85: 2998-3038)

Gesetz zu Korrekturen in der Sozialversicherung und zur Sicherung der Arbeitnehmerrechte (BGBl. 1998 I Nr. 85: 3843-3852)

Gesetz zur Neuregelung der geringfügigen Beschäftigungsverhältnisse (BGBl. 1999 I Nr. 14: 388-395)

Gesetz zur Sanierung des Bundeshaushalts (Haushaltssanierungsgesetz – HSanG; BGBl. 1999 I Nr. 58: 2534-2551)

Gesetz zur Förderung der Selbständigkeit (BGBl. 2000 I Nr. 1: 2-4)

Gesetz zur Reform der Renten wegen verminderter Erwerbsfähigkeit (BGBl. 2000 I Nr. 57: 1827-1845)

Gesetz zur Einführung des Euro im Sozial- und Arbeitsrecht sowie zur Änderung anderer Vorschriften (4. Euro-Einführungsgesetz, BGBl. 2000 I Nr. 60: 1983-2019)

Gesetz zur Beendigung der Diskriminierung gleichgeschlechtlicher Gemeinschaften: Lebenspartnerschaften (BGBl. 2001 I Nr. 9: 266-287)

Gesetz zur Ergänzung des Gesetzes zur Reform der gesetzlichen Rentenversicherung und zur Förderung eines kapitalgedeckten Altersvorsorgevermögens (Altersvermögensergänzungsgesetz – AVmEG; BGBl. 2001 I Nr. 13: 403-418)

Zweites Gesetz zur Änderung des Künstlersozialversicherungsgesetzes und anderer Gesetze (BGBl. 2001 I Nr. 26: 1027-1033)

Gesetz zur Reform der gesetzlichen Rentenversicherung und zur Förderung eines kapitalgedeckten Altersvorsorgevermögens (Altersvermögensgesetz – AVmG; BGBl. 2001 I Nr. 31: 1310-1343)

Gesetz zur Verbesserung des Hinterbliebenenrentenrechts (BGBl. 2001 I Nr. 36: 1598-1599)

Versorgungsänderungsgesetz 2001 (BGBl. I Nr. 74: 3926-3954)

Erstes Gesetz für moderne Dienstleistungen am Arbeitsmarkt (BGBl. 2002 I Nr. 87: 4607-4620)

Zweites Gesetz für moderne Dienstleistungen am Arbeitsmarkt (BGBl. 2002 I Nr. 87: 4621-4623)

Gesetz zur Modernisierung der gesetzlichen Krankenversicherung (GKV-Modernisierungsgesetz, GMG; BGBl. 2003 I Nr. 55: 2190-2258)

Viertes Gesetz für moderne Dienstleistungen am Arbeitsmarkt (BGBl. 2003 I Nr. 66: 2954-3000)

Zweites Gesetz zur Änderung des Sechsten Buches Sozialgesetzbuch und anderer Gesetze (BGBl. 2003 I Nr. 67: 3013-3018)

Gesetz zur Einordnung des Sozialhilferechts in das Sozialgesetzbuch (BGBl. 2003 I Nr. 67: 3022)

Gesetz zur Neuordnung der einkommensteuerrechtlichen Behandlung von Altersvorsorgeaufwendungen und Altersbezügen (Alterseinkünftegesetz – AltEinkG; BGBl. 2004 I Nr. 33: 1427-1447)

Gesetz zur Sicherung der nachhaltigen Finanzierungsgrundlagen der gesetzlichen Rentenversicherung (RV-Nachhaltigkeitsgesetz; BGBl. 2004 I Nr. 38: 1791-1805)

Gesetz zur Organisationsreform in der gesetzlichen Rentenversicherung (RVOrgG; BGBl. 2004 I Nr. 66: 3242-3298)

Gesetz zur Überarbeitung des Lebenspartnerschaftsrechts (BGBl. 2004 I Nr. 69: 3396-3407)

Drittes Gesetz zur Änderung des Sechsten Buches Sozialgesetzbuch und anderer Gesetze (BGBl. I 2003 Nr.67: 3019-3021)

Gesundheit

Gesetz zur Weiterentwicklung des Kassenarztrechts (Krankenversicherungs-Weiterentwicklungsgesetz – KVWG; BGBl. 1976 I Nr. 151: 3871-3877)

Gesetz zur Dämpfung der Ausgabenentwicklung und zur Strukturverbesserung in der gesetzlichen Krankenversicherung (Krankenversicherungs-Kostendämpfungsgesetz – KVKG; BGBl. 1977 I Nr. 39: 1069-1085)

Gesetz zur Änderung des Gesetzes zur wirtschaftlichen Sicherung der Krankenhäuser und zur Regelung der Krankenhauspflegesätze (Krankenhaus-Kostendämpfungsgesetz; BGBl. 1981 I Nr. 59: 1568-1577)

Gesetz zur Wiederbelebung der Wirtschaft und Beschäftigung und zur Entlastung des Bundeshaushalts (Haushaltsbegleitgesetz 1983; BGBl. 1982 I Nr. 54: 1857-1911)

Gesetz über Maßnahmen zur Entlastung der öffentlichen Haushalte und zur Stabilisierung der Finanzentwicklung in der Rentenversicherung sowie über die

Verlängerung der Investitionshilfeabgabe (Haushaltsbegleitgesetz 1984; BGBl. 1983 I Nr. 53: 1532-1569)

Gesetz zur Neuordnung der Krankenhausfinanzierung (Krankenhaus-Neuordnungsgesetz – KHNG; BGBl. 1984 I Nr.56: 1716-1722)

Gesetz zur Strukturreform im Gesundheitswesen (Gesundheits-Reformgesetz – GRG; BGBl. 1988 I Nr. 62: 2477-2589)

Zweites Gesetz zur Änderung des Fünften Buches Sozialgesetzbuch (BGBl. 1991 I Nr. 67: 2325-2329).

Gesetz zur Entlastung der Beiträge in der gesetzlichen Krankenversicherung (Beitragsentlastungsgesetz – BeitrEntlG; BGBl. 1996 I Nr. 55: 1631-1633)

Erstes Gesetz zur Neuordnung von Selbstverwaltung und Eigenverantwortung in der gesetzlichen Krankenversicherung (1. GKV-Neuordnungsgesetz – 1. NOG; BGBl. 1997 I Nr. 42: 1518-1519)

Zweites Gesetz zur Neuordnung von Selbstverwaltung und Eigenverantwortung in der gesetzlichen Krankenversicherung (2. GKV-Neuordnungsgesetz – 2. GKV-NOG; BGBl. 1997 I Nr. 42: 1520-1536)

Neuntes Gesetz zur Änderung des Fünften Buches Sozialgesetzbuch (Neuntes SGB V-Änderungsgesetz – 9. SGB V-ÄndG; BGBl. 1998 I Nr. 27: 907-908)

Gesetz zur Stärkung der Solidarität in der Gesetzlichen Krankenversicherung (GKV-Solidaritätsstärkungsgesetz, GKV-SolG; BGBl. 1998 I Nr. 85: 3853-3863)

Gesetz zur Neuregelung der Geringfügigen Beschäftigungsverhältnisse (BGBl. 1999 I Nr. 14: 388-395)

Zweites Gesetz zu Änderung des Dritten Buchs Sozialgesetzbuch und anderer Gesetze (Zweites SGB III-Änderungsgesetz – 2. SGB III ÄndG; BGBl. 1999 I Nr. 39: 1648-1655)

Gesetz zur Reform der gesetzlichen Krankenversicherung ab dem Jahr 2000 (GKV-Gesundheitsreformgesetz 2000; BGBl. 1999 I Nr. 59: 2626-2656)

Gesetz zur Rechtsangleichung in der gesetzlichen Krankenversicherung (BGBl. 1999 I Nr. 59: 2657-2658)

Gesetz zur Neuregelung der sozialversicherungsrechtlichen Behandlung von einmalig gezahltem Arbeitsentgelt (Einmalzahlungs-Neuregelungsgesetz, BGBl. 2000 I Nr. 59: 1971-1976)

Gesetz zur Beendigung der Diskriminierung gleichgeschlechtlicher Gemeinschaften: Lebenspartnerschaften (BGBl. 2001 I Nr. 9: 266-287)

Sozialgesetzbuch – Neuntes Buch (SGB IX) Rehabilitation und Teilhabe behinderter Menschen (BGBl. 2001 I Nr. 27: 1046-1140)

Gesetz zur Neuregelung der Krankenkassenwahlrechte (BGBl. 2001 I Nr. 40: 1946-1947)

Gesetz zur Anpassung der Regelungen über die Festsetzung von Festbeträgen für Arzneimittel in der gesetzlichen Krankenversicherung (Festbetrags-Anpassungsgesetz – FBAG; BGBl. 2001 Nr. 40: 1948-1949)

Gesetz zur Reform des Risikostrukturausgleichs in der gesetzlichen Krankenversicherung (BGBl. 2001 I Nr. 66: 3465-3471)

Arzneimittelausgaben-Begrenzungsgesetz (AABG; BGBl. I 2002 Nr. 11 S. 684-685

Zehntes Gesetz zur Änderung des Fünften Buches Sozialgesetzbuch (10. SGB V-Änderungsgesetz; BGBl. 2002 I Nr. 21: 1169-1170)

Gesetz zur Einführung des diagnose-orientierten Fallpauschalensystems für Krankenhäuser (Fallpauschalengesetz – FPG; BGBl. 2002 I Nr. 27: 1412-1437)

Gesetz zur Verbesserung des Zuschusses zu ambulanten medizinischen Vorsorgeleistungen (BGBl. 2002 I Nr. 53: 2873)

Sicherung der Betreuung und Pflege schwerstkranker Kinder (BGBl. 2002 I Nr. 53: 2872)

Gesetz zur Sicherung der Beitragssätze in der gesetzlichen Krankenversicherung und in der gesetzlichen Rentenversicherung (Beitragssatzsicherungsgesetz – BSSichG; BGBl. 2002 I Nr. 87: 4637-4643)

Zweites Gesetz für moderne Dienstleistungen am Arbeitsmarkt (BGBl. 2002 I Nr. 87: 4621-4636)

Zwölftes Gesetz zur Änderung des Fünften Buches Sozialgesetzbuch (Zwölftes SGB V-Änderungsgesetz – 12. SGB V-ÄndG; BGBl. 2003 I Nr. 25: 844-845)

Gesetz zur Modernisierung der gesetzlichen Krankenversicherung (GKV-Modernisierungsgesetz – GMG; BGBl. 2003 I Nr. 55: 2190-2258)

Verordnung zur Beteiligung von Patientinnen und Patienten in der Gesetzlichen Krankenversicherung (Patientenbeteiligungsverordnung – PatBeteiligungsV; BGBl. 2003 I Nr. 63: 2753-2754)

Viertes Gesetz für moderne Dienstleistungen am Arbeitsmarkt (BGBl. 2003 I Nr. 66: 2954-3000)

Gesetz zur optionalen Trägerschaft von Kommunen nach dem Zweiten Buch Sozialgesetzbuch (Kommunales Optionsgesetz; BGBl. 2004 I Nr. 41: 2014-2026)

Gesetz zur Anpassung der Finanzierung von Zahnersatz (2004 I Nr. 69: 3445-2447)

Gesetz zur Vereinfachung der Verwaltungsverfahren im Sozialrecht (Verwaltungsvereinfachungsgesetz; BGBl. 2005 I Nr. 18: 818-836)

Gesetz zur Stärkung des Wettbewerbs in der gesetzlichen Krankenversicherung (GKV-Wettbewerbsstärkungsgesetz – GKV-WSG; BGBl. 2007 I Nr. 11: 378-473)

Arbeit und Beschäftigung

Arbeitsförderungsgesetz (AFG; BGBl. 1969 I Nr. 51: 582-632)

Gesetz zur Reform der Arbeitsförderung (Arbeitsförderungs-Reformgesetz – AFRG; BGBl. 1997 I Nr. 20: 594-722)

Erstes Gesetz zur Änderung des Dritten Buches Sozialgesetzbuch und anderer Gesetze (Erstes SGB III-Änderungsgesetz – 1. SGB III-ÄndG; BGBl. 1997 I Nr. 84: Seite 2970-2993)

Gesetz zur sozialrechtlichen Absicherung flexibler Arbeitszeitregelungen (BGBl. 1998 I Nr. 21: 688-693)

Gesetz zu Korrekturen in der Sozialversicherung und zur Sicherung der Arbeitnehmerrechte (BGBl. 1998 I Nr. 85: 3843-3852)

Gesetz zur Neuregelung der Geringfügigen Beschäftigungsverhältnisse (BGBl. 1999 I Nr. 14: 388-395)

Gesetz zur Änderung der Berücksichtigung von Entlassungsentschädigungen im Arbeitsförderungsrecht (Entlassungsentschädigungs-Änderungsgesetz – EEÄndG; BGBl. 1999 I Nr. 14: 396-398)

Sechste Verordnung zur Änderung der Arbeitslosenhilfe-Verordnung (1999 I Nr. 33: 1433)

Zweites Gesetz zur Änderung des Dritten Buches Sozialgesetzbuch und anderer Gesetze (Zweites SGB III-Änderungsgesetz – 2. SGB III-ÄndG; BGBl. 1999 I Nr. 39: 1648-1655)

Gesetz zur Sanierung des Bundeshaushalts (Haushaltssanierungsgesetz – HsanG; BGBl. 1999 I Nr. 58: 2534-2551)

Drittes Gesetz zur Änderung des Dritten Buches Sozialgesetzbuch (Drittes SGB III-Änderungsgesetz – 3. SGB III-ÄndG; BGBl. I 1999 I Nr. 59: 2624-2625)

Zweites Gesetz zur Fortentwicklung der Altersteilzeit (BGBl. 2000 I Nr. 28: 910-911)

Gesetz zur Neuregelung der sozialversicherungsrechtlichen Behandlung von einmalig gezahltem Arbeitsgeld (Einmalzahlungs-Neuregelungsgesetz, BGBl. 2000 I Nr. 59: 1971-1976)

Gesetz zur Beendigung der Diskriminierung gleichgeschlechtlicher Gemeinschaften: Lebenspartnerschaften (BGBl. 2001 I Nr. 9: 266-287)

Gesetz zur Ergänzung des Gesetzes zur Reform der gesetzlichen Rentenversicherung und zur Förderung eines kapitalgedeckten Altersvorsorgevermögens (Altersvermögensergänzungsgesetz – AVmEG; BGBl. 2001 I Nr. 13: 403-418)

Gesetz zur Reform der gesetzlichen Rentenversicherung und zur Förderung eines kapitalgedeckten Altersvorsorgevermögens (Altersvermögensgesetz – AVmG; BGBl. 2001 I Nr. 31: 1310-1343)

Gesetz zur Reform der arbeitsmarktpolitischen Instrumente (Job-AQTIV-Gesetz; BGBl. 2001 I Nr. 66: 3443-3464)

Arbeitslosenhilfe-Verordnung (AlhiV 2002; BGBl. 2001 I Nr. 70: 3734-3736)

Gesetzes zur Vereinfachung der Wahl der Arbeitnehmervertreter in den Aufsichtsrat (BGBl. 2002 I Nr. 20: 1130-1140)

Erstes Gesetz für moderne Dienstleistungen am Arbeitsmarkt (BGBl. 2002 I Nr. 87: 4607-4620)

Zweites Gesetz für moderne Dienstleistungen am Arbeitsmarkt (BGBl. 2002 I Nr. 87: 4621-4636)

Drittes Gesetz für moderne Dienstleistungen am Arbeitsmarkt (BGBl. 2003 I Nr. 65: 2848-2918)

Viertes Gesetz für moderne Dienstleistungen am Arbeitsmarkt (BGBl. 2003 I Nr. 66: 2954-3000)

Gesetz zu Reformen am Arbeitsmarkt (BGBl. 2003 I Nr. 67: 3002-3006)

Gesetz zur optionalen Trägerschaft von Kommunen nach dem Zweiten Buch Sozialgesetzbuch (Kommunales Optionsgesetz; BGBl. 2004 I Nr. 41: 2014-2026)

Verordnung zur Berechnung von Einkommen sowie zur Nichtberücksichtigung von Einkommen und Vermögen beim Arbeitslosengeld II/Sozialgeld (Arbeitslosengeld II/Sozialgeldverordnung – Alg II-V; BGBl. 2004 I Nr. 55: 2622-2623)

Viertes Gesetz zur Änderung des Dritten Buches Sozialgesetzbuch und anderer Gesetze (BGBl. 2004 I Nr. 61: 2902-2906)

Gesetz zur Neufassung der Freibetragsregelungen für erwerbsfähige Hilfebedürftige (Freibetragsneuregelungsgesetz; BGBl. 2005 I Nr. 49: 2407-2408)

Erste Verordnung zur Änderung der Arbeitslosengeld II/Sozialgeld-Verordnung (BGBl. 2005 I Nr. 51: 2499-2500)

Bekanntmachung über die Höhe der Regelleistungen nach § 20 Abs. 2 des Zweiten Buches Sozialgesetzbuch für die Zeit ab 1. Juli 2005 (BGBl. 2005 I Nr. 56: 2718)

Pflege

Gesetz zur sozialen Absicherung des Risikos der Pflegebedürftigkeit (Pflege-Versicherungsgesetz – PflegeVG, BGBl. 1994 I Nr. 30: 1014-1073.

Gesetz zur Änderung des Gesetzes zur sozialen Absicherung des Risikos der Pflegebedürftigkeit (BGBl. 1995 I Nr. 65: 1724-1725)

Erstes Gesetz zur Änderung des Elften Buches Sozialgesetzbuch und anderer Gesetze (Erstes SGB XI-Änderungsgesetz – 1. SGB XI-ÄndG, BGBl. 1996 I: 830-840)

Gesetz zur sozialrechtlichen Absicherung flexibler Arbeitszeitregelungen (BGBl. 1998 I Nr. 21: 688-693),

Zweites Gesetz zur Änderung des Elften Buches Sozialgesetzbuch (SGB XI) und anderer Gesetze (BGBl. 1998 I Nr. 32: 1188-1192),

Drittes Gesetz zur Änderung des Elften Buches Sozialgesetzbuch (3. SGB XI-Änderungsgesetz, 3. SGB XI-ÄndG; BGBl. 1998 I Nr. 33: 1229).

Gesetz zur Neuregelung der Geringfügigen Beschäftigungsverhältnisse (BGBl. 1999 I Nr. 14: 388-395)

Viertes Gesetz zur Änderung des Elften Buches Sozialgesetzbuch (4. SGB XI-Änderungsgesetz – 4. SGB XI-ÄndG; BGBl. 1999 I Nr. 39: 1656)

Gesetz zur Reform der gesetzlichen Krankenversicherung ab dem Jahr 2000 (GKV-Gesundheitsreformgesetz 2000; BGBl. 1999 I Nr. 59: 2626-2656)

Gesetz zur Beendigung der Diskriminierung gleichgeschlechtlicher Gemeinschaften: Lebenspartnerschaften (BGBl. 2001 I Nr. 9: 266-287)

Gesetz zu Qualitätssicherung und zur Stärkung des Verbraucherschutzes in der Pflege (Pflege-Qualitätssicherungsgesetz – PQsG; BGBl. 2001 I Nr. 47: 2320-2330)

Dritten Gesetz zur Änderung des Heimgesetzes (BGBl. 2001 I Nr. 57: 2960-2970)

Gesetz zur Ergänzung der Leistungen bei häuslicher Pflege von Pflegebedürftigen mit erheblichem allgemeinen Betreuungsbedarf (Pflegeleistungs-Ergänzungsgesetz – PflEG; BGBl. 2001 I Nr. 70: 3728-3733)

Zweites Gesetz für moderne Dienstleistungen am Arbeitsmarkt (BGBl. 2002 I Nr. 87: 4621-4636)

Viertes Gesetz für moderne Dienstleistungen am Arbeitsmarkt (BGBl. 2003 I Nr. 66: 2954-3000)

Gesetz zur Berücksichtigung von Kindererziehung im Beitragsrecht der sozialen Pflegeversicherung (Kinder-Berücksichtigungsgesetz – KiBG, BGBl. 2004 I Nr. 69: 3448-3449)

Gesetz zur Vereinfachung der Verwaltungsverfahren im Sozialrecht (Verwaltungsvereinfachungsgesetz; BGBl. 2005 I Nr. 18: 818-836)

Verzeichnis der Bundestags-Plenarprotokolle und Bundestags-Drucksachen

Bundestags-Plenarprotokolle

Plenarprotokoll 14/3 vom 10.11.1998 (Regierungsprogramm)
Plenarprotokoll 15/32 vom 14.03.2003 (Regierungserklärung durch den Bundeskanzler)

Bundestags-Drucksachen

Drucksache 12/5262	Gesetzentwurf der Fraktionen der CDU/CDU und FDP, Entwurf eines Gesetzes zur sozialen Absicherung des Risikos der Pflegebedürftigkeit (Pflege-Versicherungsgesetz – PflegeVG)
Drucksache 14/873	Gesetzentwurf der Bundesregierung: Entwurf eines Zweiten Gesetzes zur Änderung des Dritten Buches Sozialgesetzbuch und anderer Gesetze (Zweites SGB III-Änderungsgesetz – 2. SGB III-ÄndG)
Drucksache 14/1523	Gesetzentwurf der Fraktionen SPD und Bündnis 90/Die Grünen: Entwurf eines Gesetzes zur Sanierung des Bundeshaushalts – Haushaltssanierungsgesetz (HSanG)
Drucksache 14/4595	Gesetzentwurf der Fraktionen SPD und Bündnis 90/Die Grünen: Entwurf eines Gesetzes zur Reform der gesetzlichen Rentenversicherung und zur Förderung eines kapitalgedeckten Altersvorsorgevermögens (Altersvermögensgesetz – AVmG)
Drucksache 14/5395	Gesetzentwurf der Bundesregierung: Entwurf eines Gesetzes zur Qualitätssicherung und zur Stärkung des Verbraucherschutzes in der Pflege (Pflege-Qualitätssicherungsgesetz – PQsG)

Drucksache 15/1515   Gesetzentwurf der Fraktionen SPD und Bündnis
                            90/Die Grünen: Entwurf eines Dritten Gesetzes für
                            moderne Dienstleistungen am Arbeitsmarkt

Drucksache 15/1525   Gesetzentwurf der Fraktionen SPD, CDU/CSU und
                            Bündnis 90/Die Grünen: Entwurf eines Gesetzes zur
                            Modernisierung der gesetzlichen Krankenversiche-
                            rung (GKV-Modernisierungsgesetz – GMG)

Abkürzungsverzeichnis

AFRG	Arbeitsförderungs-Reformgesetz
Alg	Arbeitslosengeld
AltZertG	Altersvorsorgeverträge-Zertifizierungsgesetz
AR	Aktueller Rentenwert
ArbGeb	Arbeitgeber
ArN	Arbeitnehmer
AVA	Altersvorsorgeanteil
AVmEG	Altersvermögensergänzungsgesetz
AVmG	Altersvermögensgesetz
BGBl.	Bundesgesetzblatt
BIP	Bruttoinlandsprodukt
BMGS	Bundesministerium für Gesundheit und Soziale Sicherung
BSHG	Bundessozialhilfegesetz
BVerfG	Bundesverfassungsgericht
CDU	Christlich Demokratische Union Deutschlands
CSU	Christlich-Soziale Union in Bayern e. V.
EU	Europäische Union
FDP	Freie Demokratische Partei
GG	Grundgesetz
GKV	Gesetzliche Krankenversicherung
GRV	Gesetzliche Rentenversicherung
GSG	Gesundheitsstrukturgesetz
GSiG	Gesetz über eine bedarfsorientierte Grundsicherung im Alter und bei Erwerbsminderung
KVdR	Krankenversicherung der Rentner
PDS	Partei des Demokratischen Sozialismus
MDK	Medizinischer Dienst der Krankenversicherung
PKV	Private Krankenversicherung
RRG 1999	Rentenreformgesetz 1999
RSA	Risikostrukturausgleich
RV	Rentenversicherung
RVB	Faktor, der in der Rentenanpassungsformel die Entwicklung des Beitragssatzes zur Rentenversicherung (RV) abbildet
SGB	Sozialgesetzbuch
SPD	Sozialdemokratische Partei Deutschlands

SV   Sozialversicherung
WFG   Wachstums- und Beschäftigungsförderungsgesetz

Verzeichnis der Tabellen

Verzeichnis der Schaubilder

Elemente der Politik

Hrsg. von Bernhard Frevel / Klaus Schubert / Suzanne S. Schüttemeyer / Hans-Georg Ehrhart

Aden, Umweltpolitik
2011. ca. 120 S. Br. ca. EUR 12,95
ISBN 978-3-531-14765-9

Blum / Schubert, Politikfeldanalyse
2., akt. Aufl. 2011. 195 S. Br. ca. EUR 16,95
ISBN 978-3-531-17276-7

Dehling / Schubert,
Ökonomische Theorien der Politik
2011. ca. 120 S. Br. ca. EUR 12,95
ISBN 978-3-531-17113-5

Dittberner, Liberalismus
2011. ca. 120 S. Br. ca. EUR 14,95
ISBN 978-3-531-14771-0

Dobner, Neue Soziale Frage und Sozialpolitik
2007. 158 S. Br. EUR 12,90
ISBN 978-3-531-15241-7

Frantz / Martens, Nichtregierungs-
organisationen (NGOs)
2006. 159 S. Br. EUR 14,90
ISBN 978-3-531-15191-5

Frevel, Demokratie
Entwicklung - Gestaltung - Problematisierung
2., überarb. Aufl. 2009. 177 S. Br. EUR 12,90
ISBN 978-3-531-16402-1

Fuchs, Kulturpolitik
2007. 133 S. Br. EUR 14,90
ISBN 978-3-531-15448-0

Gareis, Internationaler Menschenrechtsschutz
2011. ca. 150 S. Br. ca. EUR 13,95
ISBN 978-3-531-15474-9

Gawrich, Das politische System der BRD
2011. ca. 120 S. Br. ca. EUR 12,95
ISBN 978-3-531-16407-6

Holtmann / Reiser, Kommunalpolitik
2011. ca. 120 S. Br. ca. EUR 12,95
ISBN 978-3-531-14799-4

Jahn, Vergleichende Politikwissenschaft
2011. ca. 120 S. Br. ca. EUR 12,95
ISBN 978-3-531-15209-7

Jahn, Frieden und Konflikt
2011. ca. 120 S. Br. ca. EUR 14,95
ISBN 978-3-531-16490-8

Jaschke, Politischer Extremismus
2006. 147 S. Br. EUR 14,95
ISBN 978-3-531-14747-5

Johannsen, Der Nahost-Konflikt
2., akt. Aufl. 2009. 167 S. Br. EUR 16,95
ISBN 978-3-531-16690-2

Kevenhörster / v.d. Boom, Entwicklungspolitik
2009. 112 S. Br. EUR 12,90
ISBN 978-3-531-15239-4

Kost, Direkte Demokratie
2008. 116 S. Br. EUR 12,90
ISBN 978-3-531-15190-8

Meyer, Sozialismus
2008. 153 S. Br. EUR 12,90
ISBN 978-3-531-15445-9

Piazolo, Die Europäische Union
2011. ca. 120 S. Br. ca. EUR 12,95
ISBN 978-3-531-15446-6

Schmitz, Konservativismus
2009. 170 S. Br. EUR 16,90
ISBN 978-3-531-15303-2

Schröter, Verwaltung
2011. ca. 120 S. Br. ca. EUR 14,95
ISBN 978-3-531-16474-8

Erhältlich im Buchhandel oder beim Verlag.
Änderungen vorbehalten. Stand: Juli 2010.

www.vs-verlag.de

VS VERLAG

Abraham-Lincoln-Straße 46
65189 Wiesbaden
Tel. 0611.7878 - 722
Fax 0611.7878 - 400

MIX
Papier aus verantwortungsvollen Quellen
Paper from responsible sources
FSC® C105338

If you have any concerns about our products,
you can contact us on
ProductSafety@springernature.com

In case Publisher is established outside the EU,
the EU authorized representative is:
Springer Nature Customer Service Center GmbH
Europaplatz 3, 69115 Heidelberg, Germany

Printed by Libri Plureos GmbH
in Hamburg, Germany